지식
정보
법전 02

KB057421

2022년판

법률·판례·법률용어·상담사례·형사소송규칙을 같이보는

형사소송법지식정보법전

편저 : 대한법률편찬연구회

– 공무원시험·변호사시험을 준비하는 로스쿨재학생 및 졸업생과
법률관련 각종 시험을 준비하는 수험생들을 위한 필독서 –

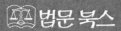

법문 북스

지식
정보
법전 **02**

2022년판

법률·판례·법률용어·상담사례·형사소송규칙을 같이보는

형사소송법지식정보법전

편저 : 대한법률편찬연구회

– 공무원시험·변호사시험을 준비하는 로스쿨재학생 및 졸업생과
법률관련 각종 시험을 준비하는 수험생들을 위한 필독서 –

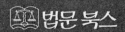

법문 북스

머리말

형사소송법은 구체적으로 행하여진 범죄를 인정하고 이에 대하여 형벌을 과하는 절차를 규정하는 절차법으로 그 중요성은 크지만 내용의 방대함과 법의 개정에 따라서 배우고 익히기가 쉽지 않습니다.

이 책은 이러한 특성을 고려하여, 변호사시험을 준비하고 있는 로스쿨 재학생 및 졸업생 등 각종 시험을 준비하고 있는 수험생과 형사소송법에 관심이 있는 일반인들이 궁금한 내용을 찾아볼 수 있도록 펴낸 책입니다.

본서는 법전(형사소송법, 형사소송규칙)편과 관련법률용어편으로 구성되어있습니다. 법학의 기본은 법조문이라고 하겠습니다. 그래서 본서에서는 법전편에 형사소송법, 형사소송규칙의 전체 조문을 수록하였습니다. 법을 접하다 보면 익숙하지 않은 법률용어로 인하여 법률의 의미파악이 어렵습니다. 그래서 본서에서는 법전을 읽어나가는데 도움이 되도록 관련법률용어편에 형사소송법 및 그 관련법률 용어들을 수록하여 독자들이 형사소송법을 읽어나가다가 모르는 용어가 나오면 관련법률용어편에서 그 의미를 찾아볼 수 있도록 하였습니다. 뿐만 아니라 중요판례와 상담사례들을 실어서 법조문의 적용되는 모습도 파악할 수 있게 하였습니다.

이 책이 법학을 공부하거나 형사소송법에 관심이 있는 일반인들에게 좀 더 형사소송법을 이해할 수 있도록 도움이 되었으면 합니다.

2022年 02月

편저자 드림

형사소송법

제1편 총 칙

제2편 제1심

제3편 상 소

형사소송규칙 ———————————— 103

형사소송비용 등에 관한 법률 ———— 151

형사소송비용 등에 관한 규칙 ———— 154

형사전자소송 추진단 설치 및 운영 관한 규칙 · 156

관련법률용어 ———————————— 159

형사소송법

[시행 2022.1.1.]
[법률 제16924호, 2020.2.4., 일부개정]

법무부(형사법제과), 02-2110-3307~8

제1편 총칙
제1장 법원의 관할

제1조(관할의 직권조사)
법원은 직권으로 관할을 조사하여야 한다.

제2조(관할위반과 소송행위의 효력)
소송행위는 관할위반인 경우에도 그 효력에 영향이 없다.

제3조(관할구역 외에서의 집무)
①법원은 사실발견을 위하여 필요하거나 긴급을 요하는 때에는 관할구역 외에서 직무를 행하거나 사실조사에 필요한 처분을 할 수 있다.
②전항의 규정은 수명법관에게 준용한다.

제4조(토지관할)
①토지관할은 범죄지, 피고인의 주소, 거소 또는 현재지로 한다.
②국외에 있는 대한민국 선박 내에서 범한 죄에 관하여는 전항에 규정한 곳 외에 선적지 또는 범죄 후의 선착지로 한다.
③전항의 규정은 국외에 있는 대한민국 항공기 내에서 범한 죄에 관하여 준용한다.

판례·직권남용권리행사방해·업무방해·공무상비밀누설·선박안전법위반교사
[대법원 2015.10.15, 선고, 2015도1803, 판결]

【판시사항】
형사사건의 관할을 결정하는 기준 / 제1심 형사사건에 관한 지방법원 본원과 지방법원 지원 사이의 관할의 분배가 소송법상 토지관할의 분배에 해당하는지 여부(적극) / 지방법원 지원에 제1심 형사사건 토지관할이 인정된다는 사정만으로 당연히 지방법원 본원에 제1심 토지관할이 인정되는지 여부(원칙적 소극)

【판결요지】
형사사건의 관할은 심리의 편의와 사건의 능률적 처리라는 절차적 요구뿐만 아니라 피고인의 출석과 방어권 행사의 편의라는 방어상의 이익도 충분히 고려하여 결정하여야 하고, 특히 자의적 사건처리를 방지하기 위하여 법률에 규정된 추상적 기준에 따라 획일적으로 결정하여야 한다. 이에 따라 각급 법원의 설치와 관할구역에 관한 법률 제4조 제1호 [별표 3]은 지방법원 본원과 지방법원 지원의 관할구역을 대등한 입장에서 서로 겹치지 않게 구분하여 규정하고 있다. 따라서 제1심 형사사건에 관하여 지방법원 본원과 지방법원 지원은 소송법상 별개의 법원이자 각각 일정한 토지관할 구역을 나누어 가지는 대등한 관계에 있으므로, 지방법원 본원과 지방법원 지원 사이의 관할의 분배도 지방법원 내부의 사법행정사무로서 행해진 지방법원 본원과 지원 사이의 단순한 사무분배에 그치는 것이 아니라 소송법상 토지관할의 분배에 해당한다. 그러므로 형사소송법 제4조에 의하여 지방법원 본원에 제1심 토지관할이 인정된다고 볼 특별한 사정이 없는 한, 지방법원 지원에 제1심 토지관할이 인정된다는 사정만으로 당연히 지방법원 본원에도 제1심 토지관할이 인정된다고 볼 수는 없다.

제5조(토지관할의 병합)
토지관할을 달리하는 수개의 사건이 관련된 때에는 1개의 사건에 관하여 관할권 있는 법원은 다른 사건까지 관할할 수 있다.

제6조(토지관할의 병합심리)
토지관할이 다른 여러 개의 관련사건이 각각 다른 법원에 계속된 때에는 공통되는 바로 위의 상급법원은 검사나 피고인의 신청에 의하여 결정(決定)으로 한 개 법원으로 하여금 병합심리하게 할 수 있다.
[전문개정 2020.12.8.]

제7조(토지관할의 심리분리)
토지관할을 달리하는 수개의 관련사건이 동일법원에 계속된 경우에 병합심리의 필요가 없는 때에는 법원은 결정으로 이를 분리하여 관할권 있는 다른 법원에 이송할 수 있다.

제8조(사건의 직권이송)
①법원은 피고인이 그 관할구역 내에 현재하지 아니하는 경우에 특별한 사정이 있으면 결정으로 사건을 피고인의 현재지를 관할하는 동급 법원에 이송할 수 있다.
②단독판사의 관할사건이 공소장변경에 의하여 합의부 관할사건으로 변경된 경우에 법원은 결정으로 관할권이 있는 법원에 이송한다. <신설 1995.12.29.>

제9조(사물관할의 병합)
사물관할을 달리하는 수개의 사건이 관련된 때에는 법원합의부는 병합관할한다. 단, 결정으로 관할권 있는 법원단독판사에게 이송할 수 있다.

제10조(사물관할의 병합심리)
사물관할을 달리하는 수개의 관련사건이 각각 법원합의부와 단독판사에 계속된 때에는 합의부는 결정으로 단독판사에 속한 사건을 병합하여 심리할 수 있다.

제11조(관련사건의 정의)
관련사건은 다음과 같다.
1. 1인이 범한 수죄
2. 수인이 공동으로 범한 죄
3. 수인이 동시에 동일장소에서 범한 죄
4. 범인은닉죄, 증거인멸죄, 위증죄, 허위감정통역죄 또는 장물에 관한 죄와 그 본범의 죄

제12조(동일사건과 수개의 소송계속)
동일사건이 사물관할을 달리하는 수개의 법원에 계속된 때에는 법원합의부가 심판한다.

제13조(관할의 경합)
같은 사건이 사물관할이 같은 여러 개의 법원에 계속된 때에는 먼저 공소를 받은 법원이 심판한다. 다만, 각 법원에 공통되는 바로 위의 상급법원은 검사나 피고인의 신청에 의하여 결정으로 뒤에 공소를 받은 법원으로 하여금 심판하게 할 수 있다.
[전문개정 2020.12.8.]

제14조(관할지정의 청구)
검사는 다음 각 호의 경우 관계있는 제1심법원에 공통되는 바로 위의 상급법원에 관할지정을 신청하여야 한다.
1. 법원의 관할이 명확하지 아니한 때
2. 관할위반을 선고한 재판이 확정된 사건에 관하여 다른 관할법원이 없는 때
[전문개정 2020.12.8.]

제15조(관할이전의 신청)

검사는 다음 경우에는 직근 상급법원에 관할이전을 신청하여야 한다. 피고인도 이 신청을 할 수 있다.

1. 관할법원이 법률상의 이유 또는 특별한 사정으로 재판권을 행할 수 없는 때
2. 범죄의 성질, 지방의 민심, 소송의 상황 기타 사정으로 재판의 공평을 유지하기 어려운 염려가 있는 때

제16조(관할의 지정 또는 이전 신청의 방식)

①관할의 지정 또는 이전을 신청하려면 그 사유를 기재한 신청서를 바로 위의 상급법원에 제출하여야 한다.

②공소를 제기한 후 관할의 지정 또는 이전을 신청할 때에는 즉시 공소를 접수한 법원에 통지하여야 한다.

[전문개정 2020.12.8.]

제16조의2(사건의 군사법원 이송)

법원은 공소가 제기된 사건에 대하여 군사법원이 재판권을 가지게 되었거나 재판권을 가졌음이 판명된 때에는 결정으로 사건을 재판권이 있는 같은 심급의 군사법원으로 이송한다. 이 경우에 이송전에 행한 소송행위는 이송후에도 그 효력에 영향이 없다.

<개정 1987.11.28.>

[본조신설 1973.1.25.]

제2장 법원직원의 제척, 기피, 회피

제17조(제척의 원인)

법관은 다음 경우에는 직무집행에서 제척된다. <개정 2005.3.31.,2020.12.8.>

1. 법관이 피해자인 때
2. 법관이 피고인 또는 피해자의 친족 또는 친족관계가 있었던 자인 때
3. 법관이 피고인 또는 피해자의 법정대리인, 후견감독인인 때
4. 법관이 사건에 관하여 증인, 감정인, 피해자의 대리인으로 된 때
5. 법관이 사건에 관하여 피고인의 대리인, 변호인, 보조인으로 된 때
6. 법관이 사건에 관하여 검사 또는 사법경찰관의 직무를 행한 때
7. 법관이 사건에 관하여 전심재판 또는 그 기초되는 조사, 심리에 관여한 때
8. 법관이 사건에 관하여 피고인의 변호인이거나 피고인·피해자의 대리인인 법무법인, 법무법인(유한), 법무조합, 법률사무소, 「외국법자문사법」 제2조제9호에 따른 합작법무법인에서 퇴직한 날부터 2년이 지나지 아니한 때
9. 법관이 피고인인 법인·기관·단체에서 임원 또는 직원으로 퇴직한 날부터 2년이 지나지 아니한 때

제18조(기피의 원인과 신청권자)

①검사 또는 피고인은 다음 경우에 법관의 기피를 신청할 수 있다.

1. 법관이 전조 각 호의 사유에 해당되는 때
2. 법관이 불공평한 재판을 할 염려가 있는 때

②변호인은 피고인의 명시한 의사에 반하지 아니하는 때에 한하여 법관에 대한 기피를 신청할 수 있다.

판례·공무집행방해·폭력행위등 처벌에 관한 법률 위반(공동상해)
[대법원 2013.9.12. 선고, 2011도12918, 판결]

【판시사항】
범죄 피해자인 검사 또는 압수·수색영장의 집행에 참여한 검사가 관여한 수사의 적법 여부

【판결요지】
범죄의 피해자인 검사가 그 사건의 수사에 관여하거나, 압수·수색영장의 집행에 참여한 검사
가 다시 수사에 관여하였다는 이유만으로 바로 그 수사가 위법하다거나 그에 따른 참고인이
나 피의자의 진술에 임의성이 없다고 볼 수는 없다.

제19조(기피신청의 관할)
①합의법원의 법관에 대한 기피는 그 법관의 소속법원에 신청하고 수명법관, 수탁판사 또는 단
독판사에 대한 기피는 당해 법관에게 신청하여야 한다.
②기피사유는 신청한 날로부터 3일 이내에 서면으로 소명하여야 한다.

제20조(기피신청기각과 처리)
①기피신청이 소송의 지연을 목적으로 함이 명백하거나 제19조의 규정에 위배된 때에는
신청을 받은 법원 또는 법관은 결정으로 이를 기각한다. <개정 1995.12.29.>
②기피당한 법관은 전항의 경우를 제한 외에는 지체없이 기피신청에 대한 의견서를 제출
하여야 한다.
③전항의 경우에 기피당한 법관이 기피의 신청을 이유있다고 인정하는 때에는 그 결정이
있은 것으로 간주한다.

제21조(기피신청에 대한 재판)
①기피신청에 대한 재판은 기피당한 법관의 소속법원합의부에서 결정으로 하여야 한다.
②기피당한 법관은 전항의 결정에 관여하지 못한다.
③기피당한 판사의 소속법원이 합의부를 구성하지 못하는 때에는 직근 상급법원이 결정하여야 한다.

제22조(기피신청과 소송의 정지)
기피신청이 있는 때에는 제20조제1항의 경우를 제한 외에는 소송진행을 정지하여야 한다.
단, 급속을 요하는 경우에는 예외로 한다.

제23조(기피신청기각과 즉시항고)
①기피신청을 기각한 결정에 대하여는 즉시항고를 할 수 있다.
②제20조제1항의 기각결정에 대한 즉시항고는 재판의 집행을 정지하는 효력이 없다. <신
설 1995.12.29.>

제24조(회피의 원인 등)
①법관이 제18조의 규정에 해당하는 사유가 있다고 사료한 때에는 회피하여야 한다.
②회피는 소속법원에 서면으로 신청하여야 한다.
③제21조의 규정은 회피에 준용한다.

제25조(법원사무관등에 대한 제척·기피·회피)
①본장의 규정은 제17조제7호의 규정을 제한 외에는 법원서기관·법원사무관·법원주사
또는 법원주사보(이하 "법원사무관등"이라 한다)와 통역인에 준용한다. <개정 2007.6.1.>
②전항의 법원사무관등과 통역인에 대한 기피재판은 그 소속법원이 결정으로 하여야 한
다. 단, 제20조제1항의 결정은 기피당한 자의 소속법관이 한다. <개정 2007.6.1.>
[제목개정 2007.6.1.]

제3장 소송행위의 대리와 보조

제26조(의사무능력자와 소송행위의 대리)
「형법」 제9조 내지 제11조의 규정의 적용을 받지 아니하는 범죄사건에 관하여 피고인 또는 피의자가 의사능력이 없는 때에는 그 법정대리인이 소송행위를 대리한다. <개정 2007.6.1.>

판례-도로교통법위반·도로교통법위반
(음주운전)(미성년자의 음주운전과 법정대리인의 채혈 동의 사건)
[대법원 2014.11.13, 선고, 2013도1228, 판결]

【판시사항】
음주운전과 관련한 도로교통법 위반죄의 범죄수사를 위하여 미성년자인 피의자의 혈액채취가 필요한 경우, 법정대리인이 의사능력 없는 피의자를 대리하여 채혈에 관한 동의를 할 수 있는지 여부(원칙적 소극)

【판결요지】
형사소송법상 소송능력이란 소송당사자가 유효하게 소송행위를 할 수 있는 능력, 즉 피고인 또는 피의자가 자기의 소송상의 지위와 이해관계를 이해하고 이에 따라 방어행위를 할 수 있는 의사능력을 의미하는데, 피의자에게 의사능력이 있으면 직접 소송행위를 하는 것이 원칙이고, 피의자에게 의사능력이 없는 경우에는 형법 제9조 내지 제11조의 규정의 적용을 받지 아니하는 범죄사건에 한하여 예외적으로 법정대리인이 소송행위를 대리할 수 있다(형사소송법 제26조). 따라서 음주운전과 관련한 도로교통법 위반죄의 범죄수사를 위하여 미성년자인 피의자의 혈액채취가 필요한 경우에도 피의자에게 의사능력이 있다면 피의자 본인만이 혈액채취에 관한 유효한 동의를 할 수 있고, 피의자에게 의사능력이 없는 경우에도 명문의 규정이 없는 이상 법정대리인이 피의자를 대리하여 동의할 수는 없다.

제27조(법인과 소송행위의 대표)
①피고인 또는 피의자가 법인인 때에는 그 대표자가 소송행위를 대표한다.
②수인이 공동하여 법인을 대표하는 경우에도 소송행위에 관하여는 각자가 대표한다.

제28조(소송행위의 특별대리인)
①전2조의 규정에 의하여 피고인을 대리 또는 대표할 자가 없는 때에는 법원은 직권 또는 검사의 청구에 의하여 특별대리인을 선임하여야 하며 피의자를 대리 또는 대표할 자가 없는 때에는 법원은 검사 또는 이해관계인의 청구에 의하여 특별대리인을 선임하여야 한다.
②특별대리인은 피고인 또는 피의자를 대리 또는 대표하여 소송행위를 할 자가 있을 때까지 그 임무를 행한다.

제29조(보조인)
①피고인 또는 피의자의 법정대리인, 배우자, 직계친족과 형제자매는 보조인이 될 수 있다. <개정 2005.3.31.>
②보조인이 될 수 있는 자가 없거나 장애 등의 사유로 보조인으로서 역할을 할 수 없는 경우에는 피고인 또는 피의자와 신뢰관계 있는 자가 보조인이 될 수 있다. <신설 2015.7.31.>
③보조인이 되고자 하는 자는 심급별로 그 취지를 신고하여야 한다. <개정 2007.6.1., 2015.7.31.>
④보조인은 독립하여 피고인 또는 피의자의 명시한 의사에 반하지 아니하는 소송행위를 할 수 있다. 단, 법률에 다른 규정이 있는 때에는 예외로 한다. <개정 2015.7.31.>

제4장 변호

제30조(변호인선임권자)
①피고인 또는 피의자는 변호인을 선임할 수 있다.
②피고인 또는 피의자의 법정대리인, 배우자, 직계친족과 형제자매는 독립하여 변호인을 선임할 수 있다. <개정 2005.3.31.>

제31조(변호인의 자격과 특별변호인)
변호인은 변호사 중에서 선임하여야 한다. 단, 대법원 이외의 법원은 특별한 사정이 있으면 변호사 아닌 자를 변호인으로 선임함을 허가할 수 있다.

제32조(변호인선임의 효력)
①변호인의 선임은 심급마다 변호인과 연명날인한 서면으로 제출하여야 한다.
②공소제기 전의 변호인 선임은 제1심에도 그 효력이 있다.

제32조의2(대표변호인)
①수인의 변호인이 있는 때에는 재판장은 피고인·피의자 또는 변호인의 신청에 의하여 대표변호인을 지정할 수 있고 그 지정을 철회 또는 변경할 수 있다.
②제1항의 신청이 없는 때에는 재판장은 직권으로 대표변호인을 지정할 수 있고 그 지정을 철회 또는 변경할 수 있다.
③대표변호인은 3인을 초과할 수 없다.
④대표변호인에 대한 통지 또는 서류의 송달은 변호인 전원에 대하여 효력이 있다.
⑤제1항 내지 제4항의 규정은 피의자에게 수인의 변호인이 있는 때에 검사가 대표변호인을 지정하는 경우에 이를 준용한다.
[본조신설 1995.12.29.]

제33조(국선변호인)
①다음 각 호의 어느 하나에 해당하는 경우에 변호인이 없는 때에는 법원은 직권으로 변호인을 선정하여야 한다. <개정 2020.12.8.>
1. 피고인이 구속된 때
2. 피고인이 미성년자인 때
3. 피고인이 70세 이상인 때
4. 피고인이 듣거나 말하는 데 모두 장애가 있는 사람인 때
5. 피고인이 심신장애가 있는 것으로 의심되는 때
6. 피고인이 사형, 무기 또는 단기 3년 이상의 징역이나 금고에 해당하는 사건으로 기소된 때
②법원은 피고인이 빈곤이나 그 밖의 사유로 변호인을 선임할 수 없는 경우에 피고인이 청구하면 변호인을 선정하여야 한다. <개정 2020.12.8.>
③법원은 피고인의 나이·지능 및 교육 정도 등을 참작하여 권리보호를 위하여 필요하다고 인정하면 피고인의 명시적 의사에 반하지 아니하는 범위에서 변호인을 선정하여야 한다. <개정 2020.12.8.>
[전문개정 2006.7.19.]

판례·모욕·폭행·상해·명예훼손
[대법원 2015.12.23. 선고, 2015도9951, 판결]

【판시사항】
[1] 헌법상 보장되는 '변호인의 조력을 받을 권리'의 의미 및 피고인에게 국선변호인의 조력을 받을 권리를 보장하여야 할 국가의 의무에 국선변호인의 실질적 조력을 받을 수 있도록 할 의무가 포함되는지 여부(적극)

[2] 공소사실 자체로 보아 어느 피고인에 대한 유리한 변론이 다른 피고인에게 불리한 결과를 초래하는 경우, 공동피고인들 사이에 이해가 상반되는지 여부(적극) / 이해가 상반된 피고인들 중 어느 피고인이 법무법인을 변호인으로 선임하고, 법무법인이 담당변호사를 지정하였는데 법원이 담당변호사 중 1인 또는 수인을 다른 피고인을 위한 국선변호인으로 선정한 경우, 국선변호인의 조력을 받을 피고인의 권리를 침해하는지 여부(적극)

【판결요지】
[1] 헌법상 보장되는 '변호인의 조력을 받을 권리'는 변호인의 '충분한 조력'을 받을 권리를 의미하므로, 피고인에게 국선변호인의 조력을 받을 권리를 보장하여야 할 국가의 의무에는 피고인이 국선변호인의 실질적 조력을 받을 수 있도록 할 의무가 포함된다.
[2] 공소사실 기재 자체로 보아 어느 피고인에 대한 유리한 변론이 다른 피고인에게는 불리한 결과를 초래하는 경우 공동피고인들 사이에 이해가 상반된다. 이해가 상반된 피고인들 중 어느 피고인이 법무법인을 변호인으로 선임하고, 법무법인이 담당변호사를 지정하였을 때, 법원이 담당변호사 중 1인 또는 수인을 다른 피고인을 위한 국선변호인으로 선정한다면, 국선변호인으로 선정된 변호사는 이해가 상반된 피고인들 모두에게 유리한 변론을 하기 어렵다. 결국 이로 인하여 다른 피고인은 국선변호인의 실질적 조력을 받을 수 없게 되고, 따라서 국선변호인 선정은 국선변호인의 조력을 받을 피고인의 권리를 침해하는 것이다.

제34조(피고인·피의자와의 접견, 교통, 진료)
변호인이나 변호인이 되려는 자는 신체가 구속된 피고인 또는 피의자와 접견하고 서류나 물건을 수수(授受)할 수 있으며 의사로 하여금 피고인이나 피의자를 진료하게 할 수 있다.
[전문개정 2020.12.8.]

제35조(서류·증거물의 열람·복사)
①피고인과 변호인은 소송계속 중의 관계 서류 또는 증거물을 열람하거나 복사할 수 있다. <개정 2016.5.29.>
②피고인의 법정대리인, 제28조에 따른 특별대리인, 제29조에 따른 보조인 또는 피고인의 배우자·직계친족·형제자매로서 피고인의 위임장 및 신분관계를 증명하는 문서를 제출한 자도 제1항과 같다.
③재판장은 피해자, 증인 등 사건관계인의 생명 또는 신체의 안전을 현저히 해칠 우려가 있는 경우에는 제1항 및 제2항에 따른 열람·복사에 앞서 사건관계인의 성명 등 개인정보가 공개되지 아니하도록 보호조치를 할 수 있다. <신설 2016.5.29.>
④제3항에 따른 개인정보 보호조치의 방법과 절차, 그 밖에 필요한 사항은 대법원규칙으로 정한다. <신설 2016.5.29.>
[전문개정 2007.6.1.]
[제목개정 2016.5.29.]

제36조(변호인의 독립소송행위권)
변호인은 독립하여 소송행위를 할 수 있다. 단, 법률에 다른 규정이 있는 때에는 예외로 한다.

제5장 재판

제37조(판결, 결정, 명령)
①판결은 법률에 다른 규정이 없으면 구두변론(口頭辯論)을 거쳐서 하여야 한다.
②결정이나 명령은 구두변론을 거치지 아니할 수 있다.
③결정이나 명령을 할 때 필요하면 사실을 조사할 수 있다.
④제3항의 조사는 부원(部員)에게 명할 수 있고 다른 지방법원의 판사에게 촉탁할 수 있다.
[전문개정 2020.12.8.]

판례·강간
[대법원 2015.12.10, 선고, 2015도11696, 판결]

【판시사항】
[1] 검사의 항소이유가 실질적으로 구두변론을 거쳐 심리되지 않았다고 평가될 경우, 항소심 법원이 검사의 항소이유 주장을 받아들여 피고인에게 불리하게 제1심판결을 변경할 수 있는지 여부(소극)
[2] 검사가 일부 유죄, 일부 무죄가 선고된 제1심판결 전부에 대하여 항소하면서 유죄 부분에 대하여 항소이유를 주장하지 아니한 경우, 항소심이 제1심판결의 형보다 중한 형을 선고할 수 있는지 여부(소극) / 이러한 법리는 검사가 항소장이나 법정기간 내에 제출된 항소이유서에서 유죄 부분에 대하여 양형부당 주장을 하였으나 실질적으로 구두변론을 거쳐 심리되지 아니한 경우에도 마찬가지로 적용되는지 여부(적극)

【판결요지】
[1] 공판중심주의를 실현하고 이를 통하여 피고인의 방어권을 실질적으로 보장하기 위하여 마련된 형사소송법 제37조 제1항, 제275조의3, 제285조, 제286조 제1항, 제287조, 제370조, 형사소송규칙 제156조의3 제1항, 제2항, 제156조의4, 제156조의7에 비추어 볼 때, 검사가 공판정에서 구두변론을 통해 항소이유를 주장하지 않았고 피고인도 그에 대한 적절한 방어권을 행사하지 못하는 등 검사의 항소이유가 실질적으로 구두변론을 거쳐 심리되지 않았다고 평가될 경우, 항소심법원이 검사의 항소이유 주장을 받아들여 피고인에게 불리하게 제1심판결을 변경하는 것은 허용되지 않는다.
[2] 검사가 일부 유죄, 일부 무죄가 선고된 제1심판결 전부에 대하여 항소하면서 유죄 부분에 대하여는 아무런 항소이유도 주장하지 않은 경우에는, 유죄 부분에 대하여 법정기간 내에 항소이유서를 제출하지 않은 것이 되고, 그 경우 설령 제1심의 양형이 가벼워 부당하다 하더라도 그와 같은 사유는 형사소송법 제361조의4 제1항 단서의 직권조사사유나 같은 법 제364조 제2항의 직권심판사항에 해당하지 않으므로, 항소심이 제1심판결의 형보다 중한 형을 선고하는 것은 허용되지 않는데, 이러한 법리는 검사가 유죄 부분에 대하여 아무런 항소이유를 주장하지 않은 경우뿐만 아니라 검사가 항소장이나 법정기간 내에 제출된 항소이유서에서 유죄 부분에 대하여 양형부당 주장을 하였으나, 항소이유 주장이 실질적으로 구두변론을 거쳐 심리되지 아니한 경우에도 마찬가지로 적용된다.

제38조(재판서의 방식)
재판은 법관이 작성한 재판서에 의하여야 한다. 단, 결정 또는 명령을 고지하는 경우에는 재판서를 작성하지 아니하고 조서에만 기재하여 할 수 있다.

제39조(재판의 이유)
재판에는 이유를 명시하여야 한다. 단, 상소를 불허하는 결정 또는 명령은 예외로 한다.

제40조(재판서의 기재요건)
①재판서에는 법률에 다른 규정이 없으면 재판을 받는 자의 성명, 연령, 직업과 주거를 기재하여야 한다.
②재판을 받는 자가 법인인 때에는 그 명칭과 사무소를 기재하여야 한다.
③판결서에는 기소한 검사와 공판에 관여한 검사의 관직, 성명과 변호인의 성명을 기재하여야 한다. <개정 2011.7.18.>

제41조(재판서의 서명 등)
①재판서에는 재판한 법관이 서명날인하여야 한다.
②재판장이 서명날인할 수 없는 때에는 다른 법관이 그 사유를 부기하고 서명날인하여야 하며 다른 법관이 서명날인할 수 없는 때에는 재판장이 그 사유를 부기하고 서명날인하여야 한다.

③판결서 기타 대법원규칙이 정하는 재판서를 제외한 재판서에 대하여는 제1항 및 제2항의 서명날인에 갈음하여 기명날인할 수 있다. <신설 1995.12.29.>

제42조(재판의 선고, 고지의 방식)
재판의 선고 또는 고지는 공판정에서는 재판서에 의하여야 하고 기타의 경우에는 재판서등본의 송달 또는 다른 적당한 방법으로 하여야 한다. 단, 법률에 다른 규정이 있는 때에는 예외로 한다.

제43조(동전)
재판의 선고 또는 고지는 재판장이 한다. 판결을 선고함에는 주문을 낭독하고 이유의 요지를 설명하여야 한다.

제44조(검사의 집행지휘를 요하는 사건)
검사의 집행지휘를 요하는 재판은 재판서 또는 재판을 기재한 조서의 등본 또는 초본을 재판의 선고 또는 고지한 때로부터 10일 이내에 검사에게 송부하여야 한다. 단, 법률에 다른 규정이 있는 때에는 예외로 한다. <개정 1961.9.1.>

제45조(재판서의 등본, 초본의 청구)
피고인 기타의 소송관계인은 비용을 납입하고 재판서 또는 재판을 기재한 조서의 등본 또는 초본의 교부를 청구할 수 있다.

제46조(재판서의 등, 초본의 작성)
재판서 또는 재판을 기재한 조서의 등본 또는 초본은 원본에 의하여 작성하여야 한다. 단, 부득이한 경우에는 등본에 의하여 작성할 수 있다.

제6장 서류

제47조(소송서류의 비공개)
소송에 관한 서류는 공판의 개정 전에는 공익상 필요 기타 상당한 이유가 없으면 공개하지 못한다.

제48조(조서의 작성 방법)
①피고인, 피의자, 증인, 감정인, 통역인 또는 번역인을 신문(訊問)하는 때에는 신문에 참여한 법원사무관등이 조서를 작성하여야 한다.
②조서에는 다음 각 호의 사항을 기재하여야 한다.
1. 피고인, 피의자, 증인, 감정인, 통역인 또는 번역인의 진술
2. 증인, 감정인, 통역인 또는 번역인이 선서를 하지 아니한 때에는 그 사유
③조서는 진술자에게 읽어 주거나 열람하게 하여 기재 내용이 정확한지를 물어야 한다.
④진술자가 조서에 대하여 추가, 삭제 또는 변경의 청구를 한 때에는 그 진술내용을 조서에 기재하여야 한다.
⑤신문에 참여한 검사, 피고인, 피의자 또는 변호인이 조서 기재 내용의 정확성에 대하여 이의(異議)를 진술한 때에는 그 진술의 요지를 조서에 기재하여야 한다.
⑥제5항의 경우 재판장이나 신문한 법관은 그 진술에 대한 의견을 기재하게 할 수 있다.
⑦조서에는 진술자로 하여금 간인(間印)한 후 서명날인하게 하여야 한다. 다만, 진술자가 서명날인을 거부한 때에는 그 사유를 기재하여야 한다.
[전문개정 2020.12.8.]

제49조(검증 등의 조서)

①검증, 압수 또는 수색에 관하여는 조서를 작성하여야 한다.
②검증조서에는 검증목적물의 현장을 명확하게 하기 위하여 도화나 사진을 첨부할 수 있다.
③압수조서에는 품종, 외형상의 특징과 수량을 기재하여야 한다.

제50조(각종 조서의 기재요건)

전2조의 조서에는 조사 또는 처분의 연월일시와 장소를 기재하고 그 조사 또는 처분을 행한 자와 참여한 법원사무관등이 기명날인 또는 서명하여야 한다. 단, 공판기일 외에 법원이 조사 또는 처분을 행한 때에는 재판장 또는 법관과 참여한 법원사무관등이 기명날인 또는 서명하여야 한다. <개정 2007.6.1.>

제51조(공판조서의 기재요건)

①공판기일의 소송절차에 관하여는 참여한 법원사무관등이 공판조서를 작성하여야 한다. <개정 2007.6.1.>
②공판조서에는 다음 사항 기타 모든 소송절차를 기재하여야 한다. <개정 2007.6.1.>
1. 공판을 행한 일시와 법원
2. 법관, 검사, 법원사무관등의 관직, 성명
3. 피고인, 대리인, 대표자, 변호인, 보조인과 통역인의 성명
4. 피고인의 출석여부
5. 공개의 여부와 공개를 금한 때에는 그 이유
6. 공소사실의 진술 또는 그를 변경하는 서면의 낭독
7. 피고인에게 그 권리를 보호함에 필요한 진술의 기회를 준 사실과 그 진술한 사실
8. 제48조제2항에 기재한 사항
9. 증거조사를 한 때에는 증거될 서류, 증거물과 증거조사의 방법
10. 공판정에서 행한 검증 또는 압수
11. 변론의 요지
12. 재판장이 기재를 명한 사항 또는 소송관계인의 청구에 의하여 기재를 허가한 사항
13. 피고인 또는 변호인에게 최종 진술할 기회를 준 사실과 그 진술한 사실
14. 판결 기타의 재판을 선고 또는 고지한 사실

제52조(공판조서작성상의 특례)

공판조서 및 공판기일외의 증인신문조서에는 제48조제3항 내지 제7항의 규정에 의하지 아니한다. 단, 진술자의 청구가 있는 때에는 그 진술에 관한 부분을 읽어주고 증감변경의 청구가 있는 때에는 그 진술을 기재하여야 한다. <개정 1995.12.29.>

제53조(공판조서의 서명 등)

①공판조서에는 재판장과 참여한 법원사무관등이 기명날인 또는 서명하여야 한다. <개정 2007.6.1.>
②재판장이 기명날인 또는 서명할 수 없는 때에는 다른 법관이 그 사유를 부기하고 기명날인 또는 서명하여야 하며 법관전원이 기명날인 또는 서명할 수 없는 때에는 참여한 법원사무관등이 그 사유를 부기하고 기명날인 또는 서명하여야 한다. <개정 2007.6.1.>
③법원사무관등이 기명날인 또는 서명할 수 없는 때에는 재판장 또는 다른 법관이 그 사유를 부기하고 기명날인 또는 서명하여야 한다. <개정 2007.6.1.>

제54조(공판조서의 정리 등)

①공판조서는 각 공판기일 후 신속히 정리하여야 한다. <개정 2007.6.1.>
②다음 회의 공판기일에 있어서는 전회의 공판심리에 관한 주요사항의 요지를 조서에 의하여 고지하여야 한다. 다만, 다음 회의 공판기일까지 전회의 공판조서가 정리되지 아니한 때에는 조서에 의하지 아니하고 고지할 수 있다. <개정 2007.6.1.>

③검사, 피고인 또는 변호인은 공판조서의 기재에 대하여 변경을 청구하거나 이의를 제기할 수 있다. <개정 2007.6.1.>
④제3항에 따른 청구나 이의가 있는 때에는 그 취지와 이에 대한 재판장의 의견을 기재한 조서를 당해 공판조서에 첨부하여야 한다. <신설 2007.6.1.>

제55조(피고인의 공판조서열람권등)
①피고인은 공판조서의 열람 또는 등사를 청구할 수 있다. <개정 1995.12.29.>
②피고인이 공판조서를 읽지 못하는 때에는 공판조서의 낭독을 청구할 수 있다. <개정 1995.12.29.>
③전2항의 청구에 응하지 아니한 때에는 그 공판조서를 유죄의 증거로 할 수 없다.

판례·특정범죄가중처벌등에 관한
법률위반(위험운전치사상)·도로교통법위반(음주측정거부)·도로교통법위반(무면허운전)
[대법원 2012.12.27, 선고, 2011도15869, 판결]

【판시사항】
피고인의 공판조서에 대한 열람 또는 등사청구권이 침해된 경우, 공판조서 또는 공판조서에 기재된 피고인이나 증인의 진술을 증거로 할 수 있는지 여부(소극) 및 이때 공판조서 등을 증거로 사용한 잘못이 판결에 영향을 미친 위법에 해당하지 않는 경우

【판결요지】
형사소송법 제55조 제1항은 공판조서의 정확성을 담보함과 아울러 피고인의 방어권을 충실하게 보장하려는 취지에서 피고인에게 공판조서의 열람 또는 등사청구권을 인정하고, 제3항은 피고인의 위와 같은 청구에 응하지 아니하는 때에는 공판조서를 유죄의 증거로 할 수 없다고 규정하고 있다. 따라서 피고인이 공판조서의 열람 또는 등사를 청구하였음에도 법원이 불응하여 피고인의 열람 또는 등사청구권이 침해된 경우에는 공판조서를 유죄의 증거로 할 수 없을 뿐만 아니라 공판조서에 기재된 당해 피고인이나 증인의 진술도 증거로 할 수 없다고 보아야 한다. 다만 그러한 증거들 이외에 적법하게 채택하여 조사한 다른 증거들만에 의하더라도 범죄사실을 인정하기에 충분하고, 또한 당해 공판조서의 내용 등에 비추어 보아 공판조서의 열람 또는 등사에 응하지 아니한 것이 피고인의 방어권이나 변호인의 변호권을 본질적으로 침해한 정도에 이르지는 않은 경우에는, 판결에서 공판조서 등을 증거로 사용하였다고 하더라도 그러한 잘못이 판결에 영향을 미친 위법이라고 할 수는 없다.

제56조(공판조서의 증명력)
공판기일의 소송절차로서 공판조서에 기재된 것은 그 조서만으로써 증명한다.

제56조의2(공판정에서의 속기·녹음 및 영상녹화)
①법원은 검사, 피고인 또는 변호인의 신청이 있는 때에는 특별한 사정이 없는 한 공판정에서의 심리의 전부 또는 일부를 속기사로 하여금 속기하게 하거나 녹음장치 또는 영상녹화장치를 사용하여 녹음 또는 영상녹화(녹음이 포함된 것을 말한다. 이하 같다)하여야 하며, 필요하다고 인정하는 때에는 직권으로 이를 명할 수 있다.
②법원은 속기록·녹음물 또는 영상녹화물을 공판조서와 별도로 보관하여야 한다.
③검사, 피고인 또는 변호인은 비용을 부담하고 제2항에 따른 속기록·녹음물 또는 영상녹화물의 사본을 청구할 수 있다.
[전문개정 2007.6.1.]

제57조(공무원의 서류)
①공무원이 작성하는 서류에는 법률에 다른 규정이 없는 때에는 작성 연월일과 소속공무소를 기재하고 기명날인 또는 서명하여야 한다. <개정 2007.6.1.>

②서류에는 간인하거나 이에 준하는 조치를 하여야 한다. <개정 1995.12.29.>
③ 삭제 <2007.6.1.>

제58조(공무원의 서류)
①공무원이 서류를 작성함에는 문자를 변개하지 못한다.
②삽입, 삭제 또는 난외기재를 할 때에는 이 기재한 곳에 날인하고 그 자수를 기재하여야 한다. 단, 삭제한 부분은 해득할 수 있도록 자체를 존치하여야 한다.

제59조(비공무원의 서류)
공무원 아닌 자가 작성하는 서류에는 연월일을 기재하고 기명날인 또는 서명하여야 한다. 인장이 없으면 지장으로 한다. <개정 2017.12.12.>

제59조의2(재판확정기록의 열람·등사)
①누구든지 권리구제·학술연구 또는 공익적 목적으로 재판이 확정된 사건의 소송기록을 보관하고 있는 검찰청에 그 소송기록의 열람 또는 등사를 신청할 수 있다.
②검사는 다음 각 호의 어느 하나에 해당하는 경우에는 소송기록의 전부 또는 일부의 열람 또는 등사를 제한할 수 있다. 다만, 소송관계인이나 이해관계 있는 제3자가 열람 또는 등사에 관하여 정당한 사유가 있다고 인정되는 경우에는 그러하지 아니하다.
1. 심리가 비공개로 진행된 경우
2. 소송기록의 공개로 인하여 국가의 안전보장, 선량한 풍속, 공공의 질서유지 또는 공공복리를 현저히 해할 우려가 있는 경우
3. 소송기록의 공개로 인하여 사건관계인의 명예나 사생활의 비밀 또는 생명·신체의 안전이나 생활의 평온을 현저히 해할 우려가 있는 경우
4. 소송기록의 공개로 인하여 공범관계에 있는 자 등의 증거인멸 또는 도주를 용이하게 하거나 관련 사건의 재판에 중대한 영향을 초래할 우려가 있는 경우
5. 소송기록의 공개로 인하여 피고인의 개선이나 갱생에 현저한 지장을 초래할 우려가 있는 경우
6. 소송기록의 공개로 인하여 사건관계인의 영업비밀(「부정경쟁방지 및 영업비밀보호에 관한 법률」 제2조제2호의 영업비밀을 말한다)이 현저하게 침해될 우려가 있는 경우
7. 소송기록의 공개에 대하여 당해 소송관계인이 동의하지 아니하는 경우
③검사는 제2항에 따라 소송기록의 열람 또는 등사를 제한하는 경우에는 신청인에게 그 사유를 명시하여 통지하여야 한다.
④검사는 소송기록의 보존을 위하여 필요하다고 인정하는 경우에는 그 소송기록의 등본을 열람 또는 등사하게 할 수 있다. 다만, 원본의 열람 또는 등사가 필요한 경우에는 그러하지 아니하다.
⑤소송기록을 열람 또는 등사한 자는 열람 또는 등사에 의하여 알게 된 사항을 이용하여 공공의 질서 또는 선량한 풍속을 해하거나 피고인의 개선 및 갱생을 방해하거나 사건관계인의 명예 또는 생활의 평온을 해하는 행위를 하여서는 아니 된다.
⑥제1항에 따라 소송기록의 열람 또는 등사를 신청한 자는 열람 또는 등사에 관한 검사의 처분에 불복하는 경우에는 당해 기록을 보관하고 있는 검찰청에 대응한 법원에 그 처분의 취소 또는 변경을 신청할 수 있다.
⑦제418조 및 제419조는 제6항의 불복신청에 관하여 준용한다.
[본조신설 2007.6.1.]

제59조의3(확정 판결서등의 열람·복사)
①누구든지 판결이 확정된 사건의 판결서 또는 그 등본, 증거목록 또는 그 등본, 그 밖에 검사나 피고인 또는 변호인이 법원에 제출한 서류·물건의 명칭·목록 또는 이에 해당하는 정보(이하 "판결서등"이라 한다)를 보관하는 법원에서 해당 판결서등을 열람 및 복사(인터넷, 그 밖의 전산정보처리시스템을 통한 전자적 방법을 포함한다. 이하 이 조에서 같다)할 수 있다. 다만, 다음 각 호의 어느 하나에 해당하는 경우에는 판결서등의 열람 및 복사를 제한할 수 있다.

1. 심리가 비공개로 진행된 경우
2. 「소년법」 제2조에 따른 소년에 관한 사건인 경우
3. 공범관계에 있는 자 등의 증거인멸 또는 도주를 용이하게 하거나 관련 사건의 재판에 중대한 영향을 초래할 우려가 있는 경우
4. 국가의 안전보장을 현저히 해할 우려가 명백하게 있는 경우
5. 제59조의2제2항제3호 또는 제6호의 사유가 있는 경우. 다만, 소송관계인의 신청이 있는 경우에 한정한다.
②법원사무관등이나 그 밖의 법원공무원은 제1항에 따른 열람 및 복사에 앞서 판결서등에 기재된 성명 등 개인정보가 공개되지 아니하도록 대법원규칙으로 정하는 보호조치를 하여야 한다.
③제2항에 따른 개인정보 보호조치를 한 법원사무관등이나 그 밖의 법원공무원은 고의 또는 중대한 과실로 인한 것이 아니면 제1항에 따른 열람 및 복사와 관련하여 민사상·형사상 책임을 지지 아니한다.
④열람 및 복사에 관하여 정당한 사유가 있는 소송관계인이나 이해관계 있는 제3자는 제1항 단서에도 불구하고 제1항 본문에 따른 법원의 법원사무관등이나 그 밖의 법원공무원에게 판결서등의 열람 및 복사를 신청할 수 있다. 이 경우 법원사무관등이나 그 밖의 법원공무원의 열람 및 복사에 관한 처분에 불복하는 경우에는 제1항 본문에 따른 법원에 처분의 취소 또는 변경을 신청할 수 있다.
⑤제4항의 불복신청에 대하여는 제417조 및 제418조를 준용한다.
⑥판결서등의 열람 및 복사의 방법과 절차, 개인정보 보호조치의 방법과 절차, 그 밖에 필요한 사항은 대법원규칙으로 정한다.
[본조신설 2011.7.18.]

제7장 송달

제60조(송달받기 위한 신고)
①피고인, 대리인, 대표자, 변호인 또는 보조인이 법원 소재지에 서류의 송달을 받을 수 있는 주거 또는 사무소를 두지 아니한 때에는 법원 소재지에 주거 또는 사무소 있는 자를 송달영수인으로 선임하여 연명한 서면으로 신고하여야 한다.
②송달영수인은 송달에 관하여 본인으로 간주하고 그 주거 또는 사무소는 본인의 주거 또는 사무소로 간주한다.
③송달영수인의 선임은 같은 지역에 있는 각 심급법원에 대하여 효력이 있다.
④전3항의 규정은 신체구속을 당한 자에게 적용하지 아니한다.

제61조(우체에 부치는 송달)
①주거, 사무소 또는 송달영수인의 선임을 신고하여야 할 자가 그 신고를 하지 아니하는 때에는 법원사무관등은 서류를 우체에 부치거나 기타 적당한 방법에 의하여 송달할 수 있다. <개정 2007.6.1.>
②서류를 우체에 부친 경우에는 도달된 때에 송달된 것으로 간주한다.

제62조(검사에 대한 송달)
검사에 대한 송달은 서류를 소속검찰청에 송부하여야 한다.

제63조(공시송달의 원인)
①피고인의 주거, 사무소와 현재지를 알 수 없는 때에는 공시송달을 할 수 있다.
②피고인이 재판권이 미치지 아니하는 장소에 있는 경우에 다른 방법으로 송달할 수 없는 때에도 전항과 같다.

판례-도로교통법 위반(음주운전)·도로교통법 위반(무면허운전)
[대법원 2013.6.27, 선고, 2013도2714, 판결]

【판시사항】

[1] 구치소나 교도소 등에 수감 중인 피고인에게 공시송달의 방법으로 소송서류를 송달한 것이 위법한지 여부(적극) 및 주거, 사무소, 현재지 등 소재가 확인되지 않는 피고인에게 공시송달을 할 때 법원이 취할 조치

[2] 제1심법원이 별건으로 수감 중인 피고인에게 공시송달의 방법으로 소송서류를 송달한 다음 피고인의 출석 없이 재판을 진행하여 유죄를 선고하였는데, 그 후 피고인이 상소권회복결정을 받아 원심 공판기일에 출석한 사안에서, 원심이 절차진행을 새로이 하지 아니한 채 제1심이 채택·조사한 증거만으로 피고인에게 유죄판결을 선고한 것은 위법하다고 한 사례

【판결요지】

[1] 피고인이 구치소나 교도소 등에 수감 중에 있는 경우는 형사소송법 제63조 제1항에 규정된 '피고인의 주거, 사무소, 현재지를 알 수 없는 때'나 '소송촉진 등에 관한 특례법' 제23조에 규정된 '피고인의 소재를 확인할 수 없는 경우'에 해당한다고 할 수 없으므로, 법원이 수감 중인 피고인에 대하여 공소장 부본과 피고인소환장 등을 종전 주소지 등으로 송달한 경우는 물론 공시송달의 방법으로 송달하였더라도 이는 위법하다고 보아야 한다. 따라서 법원은 주거, 사무소, 현재지 등 소재가 확인되지 않는 피고인에 대하여 공시송달을 할 때에는 검사에게 주소보정을 요구하거나 기타 필요한 조치를 취하여 피고인의 수감 여부를 확인할 필요가 있다.

[2] 제1심법원이 별건으로 수감 중인 피고인에게 공시송달의 방법으로 소송서류를 송달한 다음 피고인의 출석 없이 재판을 진행하여 유죄를 선고하였는데, 그 후 피고인이 상소권회복결정을 받아 원심 공판기일에 출석한 사안에서, 제1심의 피고인에 대한 송달은 위법하고, 위법한 공시송달에 기초하여 진행된 제1심 소송절차는 모두 위법하므로, 원심이 제1심의 공시송달이 적법함을 전제로 공소장 부본의 송달부터 증거조사 등 절차진행을 새로이 하지 아니한 채 제1심이 채택하여 조사한 증거만으로 피고인에게 유죄판결을 선고한 것은 위법하다고 한 사례.

제64조(공시송달의 방식)
①공시송달은 대법원규칙의 정하는 바에 의하여 법원이 명한 때에 한하여 할 수 있다.
②공시송달은 법원사무관등이 송달할 서류를 보관하고 그 사유를 법원게시장에 공시하여야 한다. <개정 1961.9.1., 2007.6.1.>
③법원은 전항의 사유를 관보나 신문지상에 공고할 것을 명할 수 있다. <개정 1961.9.1.>
④최초의 공시송달은 제2항의 공시를 한 날로부터 2주일을 경과하면 그 효력이 생긴다. 단, 제2회이후의 공시송달은 5일을 경과하면 그 효력이 생긴다. <개정 1961.9.1.>

제65조(「민사소송법」의 준용)
서류의 송달에 관하여 법률에 다른 규정이 없는 때에는 「민사소송법」을 준용한다. <개정 2007.6.1.>
[제목개정 2007.6.1.]

판례-항소기각결정에대한재항고
[대법원 2017.9.22, 자, 2017모1680, 결정]

【판시사항】

[1] 재감자에 대한 송달을 교도소 등의 장에게 하지 아니한 경우, 송달의 효력(=무효) / 통지의 방법 및 효력 발생 시기(=통지의 대상자에게 도달한 때)

[2] 구치소에 재감 중인 재항고인이 제1심판결에 대하여 항소하였는데, 항소심법원이 구치소로 소송기록접수통지서를 송달하면서 송달받을 사람을 구치소의 장이 아닌 재항고인으로 하였고 구치소 서무계원이 이를 수령한 사안에서, 소송기록접수의 통지는 효력이 없다고 한 사례

【판결요지】
[1] 교도소·구치소 또는 국가경찰관서의 유치장에 체포·구속 또는 유치된 사람에게 할 송달은 교도소·구
치소 또는 국가경찰관서의 장에게 하여야 하고(형사소송법 제65조, 민사소송법 제182조), 재감자에 대한
송달을 교도소 등의 장에게 하지 아니하였다면 그 송달은 부적법하여 무효이다. 한편 통지는 법령에 다
른 정함이 있다는 등의 특별한 사정이 없는 한 서면 이외에 구술·전화·모사전송·전자우편·휴대전화 문자
전송 그 밖에 적당한 방법으로도 할 수 있고, 통지의 대상자에게 도달됨으로써 효력이 발생한다.
[2] 구치소에 재감 중인 재항고인이 제1심판결에 대하여 항소하였는데, 항소심법원이 구치
소로 소송기록접수통지서를 송달하면서 송달받을 사람을 구치소의 장이 아닌 재항고인으
로 하였고 구치소 서무계원이 이를 수령한 사안에서, 송달받을 사람을 재항고인으로 한 송
달은 효력이 없고, 달리 재항고인에게 소송기록접수의 통지가 도달하였다는 등의 사정을
발견할 수 없으므로, 소송기록접수의 통지는 효력이 없다고 한 사례

제8장 기간

제66조(기간의 계산)

①기간의 계산에 관하여는 시(時)로 계산하는 것은 즉시(卽時)부터 기산하고 일(日), 월(月) 또는 연(年)으로 계산하
는 것은 초일을 산입하지 아니한다. 다만, 시효(時效)와 구속기간의 초일은 시간을 계산하지 아니하고 1일로 산정한다.
② 연 또는 월로 정한 기간은 연 또는 월 단위로 계산한다.
③기간의 말일이 공휴일이거나 토요일이면 그날은 기간에 산입하지 아니한다. 다만, 시효와
구속기간에 관하여는 예외로 한다.
[전문개정 2020.12.8.]

제67조(법정기간의 연장)

법정기간은 소송행위를 할 자의 주거 또는 사무소의 소재지와 법원 또는 검찰청 소재지와
의 거리 및 교통통신의 불편정도에 따라 대법원규칙으로 이를 연장할 수 있다.
[전문개정 1995.12.29.]

제9장 피고인의 소환, 구속

제68조(소환)

법원은 피고인을 소환할 수 있다.

제69조(구속의 정의)

본법에서 구속이라 함은 구인과 구금을 포함한다.

제70조(구속의 사유)

①법원은 피고인이 죄를 범하였다고 의심할 만한 상당한 이유가 있고 다음 각 호의 1에
해당하는 사유가 있는 경우에는 피고인을 구속할 수 있다. <개정 1995.12.29.>
1. 피고인이 일정한 주거가 없는 때
2. 피고인이 증거를 인멸할 염려가 있는 때
3. 피고인이 도망하거나 도망할 염려가 있는 때
②법원은 제1항의 구속사유를 심사함에 있어서 범죄의 중대성, 재범의 위험성, 피해자 및
중요 참고인 등에 대한 위해우려 등을 고려하여야 한다. <신설 2007.6.1.>
③다액 50만원이하의 벌금, 구류 또는 과료에 해당하는 사건에 관하여는 제1항제1호의 경우
를 제한 외에는 구속할 수 없다. <개정 1973.1.25., 1995.12.29., 2007.6.1.>

판례-공무집행방해·상해·도로교통법 위반(무면허운전)
[대법원 2013.9.12, 선고, 2012도2349, 판결]

【판시사항】
[1] 벌금형에 따르는 노역장유치의 집행을 위하여 형집행장을 발부하여 구인하는 경우, 구속사유에 관한 형사소송법 제70조나 구속이유의 고지에 관한 형사소송법 제72조가 준용되는지 여부(소극)
[2] 사법경찰관리가 벌금형을 받은 사람을 노역장유치 집행을 위하여 구인하는 경우, 검사로부터 발부받은 형집행장을 상대방에게 제시하여야 하는지 여부(적극) 및 형집행장의 제시 없이 구인할 수 있는 '급속을 요하는 때'의 의미

【판결요지】
[1] 벌금형에 따르는 노역장유치는 실질적으로 자유형과 동일한 것으로서 그 집행에 대하여는 자유형의 집행에 관한 규정이 준용된다(형사소송법 제492조). 구금되지 아니한 당사자에 대하여 형의 집행기관인 검사는 그 형의 집행을 위하여 당사자를 소환할 수 있고, 당사자가 소환에 응하지 아니한 때에는 형집행장을 발부하여 구인할 수 있다(형사소송법 제473조). 형사소송법 제475조는 이 경우 형집행장의 집행에 관하여 형사소송법 제1편 제9장에서 정하는 피고인의 구속에 관한 규정을 준용한다고 규정하고 있고, 여기서 '피고인의 구속에 관한 규정'은 '피고인의 구속영장의 집행에 관한 규정'을 의미한다고 할 것이므로, 형집행장의 집행에 관하여는 구속의 사유에 관한 형사소송법 제70조나 구속이유의 고지에 관한 형사소송법 제72조가 준용되지 아니한다.
[2] 사법경찰관리가 벌금형을 받은 사람을 그에 따르는 노역장유치의 집행을 위하여 구인하려면 검사로부터 발부받은 형집행장을 그 상대방에게 제시하여야 하지만(형사소송법 제85조 제1항 참조), 형집행장을 소지하지 아니한 경우에 급속을 요하는 때에는 그 상대방에 대하여 형집행 사유와 형집행장이 발부되었음을 고하고 집행할 수 있다(형사소송법 제85조 제3항 참조). 그리고 형집행장의 제시 없이 구인할 수 있는 '급속을 요하는 때'란 애초 사법경찰관리가 적법하게 발부된 형집행장을 소지할 여유가 없이 형집행의 상대방을 조우한 경우 등을 가리킨다.

제71조(구인의 효력)
구인한 피고인을 법원에 인치한 경우에 구금할 필요가 없다고 인정한 때에는 그 인치한 때로부터 24시간 내에 석방하여야 한다.

제71조의2(구인 후의 유치)
법원은 인치받은 피고인을 유치할 필요가 있는 때에는 교도소·구치소 또는 경찰서 유치장에 유치할 수 있다. 이 경우 유치기간은 인치한 때부터 24시간을 초과할 수 없다.
[본조신설 2007.6.1.]

제72조(구속과 이유의 고지)
피고인에 대하여 범죄사실의 요지, 구속의 이유와 변호인을 선임할 수 있음을 말하고 변명할 기회를 준 후가 아니면 구속할 수 없다 다만, 피고인이 도망한 경우에는 그러하지 아니하다. <개정 1987.11.28., 2007.6.1.>

제72조의2(고지의 방법)
①법원은 합의부원으로 하여금 제72조의 절차를 이행하게 할 수 있다. <개정 2021.8.17.>
②법원은 피고인이 출석하기 어려운 특별한 사정이 있고 상당하다고 인정하는 때에는 검사와 변호인의 의견을 들어 비디오 등 중계장치에 의한 중계시설을 통하여 제72조의 절차를 진행할 수 있다. <신설 2021.8.17.>
[본조신설 2014.10.15.]
[제목개정 2021.8.17.]

제73조(영장의 발부)
피고인을 소환함에는 소환장을, 구인 또는 구금함에는 구속영장을 발부하여야 한다.

제74조(소환장의 방식)
소환장에는 피고인의 성명, 주거, 죄명, 출석일시, 장소와 정당한 이유없이 출석하지 아니하는 때에는 도망할 염려가 있다고 인정하여 구속영장을 발부할 수 있음을 기재하고 재판장 또는 수명법관이 기명날인 또는 서명하여야 한다. <개정 1995.12.29., 2017.12.12.>

제75조(구속영장의 방식)
①구속영장에는 피고인의 성명, 주거, 죄명, 공소사실의 요지, 인치 구금할 장소, 발부년월일, 그 유효기간과 그 기간을 경과하면 집행에 착수하지 못하며 영장을 반환하여야 할 취지를 기재하고 재판장 또는 수명법관이 서명날인하여야 한다.
②피고인의 성명이 분명하지 아니한 때에는 인상, 체격, 기타 피고인을 특정할 수 있는 사항으로 피고인을 표시할 수 있다.
③피고인의 주거가 분명하지 아니한 때에는 그 주거의 기재를 생략할 수 있다.

제76조(소환장의 송달)
①소환장은 송달하여야 한다.
②피고인이 기일에 출석한다는 서면을 제출하거나 출석한 피고인에 대하여 차회기일을 정하여 출석을 명한 때에는 소환장의 송달과 동일한 효력이 있다.
③전항의 출석을 명한 때에는 그 요지를 조서에 기재하여야 한다.
④구금된 피고인에 대하여는 교도관에게 통지하여 소환한다. <개정 1963.12.13., 2007.6.1.>
⑤피고인이 교도관으로부터 소환통지를 받은 때에는 소환장의 송달과 동일한 효력이 있다. <개정 1963.12.13., 2007.6.1.>

제77조(구속의 촉탁)
①법원은 피고인의 현재지의 지방법원판사에게 피고인의 구속을 촉탁할 수 있다.
②수탁판사는 피고인이 관할구역 내에 현재하지 아니한 때에는 그 현재지의 지방법원판사에게 전촉할 수 있다.
③수탁판사는 구속영장을 발부하여야 한다.
④제75조의 규정은 전항의 구속영장에 준용한다.

제78조(촉탁에 의한 구속의 절차)
①전조의 경우에 촉탁에 의하여 구속영장을 발부한 판사는 피고인을 인치한 때로부터 24시간 이내에 그 피고인임에 틀림없는가를 조사하여야 한다.
②피고인임에 틀림없는 때에는 신속히 지정된 장소에 송치하여야 한다.

제79조(출석, 동행명령)
법원은 필요한 때에는 지정한 장소에 피고인의 출석 또는 동행을 명할 수 있다.

제80조(요급처분)
재판장은 급속을 요하는 경우에는 제68조부터 제71조까지, 제71조의2, 제73조, 제76조, 제77조와 전조에 규정한 처분을 할 수 있고 또는 합의부원으로 하여금 처분을 하게 할 수 있다. <개정 2014.10.15.>

제81조(구속영장의 집행)
①구속영장은 검사의 지휘에 의하여 사법경찰관리가 집행한다. 단, 급속을 요하는 경우에는 재판장, 수명법관 또는 수탁판사가 그 집행을 지휘할 수 있다.

②제1항 단서의 경우에는 법원사무관등에게 그 집행을 명할 수 있다. 이 경우에 법원사무관등은 그 집행에 관하여 필요한 때에는 사법경찰관리·교도관 또는 법원경위에게 보조를 요구할 수 있으며 관할구역 외에서도 집행할 수 있다. <개정 2007.6.1.>
③교도소 또는 구치소에 있는 피고인에 대하여 발부된 구속영장은 검사의 지휘에 의하여 교도관이 집행한다. <개정 1963.12.13., 2007.6.1.>

판례-부정 처사후 수뢰(일부 예비적 죄명:직무유기)·뇌물 수수·범인 도피

[대법원 2011.9.8, 선고, 2009도13371, 판결]

【판시사항】
[1] 벌금미납자에 대한 노역장유치 집행을 위하여 검사의 지휘를 받아 형집행장을 집행하는 경우, 벌금미납자 검거가 사법경찰관리의 직무범위에 속하는지 여부(적극)
[2] 경찰관인 피고인이 벌금미납자로 지명수배되어 있던 甲을 세 차례에 걸쳐 만나고도 그를 검거하여 검찰청에 신병을 인계하는 등 필요한 조치를 취하지 않아 직무를 유기하였다는 내용으로 예비적으로 기소된 사안에서, 공소사실을 무죄로 인정한 원심판단에 법리오해의 위법이 있다고 한 사례

【판결요지】
[1] 형사소송법 제460조 제1항, 제473조에 의하면 재판의 집행은 검사가 지휘하고, 검사는 신체를 구금하는 자유형의 집행을 위하여 형집행장을 발부하여 수형자를 구인할 수 있으며, 같은 법 제475조, 제81조에 의하면 구속영장과 동일한 효력이 있는 형집행장은 검사의 지휘에 의하여 사법경찰관리가 집행하고, 이러한 형의 집행에 관한 규정은 같은 법 제492조에 의하여 벌금미납자에 대한 노역장유치의 집행에 준용되고 있다. 이러한 규정을 종합하면 사법경찰관리도 검사의 지휘를 받아 벌금미납자에 대한 노역장유치의 집행을 위하여 형집행장의 집행 등을 할 권한이 있으므로, 이 경우 벌금미납자에 대한 검거는 사법경찰관리의 직무범위에 속한다고 보아야 한다.
[2] 경찰관인 피고인이 벌금미납자로 지명수배되어 있던 甲을 세 차례에 걸쳐 만나고도 그를 검거하여 검찰청에 신병을 인계하는 등 필요한 조치를 취하지 않아 정당한 이유 없이 직무를 유기하였다는 내용으로 예비적으로 기소된 사안에서, 벌금미납자에 대한 노역장유치 집행을 위하여 검사의 지휘를 받아 형집행장을 집행하는 경우 벌금미납자 검거는 사법경찰관리의 직무범위에 속한다고 보아야 하는데도, 재판의 집행이 사법경찰관리의 직무범위에 속한다고 볼 법률적 근거가 없다는 이유로 甲에 대하여 실제 형집행장이 발부되어 있었는지 등에 대하여 나아가 심리하지 않은 채 공소사실을 무죄로 인정한 원심판단에 법리오해의 위법이 있다고 한 사례.

제82조(수통의 구속영장의 작성)
①구속영장은 수통을 작성하여 사법경찰관리 수인에게 교부할 수 있다.
②전항의 경우에는 그 사유를 구속영장에 기재하여야 한다.

제83조(관할구역 외에서의 구속영장의 집행과 그 촉탁)
①검사는 필요에 의하여 관할구역 외에서 구속영장의 집행을 지휘할 수 있고 또는 당해 관할구역의 검사에게 집행지휘를 촉탁할 수 있다.
②사법경찰관리는 필요에 의하여 관할구역 외에서 구속영장을 집행할 수 있고 또는 당해 관할구역의 사법경찰관리에게 집행을 촉탁할 수 있다.

제84조(고등검찰청검사장 또는 지방검찰청검사장에 대한 수사촉탁)
피고인의 현재지가 분명하지 아니한 때에는 재판장은 고등검찰청검사장 또는 지방검찰청검사장에게 그 수사와 구속영장의 집행을 촉탁할 수 있다. <개정 2004.1.20.>
[제목개정 2004.1.20.]

제85조(구속영장집행의 절차)

①구속영장을 집행함에는 피고인에게 반드시 이를 제시하여야 하며 신속히 지정된 법원 기타 장소에 인치하여야 한다.
②제77조제3항의 구속영장에 관하여는 이를 발부한 판사에게 인치하여야 한다.
③구속영장을 소지하지 아니한 경우에 급속을 요하는 때에는 피고인에 대하여 공소사실의 요지와 영장이 발부되었음을 고하고 집행할 수 있다.
④전항의 집행을 완료한 후에는 신속히 구속영장을 제시하여야 한다.

판례-공무집행방해

[대법원 2010.10.14, 선고, 2010도8591, 판결]

【판시사항】
[1] 사법경찰관리가 벌금형에 따르는 노역장 유치의 집행을 위하여 구인하는 경우, 검사로부터 발부받은 형집행장을 그 상대방에게 제시하여야 하는지 여부(적극)
[2] 경찰관이 벌금형에 따르는 노역장 유치의 집행을 위하여 형집행장을 소지하지 아니한 채 피고인을 체포·구인하려고 하자 피고인이 이를 거부하면서 경찰관을 폭행한 사안에서, 위 공무집행방해의 공소사실에 대하여 무죄를 선고한 원심판단을 수긍한 사례

【판결요지】
[1] 벌금형에 따르는 노역장 유치는 실질적으로 자유형과 동일하므로, 그 집행에 대하여는 자유형의 집행에 관한 규정이 준용된다(형사소송법 제492조). 따라서 구금되지 아니한 당사자에 대하여 형의 집행기관인 검사는 그 형의 집행을 위하여 이를 소환할 수 있으나, 당사자가 소환에 응하지 아니한 때에는 형집행장을 발부하여 이를 구인할 수 있는데(같은 법 제473조), 이 경우의 형집행장의 집행에 관하여는 형사소송법 제1편 제9장(제68조 이하)에서 정하는 피고인의 구속에 관한 규정이 준용된다(같은 법 제475조). 그리하여 사법경찰관리가 벌금형을 받은 이를 그에 따르는 노역장 유치의 집행을 위하여 구인하려면, 검사로부터 발부받은 형집행장을 그 상대방에게 제시하여야 한다(같은 법 제85조 제1항).
[2] 경찰관이 벌금형에 따르는 노역장 유치의 집행을 위하여 형집행장을 소지하지 아니한 채 피고인을 구인할 목적으로 그의 주거지를 방문하여 임의동행의 형식으로 데리고 가다가, 피고인이 동행을 거부하며 다른 곳으로 가려는 것을 제지하면서 체포·구인하려고 하자 피고인이 이를 거부하면서 경찰관을 폭행한 사안에서, 위와 같이 피고인을 체포·구인하려고 한 것은 노역장 유치의 집행에 관한 법규정에 반하는 것으로서 적법한 공무집행행위라고 할 수 없으며, 또한 그 경우에 형집행장의 제시 없이 구인할 수 있는 '급속을 요하는 경우'(형사소송법 제85조 제3항)에 해당한다고 할 수 없고, 이는 피고인이 벌금미납자로 지명수배 되었다고 하더라도 달리 볼 것이 아니라는 이유로, 위 공무집행방해의 공소사실에 대하여 무죄를 선고한 원심판단을 수긍한 사례.

제86조(호송 중의 가유치)

구속영장의 집행을 받은 피고인을 호송할 경우에 필요하면 가장 가까운 교도소 또는 구치소에 임시로 유치할 수 있다.
[전문개정 2020.12.8.]

제87조(구속의 통지)

①피고인을 구속한 때에는 변호인이 있는 경우에는 변호인에게, 변호인이 없는 경우에는 제30조제2항에 규정한 자 중 피고인이 지정한 자에게 피고사건명, 구속일시·장소, 범죄사실의 요지, 구속의 이유와 변호인을 선임할 수 있는 취지를 알려야 한다. <개정 1987.11.28., 1995.12.29.>
②제1항의 통지는 지체없이 서면으로 하여야 한다. <개정 1987.11.28.>

제88조(구속과 공소사실 등의 고지)

피고인을 구속한 때에는 즉시 공소사실의 요지와 변호인을 선임할 수 있음을 알려야 한다.

제89조(구속된 피고인의 접견·진료)
구속된 피고인은 관련 법률이 정한 범위에서 타인과 접견하고 서류나 물건을 수수하며 의사의 진료를 받을 수 있다.
[전문개정 2020.12.8.]

제90조(변호인의 의뢰)
①구속된 피고인은 법원, 교도소장 또는 구치소장 또는 그 대리자에게 변호사를 지정하여 변호인의 선임을 의뢰할 수 있다. <개정 1963.12.13.>
②전항의 의뢰를 받은 법원, 교도소장 또는 구치소장 또는 그 대리자는 급속히 피고인이 지명한 변호사에게 그 취지를 통지하여야 한다. <개정 1963.12.13.>

제91조(변호인 아닌 자와의 접견·교통)
법원은 도망하거나 범죄의 증거를 인멸할 염려가 있다고 인정할 만한 상당한 이유가 있는 때에는 직권 또는 검사의 청구에 의하여 결정으로 구속된 피고인과 제34조에 규정한 외의 타인과의 접견을 금지할 수 있고, 서류나 그 밖의 물건을 수수하지 못하게 하거나 검열 또는 압수할 수 있다. 다만, 의류·양식·의료품은 수수를 금지하거나 압수할 수 없다.
[전문개정 2020.12.8.]

제92조(구속기간과 갱신)
①구속기간은 2개월로 한다. <개정 2007.6.1.>
②제1항에도 불구하고 특히 구속을 계속할 필요가 있는 경우에는 심급마다 2개월 단위로 2차에 한하여 결정으로 갱신할 수 있다. 다만, 상소심은 피고인 또는 변호인이 신청한 증거의 조사, 상소이유를 보충하는 서면의 제출 등으로 추가 심리가 필요한 부득이한 경우에는 3차에 한하여 갱신할 수 있다. <개정 2007.6.1.>
③제22조, 제298조제4항, 제306조제1항 및 제2항의 규정에 의하여 공판절차가 정지된 기간 및 공소제기전의 체포·구인·구금 기간은 제1항 및 제2항의 기간에 산입하지 아니한다. <신설 1961.9.1., 1995.12.29., 2007.6.1.>

제93조(구속의 취소)
구속의 사유가 없거나 소멸된 때에는 법원은 직권 또는 검사, 피고인, 변호인과 제30조제2항에 규정한 자의 청구에 의하여 결정으로 구속을 취소하여야 한다.

제94조(보석의 청구)
피고인, 피고인의 변호인·법정대리인·배우자·직계친족·형제자매·가족·동거인 또는 고용주는 법원에 구속된 피고인의 보석을 청구할 수 있다.
[전문개정 2007.6.1.]

제95조(필요적 보석)
보석의 청구가 있는 때에는 다음 이외의 경우에는 보석을 허가하여야 한다. <개정 1973.12.20., 1995.12.29.>
1. 피고인이 사형, 무기 또는 장기 10년이 넘는 징역이나 금고에 해당하는 죄를 범한 때
2. 피고인이 누범에 해당하거나 상습범인 죄를 범한 때
3. 피고인이 죄증을 인멸하거나 인멸할 염려가 있다고 믿을 만한 충분한 이유가 있는 때
4. 피고인이 도망하거나 도망할 염려가 있다고 믿을 만한 충분한 이유가 있는 때
5. 피고인의 주거가 분명하지 아니한 때
6. 피고인이 피해자, 당해 사건의 재판에 필요한 사실을 알고 있다고 인정되는 자 또는 그 친족의 생명·신체나 재산에 해를 가하거나 가할 염려가 있다고 믿을만한 충분한 이유가 있는 때
[전문개정 1973.1.25.]

제96조(임의적 보석)
법원은 제95조의 규정에 불구하고 상당한 이유가 있는 때에는 직권 또는 제94조에 규정한 자의 청구에 의하여 결정으로 보석을 허가할 수 있다. <개정 1995.12.29.>

제97조(보석, 구속의 취소와 검사의 의견)
①재판장은 보석에 관한 결정을 하기 전에 검사의 의견을 물어야 한다. <개정 2007.6.1.>
②구속의 취소에 관한 결정을 함에 있어서도 검사의 청구에 의하거나 급속을 요하는 경우외에는 제1항과 같다. <개정 1995.12.29.>
③검사는 제1항 및 제2항에 따른 의견요청에 대하여 지체 없이 의견을 표명하여야 한다. <신설 2007.6.1.>
④구속을 취소하는 결정에 대하여는 검사는 즉시항고를 할 수 있다. <개정 1995.12.29., 2007.6.1.>
[전문개정 1973.1.25.]
[93헌가2 1993. 12. 23.(1973.1.25. 法2450)]

제98조(보석의 조건)
법원은 보석을 허가하는 경우에는 필요하고 상당한 범위 안에서 다음 각 호의 조건 중 하나 이상의 조건을 정하여야 한다. <개정 2020.12.8.>
1. 법원이 지정하는 일시·장소에 출석하고 증거를 인멸하지 아니하겠다는 서약서를 제출할 것
2. 법원이 정하는 보증금에 해당하는 금액을 납입할 것을 약속하는 약정서를 제출할 것
3. 법원이 지정하는 장소로 주거를 제한하고 주거를 변경할 필요가 있는 경우에는 법원의 허가를 받는 등 도주를 방지하기 위하여 행하는 조치를 받아들일 것
4. 피해자, 당해 사건의 재판에 필요한 사실을 알고 있다고 인정되는 사람 또는 그 친족의 생명·신체·재산에 해를 가하는 행위를 하지 아니하고 주거·직장 등 그 주변에 접근하지 아니할 것
5. 피고인 아닌 자가 작성한 출석보증서를 제출할 것
6. 법원의 허가 없이 외국으로 출국하지 아니할 것을 서약할 것
7. 법원이 지정하는 방법으로 피해자의 권리 회복에 필요한 금전을 공탁하거나 그에 상당하는 담보를 제공할 것
8. 피고인이나 법원이 지정하는 자가 보증금을 납입하거나 담보를 제공할 것
9. 그 밖에 피고인의 출석을 보증하기 위하여 법원이 정하는 적당한 조건을 이행할 것
[전문개정 2007.6.1.]

제99조(보석조건의 결정 시 고려사항)
①법원은 제98조의 조건을 정할 때 다음 각 호의 사항을 고려하여야 한다. <개정 2020.12.8.>
1. 범죄의 성질 및 죄상(罪狀)
2. 증거의 증명력
3. 피고인의 전과(前科)·성격·환경 및 자산
4. 피해자에 대한 배상 등 범행 후의 정황에 관련된 사항
②법원은 피고인의 자금능력 또는 자산 정도로는 이행할 수 없는 조건을 정할 수 없다. <개정 2020.12.8.>
[전문개정 2007.6.1.]

제100조(보석집행의 절차)
①제98조제1호·제2호·제5호·제7호 및 제8호의 조건은 이를 이행한 후가 아니면 보석허가결정을 집행하지 못하며, 법원은 필요하다고 인정하는 때에는 다른 조건에 관하여도 그 이행 이후 보석허가결정을 집행하도록 정할 수 있다. <개정 2007.6.1.>
②법원은 보석청구자 이외의 자에게 보증금의 납입을 허가할 수 있다.

③법원은 유가증권 또는 피고인 외의 자가 제출한 보증서로써 보증금에 갈음함을 허가할 수 있다. <개정 2007.6.1.>
④전항의 보증서에는 보증금액을 언제든지 납입할 것을 기재하여야 한다.
⑤법원은 보석허가결정에 따라 석방된 피고인이 보석조건을 준수하는데 필요한 범위 안에서 관 공서나 그 밖의 공사단체에 대하여 적절한 조치를 취할 것을 요구할 수 있다. <신설 2007.6.1.>
[제목개정 2007.6.1.]

제100조의2(출석보증인에 대한 과태료)
①법원은 제98조제5호의 조건을 정한 보석허가결정에 따라 석방된 피고인이 정당한 사유 없 이 기일에 불출석하는 경우에는 결정으로 그 출석보증인에 대하여 500만원 이하의 과태료를 부과할 수 있다.
②제1항의 결정에 대하여는 즉시항고를 할 수 있다.
[본조신설 2007.6.1.]

제101조(구속의 집행정지)
①법원은 상당한 이유가 있는 때에는 결정으로 구속된 피고인을 친족·보호단체 기타 적당 한 자에게 부탁하거나 피고인의 주거를 제한하여 구속의 집행을 정지할 수 있다.
②전항의 결정을 함에는 검사의 의견을 물어야 한다. 단, 급속을 요하는 경우에는 그러하지 아니하다.
③ 삭제 <2015.7.31.>
④헌법 제44조에 의하여 구속된 국회의원에 대한 석방요구가 있으면 당연히 구속영장의 집행이 정 지된다. <개정 1980.12.18., 1987.11.28.>
⑤전항의 석방요구의 통고를 받은 검찰총장은 즉시 석방을 지휘하고 그 사유를 수소법원 에 통지하여야 한다.
[전문개정 1973.1.25.]
[2015.7.31. 법률 제13454호에 의하여 2012.6.27. 헌법재판소에서 위헌 결정된 이 조 제3항을 삭제함.]

제102조(보석조건의 변경과 취소 등)
①법원은 직권 또는 제94조에 규정된 자의 신청에 따라 결정으로 피고인의 보석조건을 변경 하거나 일정기간 동안 당해 조건의 이행을 유예할 수 있다.
②법원은 피고인이 다음 각 호의 어느 하나에 해당하는 경우에는 직권 또는 검사의 청구 에 따라 결정으로 보석 또는 구속의 집행정지를 취소할 수 있다. 다만, 제101조제4항에 따 른 구속영장의 집행정지는 그 회기 중 취소하지 못한다.
1. 도망한 때
2. 도망하거나 죄증을 인멸할 염려가 있다고 믿을 만한 충분한 이유가 있는 때
3. 소환을 받고 정당한 사유 없이 출석하지 아니한 때
4. 피해자, 당해 사건의 재판에 필요한 사실을 알고 있다고 인정되는 자 또는 그 친족의 생명·신 체·재산에 해를 가하거나 가할 염려가 있다고 믿을 만한 충분한 이유가 있는 때
5. 법원이 정한 조건을 위반한 때
③법원은 피고인이 정당한 사유 없이 보석조건을 위반한 경우에는 결정으로 피고인에 대하 여 1천만원 이하의 과태료를 부과하거나 20일 이내의 감치에 처할 수 있다.
④제3항의 결정에 대하여는 즉시항고를 할 수 있다.
[전문개정 2007.6.1.]

제103조(보증금 등의 몰취)
①법원은 보석을 취소하는 때에는 직권 또는 검사의 청구에 따라 결정으로 보증금 또는 담보의 전부 또는 일부를 몰취할 수 있다.
②법원은 보증금의 납입 또는 담보제공을 조건으로 석방된 피고인이 동일한 범죄사실에 관 하여 형의 선고를 받고 그 판결이 확정된 후 집행하기 위한 소환을 받고 정당한 사유 없이

출석하지 아니하거나 도망한 때에는 직권 또는 검사의 청구에 따라 결정으로 보증금 또는 담보의 전부 또는 일부를 몰취하여야 한다.
[전문개정 2007.6.1.]

제104조(보증금 등의 환부)
구속 또는 보석을 취소하거나 구속영장의 효력이 소멸된 때에는 몰취하지 아니한 보증금 또는 담보를 청구한 날로부터 7일 이내에 환부하여야 한다. <개정 2007.6.1.>
[제목개정 2007.6.1.]

제104조의2(보석조건의 효력상실 등)
①구속영장의 효력이 소멸한 때에는 보석조건은 즉시 그 효력을 상실한다.
②보석이 취소된 경우에도 제1항과 같다. 다만, 제98조제8호의 조건은 예외로 한다.
[본조신설 2007.6.1.]

제105조(상소와 구속에 관한 결정)
상소기간 중 또는 상소 중의 사건에 관하여 구속기간의 갱신, 구속의 취소, 보석, 구속의 집행정지와 그 정지의 취소에 대한 결정은 소송기록이 원심법원에 있는 때에는 원심법원이 하여야 한다.

제10장 압수와 수색

제106조(압수)
①법원은 필요한 때에는 피고사건과 관계가 있다고 인정할 수 있는 것에 한정하여 증거물 또는 몰수할 것으로 사료하는 물건을 압수할 수 있다. 단, 법률에 다른 규정이 있는 때에는 예외로 한다. <개정 2011.7.18.>
②법원은 압수할 물건을 지정하여 소유자, 소지자 또는 보관자에게 제출을 명할 수 있다.
③법원은 압수의 목적물이 컴퓨터용디스크, 그 밖에 이와 비슷한 정보저장매체(이하 이 항에서 "정보저장매체등"이라 한다)인 경우에는 기억된 정보의 범위를 정하여 출력하거나 복제하여 제출받아야 한다. 다만, 범위를 정하여 출력 또는 복제하는 방법이 불가능하거나 압수의 목적을 달성하기에 현저히 곤란하다고 인정되는 때에는 정보저장매체등을 압수할 수 있다. <신설 2011.7.18.>
④법원은 제3항에 따라 정보를 제공받은 경우 「개인정보 보호법」 제2조제3호에 따른 정보주체에게 해당 사실을 지체 없이 알려야 한다. <신설 2011.7.18.>

제107조(우체물의 압수)
①법원은 필요한 때에는 피고사건과 관계가 있다고 인정할 수 있는 것에 한정하여 우체물 또는 「통신비밀보호법」 제2조제3호에 따른 전기통신(이하 "전기통신"이라 한다)에 관한 것으로서 체신관서, 그 밖의 관련 기관 등이 소지 또는 보관하는 물건의 제출을 명하거나 압수를 할 수 있다. <개정 2011.7.18.>
②삭제 <2011.7.18.>
③제1항에 따른 처분을 할 때에는 발신인이나 수신인에게 그 취지를 통지하여야 한다. 단, 심리에 방해될 염려가 있는 경우에는 예외로 한다. <개정 2011.7.18.>

제108조(임의 제출물 등의 압수)
소유자, 소지자 또는 보관자가 임의로 제출한 물건 또는 유류한 물건은 영장없이 압수할 수 있다.

제109조(수색)

①법원은 필요한 때에는 피고사건과 관계가 있다고 인정할 수 있는 것에 한정하여 피고인의 신체, 물건 또는 주거, 그 밖의 장소를 수색할 수 있다. <개정 2011.7.18.>
②피고인 아닌 자의 신체, 물건, 주거 기타 장소에 관하여는 압수할 물건이 있음을 인정할 수 있는 경우에 한하여 수색할 수 있다.

제110조(군사상 비밀과 압수)

①군사상 비밀을 요하는 장소는 그 책임자의 승낙 없이는 압수 또는 수색할 수 없다.
②전항의 책임자는 국가의 중대한 이익을 해하는 경우를 제외하고는 승낙을 거부하지 못한다.

제111조(공무상 비밀과 압수)

①공무원 또는 공무원이었던 자가 소지 또는 보관하는 물건에 관하여는 본인 또는 그 해당 공무소가 직무상의 비밀에 관한 것임을 신고한 때에는 그 소속공무소 또는 당해 감독관공서의 승낙 없이는 압수하지 못한다.
②소속공무소 또는 당해 감독관공서는 국가의 중대한 이익을 해하는 경우를 제외하고는 승낙을 거부하지 못한다.

제112조(업무상비밀과 압수)

변호사, 변리사, 공증인, 공인회계사, 세무사, 대서업자, 의사, 한의사, 치과의사, 약사, 약종상, 조산사, 간호사, 종교의 직에 있는 자 또는 이러한 직에 있던 자가 그 업무상 위탁을 받아 소지 또는 보관하는 물건으로 타인의 비밀에 관한 것은 압수를 거부할 수 있다. 단, 그 타인의 승낙이 있거나 중대한 공익상 필요가 있는 때에는 예외로 한다. <개정 1980.12.18., 1997.12.13.>

제113조(압수·수색영장)

공판정 외에서 압수 또는 수색을 함에는 영장을 발부하여 시행하여야 한다.

제114조(영장의 방식)

①압수·수색영장에는 다음 각 호의 사항을 기재하고 재판장이나 수명법관이 서명날인하여야 한다. 다만, 압수·수색할 물건이 전기통신에 관한 것인 경우에는 작성기간을 기재하여야 한다. <개정 2011.7.18., 2020.12.8.>
1. 피고인의 성명
2. 죄명
3. 압수할 물건
4. 수색할 장소·신체·물건
5. 영장 발부 연월일
6. 영장의 유효기간과 그 기간이 지나면 집행에 착수할 수 없으며 영장을 반환하여야 한다는 취지
7. 그 밖에 대법원규칙으로 정하는 사항
② 제1항의 영장에 관하여는 제75조제2항을 준용한다. <개정 2020.12.8.>
[제목개정 2020.12.8.]

판례-배임수재·축산물가공처리법위반·사기·특정범죄가중처벌등에관한법률위반
[조세]·조세범처벌법위반

[대법원 2016.3.10. 선고, 2013도11233, 판결]

【판시사항】

검사 또는 사법경찰관이 영장 발부 사유로 된 범죄 혐의사실과 무관한 별개의 증거를 압수한 경우, 유죄 인정의 증거로 사용할 수 있는지 여부(원칙적 소극) / 수사기관이 별개의 증거를 환부하고 후에 임의제출받아 다시 압수한 경우, 제출에 임의성이 있다는 점에 관한 증

명책임 소재(=검사)와 증명 정도 및 임의로 제출된 것이라고 볼 수 없는 경우 증거능력을 인정할 수 있는지 여부(소극)

【판결요지】
검사 또는 사법경찰관은 범죄수사에 필요한 때에는 피의자가 죄를 범하였다고 의심할 만한 정황이 있는 경우에 판사로부터 발부받은 영장에 의하여 압수·수색을 할 수 있으나, 압수·수색은 영장 발부의 사유로 된 범죄 혐의사실과 관련된 증거에 한하여 할 수 있으므로, 영장 발부의 사유로 된 범죄 혐의사실과 무관한 별개의 증거를 압수하였을 경우 이는 원칙적으로 유죄 인정의 증거로 사용할 수 없다. 다만 수사기관이 별개의 증거를 피압수자 등에게 환부하고 후에 임의제출받아 다시 압수하였다면 증거를 압수한 최초의 절차 위반행위와 최종적인 증거수집 사이의 인과관계가 단절되었다고 평가할 수 있으나, 환부 후 다시 제출하는 과정에서 수사기관의 우월적 지위에 의하여 임의제출 명목으로 실질적으로 강제적인 압수가 행하여질 수 있으므로, 제출에 임의성이 있다는 점에 관하여는 검사가 합리적 의심을 배제할 수 있을 정도로 증명하여야 하고, 임의로 제출된 것이라고 볼 수 없는 경우에는 증거능력을 인정할 수 없다.

제115조(영장의 집행)
①압수·수색영장은 검사의 지휘에 의하여 사법경찰관리가 집행한다. 단, 필요한 경우에는 재판장은 법원사무관등에게 그 집행을 명할 수 있다. <개정 2007.6.1.>
②제83조의 규정은 압수·수색영장의 집행에 준용한다.

제116조(주의사항)
압수·수색영장을 집행할 때에는 타인의 비밀을 보호하여야 하며 처분받은 자의 명예를 해하지 아니하도록 주의하여야 한다.
[전문개정 2020.12.8.]

제117조(집행의 보조)
법원사무관등은 압수·수색영장의 집행에 관하여 필요한 때에는 사법경찰관리에게 보조를 구할 수 있다. <개정 2007.6.1.>

제118조(영장의 제시)
압수·수색영장은 처분을 받는 자에게 반드시 제시하여야 한다.

제119조(집행 중의 출입금지)
①압수·수색영장의 집행 중에는 타인의 출입을 금지할 수 있다.
②전항의 규정에 위배한 자에게는 퇴거하게 하거나 집행종료시까지 간수자를 붙일 수 있다.

제120조(집행과 필요한 처분)
①압수·수색영장의 집행에 있어서는 건정을 열거나 개봉 기타 필요한 처분을 할 수 있다.
②전항의 처분은 압수물에 대하여도 할 수 있다.

제121조(영장집행과 당사자의 참여)
검사, 피고인 또는 변호인은 압수·수색영장의 집행에 참여할 수 있다.

제122조(영장집행과 참여권자에의 통지)
압수·수색영장을 집행함에는 미리 집행의 일시와 장소를 전조에 규정한 자에게 통지하여야 한다. 단, 전조에 규정한 자가 참여하지 아니한다는 의사를 명시한 때 또는 급속을 요하는 때에는 예외로 한다.

제123조(영장의 집행과 책임자의 참여)

① 공무소, 군사용 항공기 또는 선박·차량 안에서 압수·수색영장을 집행하려면 그 책임 자에게 참여할 것을 통지하여야 한다.

② 제1항에 규정한 장소 외에 타인의 주거, 간수자 있는 가옥, 건조물(建造物), 항공기 또는 선박·차량 안에서 압수·수색영장을 집행할 때에는 주거주(住居主), 간수자 또는 이에 준하 는 사람을 참여하게 하여야 한다.

③ 제2항의 사람을 참여하게 하지 못할 때에는 이웃 사람 또는 지방공공단체의 직원을 참 여하게 하여야 한다.

[전문개정 2020.12.8.]

제124조(여자의 수색과 참여)

여자의 신체에 대하여 수색할 때에는 성년의 여자를 참여하게 하여야 한다.

제125조(야간집행의 제한)

일출 전, 일몰 후에는 압수·수색영장에 야간집행을 할 수 있는 기재가 없으면 그 영장을 집행하 기 위하여 타인의 주거, 간수자 있는 가옥, 건조물, 항공기 또는 선차 내에 들어가지 못한다.

제126조(야간집행제한의 예외)

다음 장소에서 압수·수색영장을 집행함에는 전조의 제한을 받지 아니한다.

1. 도박 기타 풍속을 해하는 행위에 상용된다고 인정하는 장소

2. 여관, 음식점 기타 야간에 공중이 출입할 수 있는 장소. 단, 공개한 시간 내에 한한다.

제127조(집행중지와 필요한 처분)

압수·수색영장의 집행을 중지한 경우에 필요한 때에는 집행이 종료될 때까지 그 장소를 폐쇄하거나 간수자를 둘 수 있다.

제128조(증명서의 교부)

수색한 경우에 증거물 또는 몰취할 물건이 없는 때에는 그 취지의 증명서를 교부하여야 한다.

제129조(압수목록의 교부)

압수한 경우에는 목록을 작성하여 소유자, 소지자, 보관자 기타 이에 준할 자에게 교부하여야 한다.

제130조(압수물의 보관과 폐기)

①운반 또는 보관에 불편한 압수물에 관하여는 간수자를 두거나 소유자 또는 적당한 자의 승낙을 얻어 보관하게 할 수 있다.

②위험발생의 염려가 있는 압수물은 폐기할 수 있다.

③법령상 생산·제조·소지·소유 또는 유통이 금지된 압수물로서 부패의 염려가 있거나 보관하 기 어려운 압수물은 소유자 등 권한 있는 자의 동의를 받아 폐기할 수 있다. <신설 2007.6.1.>

제131조(주의사항)

압수물에 대하여는 그 상실 또는 파손등의 방지를 위하여 상당한 조치를 하여야 한다.

제132조(압수물의 대가보관)

①몰수하여야 할 압수물로서 멸실·파손·부패 또는 현저한 가치 감소의 염려가 있거나 보관하기 어려운 압수물은 매각하여 대가를 보관할 수 있다.

②환부하여야 할 압수물 중 환부를 받을 자가 누구인지 알 수 없거나 그 소재가 불명한 경우로서 그 압수물의 멸실·파손·부패 또는 현저한 가치 감소의 염려가 있거나 보관하 기 어려운 압수물은 매각하여 대가를 보관할 수 있다.

[전문개정 2007.6.1.]

제133조(압수물의 환부, 가환부)
①압수를 계속할 필요가 없다고 인정되는 압수물은 피고사건 종결 전이라도 결정으로 환부하여야 하고 증거에 공할 압수물은 소유자, 소지자, 보관자 또는 제출인의 청구에 의하여 가환부할 수 있다.
②증거에만 공할 목적으로 압수한 물건으로서 그 소유자 또는 소지자가 계속 사용하여야 할 물건은 사진촬영 기타 원형보존의 조치를 취하고 신속히 가환부하여야 한다.

제134조(압수장물의 피해자환부)
압수한 장물은 피해자에게 환부할 이유가 명백한 때에는 피고사건의 종결 전이라도 결정으로 피해자에게 환부할 수 있다.

제135조(압수물처분과 당사자에의 통지)
전3조의 결정을 함에는 검사, 피해자, 피고인 또는 변호인에게 미리 통지하여야 한다.

제136조(수명법관, 수탁판사)
①법원은 압수 또는 수색을 합의부원에게 명할 수 있고 그 목적물의 소재지를 관할하는 지방법원 판사에게 촉탁할 수 있다.
②수탁판사는 압수 또는 수색의 목적물이 그 관할구역 내에 없는 때에는 그 목적물 소재지지방법원 판사에게 전촉할 수 있다.
③수명법관, 수탁판사가 행하는 압수 또는 수색에 관하여는 법원이 행하는 압수 또는 수색에 관한 규정을 준용한다.

제137조(구속영장집행과 수색)
검사, 사법경찰관리 또는 제81조제2항의 규정에 의한 법원사무관등이 구속영장을 집행할 경우에 필요한 때에는 미리 수색영장을 발부받기 어려운 긴급한 사정이 있는 경우에 한정하여 타인의 주거, 간수자있는 가옥, 건조물, 항공기, 선차 내에 들어가 피고인을 수색할 수 있다. <개정 2007.6.1., 2019.12.31.>

제138조(준용규정)
제119조, 제120조, 제123조와 제127조의 규정은 전조의 규정에 의한 검사, 사법경찰관리, 법원사무관등의 수색에 준용한다. <개정 2007.6.1.>

제11장 검증

제139조(검증)
법원은 사실을 발견함에 필요한 때에는 검증을 할 수 있다.

제140조(검증과 필요한 처분)
검증을 함에는 신체의 검사, 사체의 해부, 분묘의 발굴, 물건의 파괴 기타 필요한 처분을 할 수 있다.

제141조(신체검사에 관한 주의)
① 신체의 검사에 관하여는 검사를 받는 사람의 성별, 나이, 건강상태, 그 밖의 사정을 고려하여 그 사람의 건강과 명예를 해하지 아니하도록 주의하여야 한다.
② 피고인 아닌 사람의 신체검사는 증거가 될 만한 흔적을 확인할 수 있는 현저한 사유가 있는 경우에만 할 수 있다.
③ 여자의 신체를 검사하는 경우에는 의사나 성년 여자를 참여하게 하여야 한다.
④ 시체의 해부 또는 분묘의 발굴을 하는 때에는 예(禮)에 어긋나지 아니하도록 주의하고 미리 유족에게 통지하여야 한다.
[전문개정 2020.12.8.]

제142조(신체검사와 소환)
법원은 신체를 검사하기 위하여 피고인 아닌 자를 법원 기타 지정한 장소에 소환할 수 있다.

제143조(시각의 제한)
①일출 전, 일몰 후에는 가주, 간수자 또는 이에 준하는 자의 승낙이 없으면 검증을 하기 위하여 타인의 주거, 간수자 있는 가옥, 건조물, 항공기, 선차 내에 들어가지 못한다. 단, 일출 후에는 검증의 목적을 달성할 수 없을 염려가 있는 경우에는 예외로 한다.
②일몰 전에 검증에 착수한 때에는 일몰 후라도 검증을 계속할 수 있다.
③제126조에 규정한 장소에는 제1항의 제한을 받지 아니한다.

제144조(검증의 보조)
검증을 함에 필요한 때에는 사법경찰관리에게 보조를 명할 수 있다.

제145조(준용규정)
제110조, 제119조 내지 제123조, 제127조와 제136조의 규정은 검증에 관하여 준용한다.

제12장 증인신문

제146조(증인의자격)
법원은 법률에 다른 규정이 없으면 누구든지 증인으로 신문할 수 있다.

제147조(공무상 비밀과 증인자격)
①공무원 또는 공무원이었던 자가 그 직무에 관하여 알게 된 사실에 관하여 본인 또는 당해 공무소가 직무상 비밀에 속한 사항임을 신고한 때에는 그 소속공무소 또는 감독관공서의 승낙 없이는 증인으로 신문하지 못한다.
②그 소속공무소 또는 당해 감독관공서는 국가에 중대한 이익을 해하는 경우를 제외하고는 승낙을 거부하지 못한다.

제148조(근친자의 형사책임과 증언 거부)
누구든지 자기나 다음 각 호의 어느 하나에 해당하는 자가 형사소추(刑事訴追) 또는 공소제기를 당하거나 유죄판결을 받을 사실이 드러날 염려가 있는 증언을 거부할 수 있다.
1. 친족이거나 친족이었던 사람
2. 법정대리인, 후견감독인
[전문개정 2020.12.8.]

판례-마약류관리에관한법률위반(향정)(증인이 정당한 이유 없이 증언을 거부한 경우, 그의 진술이 기재된 검찰 진술조서의 증거능력이 인정되는지 문제된 사건)
[대법원 2019.11.21., 선고, 2018도13945, 전원합의체 판결]

【판시사항】
수사기관에서 진술한 참고인이 법정에서 증언을 거부하여 피고인이 반대신문을 하지 못하였으나 정당하게 증언거부권을 행사한 것이 아닌 경우, 형사소송법 제314조의 '그 밖에 이에 준하는 사유로 인하여 진술할 수 없는 때'에 해당하는지 여부(원칙적 소극) 및 이때 수사기관에서 그 증인의 진술을 기재한 서류의 증거능력 유무(소극)

【판결요지】
[다수의견] 수사기관에서 진술한 참고인이 법정에서 증언을 거부하여 피고인이 반대신문을 하지 못한 경우에는 정당하게 증언거부권을 행사한 것이 아니라도, 피고인이 증인의 증언거부 상황을 초래하였다

는 등의 특별한 사정이 없는 한 형사소송법 제314조의 '그 밖에 이에 준하는 사유로 인하여 진술할 수 없는 때'에 해당하지 않는다고 보아야 한다. 따라서 증인이 정당하게 증언거부권을 행사하여 증언을 거부한 경우와 마찬가지로 수사기관에서 그 증인의 진술을 기재한 서류는 증거능력이 없다.
다만 피고인이 증인의 증언거부 상황을 초래하였다는 등의 특별한 사정이 있는 경우에는 형사소송법 제314조의 적용을 배제할 이유가 없다. 이러한 경우까지 형사소송법 제314조의 '그 밖에 이에 준하는 사유로 인하여 진술할 수 없는 때'에 해당하지 않는다고 보면 사건의 실체에 대한 심증 형성은 법관의 면전에서 본래증거에 대한 반대신문이 보장된 증거조사를 통하여 이루어져야 한다는 실질적 직접심리주의와 전문법칙에 대하여 예외를 정한 형사소송법 제314조의 취지에 반하고 정의의 관념에도 맞지 않기 때문이다.

제149조(업무상비밀과 증언거부)
변호사, 변리사, 공증인, 공인회계사, 세무사, 대서업자, 의사, 한의사, 치과의사, 약사, 약종상, 조산사, 간호사, 종교의 직에 있는 자 또는 이러한 직에 있던 자가 그 업무상 위탁을 받은 관계로 알게 된 사실로서 타인의 비밀에 관한 것은 증언을 거부할 수 있다. 단, 본인의 승낙이 있거나 중대한 공익상 필요있는 때에는 예외로 한다. <개정 1980.12.18., 1997.12.13.>

제150조(증언거부사유의 소명)
증언을 거부하는 자는 거부사유를 소명하여야 한다.

제150조의2(증인의 소환)
①법원은 소환장의 송달, 전화, 전자우편, 그 밖의 상당한 방법으로 증인을 소환한다.
②증인을 신청한 자는 증인이 출석하도록 합리적인 노력을 할 의무가 있다.
[본조신설 2007.6.1.]

제151조(증인이 출석하지 아니한 경우의 과태료 등)
①법원은 소환장을 송달받은 증인이 정당한 사유 없이 출석하지 아니한 때에는 결정으로 당해 불출석으로 인한 소송비용을 증인이 부담하도록 명하고, 500만원 이하의 과태료를 부과할 수 있다. 제153조에 따라 준용되는 제76조제2항·제5항에 따라 소환장의 송달과 동일한 효력이 있는 경우에도 또한 같다.
②법원은 증인이 제1항에 따른 과태료 재판을 받고도 정당한 사유 없이 다시 출석하지 아니한 때에는 결정으로 증인을 7일 이내의 감치에 처한다.
③법원은 감치재판기일에 증인을 소환하여 제2항에 따른 정당한 사유가 있는지의 여부를 심리하여야 한다.
④감치는 그 재판을 한 법원의 재판장의 명령에 따라 사법경찰관리·교도관·법원경위 또는 법원사무관등이 교도소·구치소 또는 경찰서유치장에 유치하여 집행한다.
⑤감치에 처하는 재판을 받은 증인이 제4항에 규정된 감치시설에 유치된 경우 당해 감치시설의 장은 즉시 그 사실을 법원에 통보하여야 한다.
⑥법원은 제5항의 통보를 받은 때에는 지체 없이 증인신문기일을 열어야 한다.
⑦법원은 감치의 재판을 받은 증인이 감치의 집행 중에 증언을 한 때에는 즉시 감치결정을 취소하고 그 증인을 석방하도록 명하여야 한다.
⑧제1항과 제2항의 결정에 대하여는 즉시항고를 할 수 있다. 이 경우 제410조는 적용하지 아니한다.
[전문개정 2007.6.1.]

제152조(소환불응과 구인)
정당한 사유없이 소환에 응하지 아니하는 증인은 구인할 수 있다.

제153조(준용규정)
제73조, 제74조, 제76조의 규정은 증인의 소환에 준용한다.

제154조(구내증인의 소환)
증인이 법원의 구내에 있는 때에는 소환함이 없이 신문할 수 있다.

제155조(준용규정)
제73조, 제75조, 제77조, 제81조 내지 제83조, 제85조제1항, 제2항의 규정은 증인의 구인
에 준용한다.

제156조(증인의 선서)
증인에게는 신문 전에 선서하게 하여야 한다. 단, 법률에 다른 규정이 있는 경우에는 예외로 한다.

제157조(선서의 방식)
①선서는 선서서(宣誓書)에 따라 하여야 한다.
②선서서에는 "양심에 따라 숨김과 보탬이 없이 사실 그대로 말하고 만일 거짓말이 있으면
위증의 벌을 받기로 맹세합니다."라고 기재하여야 한다.
③재판장은 증인에게 선서서를 낭독하고 기명날인하거나 서명하게 하여야 한다. 다만, 증인이
선서서를 낭독하지 못하거나 서명을 하지 못하는 경우에는 참여한 법원사무관등이 대행한다.
④선서는 일어서서 엄숙하게 하여야 한다.
[전문개정 2020.12.8.]

제158조(선서한 증인에 대한 경고)
재판장은 선서할 증인에 대하여 선서 전에 위증의 벌을 경고하여야 한다.

제159조(선서 무능력)
증인이 다음 각 호의 1에 해당한 때에는 선서하게 하지 아니하고 신문하여야 한다.
1. 16세미만의 자
2. 선서의 취지를 이해하지 못하는 자

제160조(증언거부권의 고지)
증인이 제148조, 제149조에 해당하는 경우에는 재판장은 신문 전에 증언을 거부할 수 있
음을 설명하여야 한다.

제161조(선서, 증언의 거부와 과태료)
①증인이 정당한 이유없이 선서나 증언을 거부한 때에는 결정으로 50만원이하의 과태료에 처할
수 있다. <개정 1973.1.25., 1995.12.29.>
②제1항의 결정에 대하여는 즉시항고를 할 수 있다. <개정 1995.12.29.>

제161조의2(증인신문의 방식)
①증인은 신청한 검사, 변호인 또는 피고인이 먼저 이를 신문하고 다음에 다른 검사, 변
호인 또는 피고인이 신문한다.
②재판장은 전항의 신문이 끝난 뒤에 신문할 수 있다.
③재판장은 필요하다고 인정하면 전2항의 규정에 불구하고 어느 때나 신문할 수 있으며
제1항의 신문순서를 변경할 수 있다.
④법원이 직권으로 신문할 증인이나 범죄로 인한 피해자의 신청에 의하여 신문할 증인의 신
문방식은 재판장이 정하는 바에 의한다. <개정 1987.11.28.>
⑤합의부원은 재판장에게 고하고 신문할 수 있다.
[본조신설 1961.9.1.]

제162조(개별신문과 대질)
①증인신문은 각 증인에 대하여 신문하여야 한다. <개정 1961.9.1.>
②신문하지 아니한 증인이 재정한 때에는 퇴정을 명하여야 한다.
③필요한 때에는 증인과 다른 증인 또는 피고인과 대질하게 할 수 있다.
④ 삭제 <1961.9.1.>

제163조(당사자의 참여권, 신문권)
①검사, 피고인 또는 변호인은 증인신문에 참여할 수 있다.
②증인신문의 시일과 장소는 전항의 규정에 의하여 참여할 수 있는 자에게 미리 통지하여야 한다. 단, 참여하지 아니한다는 의사를 명시한 때에는 예외로 한다.

제163조의2(신뢰관계에 있는 자의 동석)
①법원은 범죄로 인한 피해자를 증인으로 신문하는 경우 증인의 연령, 심신의 상태, 그 밖의 사정을 고려하여 증인이 현저하게 불안 또는 긴장을 느낄 우려가 있다고 인정하는 때에는 직권 또는 피해자·법정대리인·검사의 신청에 따라 피해자와 신뢰관계에 있는 자를 동석하게 할 수 있다.
②법원은 범죄로 인한 피해자가 13세 미만이거나 신체적 또는 정신적 장애로 사물을 변별하거나 의사를 결정할 능력이 미약한 경우에 재판에 지장을 초래할 우려가 있는 등 부득이한 경우가 아닌 한 피해자와 신뢰관계에 있는 자를 동석하게 하여야 한다.
③제1항 또는 제2항에 따라 동석한 자는 법원·소송관계인의 신문 또는 증인의 진술을 방해하거나 그 진술의 내용에 부당한 영향을 미칠 수 있는 행위를 하여서는 아니 된다.
④제1항 또는 제2항에 따라 동석할 수 있는 신뢰관계에 있는 자의 범위, 동석의 절차 및 방법 등에 관하여 필요한 사항은 대법원규칙으로 정한다.
[본조신설 2007.6.1.]

제164조(신문의 청구)
①검사, 피고인 또는 변호인이 증인신문에 참여하지 아니할 경우에는 법원에 대하여 필요한 사항의 신문을 청구할 수 있다.
②피고인 또는 변호인의 참여없이 증인을 신문한 경우에 피고인에게 예기하지 아니한 불이익의 증언이 진술된 때에는 반드시 그 진술내용을 피고인 또는 변호인에게 알려주어야 한다.
③ 삭제 <1961.9.1.>

제165조(증인의 법정 외 신문)
법원은 증인의 연령, 직업, 건강상태 기타의 사정을 고려하여 검사, 피고인 또는 변호인의 의견을 묻고 법정 외에 소환하거나 현재지에서 신문할 수 있다.

제165조의2(비디오 등 중계장치 등에 의한 증인신문)
①법원은 다음 각 호의 어느 하나에 해당하는 사람을 증인으로 신문하는 경우 상당하다고 인정할 때에는 검사와 피고인 또는 변호인의 의견을 들어 비디오 등 중계장치에 의한 중계시설을 통하여 신문하거나 가림 시설 등을 설치하고 신문할 수 있다. <개정 2009.6.9., 2011.8.4., 2012.12.18., 2020.12.8., 2021.8.17.>
1. 「아동복지법」 제71조제1항제1호·제1호의2·제2호·제3호에 해당하는 죄의 피해자
2. 「아동·청소년의 성보호에 관한 법률」 제7조, 제8조, 제11조부터 제15조까지 및 제17조제1항의 규정에 해당하는 죄의 대상이 되는 아동·청소년 또는 피해자
3. 범죄의 성질, 증인의 나이, 심신의 상태, 피고인과의 관계, 그 밖의 사정으로 인하여 피고인 등과 대면하여 진술할 경우 심리적인 부담으로 정신의 평온을 현저하게 잃을 우려가 있다고 인정되는 사람
②법원은 증인이 멀리 떨어진 곳 또는 교통이 불편한 곳에 살고 있거나 건강상태 등 그 밖의 사정으로 말미암아 법정에 직접 출석하기 어렵다고 인정하는 때에는 검사와 피고인 또는

변호인의 의견을 들어 비디오 등 중계장치에 의한 중계시설을 통하여 신문할 수 있다. <신설 2021.8.17.>
③제1항과 제2항에 따른 증인신문은 증인이 법정에 출석하여 이루어진 증인신문으로 본다. <신설 2021.8.17.>
④제1항과 제2항에 따른 증인신문의 실시에 필요한 사항은 대법원규칙으로 정한다. <신설 2021.8.17.>
[본조신설 2007.6.1.]

제166조(동행명령과 구인)
①법원은 필요한 때에는 결정으로 지정한 장소에 증인의 동행을 명할 수 있다.
②증인이 정당한 사유없이 동행을 거부하는 때에는 구인할 수 있다.

제167조(수명법관, 수탁판사)
①법원은 합의부원에게 법정 외의 증인신문을 명할 수 있고 또는 증인 현재지의 지방법원판사에게 그 신문을 촉탁할 수 있다.
②수탁판사는 증인이 관할구역 내에 현재하지 아니한 때에는 그 현재지의 지방법원판사에게 전촉할 수 있다.
③수명법관 또는 수탁판사는 증인의 신문에 관하여 법원 또는 재판장에 속한 처분을 할 수 있다.

제168조(증인의 여비, 일당, 숙박료)
소환받은 증인은 법률의 규정한 바에 의하여 여비, 일당과 숙박료를 청구할 수 있다. 단, 정당한 사유없이 선서 또는 증언을 거부한 자는 예외로 한다.

제13장 감정

제169조(감정)
법원은 학식 경험있는 자에게 감정을 명할 수 있다.

제170조(선서)
①감정인에게는 감정 전에 선서하게 하여야 한다.
②선서는 선서서에 의하여야 한다.
③선서서에는 「양심에 따라 성실히 감정하고 만일 거짓이 있으면 허위감정의 벌을 받기로 맹서합니다」라고 기재하여야 한다.
④제157조제3항, 제4항과 제158조의 규정은 감정인의 선서에 준용한다.

제171조(감정보고)
①감정의 경과와 결과는 감정인으로 하여금 서면으로 제출하게 하여야 한다.
②감정인이 수인인 때에는 각각 또는 공동으로 제출하게 할 수 있다.
③감정의 결과에는 그 판단의 이유를 명시하여야 한다.
④필요한 때에는 감정인에게 설명하게 할 수 있다.

제172조(법원 외의 감정)
①법원은 필요한 때에는 감정인으로 하여금 법원 외에서 감정하게 할 수 있다.
②전항의 경우에는 감정을 요하는 물건을 감정인에게 교부할 수 있다.
③피고인의 정신 또는 신체에 관한 감정에 필요한 때에는 법원은 기간을 정하여 병원 기타 적당한 장소에 피고인을 유치하게 할 수 있고 감정이 완료되면 즉시 유치를 해제하여야 한다.
④전항의 유치를 함에는 감정유치장을 발부하여야 한다. <개정 1973.1.25.>

⑤제3항의 유치를 함에 있어서 필요한 때에는 법원은 직권 또는 피고인을 수용할 병원 기타 장소의 관리자의 신청에 의하여 사법경찰관리에게 피고인의 간수를 명할 수 있다. <신설 1973.1.25.>
⑥법원은 필요한 때에는 유치기간을 연장하거나 단축할 수 있다. <신설 1973.1.25.>
⑦구속에 관한 규정은 이 법률에 특별한 규정이 없는 경우에는 제3항의 유치에 관하여 이를 준용한다. 단, 보석에 관한 규정은 그러하지 아니하다. <신설 1973.1.25.>
⑧제3항의 유치는 미결구금일수의 산입에 있어서는 이를 구속으로 간주한다. <신설 1973.1.25.>

제172조의2(감정유치와 구속)
①구속 중인 피고인에 대하여 감정유치장이 집행되었을 때에는 피고인이 유치되어 있는 기간 구속은 그 집행이 정지된 것으로 간주한다.
②전항의 경우에 전조 제3항의 유치처분이 취소되거나 유치기간이 만료된 때에는 구속의 집행정지가 취소된 것으로 간주한다.
[본조신설 1973.1.25.]

제173조(감정에 필요한 처분)
①감정인은 감정에 관하여 필요한 때에는 법원의 허가를 얻어 타인의 주거, 간수자 있는 가옥, 건조물, 항공기, 선차 내에 들어 갈 수 있고 신체의 검사, 사체의 해부, 분묘발굴, 물건의 파괴를 할 수 있다.
②전항의 허가에는 피고인의 성명, 죄명, 들어갈 장소, 검사할 신체, 해부할 사체, 발굴할 분묘, 파괴할 물건, 감정인의 성명과 유효기간을 기재한 허가장을 발부하여야 한다.
③감정인은 제1항의 처분을 받는 자에게 허가장을 제시하여야 한다.
④전2항의 규정은 감정인이 공판정에서 행하는 제1항의 처분에는 적용하지 아니한다.
⑤제141조, 제143조의 규정은 제1항의 경우에 준용한다.

판례-도로교통법 위반(음주운전)
[대법원 2012.11.15, 선고, 2011도15258, 판결]

【판시사항】
[1] 영장이나 감정처분허가장 없이 채취한 혈액을 이용한 혈중알코올농도 감정 결과의 증거능력 유무(원칙적 소극) 및 피고인 등의 동의가 있더라도 마찬가지인지 여부(적극)
[2] 강제채혈의 법적 성질(=감정에 필요한 처분 또는 압수영장의 집행에 필요한 처분)
[3] 음주운전 중 교통사고를 내고 의식불명 상태에 빠져 병원으로 후송된 운전자에 대하여 수사기관이 영장 없이 강제채혈을 할 수 있는지 여부(한정 적극) 및 이 경우 사후 압수영장을 받아야 하는지 여부(적극)

【판결요지】
[1] 수사기관이 법원으로부터 영장 또는 감정처분허가장을 발부받지 아니한 채 피의자의 동의 없이 피의자의 신체로부터 혈액을 채취하고 사후에도 지체 없이 영장을 발부받지 아니한 채 혈액 중 알코올농도에 관한 감정을 의뢰하였다면, 이러한 과정을 거쳐 얻은 감정의뢰회보 등은 형사소송법상 영장주의 원칙을 위반하여 수집하거나 그에 기초하여 획득한 증거로서, 원칙적으로 절차위반행위가 적법절차의 실질적인 내용을 침해하여 피고인이나 변호인의 동의가 있더라도 유죄의 증거로 사용할 수 없다.
[2] 수사기관이 범죄 증거를 수집할 목적으로 피의자의 동의 없이 피의자의 혈액을 취득·보관하는 행위는 법원으로부터 감정처분허가장을 받아 형사소송법 제221조의4 제1항, 제173조 제1항에 의한 '감정에 필요한 처분'으로도 할 수 있지만, 형사소송법 제219조, 제106조 제1항에 정한 압수의 방법으로도 할 수 있고, 압수의 방법에 의하는 경우 혈액의 취득을 위하여 피의자의 신체로부터 혈액을 채취하는 행위는 혈액의 압수를 위한 것으로서 형사소송법 제219조, 제120조 제1항에 정한 '압수영장의 집행에 있어 필요한 처분'에 해당한다.
[3] 음주운전 중 교통사고를 야기한 후 피의자가 의식불명 상태에 빠져 있는 등으로 도로교통법이 음주운전의 제1차적 수사방법으로 규정한 호흡조사에 의한 음주측정이 불가능하고

혈액 채취에 대한 동의를 받을 수도 없을 뿐만 아니라 법원으로부터 혈액 채취에 대한 감정 처분허가장이나 사전 압수영장을 발부받을 시간적 여유도 없는 긴급한 상황이 생길 수 있다. 이러한 경우 피의자의 신체 내지 의복류에 주취로 인한 냄새가 강하게 나는 등 형사소송법 제211조 제2항 제3호가 정하는 범죄의 증적이 현저한 준현행범인의 요건이 갖추어져 있고 교통사고 발생 시각으로부터 사회통념상 범행 직후라고 볼 수 있는 시간 내라면, 피의자의 생명·신체를 구조하기 위하여 사고현장으로부터 곧바로 후송된 병원 응급실 등의 장소는 형 사소송법 제216조 제3항의 범죄 장소에 준한다 할 것이므로, 검사 또는 사법경찰관은 피의자 의 혈중알코올농도 등 증거의 수집을 위하여 의료법상 의료인의 자격이 있는 자로 하여금 의료용 기구로 의학적인 방법에 따라 필요최소한의 한도 내에서 피의자의 혈액을 채취하게 한 후 그 혈액을 영장 없이 압수할 수 있다. 다만 이 경우에도 형사소송법 제216조 제3항 단 서, 형사소송규칙 제58조, 제107조 제1항 제3호에 따라 사후에 지체 없이 강제채혈에 의한 압수의 사유 등을 기재한 영장청구서에 의하여 법원으로부터 압수영장을 받아야 한다.

제174조(감정인의 참여권, 신문권)
①감정인은 감정에 관하여 필요한 경우에는 재판장의 허가를 얻어 서류와 증거물을 열람 또는 등사하고 피고인 또는 증인의 신문에 참여할 수 있다.
②감정인은 피고인 또는 증인의 신문을 구하거나 재판장의 허가를 얻어 직접 발문할 수 있다.

제175조(수명법관)
법원은 합의부원으로 하여금 감정에 관하여 필요한 처분을 하게 할 수 있다.

제176조(당사자의 참여)
①검사, 피고인 또는 변호인은 감정에 참여할 수 있다.
②제122조의 규정은 전항의 경우에 준용한다.

제177조(준용규정)
감정에 관하여는 제12장(구인에 관한 규정은 제외한다)을 준용한다.
[전문개정 2020.12.8.]

제178조(여비, 감정료 등)
감정인은 법률의 정하는 바에 의하여 여비, 일당, 숙박료 외에 감정료와 체당금의 변상을 청구할 수 있다.

제179조(감정증인)
특별한 지식에 의하여 알게 된 과거의 사실을 신문하는 경우에는 본장의 규정에 의하지 아니하고 전장의 규정에 의한다.

제179조의2(감정의 촉탁)
①법원은 필요하다고 인정하는 때에는 공무소·학교·병원 기타 상당한 설비가 있는 단체 또는 기관에 대하여 감정을 촉탁할 수 있다. 이 경우 선서에 관한 규정은 이를 적용하지 아니한다.
②제1항의 경우 법원은 당해 공무소·학교·병원·단체 또는 기관이 지정한 자로 하여금 감정서의 설명을 하게 할 수 있다.
[본조신설 1995.12.29.]

제14장 통역과 번역

제180조(통역)
국어에 통하지 아니하는 자의 진술에는 통역인으로 하여금 통역하게 하여야 한다.

제181조(청각 또는 언어장애인의 통역)
듣거나 말하는 데 장애가 있는 사람의 진술에 대해서는 통역인으로 하여금 통역하게 할 수 있다.
[전문개정 2020.12.8.]

제182조(번역)
국어 아닌 문자 또는 부호는 번역하게 하여야 한다.

제183조(준용규정)
전장의 규정은 통역과 번역에 준용한다.

제15장 증거보전

제184조(증거보전의 청구와 그 절차)
①검사, 피고인, 피의자 또는 변호인은 미리 증거를 보전하지 아니하면 그 증거를 사용하기 곤란한 사정이 있는 때에는 제1회 공판기일 전이라도 판사에게 압수, 수색, 검증, 증인신문 또는 감정을 청구할 수 있다.
②전항의 청구를 받은 판사는 그 처분에 관하여 법원 또는 재판장과 동일한 권한이 있다.
③제1항의 청구를 함에는 서면으로 그 사유를 소명하여야 한다.
④제1항의 청구를 기각하는 결정에 대하여는 3일 이내에 항고할 수 있다. <신설 2007.6.1.>

제185조(서류의 열람등)
검사, 피고인, 피의자 또는 변호인은 판사의 허가를 얻어 전조의 처분에 관한 서류와 증거물을 열람 또는 등사할 수 있다.

제16장 소송비용

제186조(피고인의 소송비용부담)
①형의 선고를 하는 때에는 피고인에게 소송비용의 전부 또는 일부를 부담하게 하여야 한다. 다만, 피고인의 경제적 사정으로 소송비용을 납부할 수 없는 때에는 그러하지 아니하다. <개정 1995.12.29.>
②피고인에게 책임지울 사유로 발생된 비용은 형의 선고를 하지 아니하는 경우에도 피고인에게 부담하게 할 수 있다.

제187조(공범의 소송비용)
공범의 소송비용은 공범인에게 연대부담하게 할 수 있다.

제188조(고소인등의 소송비용부담)
고소 또는 고발에 의하여 공소를 제기한 사건에 관하여 피고인이 무죄 또는 면소의 판결을 받은 경우에 고소인 또는 고발인에게 고의 또는 중대한 과실이 있는 때에는 그 자에게 소송비용의 전부 또는 일부를 부담하게 할 수 있다.

제189조(검사의 상소취하와 소송비용부담)

검사만이 상소 또는 재심청구를 한 경우에 상소 또는 재심의 청구가 기각되거나 취하된 때에는 그 소송비용을 피고인에게 부담하게 하지 못한다.

제190조(제삼자의 소송비용부담)

①검사 아닌 자가 상소 또는 재심청구를 한 경우에 상소 또는 재심의 청구가 기각되거나 취하된 때에는 그 자에게 그 소송비용을 부담하게 할 수 있다.
②피고인 아닌 자가 피고인이 제기한 상소 또는 재심의 청구를 취하한 경우에도 전항과 같다.

제191조(소송비용부담의 재판)

①재판으로 소송절차가 종료되는 경우에 피고인에게 소송비용을 부담하게 하는 때에는 직권으로 재판하여야 한다.
②전항의 재판에 대하여는 본안의 재판에 관하여 상소하는 경우에 한하여 불복할 수 있다.

제192조(제삼자부담의 재판)

①재판으로 소송절차가 종료되는 경우에 피고인 아닌 자에게 소송비용을 부담하게 하는 때에는 직권으로 결정을 하여야 한다.
②전항의 결정에 대하여는 즉시항고를 할 수 있다.

제193조(재판에 의하지 아니한 절차종료)

①재판에 의하지 아니하고 소송절차가 종료되는 경우에 소송비용을 부담하게 하는 때에는 사건의 최종계속법원이 직권으로 결정을 하여야 한다.
②전항의 결정에 대하여는 즉시항고를 할 수 있다.

제194조(부담액의 산정)

소송비용의 부담을 명하는 재판에 그 금액을 표시하지 아니한 때에는 집행을 지휘하는 검사가 산정한다.

제194조의2(무죄판결과 비용보상)

①국가는 무죄판결이 확정된 경우에는 당해 사건의 피고인이었던 자에 대하여 그 재판에 소요된 비용을 보상하여야 한다.
②다음 각 호의 어느 하나에 해당하는 경우에는 제1항에 따른 비용의 전부 또는 일부를 보상하지 아니할 수 있다.
1. 피고인이었던 자가 수사 또는 재판을 그르칠 목적으로 거짓 자백을 하거나 다른 유죄의 증거를 만들어 기소된 것으로 인정된 경우
2. 1개의 재판으로써 경합범의 일부에 대하여 무죄판결이 확정되고 다른 부분에 대하여 유죄판결이 확정된 경우
3. 「형법」 제9조 및 제10조제1항의 사유에 따른 무죄판결이 확정된 경우
4. 그 비용이 피고인이었던 자에게 책임지울 사유로 발생한 경우
[본조신설 2007.6.1.]

제194조의3(비용보상의 절차 등)

①제194조의2제1항에 따른 비용의 보상은 피고인이었던 자의 청구에 따라 무죄판결을 선고한 법원의 합의부에서 결정으로 한다.
②제1항에 따른 청구는 무죄판결이 확정된 사실을 안 날부터 3년, 무죄판결이 확정된 때부터 5년 이내에 하여야 한다. <개정 2014.12.30.>
③제1항의 결정에 대하여는 즉시항고를 할 수 있다.
[본조신설 2007.6.1.]

제194조의4(비용보상의 범위)
①제194조의2에 따른 비용보상의 범위는 피고인이었던 자 또는 그 변호인이었던 자가 공판준비 및 공판기일에 출석하는데 소요된 여비·일당·숙박료와 변호인이었던 자에 대한 보수에 한한다. 이 경우 보상금액에 관하여는「형사소송비용 등에 관한 법률」을 준용하되, 피고인이었던 자에 대하여는 증인에 관한 규정을, 변호인이었던 자에 대하여는 국선변호인에 관한 규정을 준용한다.
②법원은 공판준비 또는 공판기일에 출석한 변호인이 2인 이상이었던 경우에는 사건의 성질, 심리 상황, 그 밖의 사정을 고려하여 변호인이었던 자의 여비·일당 및 숙박료를 대표변호인이나 그 밖의 일부 변호인의 비용만으로 한정할 수 있다.
[본조신설 2007.6.1.]

제194조의5(준용규정)
비용보상청구, 비용보상절차, 비용보상과 다른 법률에 따른 손해배상과의 관계, 보상을 받을 권리의 양도·압류 또는 피고인이었던 자의 상속인에 대한 비용보상에 관하여 이 법에 규정한 것을 제외하고는「형사보상법」에 따른 보상의 예에 따른다.
[본조신설 2007.6.1.]

제2편 제1심
제1장 수사

제195조(검사와 사법경찰관의 관계 등)
①검사와 사법경찰관은 수사, 공소제기 및 공소유지에 관하여 서로 협력하여야 한다.
②제1항에 따른 수사를 위하여 준수하여야 하는 일반적 수사준칙에 관한 사항은 대통령령으로 정한다.
[본조신설 2020.2.4.]
[종전 제195조는 제196조로 이동 <2020.2.4.>]

제196조(검사의 수사)
검사는 범죄의 혐의가 있다고 사료하는 때에는 범인, 범죄사실과 증거를 수사한다.
[전문개정 2020.2.4.]
[제195조에서 이동, 종전 제196조는 제197조로 이동 <2020.2.4.>]

제197조(사법경찰관리)
①경무관, 총경, 경정, 경감, 경위는 사법경찰관으로서 범죄의 혐의가 있다고 사료하는 때에는 범인, 범죄사실과 증거를 수사한다. <개정 2020.2.4.>
②경사, 경장, 순경은 사법경찰리로서 수사의 보조를 하여야 한다. <개정 2020.2.4.>
③ 삭제 <2020.2.4.>
④ 삭제 <2020.2.4.>
⑤ 삭제 <2020.2.4.>
⑥ 삭제 <2020.2.4.>
[전문개정 2011.7.18.]
[제196조에서 이동, 종전 제197조는 삭제 <2020.2.4.>]

제197조의2(보완수사요구)
①검사는 다음 각 호의 어느 하나에 해당하는 경우에 사법경찰관에게 보완수사를 요구할 수 있다.
1. 송치사건의 공소제기 여부 결정 또는 공소의 유지에 관하여 필요한 경우

2. 사법경찰관이 신청한 영장의 청구 여부 결정에 관하여 필요한 경우
②사법경찰관은 제1항의 요구가 있는 때에는 정당한 이유가 없는 한 지체 없이 이를 이행하고, 그 결과를 검사에게 통보하여야 한다.
③검찰총장 또는 각급 검찰청 검사장은 사법경찰관이 정당한 이유 없이 제1항의 요구에 따르지 아니하는 때에는 권한 있는 사람에게 해당 사법경찰관의 직무배제 또는 징계를 요구할 수 있고, 그 징계 절차는 「공무원 징계령」 또는 「경찰공무원 징계령」에 따른다.
[본조신설 2020.2.4.]

제197조의3(시정조치요구 등)
①검사는 사법경찰관리의 수사과정에서 법령위반, 인권침해 또는 현저한 수사권 남용이 의심되는 사실의 신고가 있거나 그러한 사실을 인식하게 된 경우에는 사법경찰관에게 사건기록 등본의 송부를 요구할 수 있다.
②제1항의 송부 요구를 받은 사법경찰관은 지체 없이 검사에게 사건기록 등본을 송부하여야 한다.
③제2항의 송부를 받은 검사는 필요하다고 인정되는 경우에는 사법경찰관에게 시정조치를 요구할 수 있다.
④사법경찰관은 제3항의 시정조치 요구가 있는 때에는 정당한 이유가 없으면 지체 없이 이를 이행하고, 그 결과를 검사에게 통보하여야 한다.
⑤제4항의 통보를 받은 검사는 제3항에 따른 시정조치 요구가 정당한 이유 없이 이행되지 않았다고 인정되는 경우에는 사법경찰관에게 사건을 송치할 것을 요구할 수 있다.
⑥제5항의 송치 요구를 받은 사법경찰관은 검사에게 사건을 송치하여야 한다.
⑦검찰총장 또는 각급 검찰청 검사장은 사법경찰관리의 수사과정에서 법령위반, 인권침해 또는 현저한 수사권 남용이 있었던 때에는 권한 있는 사람에게 해당 사법경찰관리의 징계를 요구할 수 있고, 그 징계 절차는 「공무원 징계령」 또는 「경찰공무원 징계령」에 따른다.
⑧사법경찰관은 피의자를 신문하기 전에 수사과정에서 법령위반, 인권침해 또는 현저한 수사권 남용이 있는 경우 검사에게 구제를 신청할 수 있음을 피의자에게 알려주어야 한다.
[본조신설 2020.2.4.]

제197조의4(수사의 경합)
①검사는 사법경찰관과 동일한 범죄사실을 수사하게 된 때에는 사법경찰관에게 사건을 송치할 것을 요구할 수 있다.
②제1항의 요구를 받은 사법경찰관은 지체 없이 검사에게 사건을 송치하여야 한다. 다만, 검사가 영장을 청구하기 전에 동일한 범죄사실에 관하여 사법경찰관이 영장을 신청한 경우에는 해당 영장에 기재된 범죄사실을 계속 수사할 수 있다.
[본조신설 2020.2.4.]

제198조(준수사항)
①피의자에 대한 수사는 불구속 상태에서 함을 원칙으로 한다.
②검사·사법경찰관리와 그 밖에 직무상 수사에 관계있는 자는 피의자 또는 다른 사람의 인권을 존중하고 수사과정에서 취득한 비밀을 엄수하며 수사에 방해되는 일이 없도록 하여야 한다.
③검사·사법경찰관리와 그 밖에 직무상 수사에 관계있는 자는 수사과정에서 수사와 관련하여 작성하거나 취득한 서류 또는 물건에 대한 목록을 빠짐 없이 작성하여야 한다. <신설 2011.7.18.>
[전문개정 2007.6.1.]

제198조의2(검사의 체포·구속장소감찰)
①지방검찰청 검사장 또는 지청장은 불법체포·구속의 유무를 조사하기 위하여 검사로 하여금 매월 1회 이상 관하수사관서의 피의자의 체포·구속장소를 감찰하게 하여야 한다. 감찰하는 검사는 체포 또는 구속된 자를 심문하고 관련서류를 조사하여야 한다. <개정 1995.12.29.>
②검사는 적법한 절차에 의하지 아니하고 체포 또는 구속된 것이라고 의심할 만한 상당한 이

유가 있는 경우에는 즉시 체포 또는 구속된 자를 석방하거나 사건을 검찰에 송치할 것을 명하여야 한다. <개정 1995.12.29.>
[본조신설 1961.9.1.]
[제목개정 1995.12.29.]

제199조(수사와 필요한 조사)
①수사에 관하여는 그 목적을 달성하기 위하여 필요한 조사를 할 수 있다. 다만, 강제처분은 이 법률에 특별한 규정이 있는 경우에 한하며, 필요한 최소한도의 범위 안에서만 하여야 한다. <개정 1995.12.29.>
②수사에 관하여는 공무소 기타 공사단체에 조회하여 필요한 사항의 보고를 요구할 수 있다.

제200조(피의자의 출석요구)
검사 또는 사법경찰관은 수사에 필요한 때에는 피의자의 출석을 요구하여 진술을 들을 수 있다.
[전문개정 2007.6.1.]

판례-준항고 기각결정에 대한 재항고
[대법원 2013.7.1, 자, 2013모160, 결정]

【판시사항】
구속영장 발부에 의하여 적법하게 구금된 피의자가 피의자신문을 위한 출석요구에 응하지 아니하면서 수사기관 조사실에 출석을 거부할 경우, 수사기관이 구속영장의 효력에 의하여 피의자를 조사실로 구인할 수 있는지 여부(적극) 및 이때 피의자를 신문하기 전에 진술거부권을 고지하여야 하는지 여부(적극)

【판결요지】
형사소송법(이하 '법'이라고 한다) 제70조 제1항 제1호, 제2호, 제3호, 제199조 제1항, 제200조, 제200조의2 제1항, 제201조 제1항의 취지와 내용에 비추어 보면, 수사기관이 관할 지방법원판사가 발부한 구속영장에 의하여 피의자를 구속하는 경우, 그 구속영장은 기본적으로 장차 공판정에의 출석이나 형의 집행을 담보하기 위한 것이지만, 이와 함께 법 제202조, 제203조에서 정하는 구속기간의 범위 내에서 수사기관이 법 제200조, 제241조 내지 제244조의5에 규정된 피의자신문의 방식으로 구속된 피의자를 조사하는 등 적정한 방법으로 범죄를 수사하는 것도 예정하고 있다고 할 것이다. 따라서 구속영장 발부에 의하여 적법하게 구금된 피의자가 피의자신문을 위한 출석요구에 응하지 아니하면서 수사기관 조사실에 출석을 거부한다면 수사기관은 그 구속영장의 효력에 의하여 피의자를 조사실로 구인할 수 있다고 보아야 한다. 다만 이러한 경우에도 그 피의자신문 절차는 어디까지나 법 제199조 제1항 본문, 제200조의 규정에 따른 임의수사의 한 방법으로 진행되어야 하므로, 피의자는 헌법 제12조 제2항과 법 제244조의3에 따라 일체의 진술을 하지 아니하거나 개개의 질문에 대하여 진술을 거부할 수 있고, 수사기관은 피의자를 신문하기 전에 그와 같은 권리를 알려주어야 한다.

제200조의2(영장에 의한 체포)
①피의자가 죄를 범하였다고 의심할 만한 상당한 이유가 있고, 정당한 이유없이 제200조의 규정에 의한 출석요구에 응하지 아니하거나 응하지 아니할 우려가 있는 때에는 검사는 관할 지방법원판사에게 청구하여 체포영장을 발부받아 피의자를 체포할 수 있고, 사법경찰관은 검사에게 신청하여 검사의 청구로 관할지방법원판사의 체포영장을 발부받아 피의자를 체포할 수 있다. 다만, 다액 50만원이하의 벌금, 구류 또는 과료에 해당하는 사건에 관하여는 피의자가 일정한 주거가 없는 경우 또는 정당한 이유없이 제200조의 규정에 의한 출석요구에 응하지 아니한 경우에 한한다.
②제1항의 청구를 받은 지방법원판사는 상당하다고 인정할 때에는 체포영장을 발부한다. 다만, 명백히 체포의 필요가 인정되지 아니하는 경우에는 그러하지 아니하다.

③제1항의 청구를 받은 지방법원판사가 체포영장을 발부하지 아니할 때에는 청구서에 그 취지 및 이유를 기재하고 서명날인하여 청구한 검사에게 교부한다.
④검사가 제1항의 청구를 함에 있어서 동일한 범죄사실에 관하여 그 피의자에 대하여 전에 체포영장을 청구하였거나 발부받은 사실이 있는 때에는 다시 체포영장을 청구하는 취지 및 이유를 기재하여야 한다.
⑤체포한 피의자를 구속하고자 할 때에는 체포한 때부터 48시간이내에 제201조의 규정에 의하여 구속영장을 청구하여야 하고, 그 기간내에 구속영장을 청구하지 아니하는 때에는 피의자를 즉시 석방하여야 한다.
[본조신설 1995.12.29.]
[제목개정 2007.6.1.]

제200조의3(긴급체포)

①검사 또는 사법경찰관은 피의자가 사형·무기 또는 장기 3년이상의 징역이나 금고에 해당하는 죄를 범하였다고 의심할 만한 상당한 이유가 있고, 다음 각 호의 어느 하나에 해당하는 사유가 있는 경우에 긴급을 요하여 지방법원판사의 체포영장을 받을 수 없는 때에는 그 사유를 알리고 영장없이 피의자를 체포할 수 있다. 이 경우 긴급을 요한다 함은 피의자를 우연히 발견한 경우등과 같이 체포영장을 받을 시간적 여유가 없는 때를 말한다. <개정 2007.6.1.>
1. 피의자가 증거를 인멸할 염려가 있는 때
2. 피의자가 도망하거나 도망할 우려가 있는 때
②사법경찰관이 제1항의 규정에 의하여 피의자를 체포한 경우에는 즉시 검사의 승인을 얻어야 한다.
③검사 또는 사법경찰관은 제1항의 규정에 의하여 피의자를 체포한 경우에는 즉시 긴급체포서를 작성하여야 한다.
④제3항의 규정에 의한 긴급체포서에는 범죄사실의 요지, 긴급체포의 사유등을 기재하여야 한다.
[본조신설 1995.12.29.]

제200조의4(긴급체포와 영장청구기간)

①검사 또는 사법경찰관이 제200조의3의 규정에 의하여 피의자를 체포한 경우 피의자를 구속하고자 할 때에는 지체 없이 검사는 관할지방법원판사에게 구속영장을 청구하여야 하고, 사법경찰관은 검사에게 신청하여 검사의 청구로 관할지방법원판사에게 구속영장을 청구하여야 한다. 이 경우 구속영장은 피의자를 체포한 때부터 48시간 이내에 청구하여야 하며, 제200조의3 제3항에 따른 긴급체포서를 첨부하여야 한다. <개정 2007.6.1.>
②제1항의 규정에 의하여 구속영장을 청구하지 아니하거나 발부받지 못한 때에는 피의자를 즉시 석방하여야 한다.
③제2항의 규정에 의하여 석방된 자는 영장없이는 동일한 범죄사실에 관하여 체포하지 못한다.
④검사는 제1항에 따른 구속영장을 청구하지 아니하고 피의자를 석방한 경우에는 석방한 날부터 30일 이내에 서면으로 다음 각 호의 사항을 법원에 통지하여야 한다. 이 경우 긴급체포서의 사본을 첨부하여야 한다. <신설 2007.6.1.>
1. 긴급체포 후 석방된 자의 인적사항
2. 긴급체포의 일시·장소와 긴급체포하게 된 구체적 이유
3. 석방의 일시·장소 및 사유
4. 긴급체포 및 석방한 검사 또는 사법경찰관의 성명
⑤긴급체포 후 석방된 자 또는 그 변호인·법정대리인·배우자·직계친족·형제자매는 통지서 및 관련 서류를 열람하거나 등사할 수 있다. <신설 2007.6.1.>
⑥사법경찰관은 긴급체포한 피의자에 대하여 구속영장을 신청하지 아니하고 석방한 경우에는 즉시 검사에게 보고하여야 한다. <신설 2007.6.1.>
[본조신설 1995.12.29.]

제200조의5(체포와 피의사실 등의 고지)

검사 또는 사법경찰관은 피의자를 체포하는 경우에는 피의사실의 요지, 체포의 이유와 변호인을 선임할 수 있음을 말하고 변명할 기회를 주어야 한다.

[본조신설 2007.6.1.]

[종전 제200조의5는 제200조의6으로 이동 <2007.6.1.>]

제200조의6(준용규정)

제75조, 제81조제1항 본문 및 제3항, 제82조, 제83조, 제85조제1항·제3항 및 제4항, 제86조, 제87조, 제89조부터 제91조까지, 제93조, 제101조제4항 및 제102조제2항 단서의 규정은 검사 또는 사법경찰관이 피의자를 체포하는 경우에 이를 준용한다. 이 경우 "구속"은 이를 "체포"로, "구속영장"은 이를 "체포영장"으로 본다. <개정 2007.6.1.>

[본조신설 1995.12.29.]

[제200조의5에서 이동 <2007.6.1.>]

제201조(구속)

①피의자가 죄를 범하였다고 의심할 만한 상당한 이유가 있고 제70조제1항 각 호의 1에 해당하는 사유가 있을 때에는 검사는 관할지방법원판사에게 청구하여 구속영장을 받아 피의자를 구속할 수 있고 사법경찰관은 검사에게 신청하여 검사의 청구로 관할지방법원판사의 구속영장을 받아 피의자를 구속할 수 있다. 다만, 다액 50만원이하의 벌금, 구류 또는 과료에 해당하는 범죄에 관하여는 피의자가 일정한 주거가 없는 경우에 한한다. <개정 1980.12.18., 1995.12.29.>

②구속영장의 청구에는 구속의 필요를 인정할 수 있는 자료를 제출하여야 한다. <개정 1980.12.18.>

③제1항의 청구를 받은 지방법원판사는 신속히 구속영장의 발부여부를 결정하여야 한다. <신설 1995.12.29.>

④제1항의 청구를 받은 지방법원판사는 상당하다고 인정할 때에는 구속영장을 발부한다. 이를 발부하지 아니할 때에는 청구서에 그 취지 및 이유를 기재하고 서명날인하여 청구한 검사에게 교부한다. <개정 1980.12.18.>

⑤검사가 제1항의 청구를 함에 있어서 동일한 범죄사실에 관하여 그 피의자에 대하여 전에 구속영장을 청구하거나 발부받은 사실이 있을 때에는 다시 구속영장을 청구하는 취지 및 이유를 기재하여야 한다. <개정 1980.12.18.>

[전문개정 1973.1.25.]

제201조의2(구속영장 청구와 피의자 심문)

①제200조의2·제200조의3 또는 제212조에 따라 체포된 피의자에 대하여 구속영장을 청구받은 판사는 지체 없이 피의자를 심문하여야 한다. 이 경우 특별한 사정이 없는 한 구속영장이 청구된 날의 다음날까지 심문하여야 한다.

②제1항 외의 피의자에 대하여 구속영장을 청구받은 판사는 피의자가 죄를 범하였다고 의심할 만한 이유가 있는 경우에 구인을 위한 구속영장을 발부하여 피의자를 구인한 후 심문하여야 한다. 다만, 피의자가 도망하는 등의 사유로 심문할 수 없는 경우에는 그러하지 아니하다.

③판사는 제1항의 경우에는 즉시, 제2항의 경우에는 피의자를 인치한 후 즉시 검사, 피의자 및 변호인에게 심문기일과 장소를 통지하여야 한다. 이 경우 검사는 피의자가 체포되어 있는 때에는 심문기일에 피의자를 출석시켜야 한다.

④검사와 변호인은 제3항에 따른 심문기일에 출석하여 의견을 진술할 수 있다.

⑤판사는 제1항 또는 제2항에 따라 심문하는 때에는 공범의 분리심문이나 그 밖에 수사상의 비밀보호를 위하여 필요한 조치를 하여야 한다.

⑥제1항 또는 제2항에 따라 피의자를 심문하는 경우 법원사무관등은 심문의 요지 등을 조서로 작성하여야 한다.

⑦피의자심문을 하는 경우 법원이 구속영장청구서·수사 관계 서류 및 증거물을 접수한 날부터 구속영장을 발부하여 검찰청에 반환한 날까지의 기간은 제202조 및 제203조의 적용에 있어서 그 구속기간에 이를 산입하지 아니한다.

⑧심문할 피의자에게 변호인이 없는 때에는 지방법원판사는 직권으로 변호인을 선정하여야 한다. 이 경우 변호인의 선정은 피의자에 대한 구속영장 청구가 기각되어 효력이 소멸한 경우를 제외하고는 제1심까지 효력이 있다.

⑨법원은 변호인의 사정이나 그 밖의 사유로 변호인 선정결정이 취소되어 변호인이 없게 된 때에는 직권으로 변호인을 다시 선정할 수 있다.

⑩제71조, 제71조의2, 제75조, 제81조부터 제83조까지, 제85조제1항·제3항·제4항, 제86조, 제87조제1항, 제89조부터 제91조까지 및 제200조의5는 제2항에 따라 구인을 하는 경우에 준용하고, 제48조, 제51조, 제53조, 제56조의2 및 제276조의2는 피의자에 대한 심문의 경우에 준용한다.
[전문개정 2007.6.1.]

제202조(사법경찰관의 구속기간)
사법경찰관이 피의자를 구속한 때에는 10일 이내에 피의자를 검사에게 인치하지 아니하면 석방하여야 한다.

제203조(검사의 구속기간)
검사가 피의자를 구속한 때 또는 사법경찰관으로부터 피의자의 인치를 받은 때에는 10일 이내에 공소를 제기하지 아니하면 석방하여야 한다.

제203조의2(구속기간에의 산입)
피의자가 제200조의2·제200조의3·제201조의2제2항 또는 제212조의 규정에 의하여 체포 또는 구인된 경우에는 제202조 또는 제203조의 구속기간은 피의자를 체포 또는 구인한 날부터 기산한다.
<개정 1997.12.13., 2007.6.1.>
[본조신설 1995.12.29.]

제204조(영장발부와 법원에 대한 통지)
체포영장 또는 구속영장의 발부를 받은 후 피의자를 체포 또는 구속하지 아니하거나 체포 또는 구속한 피의자를 석방한 때에는 지체없이 검사는 영장을 발부한 법원에 그 사유를 서면으로 통지하여야 한다. <개정 1995.12.29.>

제205조(구속기간의 연장)
①지방법원판사는 검사의 신청에 의하여 수사를 계속함에 상당한 이유가 있다고 인정한 때에는 10일을 초과하지 아니하는 한도에서 제203조의 구속기간의 연장을 1차에 한하여 허가할 수 있다.
②전항의 신청에는 구속기간의 연장의 필요를 인정할 수 있는 자료를 제출하여야 한다.

제206조 삭제 <1995.12.29.>

제207조 삭제 <1995.12.29.>

제208조(재구속의 제한)
①검사 또는 사법경찰관에 의하여 구속되었다가 석방된 자는 다른 중요한 증거를 발견한 경우를 제외하고는 동일한 범죄사실에 관하여 재차 구속하지 못한다.
②전항의 경우에는 1개의 목적을 위하여 동시 또는 수단결과의 관계에서 행하여진 행위는 동일한 범죄사실로 간주한다.
[전문개정 1973.1.25.]

제209조(준용규정)

제70조제2항, 제71조, 제75조, 제81조제1항 본문·제3항, 제82조, 제83조, 제85조부터 제87조까지, 제89조부터 제91조까지, 제93조, 제101조제1항, 제102조제2항 본문(보석의 취소에 관한 부분은 제외한다) 및 제200조의5는 검사 또는 사법경찰관의 피의자 구속에 관하여 준용한다. <개정 2007.12.21.>
[전문개정 2007.6.1.]

제210조(사법경찰관리의 관할구역 외의 수사)

사법경찰관리가 관할구역 외에서 수사하거나 관할구역 외의 사법경찰관리의 촉탁을 받아 수사할 때에는 관할지방검찰청 검사장 또는 지청장에게 보고하여야 한다. 다만, 제200조의3, 제212조, 제214조, 제216조와 제217조의 규정에 의한 수사를 하는 경우에 긴급을 요할 때에는 사후에 보고할 수 있다. <개정 1961.9.1., 1995.12.29.>

제211조(현행범인과 준현행범인)

①범죄를 실행하고 있거나 실행하고 난 직후의 사람을 현행범인이라 한다.
②다음 각 호의 어느 하나에 해당하는 사람은 현행범인으로 본다.
1. 범인으로 불리며 추적되고 있을 때
2. 장물이나 범죄에 사용되었다고 인정하기에 충분한 흉기나 그 밖의 물건을 소지하고 있을 때
3. 신체나 의복류에 증거가 될 만한 뚜렷한 흔적이 있을 때
4. 누구냐고 묻자 도망하려고 할 때
[전문개정 2020.12.8.]

제212조(현행범인의 체포)

현행범인은 누구든지 영장없이 체포할 수 있다.

판례-업무방해·공무집행방해·폭행·상해

[대법원 2013.8.23, 선고, 2011도4763, 판결]

【판시사항】
공무집행방해죄에서 공무집행의 적법성을 판단하는 기준 및 현행범 체포의 적법성을 판단하는 경우에도 마찬가지인지 여부(적극)

【판결요지】
공무집행방해죄는 공무원의 적법한 공무집행이 전제로 되는데, 추상적인 권한에 속하는 공무원의 어떠한 공무집행이 적법한지 여부는 행위 당시의 구체적 상황에 기하여 객관적·합리적으로 판단하여야 하고 사후적으로 순수한 객관적 기준에서 판단할 것은 아니다. 마찬가지로 현행범 체포의 적법성은 체포 당시의 구체적 상황을 기초로 객관적으로 판단하여야 하고, 사후에 범인으로 인정되었는지에 의할 것은 아니다.

제212조의2 삭제 <1987.11.28.>

제213조(체포된 현행범인의 인도)

①검사 또는 사법경찰관리 아닌 자가 현행범인을 체포한 때에는 즉시 검사 또는 사법경찰관리에게 인도하여야 한다.
②사법경찰관리가 현행범인의 인도를 받은 때에는 체포자의 성명, 주거, 체포의 사유를 물어야 하고 필요한 때에는 체포자에 대하여 경찰관서에 동행함을 요구할 수 있다.
③ 삭제 <1987.11.28.>

제213조의2(준용규정)

제87조, 제89조, 제90조, 제200조의2제5항 및 제200조의5의 규정은 검사 또는 사법경찰관리가 현행범인을 체포하거나 현행범인을 인도받은 경우에 이를 준용한다. <개정 1995.12.29., 2007.6.1.>
[본조신설 1987.11.28.]

제214조(경미사건과 현행범인의 체포)

다액 50만원이하의 벌금, 구류 또는 과료에 해당하는 죄의 현행범인에 대하여는 범인의 주거가 분명하지 아니한 때에 한하여 제212조 내지 제213조의 규정을 적용한다. <개정 1973.1.25., 1980.12.18., 1995.12.29.>

제214조의2(체포와 구속의 적부심사)

①체포되거나 구속된 피의자 또는 그 변호인, 법정대리인, 배우자, 직계친족, 형제자매나 가족, 동거인 또는 고용주는 관할법원에 체포 또는 구속의 적부심사(適否審査)를 청구할 수 있다. <개정 2020.12.8.>
②피의자를 체포하거나 구속한 검사 또는 사법경찰관은 체포되거나 구속된 피의자와 제1항에 규정된 사람 중에서 피의자가 지정하는 사람에게 제1항에 따른 적부심사를 청구할 수 있음을 알려야 한다. <신설 2007.6.1., 2020.12.8.>
③법원은 제1항에 따른 청구가 다음 각 호의 어느 하나에 해당하는 때에는 제4항에 따른 심문 없이 결정으로 청구를 기각할 수 있다. <개정 1987.11.28., 1995.12.29., 2007.6.1., 2020.12.8.>
1. 청구권자 아닌 사람이 청구하거나 동일한 체포영장 또는 구속영장의 발부에 대하여 재청구한 때
2. 공범이나 공동피의자의 순차청구(順次請求)가 수사 방해를 목적으로 하고 있음이 명백한 때
④제1항의 청구를 받은 법원은 청구서가 접수된 때부터 48시간 이내에 체포되거나 구속된 피의자를 심문하고 수사 관계 서류와 증거물을 조사하여 그 청구가 이유 없다고 인정한 경우에는 결정으로 기각하고, 이유 있다고 인정한 경우에는 결정으로 체포되거나 구속된 피의자의 석방을 명하여야 한다. 심사 청구 후 피의자에 대하여 공소제기가 있는 경우에도 또한 같다. <개정 2020.12.8.>
⑤법원은 구속된 피의자(심사청구 후 공소제기된 사람을 포함한다)에 대하여 피의자의 출석을 보증할 만한 보증금의 납입을 조건으로 하여 결정으로 제4항의 석방을 명할 수 있다. 다만, 다음 각 호에 해당하는 경우에는 그러하지 아니하다. <개정 2020.12.8.>
1. 범죄의 증거를 인멸할 염려가 있다고 믿을 만한 충분한 이유가 있는 때
2. 피해자, 당해 사건의 재판에 필요한 사실을 알고 있다고 인정되는 사람 또는 그 친족의 생명·신체나 재산에 해를 가하거나 가할 염려가 있다고 믿을 만한 충분한 이유가 있는 때
⑥제5항의 석방 결정을 하는 경우에는 주거의 제한, 법원 또는 검사가 지정하는 일시·장소에 출석할 의무, 그 밖의 적당한 조건을 부가할 수 있다. <개정 2020. 12. 8.>
⑦ 제5항에 따라 보증금 납입을 조건으로 석방을 하는 경우에는 제99조와 제100조를 준용한다. <개정 2020.12.8.>
⑧ 제3항과 제4항의 결정에 대해서는 항고할 수 없다. <개정 2020.12.8.>
⑨ 검사·변호인·청구인은 제4항의 심문기일에 출석하여 의견을 진술할 수 있다. <개정 2020.12.8.>
⑩ 체포되거나 구속된 피의자에게 변호인이 없는 때에는 제33조를 준용한다. <개정 2020.12.8.>
⑪법원은 제4항의 심문을 하는 경우 공범의 분리심문이나 그 밖에 수사상의 비밀보호를 위한 적절한 조치를 하여야 한다. <개정 2007.6.1., 2020.12.8.>
⑫체포영장이나 구속영장을 발부한 법관은 제4항부터 제6항까지의 심문·조사·결정에 관여할 수 없다. 다만, 체포영장이나 구속영장을 발부한 법관 외에는 심문·조사·결정을 할 판사가 없는 경우에는 그러하지 아니하다. <개정 2020.12.8.>

⑬법원이 수사 관계 서류와 증거물을 접수한 때부터 결정 후 검찰청에 반환된 때까지의 기간은 제200조의2제5항(제213조의2에 따라 준용되는 경우를 포함한다) 및 제200조의4제1항을 적용할 때에는 그 제한기간에 산입하지 아니하고, 제202조·제203조 및 제205조를 적용할 때에는 그 구속기간에 산입하지 아니한다. <개정 2007.6.1., 2020.12.8.>
⑭제4항에 따라 피의자를 심문하는 경우에는 제201조의2제6항을 준용한다. <개정 2020.12.8.>
[본조신설 1980.12.18.]
[제목개정 2020.12.8.]

제214조의3(재체포 및 재구속의 제한)

①제214조의2제4항에 따른 체포 또는 구속 적부심사결정에 의하여 석방된 피의자가 도망하거나 범죄의 증거를 인멸하는 경우를 제외하고는 동일한 범죄사실로 재차 체포하거나 구속할 수 없다. <개정 2020.12.8.>
②제214조의2제5항에 따라 석방된 피의자에게 다음 각 호의 어느 하나에 해당하는 사유가 있는 경우를 제외하고는 동일한 범죄사실로 재차 체포하거나 구속할 수 없다. <신설 1995.12.29., 2007.6.1., 2020.12.8.>
1. 도망한 때
2. 도망하거나 범죄의 증거를 인멸할 염려가 있다고 믿을 만한 충분한 이유가 있는 때
3. 출석요구를 받고 정당한 이유없이 출석하지 아니한 때
4. 주거의 제한이나 그 밖에 법원이 정한 조건을 위반한 때
[본조신설 1980.12.18.]
[제목개정 2020.12.8.]

제214조의4(보증금의 몰수)

①법원은 다음 각 호의 1의 경우에 직권 또는 검사의 청구에 의하여 결정으로 제214조의2제5항에 따라 납입된 보증금의 전부 또는 일부를 몰수할 수 있다. <개정 2007.6.1.>
1. 제214조의2제5항에 따라 석방된 자를 제214조의3제2항에 열거된 사유로 재차 구속할 때
2. 공소가 제기된 후 법원이 제214조의2제5항에 따라 석방된 자를 동일한 범죄사실에 관하여 재차 구속할 때
②법원은 제214조의2제5항에 따라 석방된 자가 동일한 범죄사실에 관하여 형의 선고를 받고 그 판결이 확정된 후, 집행하기 위한 소환을 받고 정당한 이유없이 출석하지 아니하거나 도망한 때에는 직권 또는 검사의 청구에 의하여 결정으로 보증금의 전부 또는 일부를 몰수하여야 한다. <개정 2007.6.1.>
[본조신설 1995.12.29.]

제215조(압수, 수색, 검증)

①검사는 범죄수사에 필요한 때에는 피의자가 죄를 범하였다고 의심할 만한 정황이 있고 해당 사건과 관계가 있다고 인정할 수 있는 것에 한정하여 지방법원판사에게 청구하여 발부받은 영장에 의하여 압수, 수색 또는 검증을 할 수 있다.
②사법경찰관이 범죄수사에 필요한 때에는 피의자가 죄를 범하였다고 의심할 만한 정황이 있고 해당 사건과 관계가 있다고 인정할 수 있는 것에 한정하여 검사에게 신청하여 검사의 청구로 지방법원판사가 발부한 영장에 의하여 압수, 수색 또는 검증을 할 수 있다.
[전문개정 2011.7.18.]

제216조(영장에 의하지 아니한 강제처분)

①검사 또는 사법경찰관은 제200조의2·제200조의3·제201조 또는 제212조의 규정에 의하여 피의자를 체포 또는 구속하는 경우에 필요한 때에는 영장없이 다음 처분을 할 수 있다. <개정 1995.12.29., 2019.12.31.>
1. 타인의 주거나 타인이 간수하는 가옥, 건조물, 항공기, 선차 내에서의 피의자 수색. 다만, 제200조의2 또는 제201조에 따라 피의자를 체포 또는 구속하는 경우의 피의자 수색은 미리 수색영장을 발부받기 어려운 긴급한 사정이 있는 때에 한정한다.

2. 체포현장에서의 압수, 수색, 검증

②전항 제2호의 규정은 검사 또는 사법경찰관이 피고인에 대한 구속영장의 집행의 경우에 준용한다.

③범행 중 또는 범행직후의 범죄 장소에서 긴급을 요하여 법원판사의 영장을 받을 수 없는 때에는 영장없이 압수, 수색 또는 검증을 할 수 있다. 이 경우에는 사후에 지체없이 영장을 받아야 한다. <신설 1961.9.1.>

[2019.12.31. 법률 제16850호에 의하여 2018. 4. 26. 헌법재판소에서 헌법불합치 결정된 이 조를 개정함.]

제217조(영장에 의하지 아니하는 강제처분)

①검사 또는 사법경찰관은 제200조의3에 따라 체포된 자가 소유·소지 또는 보관하는 물건에 대하여 긴급히 압수할 필요가 있는 경우에는 체포한 때부터 24시간 이내에 한하여 영장 없이 압수·수색 또는 검증을 할 수 있다.

②검사 또는 사법경찰관은 제1항 또는 제216조제1항제2호에 따라 압수한 물건을 계속 압수할 필요가 있는 경우에는 지체 없이 압수수색영장을 청구하여야 한다. 이 경우 압수수색영장의 청구는 체포한 때부터 48시간 이내에 하여야 한다.

③검사 또는 사법경찰관은 제2항에 따라 청구한 압수수색영장을 발부받지 못한 때에는 압수한 물건을 즉시 반환하여야 한다.

[전문개정 2007.6.1.]

제218조(영장에 의하지 아니한 압수)

검사, 사법경찰관은 피의자 기타인의 유류한 물건이나 소유자, 소지자 또는 보관자가 임의로 제출한 물건을 영장없이 압수할 수 있다.

제218조의2(압수물의 환부, 가환부)

①검사는 사본을 확보한 경우 등 압수를 계속할 필요가 없다고 인정되는 압수물 및 증거에 사용할 압수물에 대하여 공소제기 전이라도 소유자, 소지자, 보관자 또는 제출인의 청구가 있는 때에는 환부 또는 가환부하여야 한다.

②제1항의 청구에 대하여 검사가 이를 거부하는 경우에는 신청인은 해당 검사의 소속 검찰청에 대응한 법원에 압수물의 환부 또는 가환부 결정을 청구할 수 있다.

③제2항의 청구에 대하여 법원이 환부 또는 가환부를 결정하면 검사는 신청인에게 압수물을 환부 또는 가환부하여야 한다.

④사법경찰관의 환부 또는 가환부 처분에 관하여는 제1항부터 제3항까지의 규정을 준용한다. 이 경우 사법경찰관은 검사의 지휘를 받아야 한다.

[본조신설 2011.7.18.]

제219조(준용규정)

제106조, 제107조, 제109조 내지 제112조, 제114조, 제115조제1항 본문, 제2항, 제118조부터 제132조까지, 제134조, 제135조, 제140조, 제141조, 제333조제2항, 제486조의 규정은 검사 또는 사법경찰관의 본장의 규정에 의한 압수, 수색 또는 검증에 준용한다. 단, 사법경찰관이 제130조, 제132조 및 제134조에 따른 처분을 함에는 검사의 지휘를 받아야 한다. <개정 1980.12.18., 2007.6.1.,2011.7.18.>

제220조(요급처분) 제216조의 규정에 의한 처분을 하는 경우에 급속을 요하는 때에는 제123조제2항, 제125조의 규정에 의함을 요하지 아니한다.

제221조(제3자의 출석요구 등)

①검사 또는 사법경찰관은 수사에 필요한 때에는 피의자가 아닌 자의 출석을 요구하여 진술을 들을 수 있다. 이 경우 그의 동의를 받아 영상녹화할 수 있다.

②검사 또는 사법경찰관은 수사에 필요한 때에는 감정·통역 또는 번역을 위촉할 수 있다.
③제163조의2제1항부터 제3항까지는 검사 또는 사법경찰관이 범죄로 인한 피해자를 조사하는 경우에 준용한다.
[전문개정 2007.6.1.]

판례-정치자금법위반
(진술서 증거능력 사건)
[대법원 2015.4.23. 선고, 2013도3790, 판결]

【판시사항】
피고인이 아닌 자가 수사과정에서 진술서를 작성하였으나 수사기관이 그에 대한 조사과정을 기록하지 아니하여 형사소송법 제244조의4 제3항, 제1항에서 정한 절차를 위반한 경우, 그 진술서의 증거능력 유무(원칙적 소극)

【판결요지】
형사소송법 제221조 제1항, 제244조의4 제1항, 제3항, 제312조 제4항, 제5항 및 그 입법목적 등을 종합하여 보면, 피고인이 아닌 자가 수사과정에서 진술서를 작성하였지만 수사기관이 그에 대한 조사과정을 기록하지 아니하여 형사소송법 제244조의4 제3항, 제1항에서 정한 절차를 위반한 경우에는, 특별한 사정이 없는 한 '적법한 절차와 방식'에 따라 수사과정에서 진술서가 작성되었다 할 수 없으므로 증거능력을 인정할 수 없다.

제221조의2(증인신문의 청구)
①범죄의 수사에 없어서는 아니될 사실을 안다고 명백히 인정되는 자가 전조의 규정에 의한 출석 또는 진술을 거부한 경우에는 검사는 제1회 공판기일 전에 한하여 판사에게 그에 대한 증인신문을 청구할 수 있다.
② 삭제 <2007.6.1.>
③제1항의 청구를 함에는 서면으로 그 사유를 소명하여야 한다. <개정 2007.6.1.>
④제1항의 청구를 받은 판사는 증인신문에 관하여 법원 또는 재판장과 동일한 권한이 있다. <개정 2007.6.1.>
⑤판사는 제1항의 청구에 따라 증인신문기일을 정한 때에는 피고인·피의자 또는 변호인에게 이를 통지하여 증인신문에 참여할 수 있도록 하여야 한다. <개정 2007.6.1.>
⑥판사는 제1항의 청구에 의한 증인신문을 한 때에는 지체없이 이에 관한 서류를 검사에게 송부하여야 한다. <개정 2007.6.1.>
[본조신설 1973.1.25.]
[94헌바1 1996.12.26. 헌법재판소 위헌결정 이전인 1995.12.29. 법률 제5054호로 이 조 제5항이 개정되었으나 위 결정으로 이 조 제2항이 무효로 되었으므로 제5항 중 제2항에 관한 부분은 자동 효력 상실]

제221조의3(감정의 위촉과 감정유치의 청구)
①검사는 제221조의 규정에 의하여 감정을 위촉하는 경우에 제172조제3항의 유치처분이 필요할 때에는 판사에게 이를 청구하여야 한다. <개정 1980.12.18.>
②판사는 제1항의 청구가 상당하다고 인정할 때에는 유치처분을 하여야 한다. 제172조 및 제172조의2의 규정은 이 경우에 준용한다. <개정 1980.12.18.>
[본조신설 1973.1.25.]

제221조의4(감정에 필요한 처분, 허가장)
①제221조의 규정에 의하여 감정의 위촉을 받은 자는 판사의 허가를 얻어 제173조제1항에 규정된 처분을 할 수 있다.
②제1항의 허가의 청구는 검사가 하여야 한다. <개정 1980.12.18.>
③판사는 제2항의 청구가 상당하다고 인정할 때에는 허가장을 발부하여야 한다. <개정 1980.12.18.>
④제173조제2항, 제3항 및 제5항의 규정은 제3항의 허가장에 준용한다. <개정 1980.12.18.>
[본조신설 1973.1.25.]

제221조의5(사법경찰관이 신청한 영장의 청구 여부에 대한 심의)

①검사가 사법경찰관이 신청한 영장을 정당한 이유 없이 판사에게 청구하지 아니한 경우 사법경찰관은 그 검사 소속의 지방검찰청 소재지를 관할하는 고등검찰청에 영장 청구 여부에 대한 심의를 신청할 수 있다.

②제1항에 관한 사항을 심의하기 위하여 각 고등검찰청에 영장심의위원회(이하 이 조에서 "심의위원회"라 한다)를 둔다.

③심의위원회는 위원장 1명을 포함한 10명 이내의 외부 위원으로 구성하고, 위원은 각 고등검찰청 검사장이 위촉한다.

④사법경찰관은 심의위원회에 출석하여 의견을 개진할 수 있다.

⑤심의위원회의 구성 및 운영 등 그 밖에 필요한 사항은 법무부령으로 정한다.

[본조신설 2020.2.4.]

제222조(변사자의 검시)

①변사자 또는 변사의 의심있는 사체가 있는 때에는 그 소재지를 관할하는 지방검찰청 검사가 검시하여야 한다.

②전항의 검시로 범죄의 혐의를 인정하고 긴급을 요할 때에는 영장없이 검증할 수 있다. <신설 1961.9.1.>

③검사는 사법경찰관에게 전2항의 처분을 명할 수 있다. <신설 1961.9.1.>

제223조(고소권자)

범죄로 인한 피해자는 고소할 수 있다.

제224조(고소의 제한)

자기 또는 배우자의 직계존속을 고소하지 못한다.

제225조(비피해자인 고소권자)

①피해자의 법정대리인은 독립하여 고소할 수 있다.

②피해자가 사망한 때에는 그 배우자, 직계친족 또는 형제자매는 고소할 수 있다. 단, 피해자의 명시한 의사에 반하지 못한다.

제226조(동전)

피해자의 법정대리인이 피의자이거나 법정대리인의 친족이 피의자인 때에는 피해자의 친족은 독립하여 고소할 수 있다.

제227조(동전)

사자의 명예를 훼손한 범죄에 대하여는 그 친족 또는 자손은 고소할 수 있다.

제228조(고소권자의 지정)

친고죄에 대하여 고소할 자가 없는 경우에 이해관계인의 신청이 있으면 검사는 10일 이내에 고소할 수 있는 자를 지정하여야 한다.

제229조(배우자의 고소)

①「형법」 제241조의 경우에는 혼인이 해소되거나 이혼소송을 제기한 후가 아니면 고소할 수 없다. <개정 2007.6.1.>

②전항의 경우에 다시 혼인을 하거나 이혼소송을 취하한 때에는 고소는 취소된 것으로 간주한다.

제230조(고소기간)

①친고죄에 대하여는 범인을 알게 된 날로부터 6월을 경과하면 고소하지 못한다. 단, 고소할 수 없는 불가항력의 사유가 있는 때에는 그 사유가 없어진 날로부터 기산한다.

② 삭제 <2013.4.5.>

제231조(수인의 고소권자)
고소할 수 있는 자가 수인인 경우에는 1인의 기간의 해태는 타인의 고소에 영향이 없다.

제232조(고소의 취소)
①고소는 제1심 판결선고 전까지 취소할 수 있다.
②고소를 취소한 자는 다시 고소할 수 없다.
③피해자의 명시한 의사에 반하여 공소를 제기할 수 없는 사건에서 처벌을 원하는 의사표시를 철회한 경우에도 제1항과 제2항을 준용한다.
[전문개정 2020.12.8.]

제233조(고소의 불가분)
친고죄의 공범 중 그 1인 또는 수인에 대한 고소 또는 그 취소는 다른 공범자에 대하여도 효력이 있다.

판례-강제추행
[대법원 2015.11.17, 선고, 2013도7987, 판결]

【판시사항】
고소권자가 비친고죄로 고소한 사건을 검사가 친고죄로 구성하여 공소를 제기한 경우, 법원이 친고죄에서 소송조건이 되는 고소가 유효하게 존재하는지 직권으로 조사·심리하여야 하는지 여부(한정 적극) 및 이때 공소사실에 대하여 피고인과 공범관계에 있는 사람에 대한 적법한 고소취소의 효력이 피고인에 대하여 미치는지 여부(적극)

【판결요지】
법원은 검사가 공소를 제기한 범죄사실을 심판하는 것이지 고소권자가 고소한 내용을 심판하는 것이 아니므로, 고소권자가 비친고죄로 고소한 사건이더라도 검사가 사건을 친고죄로 구성하여 공소를 제기하였다면 공소장 변경절차를 거쳐 공소사실이 비친고죄로 변경되지 아니하는 한, 법원으로서는 친고죄에서 소송조건이 되는 고소가 유효하게 존재하는지를 직권으로 조사·심리하여야 한다. 그리고 이 경우 친고죄에서 고소와 고소취소의 불가분 원칙을 규정한 형사소송법 제233조는 당연히 적용되므로, 만일 공소사실에 대하여 피고인과 공범관계에 있는 사람에 대한 적법한 고소취소가 있다면 고소취소의 효력은 피고인에 대하여 미친다.

제234조(고발)
①누구든지 범죄가 있다고 사료하는 때에는 고발할 수 있다.
②공무원은 그 직무를 행함에 있어 범죄가 있다고 사료하는 때에는 고발하여야 한다.

제235조(고발의 제한)
제224조의 규정은 고발에 준용한다.

제236조(대리고소)
고소 또는 그 취소는 대리인으로 하여금하게 할 수 있다.

제237조(고소, 고발의 방식)
①고소 또는 고발은 서면 또는 구술로써 검사 또는 사법경찰관에게 하여야 한다.
②검사 또는 사법경찰관이 구술에 의한 고소 또는 고발을 받은 때에는 조서를 작성하여야 한다.

제238조(고소, 고발과 사법경찰관의 조치)
사법경찰관이 고소 또는 고발을 받은 때에는 신속히 조사하여 관계서류와 증거물을 검사에게 송부하여야 한다.

제239조(준용규정)
전2조의 규정은 고소 또는 고발의 취소에 관하여 준용한다.

제240조(자수와 준용규정)
제237조와 제238조의 규정은 자수에 대하여 준용한다.

제241조(피의자신문)
검사 또는 사법경찰관이 피의자를 신문함에는 먼저 그 성명, 연령, 등록기준지, 주거와 직업을 물어 피의자임에 틀림없음을 확인하여야 한다. <개정 2007.5.17.>

제242조(피의자신문사항)
검사 또는 사법경찰관은 피의자에 대하여 범죄사실과 정상에 관한 필요사항을 신문하여야 하며 그 이익되는 사실을 진술할 기회를 주어야 한다.

제243조(피의자신문과 참여자)
검사가 피의자를 신문함에는 검찰청수사관 또는 서기관이나 서기를 참여하게 하여야 하고 사법경찰관이 피의자를 신문함에는 사법경찰관리를 참여하게 하여야 한다. <개정 2007.6.1., 2007.12.21.>

제243조의2(변호인의 참여 등)
①검사 또는 사법경찰관은 피의자 또는 그 변호인·법정대리인·배우자·직계친족·형제 자매의 신청에 따라 변호인을 피의자와 접견하게 하거나 정당한 사유가 없는 한 피의자에 대한 신문에 참여하게 하여야 한다.
②신문에 참여하고자 하는 변호인이 2인 이상인 때에는 피의자가 신문에 참여할 변호인 1 인을 지정한다. 지정이 없는 경우에는 검사 또는 사법경찰관이 이를 지정할 수 있다.
③신문에 참여한 변호인은 신문 후 의견을 진술할 수 있다. 다만, 신문 중이라도 부당한 신문방법에 대하여 이의를 제기할 수 있고, 검사 또는 사법경찰관의 승인을 얻어 의견을 진술할 수 있다.
④제3항에 따른 변호인의 의견이 기재된 피의자신문조서는 변호인에게 열람하게 한 후 변호인으로 하여금 그 조서에 기명날인 또는 서명하게 하여야 한다.
⑤검사 또는 사법경찰관은 변호인의 신문참여 및 그 제한에 관한 사항을 피의자신문조서에 기재하여야 한다.
[본조신설 2007.6.1.]

제244조(피의자신문조서의 작성)
①피의자의 진술은 조서에 기재하여야 한다.
②제1항의 조서는 피의자에게 열람하게 하거나 읽어 들려주어야 하며, 진술한 대로 기재되지 아니하였거나 사실과 다른 부분의 유무를 물어 피의자가 증감 또는 변경의 청구 등 이의를 제기하거나 의견을 진술한 때에는 이를 조서에 추가로 기재하여야 한다. 이 경우 피의자가 이의를 제기하였던 부분은 읽을 수 있도록 남겨두어야 한다. <개정 2007.6.1.>
③피의자가 조서에 대하여 이의나 의견이 없음을 진술한 때에는 피의자로 하여금 그 취지를 자필로 기재하게 하고 조서에 간인한 후 기명날인 또는 서명하게 한다. <개정 2007.6.1.>

제244조의2(피의자진술의 영상녹화)
①피의자의 진술은 영상녹화할 수 있다. 이 경우 미리 영상녹화사실을 알려주어야 하며, 조사의 개시부터 종료까지의 전 과정 및 객관적 정황을 영상녹화하여야 한다.
②제1항에 따른 영상녹화가 완료된 때에는 피의자 또는 변호인 앞에서 지체 없이 그 원본을 봉인하고 피의자로 하여금 기명날인 또는 서명하게 하여야 한다.

③제2항의 경우에 피의자 또는 변호인의 요구가 있는 때에는 영상녹화물을 재생하여 시청하게 하여야 한다. 이 경우 그 내용에 대하여 이의를 진술하는 때에는 그 취지를 기재한 서면을 첨부하여야 한다.
[본조신설 2007.6.1.]

제244조의3(진술거부권 등의 고지)
①검사 또는 사법경찰관은 피의자를 신문하기 전에 다음 각 호의 사항을 알려주어야 한다.
1. 일체의 진술을 하지 아니하거나 개개의 질문에 대하여 진술을 하지 아니할 수 있다는 것
2. 진술을 하지 아니하더라도 불이익을 받지 아니한다는 것
3. 진술을 거부할 권리를 포기하고 행한 진술은 법정에서 유죄의 증거로 사용될 수 있다는 것
4. 신문을 받을 때에는 변호인을 참여하게 하는 등 변호인의 조력을 받을 수 있다는 것
②검사 또는 사법경찰관은 제1항에 따라 알려 준 때에는 피의자가 진술을 거부할 권리와 변호인의 조력을 받을 권리를 행사할 것인지의 여부를 질문하고, 이에 대한 피의자의 답변을 조서에 기재하여야 한다. 이 경우 피의자의 답변은 피의자로 하여금 자필로 기재하게 하거나 검사 또는 사법경찰관이 피의자의 답변을 기재한 부분에 기명날인 또는 서명하게 하여야 한다.
[본조신설 2007.6.1.]

제244조의4(수사과정의 기록)
①검사 또는 사법경찰관은 피의자가 조사장소에 도착한 시각, 조사를 시작하고 마친 시각, 그 밖에 조사과정의 진행경과를 확인하기 위하여 필요한 사항을 피의자신문조서에 기록하거나 별도의 서면에 기록한 후 수사기록에 편철하여야 한다.
②제244조제2항 및 제3항은 제1항의 조서 또는 서면에 관하여 준용한다.
③제1항 및 제2항은 피의자가 아닌 자를 조사하는 경우에 준용한다.
[본조신설 2007.6.1.]

제244조의5(장애인 등 특별히 보호를 요하는 자에 대한 특칙)
검사 또는 사법경찰관은 피의자를 신문하는 경우 다음 각 호의 어느 하나에 해당하는 때에는 직권 또는 피의자·법정대리인의 신청에 따라 피의자와 신뢰관계에 있는 자를 동석하게 할 수 있다.
1. 피의자가 신체적 또는 정신적 장애로 사물을 변별하거나 의사를 결정·전달할 능력이 미약한 때
2. 피의자의 연령·성별·국적 등의 사정을 고려하여 그 심리적 안정의 도모와 원활한 의사소통을 위하여 필요한 경우
[본조신설 2007.6.1.]

제245조(참고인과의 대질)
검사 또는 사법경찰관이 사실을 발견함에 필요한 때에는 피의자와 다른 피의자 또는 피의자 아닌 자와 대질하게 할 수 있다.

제245조의2(전문수사자문위원의 참여)
① 검사는 공소제기 여부와 관련된 사실관계를 분명하게 하기 위하여 필요한 경우에는 직권이나 피의자 또는 변호인의 신청에 의하여 전문수사자문위원을 지정하여 수사절차에 참여하게 하고 자문을 들을 수 있다.
② 전문수사자문위원은 전문적인 지식에 의한 설명 또는 의견을 기재한 서면을 제출하거나 전문적인 지식에 의하여 설명이나 의견을 진술할 수 있다.
③ 검사는 제2항에 따라 전문수사자문위원이 제출한 서면이나 전문수사자문위원의 설명 또는 의견의 진술에 관하여 피의자 또는 변호인에게 구술 또는 서면에 의한 의견진술의 기회를 주어야 한다.
[본조신설 2007.12.21.]

제245조의3(전문수사자문위원 지정 등)

① 제245조의2제1항에 따라 전문수사자문위원을 수사절차에 참여시키는 경우 검사는 각 사건마다 1인 이상의 전문수사자문위원을 지정한다.
②검사는 상당하다고 인정하는 때에는 전문수사자문위원의 지정을 취소할 수 있다.
③피의자 또는 변호인은 검사의 전문수사자문위원 지정에 대하여 관할 고등검찰청검사장에게 이의를 제기할 수 있다.
④전문수사자문위원에게는 수당을 지급하고, 필요한 경우에는 그 밖의 여비, 일당 및 숙박료를 지급할 수 있다.
⑤전문수사자문위원의 지정 및 지정취소, 이의제기 절차 및 방법, 수당지급, 그 밖에 필요한 사항은 법무부령으로 정한다.
[본조신설 2007.12.21.]

제245조의4(준용규정)

제279조의7 및 제279조의8은 검사의 전문수사자문위원에게 준용한다.
[본조신설 2007.12.21.]

제245조의5(사법경찰관의 사건송치 등)

사법경찰관은 고소·고발 사건을 포함하여 범죄를 수사한 때에는 다음 각 호의 구분에 따른다.
1. 범죄의 혐의가 있다고 인정되는 경우에는 지체 없이 검사에게 사건을 송치하고, 관계 서류와 증거물을 검사에게 송부하여야 한다.
2. 그 밖의 경우에는 그 이유를 명시한 서면과 함께 관계 서류와 증거물을 지체 없이 검사에게 송부하여야 한다. 이 경우 검사는 송부받은 날부터 90일 이내에 사법경찰관에게 반환하여야 한다.
[본조신설 2020.2.4.]

제245조의6(고소인 등에 대한 송부통지)

사법경찰관은 제245조의5제2호의 경우에는 그 송부한 날부터 7일 이내에 서면으로 고소인·고발인·피해자 또는 그 법정대리인(피해자가 사망한 경우에는 그 배우자·직계친족·형제자매를 포함한다)에게 사건을 검사에게 송치하지 아니하는 취지와 그 이유를 통지하여야 한다.
[본조신설 2020.2.4.]

제245조의7(고소인 등의 이의신청)

①제245조의6의 통지를 받은 사람은 해당 사법경찰관의 소속 관서의 장에게 이의를 신청할 수 있다.
②사법경찰관은 제1항의 신청이 있는 때에는 지체 없이 검사에게 사건을 송치하고 관계 서류와 증거물을 송부하여야 하며, 처리결과와 그 이유를 제1항의 신청인에게 통지하여야 한다.
[본조신설 2020.2.4.]

제245조의8(재수사요청 등)

①검사는 제245조의5제2호의 경우에 사법경찰관이 사건을 송치하지 아니한 것이 위법 또는 부당한 때에는 그 이유를 문서로 명시하여 사법경찰관에게 재수사를 요청할 수 있다.
②사법경찰관은 제1항의 요청이 있는 때에는 사건을 재수사하여야 한다.
[본조신설 2020.2.4.]

제245조의9(검찰청 직원)

①검찰청 직원으로서 사법경찰관리의 직무를 행하는 자와 그 직무의 범위는 법률로 정한다.
②사법경찰관의 직무를 행하는 검찰청 직원은 검사의 지휘를 받아 수사하여야 한다.

③사법경찰리의 직무를 행하는 검찰청 직원은 검사 또는 사법경찰관의 직무를 행하는 검찰청 직원의 수사를 보조하여야 한다.
④사법경찰관리의 직무를 행하는 검찰청 직원에 대하여는 제197조의2부터 제197조의4까지, 제221조의5, 제245조의5부터 제245조의8까지의 규정을 적용하지 아니한다.
[본조신설 2020.2.4.]

제245조의10(특별사법경찰관리)
①삼림, 해사, 전매, 세무, 군수사기관, 그 밖에 특별한 사항에 관하여 사법경찰관리의 직무를 행할 특별사법경찰관리와 그 직무의 범위는 법률로 정한다.
②특별사법경찰관은 모든 수사에 관하여 검사의 지휘를 받는다.
③특별사법경찰관은 범죄의 혐의가 있다고 인식하는 때에는 범인, 범죄사실과 증거에 관하여 수사를 개시·진행하여야 한다.
④ 특별사법경찰관리는 검사의 지휘가 있는 때에는 이에 따라야 한다. 검사의 지휘에 관한 구체적 사항은 법무부령으로 정한다.
⑤ 특별사법경찰관은 범죄를 수사한 때에는 지체 없이 검사에게 사건을 송치하고, 관계 서류와 증거물을 송부하여야 한다.
⑥특별사법경찰관리에 대하여는 제197조의2부터 제197조의4까지, 제221조의5, 제245조의5부터 제245조의8까지의 규정을 적용하지 아니한다.
[본조신설 2020.2.4.]

제2장 공소

제246조(국가소추주의)
공소는 검사가 제기하여 수행한다.

제247조(기소편의주의)
검사는「형법」제51조의 사항을 참작하여 공소를 제기하지 아니할 수 있다.
[전문개정 2007.6.1.]

제248조(공소의 효력 범위)
①공소의 효력은 검사가 피고인으로 지정한 자에게만 미친다. <개정 2020.12.8.>
②범죄사실의 일부에 대한 공소의 효력은 범죄사실 전부에 미친다. <개정 2020.12.8.>
[전문개정 2007.6.1.]
[제목개정 2020.12.8.]

제249조(공소시효의 기간)
①공소시효는 다음 기간의 경과로 완성한다. <개정 1973.1.25., 2007.12.21.>
1. 사형에 해당하는 범죄에는 25년
2. 무기징역 또는 무기금고에 해당하는 범죄에는 15년
3. 장기 10년 이상의 징역 또는 금고에 해당하는 범죄에는 10년
4. 장기 10년 미만의 징역 또는 금고에 해당하는 범죄에는 7년
5. 장기 5년 미만의 징역 또는 금고, 장기10년 이상의 자격정지 또는 벌금에 해당하는 범죄에는 5년
6. 장기 5년 이상의 자격정지에 해당하는 범죄에는 3년
7. 장기 5년 미만의 자격정지, 구류, 과료 또는 몰수에 해당하는 범죄에는 1년
②공소가 제기된 범죄는 판결의 확정이 없이 공소를 제기한 때로부터 25년을 경과하면 공소시효가 완성한 것으로 간주한다. <신설 1961.9.1., 2007.12.21.>

제250조(두 개 이상의 형과 시효기간)

두 개 이상의 형을 병과(倂科)하거나 두 개 이상의 형에서 한 개를 과(科)할 범죄에 대해서는 무거운 형에 의하여 제249조를 적용한다.
[전문개정 2020.12.8.]

제251조(형의 가중, 감경과 시효기간)

「형법」에 의하여 형을 가중 또는 감경한 경우에는 가중 또는 감경하지 아니한 형에 의하여 제249조의 규정을 적용한다. <개정 2007.6.1.>

제252조(시효의 기산점)

①시효는 범죄행위의 종료한 때로부터 진행한다.
②공범에는 최종행위의 종료한 때로부터 전공범에 대한 시효기간을 기산한다.

판례-아동복지법위반

[대법원 2016.9.28, 선고, 2016도7273, 판결]

【판시사항】
아동학대범죄의 처벌 등에 관한 특례법 제34조의 취지 및 같은 법 시행일 당시 범죄행위가 종료되었으나 아직 공소시효가 완성되지 아니한 아동학대범죄에 대하여 같은 법 제34조 제1항이 적용되는지 여부(적극)

【판결요지】
아동학대범죄의 처벌 등에 관한 특례법(2014.1.28. 법률 제12341호로 제정되어 2014.9.29. 시행되었으며, 이하 '아동학대처벌법'이라 한다)은 아동학대범죄의 처벌에 관한 특례 등을 규정함으로써 아동을 보호하여 아동이 건강한 사회 구성원으로 성장하도록 함을 목적으로 제정되었다. 아동학대처벌법 제2조 제4호 (타)목은 아동복지법 제71조 제1항 제2호, 제17조 제3호에서 정한 '아동의 신체에 손상을 주거나 신체의 건강 및 발달을 해치는 신체적 학대행위'[구 아동복지법(2011.8.4. 법률 제11002호로 전부 개정되기 전의 것) 제29조 제1호 '아동의 신체에 손상을 주는 학대행위'에 상응하는 규정이다]를 아동학대범죄의 하나로 규정하고, 나아가 제34조는 '공소시효의 정지와 효력'이라는 표제 밑에 제1항에서 "아동학대범죄의 공소시효는 형사소송법 제252조에도 불구하고 해당 아동학대범죄의 피해아동이 성년에 달한 날부터 진행한다."라고 규정하며, 부칙은 "이 법은 공포 후 8개월이 경과한 날부터 시행한다."라고 규정하고 있다. 이처럼 아동학대처벌법은 신체적 학대행위를 비롯한 아동학대범죄로부터 피해아동을 보호하기 위한 것으로서, 같은 법 제34조 역시 아동학대범죄가 피해아동의 성년에 이르기 전에 공소시효가 완성되어 처벌대상에서 벗어나지 못하도록 진행을 정지시킴으로써 보호자로부터 피해를 입은 18세 미만 아동을 실질적으로 보호하려는 취지이다.
이러한 아동학대처벌법의 입법 목적 및 같은 법 제34조의 취지를 공소시효를 정지하는 특례조항의 신설·소급에 관한 법리에 비추어 보면, 비록 아동학대처벌법이 제34조 제1항의 소급적용 등에 관하여 명시적인 경과규정을 두고 있지는 아니하나, 위 규정은 완성되지 아니한 공소시효의 진행을 일정한 요건 아래에서 장래를 향하여 정지시키는 것으로서, 시행일인 2014.9.29. 당시 범죄행위가 종료되었으나 아직 공소시효가 완성되지 아니한 아동학대범죄에 대하여도 적용된다.

제253조(시효의 정지와 효력)

①시효는 공소의 제기로 진행이 정지되고 공소기각 또는 관할위반의 재판이 확정된 때로부터 진행한다. <개정 1961.9.1.>
②공범의 1인에 대한 전항의 시효정지는 다른 공범자에게 대하여 효력이 미치고 당해 사건의 재판이 확정된 때로부터 진행한다. <개정 1961.9.1.>
③범인이 형사처분을 면할 목적으로 국외에 있는 경우 그 기간 동안 공소시효는 정지된다. <신설 1995.12.29.>

제253조의2(공소시효의 적용 배제)
사람을 살해한 범죄(종범은 제외한다)로 사형에 해당하는 범죄에 대하여는 제249조부터 제253조까지에 규정된 공소시효를 적용하지 아니한다.
[본조신설 2015.7.31.]

제254조(공소제기의 방식과 공소장)
①공소를 제기함에는 공소장을 관할법원에 제출하여야 한다.
②공소장에는 피고인수에 상응한 부본을 첨부하여야 한다.
③공소장에는 다음 사항을 기재하여야 한다.
1. 피고인의 성명 기타 피고인을 특정할 수 있는 사항
2. 죄명
3. 공소사실
4. 적용법조
④공소사실의 기재는 범죄의 시일, 장소와 방법을 명시하여 사실을 특정할 수 있도록 하여야 한다.
⑤수개의 범죄사실과 적용법조를 예비적 또는 택일적으로 기재할 수 있다.

제255조(공소의 취소)
①공소는 제1심판결의 선고 전까지 취소할 수 있다.
②공소취소는 이유를 기재한 서면으로 하여야 한다. 단, 공판정에서는 구술로써 할 수 있다.

제256조(타관송치)
검사는 사건이 그 소속검찰청에 대응한 법원의 관할에 속하지 아니한 때에는 사건을 서류와 증거물과 함께 관할법원에 대응한 검찰청검사에게 송치하여야 한다.

제256조의2(군검사에의 사건송치)
검사는 사건이 군사법원의 재판권에 속하는 때에는 사건을 서류와 증거물과 함께 재판권을 가진 관할 군검찰부 군검사에게 송치하여야 한다. 이 경우에 송치전에 행한 소송행위는 송치 후에도 그 효력에 영향이 없다. <개정 1987.11.28., 2016.1.6.>
[본조신설 1973.1.25.]
[제목개정 2016.1.6.]

제257조(고소등에 의한 사건의 처리)
검사가 고소 또는 고발에 의하여 범죄를 수사할 때에는 고소 또는 고발을 수리한 날로부터 3월 이내에 수사를 완료하여 공소제기여부를 결정하여야 한다.

제258조(고소인등에의 처분고지)
①검사는 고소 또는 고발있는 사건에 관하여 공소를 제기하거나 제기하지 아니하는 처분, 공소의 취소 또는 제256조의 송치를 한 때에는 그 처분한 날로부터 7일 이내에 서면으로 고소인 또는 고발인에게 그 취지를 통지하여야 한다.
②검사는 불기소 또는 제256조의 처분을 한 때에는 피의자에게 즉시 그 취지를 통지하여야 한다.

제259조(고소인등에의 공소불제기이유고지)
검사는 고소 또는 고발있는 사건에 관하여 공소를 제기하지 아니하는 처분을 한 경우에 고소인 또는 고발인의 청구가 있는 때에는 7일 이내에 고소인 또는 고발인에게 그 이유를 서면으로 설명하여야 한다.

제259조의2(피해자 등에 대한 통지)

검사는 범죄로 인한 피해자 또는 그 법정대리인(피해자가 사망한 경우에는 그 배우자·직계친족·형제자매를 포함한다)의 신청이 있는 때에는 당해 사건의 공소제기여부, 공판의 일시·장소, 재판결과, 피의자·피고인의 구속·석방 등 구금에 관한 사실 등을 신속하게 통지하여야 한다.
[본조신설 2007.6.1.]

제260조(재정신청)

①고소권자로서 고소를 한 자(「형법」 제123조부터 제126조까지의 죄에 대하여는 고발을 한 자를 포함한다. 이하 이 조에서 같다)는 검사로부터 공소를 제기하지 아니한다는 통지를 받은 때에는 그 검사 소속의 지방검찰청 소재지를 관할하는 고등법원(이하 "관할 고등법원"이라 한다)에 그 당부에 관한 재정을 신청할 수 있다. 다만, 「형법」 제126조의 죄에 대하여는 피공표자의 명시한 의사에 반하여 재정을 신청할 수 없다. <개정 2011.7.18.>
②제1항에 따른 재정신청을 하려면 「검찰청법」 제10조에 따른 항고를 거쳐야 한다. 다만, 다음 각 호의 어느 하나에 해당하는 경우에는 그러하지 아니하다.
1. 항고 이후 재기수사가 이루어진 다음에 다시 공소를 제기하지 아니한다는 통지를 받은 경우
2. 항고 신청 후 항고에 대한 처분이 행하여지지 아니하고 3개월이 경과한 경우
3. 검사가 공소시효 만료일 30일 전까지 공소를 제기하지 아니하는 경우
③제1항에 따른 재정신청을 하려는 자는 항고기각 결정을 통지받은 날 또는 제2항 각 호의 사유가 발생한 날부터 10일 이내에 지방검찰청검사장 또는 지청장에게 재정신청서를 제출하여야 한다. 다만, 제2항제3호의 경우에는 공소시효 만료일 전날까지 재정신청서를 제출할 수 있다.
④재정신청서에는 재정신청의 대상이 되는 사건의 범죄사실 및 증거 등 재정신청을 이유 있게 하는 사유를 기재하여야 한다.
[전문개정 2007.6.1.]

제261조(지방검찰청검사장 등의 처리)

제260조제3항에 따라 재정신청서를 제출받은 지방검찰청검사장 또는 지청장은 재정신청서를 제출받은 날부터 7일 이내에 재정신청서·의견서·수사 관계 서류 및 증거물을 관할 고등검찰청을 경유하여 관할 고등법원에 송부하여야 한다. 다만, 제260조제2항 각 호의 어느 하나에 해당하는 경우에는 지방검찰청검사장 또는 지청장은 다음의 구분에 따른다.
1. 신청이 이유 있는 것으로 인정하는 때에는 즉시 공소를 제기하고 그 취지를 관할 고등법원과 재정신청인에게 통지한다.
2. 신청이 이유 없는 것으로 인정하는 때에는 30일 이내에 관할 고등법원에 송부한다.
[전문개정 2007.6.1.]

제262조(심리와 결정)

①법원은 재정신청서를 송부받은 때에는 송부받은 날부터 10일 이내에 피의자에게 그 사실을 통지하여야 한다.
②법원은 재정신청서를 송부받은 날부터 3개월 이내에 항고의 절차에 준하여 다음 각 호의 구분에 따라 결정한다. 이 경우 필요한 때에는 증거를 조사할 수 있다.
1. 신청이 법률상의 방식에 위배되거나 이유 없는 때에는 신청을 기각한다.
2. 신청이 이유 있는 때에는 사건에 대한 공소제기를 결정한다.
③재정신청사건의 심리는 특별한 사정이 없는 한 공개하지 아니한다.
④제2항제1호의 결정에 대하여는 제415조에 따른 즉시항고를 할 수 있고, 제2항제2호의 결정에 대하여는 불복할 수 없다. 제2항제1호의 결정이 확정된 사건에 대하여는 다른 중요한 증거를 발견한 경우를 제외하고는 소추할 수 없다. <개정 2016.1.6.>
⑤법원은 제2항의 결정을 한 때에는 즉시 그 정본을 재정신청인·피의자와 관할 지방검찰청검사장 또는 지청장에게 송부하여야 한다. 이 경우 제2항제2호의 결정을 한 때에는 관할 지방검찰청검사장 또는 지청장에게 사건기록을 함께 송부하여야 한다.

⑥제2항제2호의 결정에 따른 재정결정서를 송부받은 관할 지방검찰청 검사장 또는 지청장은 지체 없이 담당 검사를 지정하고 지정받은 검사는 공소를 제기하여야 한다.
[전문개정 2007.6.1.]

판례·업무상횡령

[대법원 2015.9.10, 선고, 2012도14755, 판결]

【판시사항】
[1] 형사소송법 제262조 제4항 후문에서 재정신청 기각결정이 확정된 사건에 대하여 다른 중요한 증거를 발견한 경우를 제외하고는 소추할 수 없도록 규정하고 있는 취지
[2] 형사소송법 제262조 제4항 후문에서 말하는 '제2항 제1호의 결정이 확정된 사건'은 법원에서 심리와 판단이 현실적으로 이루어져 재정신청 기각결정의 대상이 된 사건만을 의미하는지 여부(적극) 및 재정신청 기각결정의 대상이 되지 않은 사건이 고소인의 고소내용에 포함되어 있더라도 '제2항 제1호의 결정이 확정된 사건'이라고 할 수 없는지 여부(적극)

【판결요지】
[1] 형사소송법 제262조 제4항 후문에서 재정신청 기각결정이 확정된 사건에 대하여 다른 중요한 증거를 발견한 경우를 제외하고는 소추할 수 없도록 규정하고 있는 것은, 한편으로 법원의 판단에 의하여 재정신청 기각결정이 확정되었음에도 불구하고 검사의 공소제기를 제한 없이 허용할 경우 피의자를 지나치게 장기간 불안정한 상태에 두게 되고 유죄판결이 선고될 가능성이 낮은 사건에 사법인력과 예산을 낭비하게 되는 결과로 이어질 수 있음을 감안하여 재정신청 기각결정이 확정된 사건에 대한 검사의 공소제기를 제한하면서, 다른 한편으로 재정신청사건에 대한 법원의 결정에는 일사부재리의 효력이 인정되지 않는 만큼 피의사실을 유죄로 인정할 명백한 증거가 발견된 경우에도 재정신청 기각결정이 확정되었다는 이유만으로 검사의 공소제기를 전적으로 금지하는 것은 사법정의에 반하는 결과가 된다는 점을 고려한 것이다.
[2] 형사소송법 제262조 제2항, 제4항과 형사소송법 제262조 제4항 후문의 입법 취지 등에 비추어 보면, 형사소송법 제262조 제4항 후문에서 말하는 '제2항 제1호의 결정이 확정된 사건'은 재정신청사건을 담당하는 법원에서 공소제기의 가능성과 필요성 등에 관한 심리와 판단이 현실적으로 이루어져 재정신청 기각결정의 대상이 된 사건만을 의미한다. 따라서 재정신청 기각결정의 대상이 되지 않은 사건은 형사소송법 제262조 제4항 후문에서 말하는 '제2항 제1호의 결정이 확정된 사건'이라고 할 수 없고, 재정신청 기각결정의 대상이 되지 않은 사건이 고소인의 고소내용에 포함되어 있었다 하더라도 이와 달리 볼 수 없다.

제262조의2(재정신청사건 기록의 열람·등사 제한)
재정신청사건의 심리 중에는 관련 서류 및 증거물을 열람 또는 등사할 수 없다. 다만, 법원은 제262조 제2항 후단의 증거조사과정에서 작성된 서류의 전부 또는 일부의 열람 또는 등사를 허가할 수 있다.
[본조신설 2007.6.1.]
[종전 제262조의2는 제262조의4로 이동 <2007.6.1.>]

제262조의3(비용부담 등)
①법원은 제262조제2항제1호의 결정 또는 제264조제2항의 취소가 있는 경우에는 결정으로 재정신청인에게 신청절차에 의하여 생긴 비용의 전부 또는 일부를 부담하게 할 수 있다.
②법원은 직권 또는 피의자의 신청에 따라 재정신청인에게 피의자가 재정신청절차에서 부담하였거나 부담할 변호인선임료 등 비용의 전부 또는 일부의 지급을 명할 수 있다.
③제1항 및 제2항의 결정에 대하여는 즉시항고를 할 수 있다.
④제1항 및 제2항에 따른 비용의 지급범위와 절차 등에 대하여는 대법원규칙으로 정한다.
[본조신설 2007.6.1.]

제262조의4(공소시효의 정지 등)

①제260조에 따른 재정신청이 있으면 제262조에 따른 재정결정이 확정될 때까지 공소시효의 진행이 정지된다. <개정 2007.12.21., 2016.1.6.>
②제262조제2항제2호의 결정이 있는 때에는 공소시효에 관하여 그 결정이 있는 날에 공소가 제기된 것으로 본다.
[전문개정 2007.6.1.]
[제262조의2에서 이동 <2007.6.1.>]

제263조 삭제 <2007.6.1.>

제264조(대리인에 의한 신청과 1인의 신청의 효력, 취소)

①재정신청은 대리인에 의하여 할 수 있으며 공동신청권자 중 1인의 신청은 그 전원을 위하여 효력을 발생한다.
②재정신청은 제262조제2항의 결정이 있을 때까지 취소할 수 있다. 취소한 자는 다시 재정신청을 할 수 없다. <개정 2007.6.1.>
③전항의 취소는 다른 공동신청권자에게 효력을 미치지 아니한다.

제264조의2(공소취소의 제한)

검사는 제262조제2항제2호의 결정에 따라 공소를 제기한 때에는 이를 취소할 수 없다.
[본조신설 2007.6.1.]

제265조 삭제 <2007.6.1.>

제3장 공판
제1절 공판준비와 공판절차

제266조(공소장부본의 송달)

법원은 공소의 제기가 있는 때에는 지체없이 공소장의 부본을 피고인 또는 변호인에게 송달하여야 한다. 단, 제1회 공판기일 전 5일까지 송달하여야 한다.

제266조의2(의견서의 제출)

①피고인 또는 변호인은 공소장 부본을 송달받은 날부터 7일 이내에 공소사실에 대한 인정 여부, 공판준비절차에 관한 의견 등을 기재한 의견서를 법원에 제출하여야 한다. 다만, 피고인이 진술을 거부하는 경우에는 그 취지를 기재한 의견서를 제출할 수 있다.
②법원은 제1항의 의견서가 제출된 때에는 이를 검사에게 송부하여야 한다.
[본조신설 2007.6.1.]

제266조의3(공소제기 후 검사가 보관하고 있는 서류 등의 열람·등사)

①피고인 또는 변호인은 검사에게 공소제기된 사건에 관한 서류 또는 물건(이하 "서류등"이라 한다)의 목록과 공소사실의 인정 또는 양형에 영향을 미칠 수 있는 다음 서류등의 열람·등사 또는 서면의 교부를 신청할 수 있다. 다만, 피고인에게 변호인이 있는 경우에는 피고인은 열람만을 신청할 수 있다.
1. 검사가 증거로 신청할 서류등
2. 검사가 증인으로 신청할 사람의 성명·사건과의 관계 등을 기재한 서면 또는 그 사람이 공판기일 전에 행한 진술을 기재한 서류등
3. 제1호 또는 제2호의 서면 또는 서류등의 증명력과 관련된 서류등
4. 피고인 또는 변호인이 행한 법률상·사실상 주장과 관련된 서류등(관련 형사재판확정기록, 불기소처분기록 등을 포함한다)

②검사는 국가안보, 증인보호의 필요성, 증거인멸의 염려, 관련 사건의 수사에 장애를 가져올 것으로 예상되는 구체적인 사유 등 열람·등사 또는 서면의 교부를 허용하지 아니할 상당한 이유가 있다고 인정하는 때에는 열람·등사 또는 서면의 교부를 거부하거나 그 범위를 제한할 수 있다.
③검사는 열람·등사 또는 서면의 교부를 거부하거나 그 범위를 제한하는 때에는 지체 없이 그 이유를 서면으로 통지하여야 한다.
④ 피고인 또는 변호인은 검사가 제1항의 신청을 받은 때부터 48시간 이내에 제3항의 통지를 하지 아니하는 때에는 제266조의4제1항의 신청을 할 수 있다.
⑤검사는 제2항에도 불구하고 서류등의 목록에 대하여는 열람 또는 등사를 거부할 수 없다.
⑥제1항의 서류등은 도면·사진·녹음테이프·비디오테이프·컴퓨터용 디스크, 그 밖에 정보를 담기 위하여 만들어진 물건으로서 문서가 아닌 특수매체를 포함한다. 이 경우 특수매체에 대한 등사는 필요 최소한의 범위에 한한다.
[본조신설 2007.6.1.]

제266조의4(법원의 열람·등사에 관한 결정)
①피고인 또는 변호인은 검사가 서류등의 열람·등사 또는 서면의 교부를 거부하거나 그 범위를 제한한 때에는 법원에 그 서류등의 열람·등사 또는 서면의 교부를 허용하도록 할 것을 신청할 수 있다.
②법원은 제1항의 신청이 있는 때에는 열람·등사 또는 서면의 교부를 허용하는 경우에 생길 폐해의 유형·정도, 피고인의 방어 또는 재판의 신속한 진행을 위한 필요성 및 해당 서류등의 중요성 등을 고려하여 검사에게 열람·등사 또는 서면의 교부를 허용할 것을 명할 수 있다. 이 경우 열람 또는 등사의 시기·방법을 지정하거나 조건·의무를 부과할 수 있다.
③법원은 제2항의 결정을 하는 때에는 검사에게 의견을 제시할 수 있는 기회를 부여하여야 한다.
④법원은 필요하다고 인정하는 때에는 검사에게 해당 서류등의 제시를 요구할 수 있고, 피고인이나 그 밖의 이해관계인을 심문할 수 있다.
⑤검사는 제2항의 열람·등사 또는 서면의 교부에 관한 법원의 결정을 지체 없이 이행하지 아니하는 때에는 해당 증인 및 서류등에 대한 증거신청을 할 수 없다.
[본조신설 2007.6.1.]

제266조의5(공판준비절차)
①재판장은 효율적이고 집중적인 심리를 위하여 사건을 공판준비절차에 부칠 수 있다.
②공판준비절차는 주장 및 입증계획 등을 서면으로 준비하게 하거나 공판준비기일을 열어 진행한다.
③검사, 피고인 또는 변호인은 증거를 미리 수집·정리하는 등 공판준비절차가 원활하게 진행될 수 있도록 협력하여야 한다.
[본조신설 2007.6.1.]

제266조의6(공판준비를 위한 서면의 제출)
①검사, 피고인 또는 변호인은 법률상·사실상 주장의 요지 및 입증취지 등이 기재된 서면을 법원에 제출할 수 있다.
②재판장은 검사, 피고인 또는 변호인에 대하여 제1항에 따른 서면의 제출을 명할 수 있다.
③법원은 제1항 또는 제2항에 따라 서면이 제출된 때에는 그 부본을 상대방에게 송달하여야 한다.
④재판장은 검사, 피고인 또는 변호인에게 공소장 등 법원에 제출된 서면에 대한 설명을 요구하거나 그 밖에 공판준비에 필요한 명령을 할 수 있다.
[본조신설 2007.6.1.]

제266조의7(공판준비기일)
①법원은 검사, 피고인 또는 변호인의 의견을 들어 공판준비기일을 지정할 수 있다.
②검사, 피고인 또는 변호인은 법원에 대하여 공판준비기일의 지정을 신청할 수 있다. 이 경우 당해 신청에 관한 법원의 결정에 대하여는 불복할 수 없다.

③법원은 합의부원으로 하여금 공판준비기일을 진행하게 할 수 있다. 이 경우 수명법관은
공판준비기일에 관하여 법원 또는 재판장과 동일한 권한이 있다.
④공판준비기일은 공개한다. 다만, 공개하면 절차의 진행이 방해될 우려가 있는 때에는
공개하지 아니할 수 있다.
[본조신설 2007.6.1.]

제266조의8(검사 및 변호인 등의 출석)
①공판준비기일에는 검사 및 변호인이 출석하여야 한다.
②공판준비기일에는 법원사무관등이 참여한다.
③법원은 검사, 피고인 및 변호인에게 공판준비기일을 통지하여야 한다.
④법원은 공판준비기일이 지정된 사건에 관하여 변호인이 없는 때에는 직권으로 변호인을
선정하여야 한다.
⑤법원은 필요하다고 인정하는 때에는 피고인을 소환할 수 있으며, 피고인은 법원의 소환이 없는
때에도 공판준비기일에 출석할 수 있다.
⑥재판장은 출석한 피고인에게 진술을 거부할 수 있음을 알려주어야 한다.
[본조신설 2007.6.1.]

제266조의9(공판준비에 관한 사항)
①법원은 공판준비절차에서 다음 행위를 할 수 있다.
1. 공소사실 또는 적용법조를 명확하게 하는 행위
2. 공소사실 또는 적용법조의 추가·철회 또는 변경을 허가하는 행위
3. 공소사실과 관련하여 주장할 내용을 명확히 하여 사건의 쟁점을 정리하는 행위
4. 계산이 어렵거나 그 밖에 복잡한 내용에 관하여 설명하도록 하는 행위
5. 증거신청을 하도록 하는 행위
6. 신청된 증거와 관련하여 입증 취지 및 내용 등을 명확하게 하는 행위
7. 증거신청에 관한 의견을 확인하는 행위
8. 증거 채부(採否)의 결정을 하는 행위
9. 증거조사의 순서 및 방법을 정하는 행위
10. 서류등의 열람 또는 등사와 관련된 신청의 당부를 결정하는 행위
11. 공판기일을 지정 또는 변경하는 행위
12. 그 밖에 공판절차의 진행에 필요한 사항을 정하는 행위
②제296조 및 제304조는 공판준비절차에 관하여 준용한다.
[본조신설 2007.6.1.]

제266조의10(공판준비기일 결과의 확인)
①법원은 공판준비기일을 종료하는 때에는 검사, 피고인 또는 변호인에게 쟁점 및 증거에 관한
정리결과를 고지하고, 이에 대한 이의의 유무를 확인하여야 한다.
②법원은 쟁점 및 증거에 관한 정리결과를 공판준비기일조서에 기재하여야 한다.
[본조신설 2007.6.1.]

제266조의11(피고인 또는 변호인이 보관하고 있는 서류등의 열람 · 등사)
①검사는 피고인 또는 변호인이 공판기일 또는 공판준비절차에서 현장부재·심신상실 또는
심신미약 등 법률상·사실상의 주장을 한 때에는 피고인 또는 변호인에게 다음 서류등의
열람·등사 또는 서면의 교부를 요구할 수 있다.
1. 피고인 또는 변호인이 증거로 신청할 서류등
2. 피고인 또는 변호인이 증인으로 신청할 사람의 성명, 사건과의 관계 등을 기재한 서면
3. 제1호의 서류등 또는 제2호의 서면의 증명력과 관련된 서류등
4. 피고인 또는 변호인이 행한 법률상·사실상의 주장과 관련된 서류등

②피고인 또는 변호인은 검사가 제266조의3제1항에 따른 서류등의 열람·등사 또는 서면의 교부를 거부한 때에는 제1항에 따른 서류등의 열람·등사 또는 서면의 교부를 거부할 수 있다. 다만, 법원이 제266조의4제1항에 따른 신청을 기각하는 결정을 한 때에는 그러하지 아니하다.

③검사는 피고인 또는 변호인이 제1항에 따른 요구를 거부한 때에는 법원에 그 서류등의 열람·등사 또는 서면의 교부를 허용하도록 할 것을 신청할 수 있다.

④제266조의4제2항부터 제5항까지의 규정은 제3항의 신청이 있는 경우에 준용한다.

⑤제1항에 따른 서류등에 관하여는 제266조의3제6항을 준용한다.

[본조신설 2007.6.1.]

제266조의12(공판준비절차의 종결사유)

법원은 다음 각 호의 어느 하나에 해당하는 사유가 있는 때에는 공판준비절차를 종결하여야 한다. 다만, 제2호 또는 제3호에 해당하는 경우로서 공판의 준비를 계속하여야 할 상당한 이유가 있는 때에는 그러하지 아니하다.

1. 쟁점 및 증거의 정리가 완료된 때
2. 사건을 공판준비절차에 부친 뒤 3개월이 지난 때
3. 검사·변호인 또는 소환받은 피고인이 출석하지 아니한 때

[본조신설 2007.6.1.]

제266조의13(공판준비기일 종결의 효과)

①공판준비기일에서 신청하지 못한 증거는 다음 각 호의 어느 하나에 해당하는 경우에 한하여 공판기일에 신청할 수 있다.

1. 그 신청으로 인하여 소송을 현저히 지연시키지 아니하는 때
2. 중대한 과실 없이 공판준비기일에 제출하지 못하는 등 부득이한 사유를 소명한 때

②제1항에도 불구하고 법원은 직권으로 증거를 조사할 수 있다.

[본조신설 2007.6.1.]

제266조의14(준용규정)

제305조는 공판준비기일의 재개에 관하여 준용한다.

[본조신설 2007.6.1.]

제266조의15(기일간 공판준비절차)

법원은 쟁점 및 증거의 정리를 위하여 필요한 경우에는 제1회 공판기일 후에도 사건을 공판준비절차에 부칠 수 있다. 이 경우 기일전 공판준비절차에 관한 규정을 준용한다.

[본조신설 2007.6.1.]

제266조의16(열람 · 등사된 서류등의 남용금지)

①피고인 또는 변호인(피고인 또는 변호인이었던 자를 포함한다. 이하 이 조에서 같다)은 검사가 열람 또는 등사하도록 한 제266조의3제1항에 따른 서면 및 서류등의 사본을 당해 사건 또는 관련 소송의 준비에 사용할 목적이 아닌 다른 목적으로 다른 사람에게 교부 또는 제시(전기통신설비를 이용하여 제공하는 것을 포함한다)하여서는 아니 된다.

②피고인 또는 변호인이 제1항을 위반하는 때에는 1년 이하의 징역 또는 500만원 이하의 벌금에 처한다.

[본조신설 2007.6.1.]

제266조의17(비디오 등 중계장치 등에 의한 공판준비기일)

①법원은 피고인이 출석하지 아니하는 경우 상당하다고 인정하는 때에는 검사와 변호인의 의견을 들어 비디오 등 중계장치에 의한 중계시설을 통하거나 인터넷 화상장치를 이용하여 공판준비기일을 열 수 있다.

②제1항에 따른 기일은 검사와 변호인이 법정에 출석하여 이루어진 공판준비기일로 본다.
③제1항에 따른 기일의 절차와 방법, 그 밖에 필요한 사항은 대법원규칙으로 정한다.
[본조신설 2021.8.17.]

제267조(공판기일의 지정)

①재판장은 공판기일을 정하여야 한다.
②공판기일에는 피고인, 대표자 또는 대리인을 소환하여야 한다.
③공판기일은 검사, 변호인과 보조인에게 통지하여야 한다.

제267조의2(집중심리)

①공판기일의 심리는 집중되어야 한다.
②심리에 2일 이상이 필요한 경우에는 부득이한 사정이 없는 한 매일 계속 개정하여야 한다.
③재판장은 여러 공판기일을 일괄하여 지정할 수 있다.
④재판장은 부득이한 사정으로 매일 계속 개정하지 못하는 경우에도 특별한 사정이 없는 한 전회의 공판기일부터 14일 이내로 다음 공판기일을 지정하여야 한다.
⑤소송관계인은 기일을 준수하고 심리에 지장을 초래하지 아니하도록 하여야 하며, 재판장은 이에 필요한 조치를 할 수 있다.
[본조신설 2007.6.1.]

제268조(소환장송달의 의제)

법원의 구내에 있는 피고인에 대하여 공판기일을 통지한 때에는 소환장송달의 효력이 있다.

제269조(제1회 공판기일의 유예기간)

①제1회 공판기일은 소환장의 송달 후 5일 이상의 유예기간을 두어야 한다.
②피고인이 이의없는 때에는 전항의 유예기간을 두지 아니할 수 있다.

제270조(공판기일의 변경)

①재판장은 직권 또는 검사, 피고인이나 변호인의 신청에 의하여 공판기일을 변경할 수 있다.
②공판기일 변경신청을 기각한 명령은 송달하지 아니한다.

제271조(불출석사유, 자료의 제출)

공판기일에 소환 또는 통지서를 받은 자가 질병 기타의 사유로 출석하지 못할 때에는 의사의 진단서 기타의 자료를 제출하여야 한다.

제272조(공무소등에 대한 조회)

①법원은 직권 또는 검사, 피고인이나 변호인의 신청에 의하여 공무소 또는 공사단체에 조회하여 필요한 사항의 보고 또는 그 보관서류의 송부를 요구할 수 있다.
②전항의 신청을 기각함에는 결정으로 하여야 한다.

제273조(공판기일 전의 증거조사)

①법원은 검사, 피고인 또는 변호인의 신청에 의하여 공판준비에 필요하다고 인정한 때에는 공판기일 전에 피고인 또는 증인을 신문할 수 있고 검증, 감정 또는 번역을 명할 수 있다.
②재판장은 부원으로 하여금 전항의 행위를 하게 할 수 있다.
③제1항의 신청을 기각함에는 결정으로 하여야 한다.

제274조(당사자의 공판기일 전의 증거제출)

검사, 피고인 또는 변호인은 공판기일 전에 서류나 물건을 증거로 법원에 제출할 수 있다.
<개정 1961.9.1.>

제275조(공판정의 심리)
①공판기일에는 공판정에서 심리한다.
②공판정은 판사와 검사, 법원사무관등이 출석하여 개정한다. <개정 2007.6.1.>
③검사의 좌석과 피고인 및 변호인의 좌석은 대등하며, 법대의 좌우측에 마주 보고 위치하고, 증인의 좌석은 법대의 정면에 위치한다. 다만, 피고인신문을 하는 때에는 피고인은 증인석에 좌석한다. <개정 2007.6.1.>

판례-특정범죄가중처벌등에관한법률위반(알선수재)
[대법원 2019.11.28. 선고 2013도6825 판결]

【판시사항】
제1심에서 피고인에 대하여 무죄판결이 선고되어 검사가 항소한 후, 수사기관이 항소심 공판기일에 증인으로 신청하여 신문할 수 있는 사람을 특별한 사정 없이 미리 수사기관에 소환하여 작성한 진술조서의 증거능력 유무(원칙적 소극) / 참고인이 나중에 법정에 증인으로 출석하여 위 진술조서의 성립의 진정을 인정하고 피고인 측에 반대신문의 기회가 부여되더라도 위 진술조서의 증거능력을 인정할 수 없음은 마찬가지인지 여부(적극) / 참고인이 법정에서 위와 같이 증거능력이 없는 진술조서와 같은 취지로 피고인에게 불리한 내용의 진술을 한 경우, 그 진술에 신빙성을 인정하여 유죄의 증거로 삼을 것인지 판단하는 기준

【판결요지】
헌법은 제12조 제1항 후문에서 적법절차의 원칙을 천명하고, 제27조에서 재판받을 권리를 보장하고 있다. 형사소송법은 이를 실질적으로 구현하기 위하여, 피고사건에 대한 실체심리가 공개된 법정에서 검사와 피고인 양 당사자의 공격·방어활동에 의하여 행해져야 한다는 당사자주의와 공판중심주의 원칙, 공소사실의 인정은 법관의 면전에서 직접 조사한 증거만을 기초로 해야 한다는 직접심리주의와 증거재판주의 원칙을 기본원칙으로 채택하고 있다. 이에 따라 공소가 제기된 후에는 그 사건에 관한 형사절차의 모든 권한이 사건을 주재하는 수소법원에 속하게 되며, 수사의 대상이던 피의자는 검사와 대등한 당사자인 피고인의 지위에서 방어권을 행사하게 된다. 형사소송법상 법관의 면전에서 당사자의 모든 주장과 증거조사가 실질적으로 이루어지는 제1심법정에서의 절차가 실질적 직접심리주의와 공판중심주의를 구현하는 원칙적인 것이지만, 제1심의 공판절차에 관한 규정은 특별한 규정이 없으면 항소심의 심리절차에도 준용되는 만큼 항소심도 제한적인 범위 내에서 이러한 원칙에 따른 절차로 볼 수 있다.
이러한 형사소송법의 기본원칙에 따라 살펴보면, 제1심에서 피고인에 대하여 무죄판결이 선고되어 검사가 항소한 후, 수사기관이 항소심 공판기일에 증인으로 신청하여 신문할 수 있는 사람을 특별한 사정 없이 미리 수사기관에 소환하여 작성한 진술조서는 피고인이 증거로 할 수 있음에 동의하지 않는 한 증거능력이 없다. 검사가 공소를 제기한 후 참고인을 소환하여 피고인에게 불리한 진술을 기재한 진술조서를 작성하여 이를 공판절차에 증거로 제출할 수 있게 한다면, 피고인과 대등한 당사자의 지위에 있는 검사가 수사기관으로서의 권한을 이용하여 일방적으로 법정 밖에서 유리한 증거를 만들 수 있게 하는 것이므로 당사자주의·공판중심주의·직접심리주의에 반하고 피고인의 공정한 재판을 받을 권리를 침해하기 때문이다.
위 참고인이 나중에 법정에 증인으로 출석하여 위 진술조서의 성립의 진정을 인정하고 피고인 측에 반대신문의 기회가 부여된다 하더라도 위 진술조서의 증거능력을 인정할 수 없음은 마찬가지이다.
위 참고인이 법정에서 위와 같이 증거능력이 없는 진술조서와 같은 취지로 피고인에게 불리한 내용의 진술을 한 경우, 그 진술에 신빙성을 인정하여 유죄의 증거로 삼을 것인지는 증인신문 전 수사기관에서 진술조서가 작성된 경위와 그것이 법정진술에 영향을 미쳤을 가능성 등을 종합적으로 고려하여 신중하게 판단하여야 한다.

제275조의2(피고인의 무죄추정)
피고인은 유죄의 판결이 확정될 때까지는 무죄로 추정된다.
[본조신설 1980.12.18.]

제275조의3(구두변론주의)
공판정에서의 변론은 구두로 하여야 한다.
[본조신설 2007.6.1.]

제276조(피고인의 출석권)
피고인이 공판기일에 출석하지 아니한 때에는 특별한 규정이 없으면 개정하지 못한다.
단, 피고인이 법인인 경우에는 대리인을 출석하게 할 수 있다.

판례-도시및주거환경정비법위반
[대법원 2016.4.29, 선고, 2016도2210, 판결]

【판시사항】
항소심에서 피고인의 출석 없이 개정하려면 불출석이 2회 이상 계속되어야 하는지 여부(적극)

【판결요지】
형사소송법 제370조, 제276조에 의하면 항소심에서도 공판기일에 피고인의 출석 없이는 개정하지 못하나, 같은 법 제365조가 피고인이 항소심 공판기일에 출석하지 아니한 때에는 다시 기일을 정하고, 피고인이 정당한 사유 없이 다시 정한 기일에도 출석하지 아니한 때에는 피고인의 진술 없이 판결할 수 있도록 정하고 있으므로 피고인의 출석 없이 개정하려면 불출석이 2회 이상 계속된 바가 있어야 한다.

제276조의2(장애인 등 특별히 보호를 요하는 자에 대한 특칙)
①재판장 또는 법관은 피고인을 신문하는 경우 다음 각 호의 어느 하나에 해당하는 때에는 직권 또는 피고인·법정대리인·검사의 신청에 따라 피고인과 신뢰관계에 있는 자를 동석하게 할 수 있다.
1. 피고인이 신체적 또는 정신적 장애로 사물을 변별하거나 의사를 결정·전달할 능력이 미약한 경우
2. 피고인의 연령·성별·국적 등의 사정을 고려하여 그 심리적 안정의 도모와 원활한 의사소통을 위하여 필요한 경우
②제1항에 따라 동석할 수 있는 신뢰관계에 있는 자의 범위, 동석의 절차 및 방법 등에 관하여 필요한 사항은 대법원규칙으로 정한다.
[본조신설 2007.6.1.]

제277조(경미사건 등과 피고인의 불출석)
다음 각 호의 어느 하나에 해당하는 사건에 관하여는 피고인의 출석을 요하지 아니한다.
이 경우 피고인은 대리인을 출석하게 할 수 있다.
1. 다액 500만원 이하의 벌금 또는 과료에 해당하는 사건
2. 공소기각 또는 면소의 재판을 할 것이 명백한 사건
3. 장기 3년 이하의 징역 또는 금고, 다액 500만원을 초과하는 벌금 또는 구류에 해당하는 사건에서 피고인의 불출석허가신청이 있고 법원이 피고인의 불출석이 그의 권리를 보호함에 지장이 없다고 인정하여 이를 허가한 사건. 다만, 제284조에 따른 절차를 진행하거나 판결을 선고하는 공판기일에는 출석하여야 한다.
4. 제453조제1항에 따라 피고인만이 정식재판의 청구를 하여 판결을 선고하는 사건
[전문개정 2007.6.1.]

제277조의2(피고인의 출석거부와 공판절차)
①피고인이 출석하지 아니하면 개정하지 못하는 경우에 구속된 피고인이 정당한 사유없이 출석을 거부하고, 교도관에 의한 인치가 불가능하거나 현저히 곤란하다고 인정되는 때에는 피고인의 출석 없이 공판절차를 진행할 수 있다. <개정 2007.6.1.>
②제1항의 규정에 의하여 공판절차를 진행할 경우에는 출석한 검사 및 변호인의 의견을 들어야 한다.
[본조신설 1995.12.29.]

제278조(검사의 불출석)
검사가 공판기일의 통지를 2회 이상받고 출석하지 아니하거나 판결만을 선고하는 때에는 검사의 출석 없이 개정할 수 있다. <개정 1995.12.29.>

제279조(재판장의 소송지휘권)
공판기일의 소송지휘는 재판장이 한다.

제279조의2(전문심리위원의 참여)
①법원은 소송관계를 분명하게 하거나 소송절차를 원활하게 진행하기 위하여 필요한 경우에는 직권으로 또는 검사, 피고인 또는 변호인의 신청에 의하여 결정으로 전문심리위원을 지정하여 공판준비 및 공판기일 등 소송절차에 참여하게 할 수 있다.
②전문심리위원은 전문적인 지식에 의한 설명 또는 의견을 기재한 서면을 제출하거나 기일에 전문적인 지식에 의하여 설명이나 의견을 진술할 수 있다. 다만, 재판의 합의에는 참여할 수 없다.
③전문심리위원은 기일에 재판장의 허가를 받아 피고인 또는 변호인, 증인 또는 감정인 등 소송관계인에게 소송관계를 분명하게 하기 위하여 필요한 사항에 관하여 직접 질문할 수 있다.
④법원은 제2항에 따라 전문심리위원이 제출한 서면이나 전문심리위원의 설명 또는 의견의 진술에 관하여 검사, 피고인 또는 변호인에게 구술 또는 서면에 의한 의견진술의 기회를 주어야 한다.
[본조신설 2007.12.21.]

제279조의3(전문심리위원 참여결정의 취소)
①법원은 상당하다고 인정하는 때에는 검사, 피고인 또는 변호인의 신청이나 직권으로 제279조의2제1항에 따른 결정을 취소할 수 있다.
②법원은 검사와 피고인 또는 변호인이 합의하여 제279조의2제1항의 결정을 취소할 것을 신청한 때에는 그 결정을 취소하여야 한다.
[본조신설 2007.12.21.]

제279조의4(전문심리위원의 지정 등)
①제279조의2제1항에 따라 전문심리위원을 소송절차에 참여시키는 경우 법원은 검사, 피고인 또는 변호인의 의견을 들어 각 사건마다 1인 이상의 전문심리위원을 지정한다.
②전문심리위원에게는 대법원규칙으로 정하는 바에 따라 수당을 지급하고, 필요한 경우에는 그 밖의 여비, 일당 및 숙박료를 지급할 수 있다.
③그 밖에 전문심리위원의 지정에 관하여 필요한 사항은 대법원규칙으로 정한다.
[본조신설 2007.12.21.]

제279조의5(전문심리위원의 제척 및 기피)
①제17조부터 제20조까지 및 제23조는 전문심리위원에게 준용한다.
②제척 또는 기피 신청이 있는 전문심리위원은 그 신청에 관한 결정이 확정될 때까지 그 신청이 있는 사건의 소송절차에 참여할 수 없다. 이 경우 전문심리위원은 해당 제척 또는 기피 신청에 대하여 의견을 진술할 수 있다.
[본조신설 2007.12.21.]

제279조의6(수명법관 등의 권한)
수명법관 또는 수탁판사가 소송절차를 진행하는 경우에는 제279조의2제2항부터 제4항까지의 규정에 따른 법원 및 재판장의 직무는 그 수명법관이나 수탁판사가 행한다.
[본조신설 2007.12.21.]

제279조의7(비밀누설죄)
전문심리위원 또는 전문심리위원이었던 자가 그 직무수행 중에 알게 된 다른 사람의 비밀을 누설한 때에는 2년 이하의 징역이나 금고 또는 1천만원 이하의 벌금에 처한다.
[본조신설 2007.12.21.]

제279조의8(벌칙 적용에서의 공무원 의제)
전문심리위원은 「형법」 제129조부터 제132조까지의 규정에 따른 벌칙의 적용에서는 공무원으로 본다.
[본조신설 2007.12.21.]

제280조(공판정에서의 신체구속의 금지)
공판정에서는 피고인의 신체를 구속하지 못한다. 다만, 재판장은 피고인이 폭력을 행사하거나 도망할 염려가 있다고 인정하는 때에는 피고인의 신체의 구속을 명하거나 기타 필요한 조치를 할 수 있다. <개정 1995.12.29.>

제281조(피고인의 재정의무, 법정경찰권)
①피고인은 재판장의 허가없이 퇴정하지 못한다.
②재판장은 피고인의 퇴정을 제지하거나 법정의 질서를 유지하기 위하여 필요한 처분을 할 수 있다.

제282조(필요적 변호)
제33조제1항 각 호의 어느 하나에 해당하는 사건 및 같은 조 제2항·제3항의 규정에 따라 변호인이 선정된 사건에 관하여는 변호인 없이 개정하지 못한다. 단, 판결만을 선고할 경우에는 예외로 한다. <개정 2006.7.19.>
[제목개정 2006.7.19.]

제283조(국선변호인)
제282조 본문의 경우 변호인이 출석하지 아니한 때에는 법원은 직권으로 변호인을 선정하여야 한다. <개정 2006.7.19.>
[제목개정 2006.7.19.]

제283조의2(피고인의 진술거부권)
①피고인은 진술하지 아니하거나 개개의 질문에 대하여 진술을 거부할 수 있다.
②재판장은 피고인에게 제1항과 같이 진술을 거부할 수 있음을 고지하여야 한다.
[본조신설 2007.6.1.]

제284조(인정신문)
재판장은 피고인의 성명, 연령, 등록기준지, 주거와 직업을 물어서 피고인임에 틀림없음을 확인하여야 한다.
<개정 2007.5.17.>

제285조(검사의 모두진술)
검사는 공소장에 의하여 공소사실·죄명 및 적용법조를 낭독하여야 한다. 다만, 재판장은 필요하다고 인정하는 때에는 검사에게 공소의 요지를 진술하게 할 수 있다.
[전문개정 2007.6.1.]

제286조(피고인의 모두진술)
①피고인은 검사의 모두진술이 끝난 뒤에 공소사실의 인정 여부를 진술하여야 한다. 다만, 피고인이 진술거부권을 행사하는 경우에는 그러하지 아니하다.
②피고인 및 변호인은 이익이 되는 사실 등을 진술할 수 있다.
[전문개정 2007.6.1.]

제286조의2(간이공판절차의 결정)
피고인이 공판정에서 공소사실에 대하여 자백한 때에는 법원은 그 공소사실에 한하여 간이공판절차에 의하여 심판할 것을 결정할 수 있다. <개정 1995.12.29.>
[본조신설 1973.1.25.]

제286조의3(결정의 취소)
법원은 전조의 결정을 한 사건에 대하여 피고인의 자백이 신빙할 수 없다고 인정되거나 간이공판절차로 심판하는 것이 현저히 부당하다고 인정할 때에는 검사의 의견을 들어 그 결정을 취소하여야 한다.
[본조신설 1973.1.25.]

제287조(재판장의 쟁점정리 및 검사·변호인의 증거관계 등에 대한 진술)
①재판장은 피고인의 모두진술이 끝난 다음에 피고인 또는 변호인에게 쟁점의 정리를 위하여 필요한 질문을 할 수 있다.
②재판장은 증거조사를 하기에 앞서 검사 및 변호인으로 하여금 공소사실 등의 증명과 관련된 주장 및 입증계획 등을 진술하게 할 수 있다. 다만, 증거로 할 수 없거나 증거로 신청할 의사가 없는 자료에 기초하여 법원에 사건에 대한 예단 또는 편견을 발생하게 할 염려가 있는 사항은 진술할 수 없다.
[전문개정 2007.6.1.]

제288조 삭제 <1961.9.1.>

제289조 삭제 <2007.6.1.>

제290조(증거조사)
증거조사는 제287조에 따른 절차가 끝난 후에 실시한다.
[전문개정 2007.6.1.]

제291조(동전)
①소송관계인이 증거로 제출한 서류나 물건 또는 제272조, 제273조의 규정에 의하여 작성 또는 송부된 서류는 검사, 변호인 또는 피고인이 공판정에서 개별적으로 지시설명하여 조사하여야 한다.
②재판장은 직권으로 전항의 서류나 물건을 공판정에서 조사할 수 있다.
[전문개정 1961.9.1.]

제291조의2(증거조사의 순서)
①법원은 검사가 신청한 증거를 조사한 후 피고인 또는 변호인이 신청한 증거를 조사한다.
②법원은 제1항에 따른 조사가 끝난 후 직권으로 결정한 증거를 조사한다.
③법원은 직권 또는 검사, 피고인·변호인의 신청에 따라 제1항 및 제2항의 순서를 변경할 수 있다.
[본조신설 2007.6.1.]

제292조(증거서류에 대한 조사방식)

①검사, 피고인 또는 변호인의 신청에 따라 증거서류를 조사하는 때에는 신청인이 이를 낭독하여야 한다.

②법원이 직권으로 증거서류를 조사하는 때에는 소지인 또는 재판장이 이를 낭독하여야 한다.

③재판장은 필요하다고 인정하는 때에는 제1항 및 제2항에도 불구하고 내용을 고지하는 방법으로 조사할 수 있다.

④재판장은 법원사무관등으로 하여금 제1항부터 제3항까지의 규정에 따른 낭독이나 고지를 하게 할 수 있다.

⑤재판장은 열람이 다른 방법보다 적절하다고 인정하는 때에는 증거서류를 제시하여 열람하게 하는 방법으로 조사할 수 있다.

[전문개정 2007.6.1.]

제292조의2(증거물에 대한 조사방식)

①검사, 피고인 또는 변호인의 신청에 따라 증거물을 조사하는 때에는 신청인이 이를 제시하여야 한다.

②법원이 직권으로 증거물을 조사하는 때에는 소지인 또는 재판장이 이를 제시하여야 한다.

③재판장은 법원사무관등으로 하여금 제1항 및 제2항에 따른 제시를 하게 할 수 있다.

[본조신설 2007.6.1.]

제292조의3(그 밖의 증거에 대한 조사방식)

도면·사진·녹음테이프·비디오테이프·컴퓨터용디스크, 그 밖에 정보를 담기 위하여 만들어진 물건으로서 문서가 아닌 증거의 조사에 관하여 필요한 사항은 대법원규칙으로 정한다.

[본조신설 2007.6.1.]

제293조(증거조사 결과와 피고인의 의견)

재판장은 피고인에게 각 증거조사의 결과에 대한 의견을 묻고 권리를 보호함에 필요한 증거조사를 신청할 수 있음을 고지하여야 한다.

제294조(당사자의 증거신청)

①검사, 피고인 또는 변호인은 서류나 물건을 증거로 제출할 수 있고, 증인·감정인·통역인 또는 번역인의 신문을 신청할 수 있다.

②법원은 검사, 피고인 또는 변호인이 고의로 증거를 뒤늦게 신청함으로써 공판의 완결을 지연하는 것으로 인정할 때에는 직권 또는 상대방의 신청에 따라 결정으로 이를 각하할 수 있다.

[전문개정 2007.6.1.]

제294조의2(피해자등의 진술권)

①법원은 범죄로 인한 피해자 또는 그 법정대리인(피해자가 사망한 경우에는 배우자·직계친족·형제자매를 포함한다. 이하 이 조에서 "피해자등"이라 한다)의 신청이 있는 때에는 그 피해자등을 증인으로 신문하여야 한다. 다만, 다음 각 호의 어느 하나에 해당하는 경우에는 그러하지 아니하다. <개정 2007.6.1.>

1. 삭제 <2007.6.1.>

2. 피해자등 이미 당해 사건에 관하여 공판절차에서 충분히 진술하여 다시 진술할 필요가 없다고 인정되는 경우

3. 피해자등의 진술로 인하여 공판절차가 현저하게 지연될 우려가 있는 경우

②법원은 제1항에 따라 피해자등을 신문하는 경우 피해의 정도 및 결과, 피고인의 처벌에 관한 의견, 그 밖에 당해 사건에 관한 의견을 진술할 기회를 주어야 한다. <개정 2007.6.1.>

③법원은 동일한 범죄사실에서 제1항의 규정에 의한 신청인이 여러 명인 경우에는 진술할 자의 수를 제한할 수 있다. <개정 2007.6.1.>

④제1항의 규정에 의한 신청인이 출석통지를 받고도 정당한 이유없이 출석하지 아니한 때에는 그 신청을 철회한 것으로 본다. <개정 2007.6.1.>
[본조신설 1987.11.28.]
[제목개정 2007.6.1.]

제294조의3(피해자 진술의 비공개)
①법원은 범죄로 인한 피해자를 증인으로 신문하는 경우 당해 피해자·법정대리인 또는 검사의 신청에 따라 피해자의 사생활의 비밀이나 신변보호를 위하여 필요하다고 인정하는 때에는 결정으로 심리를 공개하지 아니할 수 있다.
②제1항의 결정은 이유를 붙여 고지한다.
③법원은 제1항의 결정을 한 경우에도 적당하다고 인정되는 자의 재정(在廷)을 허가할 수 있다.
[본조신설 2007.6.1.]

제294조의4(피해자 등의 공판기록 열람·등사)
①소송계속 중인 사건의 피해자(피해자가 사망하거나 그 심신에 중대한 장애가 있는 경우에는 그 배우자·직계친족 및 형제자매를 포함한다), 피해자 본인의 법정대리인 또는 이들로부터 위임을 받은 피해자 본인의 배우자·직계친족·형제자매·변호사는 소송기록의 열람 또는 등사를 재판장에게 신청할 수 있다.
②재판장은 제1항의 신청이 있는 때에는 지체 없이 검사, 피고인 또는 변호인에게 그 취지를 통지하여야 한다.
③재판장은 피해자 등의 권리구제를 위하여 필요하다고 인정하거나 그 밖의 정당한 사유가 있는 경우 범죄의 성질, 심리의 상황, 그 밖의 사정을 고려하여 상당하다고 인정하는 때에는 열람 또는 등사를 허가할 수 있다.
④재판장이 제3항에 따라 등사를 허가하는 경우에는 등사한 소송기록의 사용목적을 제한하거나 적당하다고 인정하는 조건을 붙일 수 있다.
⑤제1항에 따라 소송기록을 열람 또는 등사한 자는 열람 또는 등사에 의하여 알게 된 사항을 사용함에 있어서 부당히 관계인의 명예나 생활의 평온을 해하거나 수사와 재판에 지장을 주지 아니하도록 하여야 한다.
⑥제3항 및 제4항에 관한 재판에 대하여는 불복할 수 없다.
[본조신설 2007.6.1.]

제295조(증거신청에 대한 결정)
법원은 제294조 및 제294조의2의 증거신청에 대하여 결정을 하여야 하며 직권으로 증거조사를 할 수 있다. <개정 1987.11.28.>

제296조(증거조사에 대한 이의신청)
①검사, 피고인 또는 변호인은 증거조사에 관하여 이의신청을 할 수 있다.
②법원은 전항의 신청에 대하여 결정을 하여야 한다.

제296조의2(피고인신문)
①검사 또는 변호인은 증거조사 종료 후에 순차로 피고인에게 공소사실 및 정상에 관하여 필요한 사항을 신문할 수 있다. 다만, 재판장은 필요하다고 인정하는 때에는 증거조사가 완료되기 전이라도 이를 허가할 수 있다.
②재판장은 필요하다고 인정하는 때에는 피고인을 신문할 수 있다.
③제161조의2제1항부터 제3항까지 및 제5항은 제1항의 신문에 관하여 준용한다.
[본조신설 2007.6.1.]

제297조(피고인등의 퇴정)
①재판장은 증인 또는 감정인이 피고인 또는 어떤 재정인의 면전에서 충분한 진술을 할 수 없다고 인정한 때에는 그를 퇴정하게 하고 진술하게 할 수 있다. 피고인이 다른 피고인의 면전에서 충분한 진술을 할 수 없다고 인정한 때에도 같다.
②전항의 규정에 의하여 피고인을 퇴정하게 한 경우에 증인, 감정인 또는 공동피고인의 진술이 종료한 때에는 퇴정한 피고인을 입정하게 한 후 법원사무관등으로 하여금 진술의 요지를 고지하게 하여야 한다. <개정 1961.9.1., 2007.6.1.>

제297조의2(간이공판절차에서의 증거조사)
제286조의2의 결정이 있는 사건에 대하여는 제161조의2, 제290조 내지 제293조, 제297조의 규정을 적용하지 아니하며 법원이 상당하다고 인정하는 방법으로 증거조사를 할 수 있다.
[본조신설 1973.1.25.]

제298조(공소장의 변경)
①검사는 법원의 허가를 얻어 공소장에 기재한 공소사실 또는 적용법조의 추가, 철회 또는 변경을 할 수 있다. 이 경우에 법원은 공소사실의 동일성을 해하지 아니하는 한도에서 허가하여야 한다.
②법원은 심리의 경과에 비추어 상당하다고 인정할 때에는 공소사실 또는 적용법조의 추가 또는 변경을 요구하여야 한다.
③법원은 공소사실 또는 적용법조의 추가, 철회 또는 변경이 있을 때에는 그 사유를 신속히 피고인 또는 변호인에게 고지하여야 한다.
④법원은 전3항의 규정에 의한 공소사실 또는 적용법조의 추가, 철회 또는 변경이 피고인의 불이익을 증가할 염려가 있다고 인정한 때에는 직권 또는 피고인이나 변호인의 청구에 의하여 피고인으로 하여금 필요한 방어의 준비를 하게 하기 위하여 결정으로 필요한 기간 공판절차를 정지할 수 있다.
[전문개정 1973.1.25.]

제299조(불필요한 변론등의 제한)
재판장은 소송관계인의 진술 또는 신문이 중복된 사항이거나 그 소송에 관계없는 사항인 때에는 소송관계인의 본질적 권리를 해하지 아니하는 한도에서 이를 제한할 수 있다.

제300조(변론의 분리와 병합)
법원은 필요하다고 인정한 때에는 직권 또는 검사, 피고인이나 변호인의 신청에 의하여 결정으로 변론을 분리하거나 병합할 수 있다.

제301조(공판절차의 갱신)
공판개정 후 판사의 경질이 있는 때에는 공판절차를 갱신하여야 한다. 단, 판결의 선고만을 하는 경우에는 예외로 한다.

제301조의2(간이공판절차결정의 취소와 공판절차의 갱신)
제286조의2의 결정이 취소된 때에는 공판절차를 갱신하여야 한다. 단, 검사, 피고인 또는 변호인이 이의가 없는 때에는 그러하지 아니하다.
[본조신설 1973.1.25.]

제302조(증거조사 후의 검사의 의견진술)
피고인 신문과 증거조사가 종료한 때에는 검사는 사실과 법률적용에 관하여 의견을 진술하여야 한다. 단, 제278조의 경우에는 공소장의 기재사항에 의하여 검사의 의견진술이 있는 것으로 간주한다.

제303조(피고인의 최후진술)
재판장은 검사의 의견을 들은 후 피고인과 변호인에게 최종의 의견을 진술할 기회를 주어야 한다.

제304조(재판장의 처분에 대한 이의)
①검사, 피고인 또는 변호인은 재판장의 처분에 대하여 이의신청을 할 수 있다.
②전항의 이의신청이 있는 때에는 법원은 결정을 하여야 한다.

제305조(변론의 재개)
법원은 필요하다고 인정한 때에는 직권 또는 검사, 피고인이나 변호인의 신청에 의하여 결정으로 종결한 변론을 재개할 수 있다.

제306조(공판절차의 정지)
①피고인이 사물의 변별 또는 의사의 결정을 할 능력이 없는 상태에 있는 때에는 법원은 검사와 변호인의 의견을 들어서 결정으로 그 상태가 계속하는 기간 공판절차를 정지하여야 한다.
②피고인이 질병으로 인하여 출정할 수 없는 때에는 법원은 검사와 변호인의 의견을 들어서 결정으로 출정할 수 있을 때까지 공판절차를 정지하여야 한다.
③전2항의 규정에 의하여 공판절차를 정지함에는 의사의 의견을 들어야 한다.
④피고사건에 대하여 무죄, 면소, 형의 면제 또는 공소기각의 재판을 할 것으로 명백한 때에는 제1항, 제2항의 사유있는 경우에도 피고인의 출정없이 재판할 수 있다.
⑤제277조의 규정에 의하여 대리인이 출정할 수 있는 경우에는 제1항 또는 제2항의 규정을 적용하지 아니한다.

제2절 증거

제307조(증거재판주의)
①사실의 인정은 증거에 의하여야 한다.
②범죄사실의 인정은 합리적인 의심이 없는 정도의 증명에 이르러야 한다.
[전문개정 2007.6.1.]

판례-자살방조(유서대필 재심 사건)
[대법원 2015.5.14, 선고, 2014도2946, 판결]

【판시사항】
[1] 재심개시결정 확정 사건에 대하여 법원이 심급에 따라 다시 심판하도록 규정한 형사소송법 제438조 제1항에서 '다시' 심판한다는 것의 의미 및 재심대상판결이 상소심을 거쳐 확정된 재심사건에서 공소사실이 인정되는지 판단하는 방법 / 재심사건의 공소사실에 관한 증거취사와 사실인정이 사실심으로서 재심사건을 심리하는 법원의 전권에 속하는지 여부(원칙적 적극)
[2] 피고인이 甲 명의의 유서(遺書)를 대필하여 주는 방법으로 甲의 자살을 방조하였다는 공소사실로 유죄판결을 받아 확정되었는데, 그 후 재심이 개시된 사안에서, 국립과학수사연구소 감정인 乙이 작성한 감정서 중 유서와 피고인의 필적이 동일하다는 부분은 그대로 믿기 어렵고, 나머지 증거만으로는 공소사실이 증명되었다고 볼 수 없다고 한 사례

【판결요지】
[1] 형사소송법 제438조 제1항은 "재심개시의 결정이 확정한 사건에 대하여는 제436조의 경우 외에는 법원은 그 심급에 따라 다시 심판을 하여야 한다."고 규정하고 있다. 여기서 '다시' 심판한다는 것은 재심대상판결의 당부를 심사하는 것이 아니라 피고 사건 자체를 처음부터 새로 심판하는 것을 의미하므로, 재심대상판결이 상소심을 거쳐 확정되었더라도 재심사건에서는 재심대상판결의 기초가 된 증거와 재심사건의 심리과정에서 제출된 증거를 모두 종합

하여 공소사실이 인정되는지를 새로이 판단하여야 한다. 그리고 재심사건의 공소사실에 관한 증거취사와 이에 근거한 사실인정도 다른 사건과 마찬가지로 그것이 논리와 경험의 법칙을 위반하거나 자유심증주의의 한계를 벗어나지 아니하는 한 사실심으로서 재심사건을 심리하는 법원의 전권에 속한다.
[2] 피고인이 甲 명의의 유서(遺書)를 대필하여 주는 방법으로 甲의 자살을 방조하였다는 공소사실로 유죄판결을 받아 확정되었는데, 그 후 재심이 개시된 사안에서, 국립과학수사연구소 감정인 乙이 유서와 피고인의 필적이 동일하다고 판단하는 근거로 내세우는 특징들 중 일부는 항상성 있는 특징으로 볼 수 없는 점 등 제반 사정을 종합하면 乙이 작성한 감정서 중 유서와 피고인의 필적이 동일하다는 부분은 그대로 믿기 어렵고, 나머지 증거만으로는 공소사실이 합리적 의심의 여지가 없을 정도로 충분히 증명되었다고 볼 수 없다는 이유로 무죄를 선고한 원심판단을 정당하다고 한 사례.

제308조(자유심증주의)
증거의 증명력은 법관의 자유판단에 의한다.

제308조의2(위법수집증거의 배제)
적법한 절차에 따르지 아니하고 수집한 증거는 증거로 할 수 없다.
[본조신설 2007.6.1.]

제309조(강제등 자백의 증거능력)
피고인의 자백이 고문, 폭행, 협박, 신체구속의 부당한 장기화 또는 기망 기타의 방법으로 임의로 진술한 것이 아니라고 의심할 만한 이유가 있는 때에는 이를 유죄의 증거로 하지 못한다.
[제목개정 1963.12.13.]

제310조(불이익한 자백의 증거능력)
피고인의 자백이 그 피고인에게 불이익한 유일의 증거인 때에는 이를 유죄의 증거로 하지 못한다.

제310조의2(전문증거와 증거능력의 제한)
제311조 내지 제316조에 규정한 것 이외에는 공판준비 또는 공판기일에서의 진술에 대신하여 진술을 기재한 서류나 공판준비 또는 공판기일 외에서의 타인의 진술을 내용으로 하는 진술은 이를 증거로 할 수 없다.
[본조신설 1961.9.1.]

제311조(법원 또는 법관의 조서)
공판준비 또는 공판기일에 피고인이나 피고인 아닌 자의 진술을 기재한 조서와 법원 또는 법관의 검증의 결과를 기재한 조서는 증거로 할 수 있다. 제184조 및 제221조의2의 규정에 의하여 작성한 조서도 또한 같다. <개정 1973.1.25., 1995.12.29.>
[전문개정 1961.9.1.]

제312조(검사 또는 사법경찰관의 조서 등)
①검사가 작성한 피의자신문조서는 적법한 절차와 방식에 따라 작성된 것으로서 공판준비, 공판기일에 그 피의자였던 피고인 또는 변호인이 그 내용을 인정할 때에 한정하여 증거로 할 수 있다. <개정 2020.2.4.>
②삭제 <2020.2.4.>
③검사 이외의 수사기관이 작성한 피의자신문조서는 적법한 절차와 방식에 따라 작성된 것으로서 공판준비 또는 공판기일에 그 피의자였던 피고인 또는 변호인이 그 내용을 인정할 때에 한하여 증거로 할 수 있다.

④검사 또는 사법경찰관이 피고인이 아닌 자의 진술을 기재한 조서는 적법한 절차와 방식에 따라 작성된 것으로서 그 조서가 검사 또는 사법경찰관 앞에서 진술한 내용과 동일하게 기재되어 있음이 원진술자의 공판준비 또는 공판기일에서의 진술이나 영상녹화물 또는 그 밖의 객관적인 방법에 의하여 증명되고, 피고인 또는 변호인이 공판준비 또는 공판기일에 그 기재 내용에 관하여 원진술자를 신문할 수 있었던 때에는 증거로 할 수 있다. 다만, 그 조서에 기재된 진술이 특히 신빙할 수 있는 상태하에서 행하여졌음이 증명된 때에 한한다.
⑤제1항부터 제4항까지의 규정은 피고인 또는 피고인이 아닌 자가 수사과정에서 작성한 진술서에 관하여 준용한다.
⑥검사 또는 사법경찰관이 검증의 결과를 기재한 조서는 적법한 절차와 방식에 따라 작성된 것으로서 공판준비 또는 공판기일에서의 작성자의 진술에 따라 그 성립의 진정함이 증명된 때에는 증거로 할 수 있다.
[전문개정 2007.6.1.]

제313조(진술서등)
①전2조의 규정 이외에 피고인 또는 피고인이 아닌 자가 작성한 진술서나 그 진술을 기재한 서류로서 그 작성자 또는 진술자의 자필이거나 그 서명 또는 날인이 있는 것(피고인 또는 피고인 아닌 자가 작성하였거나 진술한 내용이 포함된 문자·사진·영상 등의 정보로서 컴퓨터용디스크, 그 밖에 이와 비슷한 정보저장매체에 저장된 것을 포함한다. 이하 이 조에서 같다)은 공판준비나 공판기일에서의 그 작성자 또는 진술자의 진술에 의하여 그 성립의 진정함이 증명된 때에는 증거로 할 수 있다. 단, 피고인의 진술을 기재한 서류는 공판준비 또는 공판기일에서의 그 작성자의 진술에 의하여 그 성립의 진정함이 증명되고 그 진술이 특히 신빙할 수 있는 상태하에서 행하여 진 때에 한하여 피고인의 공판준비 또는 공판기일에서의 진술에 불구하고 증거로 할 수 있다. <개정 2016.5.29.>
②제1항 본문에도 불구하고 진술서의 작성자가 공판준비나 공판기일에서 그 성립의 진정을 부인하는 경우에는 과학적 분석결과에 기초한 디지털포렌식 자료, 감정 등 객관적 방법으로 성립의 진정함이 증명되는 때에는 증거로 할 수 있다. 다만, 피고인 아닌 자가 작성한 진술서는 피고인 또는 변호인이 공판준비 또는 공판기일에 그 기재 내용에 관하여 작성자를 신문할 수 있었을 것을 요한다. <개정 2016.5.29.>
③감정의 경과와 결과를 기재한 서류도 제1항 및 제2항과 같다. <신설 2016.5.29.>
[전문개정 1961.9.1.]

제314조(증거능력에 대한 예외)
제312조 또는 제313조의 경우에 공판준비 또는 공판기일에 진술을 요하는 자가 사망·질병·외국거주·소재불명 그 밖에 이에 준하는 사유로 인하여 진술할 수 없는 때에는 그 조서 및 그 밖의 서류(피고인 또는 피고인 아닌 자가 작성하였거나 진술한 내용이 포함된 문자·사진·영상 등의 정보로서 컴퓨터용디스크, 그 밖에 이와 비슷한 정보저장매체에 저장된 것을 포함한다)를 증거로 할 수 있다. 다만, 그 진술 또는 작성이 특히 신빙할 수 있는 상태하에서 행하여졌음이 증명된 때에 한한다. <개정 2016.5.29.>
[전문개정 2007.6.1.]

제315조(당연히 증거능력이 있는 서류)
다음에 게기한 서류는 증거로 할 수 있다. <개정 2007.5.17.>
1. 가족관계기록사항에 관한 증명서, 공정증서등본 기타 공무원 또는 외국공무원의 직무상 증명할 수 있는 사항에 관하여 작성한 문서
2. 상업장부, 항해일지 기타 업무상 필요로 작성한 통상문서
3. 기타 특히 신용할 만한 정황에 의하여 작성된 문서

제316조(전문의 진술)
①피고인이 아닌 자(공소제기 전에 피고인을 피의자로 조사하였거나 그 조사에 참여하였던 자를 포함한다. 이하 이 조에서 같다)의 공판준비 또는 공판기일에서의 진술이 피고인의 진술을 그 내용으로 하는 것인 때에는 그 진술이 특히 신빙할 수 있는 상태하에서 행하여졌음이 증명된 때에 한하여 이를 증거로 할 수 있다. <개정 2007.6.1.>
②피고인 아닌 자의 공판준비 또는 공판기일에서의 진술이 피고인 아닌 타인의 진술을 그 내용으로 하는 것인 때에는 원진술자가 사망, 질병, 외국거주, 소재불명 그 밖에 이에 준하는 사유로 인하여 진술할 수 없고, 그 진술이 특히 신빙할 수 있는 상태하에서 행하여졌음이 증명된 때에 한하여 이를 증거로 할 수 있다. <개정 1995.12.29., 2007.6.1.>
[전문개정 1961.9.1.]

제317조(진술의 임의성)
①피고인 또는 피고인 아닌 자의 진술이 임의로 된 것이 아닌 것은 증거로 할 수 없다.
②전항의 서류는 그 작성 또는 내용인 진술이 임의로 되었다는 것이 증명된 것이 아니면 증거로 할 수 없다.
③검증조서의 일부가 피고인 또는 피고인 아닌 자의 진술을 기재한 것인 때에는 그 부분에 한하여 전2항의 예에 의한다.

제318조(당사자의 동의와 증거능력)
①검사와 피고인이 증거로 할 수 있음을 동의한 서류 또는 물건은 진정한 것으로 인정한 때에는 증거로 할 수 있다.
②피고인의 출정없이 증거조사를 할 수 있는 경우에 피고인이 출정하지 아니한 때에는 전항의 동의가 있는 것으로 간주한다. 단, 대리인 또는 변호인이 출정한 때에는 예외로 한다.

제318조의2(증명력을 다투기 위한 증거)
①제312조부터 제316조까지의 규정에 따라 증거로 할 수 없는 서류나 진술이라도 공판준비 또는 공판기일에서의 피고인 또는 피고인이 아닌 자(공소제기 전에 피고인을 피의자로 조사하였거나 그 조사에 참여하였던 자를 포함한다. 이하 이 조에서 같다)의 진술의 증명력을 다투기 위하여 증거로 할 수 있다.
②제1항에도 불구하고 피고인 또는 피고인이 아닌 자의 진술을 내용으로 하는 영상녹화물은 공판준비 또는 공판기일에 피고인 또는 피고인이 아닌 자가 진술함에 있어서 기억이 명백하지 아니한 사항에 관하여 기억을 환기시켜야 할 필요가 있다고 인정되는 때에 한하여 피고인 또는 피고인이 아닌 자에게 재생하여 시청하게 할 수 있다.
[전문개정 2007.6.1.]

제318조의3(간이공판절차에서의 증거능력에 관한 특례)
제286조의2의 결정이 있는 사건의 증거에 관하여는 제310조의2, 제312조 내지 제314조 및 제316조의 규정에 의한 증거에 대하여 제318조제1항의 동의가 있는 것으로 간주한다. 단, 검사, 피고인 또는 변호인이 증거로 함에 이의가 있는 때에는 그러하지 아니하다.
[본조신설 1973.1.25.]

제3절 공판의 재판

제318조의4(판결선고기일)
①판결의 선고는 변론을 종결한 기일에 하여야 한다. 다만, 특별한 사정이 있는 때에는 따로 선고기일을 지정할 수 있다.

②변론을 종결한 기일에 판결을 선고하는 경우에는 판결의 선고 후에 판결서를 작성할 수 있다.
③제1항 단서의 선고기일은 변론종결 후 14일 이내로 지정되어야 한다.
[본조신설 2007.6.1.]

제319조(관할위반의 판결)
피고사건이 법원의 관할에 속하지 아니한 때에는 판결로써 관할위반의 선고를 하여야 한다.
<개정 2007.12.21.>

제320조(토지관할 위반)
①법원은 피고인의 신청이 없으면 토지관할에 관하여 관할 위반의 선고를 하지 못한다.
②관할 위반의 신청은 피고사건에 대한 진술 전에 하여야 한다.

제321조(형선고와 동시에 선고될 사항)
①피고사건에 대하여 범죄의 증명이 있는 때에는 형의 면제 또는 선고유예의 경우 외에는 판결로써 형을 선고하여야 한다.
②형의 집행유예, 판결 전 구금의 산입일수, 노역장의 유치기간은 형의 선고와 동시에 판결로써 선고하여야 한다.

제322조(형면제 또는 형의 선고유예의 판결)
피고사건에 대하여 형의 면제 또는 선고유예를 하는 때에는 판결로써 선고하여야 한다.

제323조(유죄판결에 명시될 이유)
①형의 선고를 하는 때에는 판결이유에 범죄될 사실, 증거의 요지와 법령의 적용을 명시하여야 한다.
②법률상 범죄의 성립을 조각하는 이유 또는 형의 가중, 감면의 이유되는 사실의 진술이 있은 때에는 이에 대한 판단을 명시하여야 한다.

제324조(상소에 대한 고지)
형을 선고하는 경우에는 재판장은 피고인에게 상소할 기간과 상소할 법원을 고지하여야 한다.

제325조(무죄의 판결)
피고사건이 범죄로 되지 아니하거나 범죄사실의 증명이 없는 때에는 판결로써 무죄를 선고하여야 한다.

제326조(면소의 판결)
다음 경우에는 판결로써 면소의 선고를 하여야 한다.
1. 확정판결이 있은 때
2. 사면이 있은 때
3. 공소의 시효가 완성되었을 때
4. 범죄 후의 법령개폐로 형이 폐지되었을 때

제327조(공소기각의 판결)
다음 각 호의 경우에는 판결로써 공소기각의 선고를 하여야 한다.
1. 피고인에 대하여 재판권이 없을 때
2. 공소제기의 절차가 법률의 규정을 위반하여 무효일 때
3. 공소가 제기된 사건에 대하여 다시 공소가 제기되었을 때
4. 제329조를 위반하여 공소가 제기되었을 때
5. 고소가 있어야 공소를 제기할 수 있는 사건에서 고소가 취소되었을 때
6. 피해자의 명시한 의사에 반하여 공소를 제기할 수 없는 사건에서 처벌을 원하지 아니하는 의사표시를 하거나 처벌을 원하는 의사표시를 철회하였을 때
[전문개정 2020.12.8.]

제328조(공소기각의 결정)
①다음 경우에는 결정으로 공소를 기각하여야 한다.
1. 공소가 취소 되었을 때
2. 피고인이 사망하거나 피고인인 법인이 존속하지 아니하게 되었을 때
3. 제12조 또는 제13조의 규정에 의하여 재판할 수 없는 때
4. 공소장에 기재된 사실이 진실하다 하더라도 범죄가 될 만한 사실이 포함되지 아니하는 때
②전항의 결정에 대하여는 즉시항고를 할 수 있다.

제329조(공소취소와 재기소)
공소취소에 의한 공소기각의 결정이 확정된 때에는 공소취소 후 그 범죄사실에 대한 다른 중요한 증거를 발견한 경우에 한하여 다시 공소를 제기할 수 있다.

판례-특정범죄가중처벌등에관한법률위반(허위세금계산서교부등)
[대법원 2009.8.20, 선고, 2008도9634, 판결]

【판시사항】
[1] 공소취소 후 재기소에 관한 규정인 형사소송법 제329조가 종전의 범죄사실을 변경하여 재기소하는 경우에도 적용되는지 여부(적극)
[2] 하나의 매출·매입처별세금계산서합계표에 여러 가지 사항에 관하여 허위의 사실을 기재하여 제출한 경우, 조세범처벌법 제11조의2 제4항 제3호 위반죄의 죄수(=일죄)

【판결요지】
[1] 형사소송법 제329조는 공소취소에 의한 공소기각의 결정이 확정된 때에는 공소취소 후 그 범죄사실에 대한 다른 중요한 증거를 발견한 경우에 한하여 다시 공소를 제기할 수 있다고 규정하고 있는바, 이는 단순일죄인 범죄사실에 대하여 공소가 제기되었다가 공소취소에 의한 공소기각결정이 확정된 후 다시 종전 범죄사실 그대로 재기소하는 경우뿐만 아니라 범죄의 태양, 수단, 피해의 정도, 범죄로 얻은 이익 등 범죄사실의 내용을 추가 변경하여 재기소하는 경우에도 마찬가지로 적용된다. 따라서 단순일죄인 범죄사실에 대하여 공소취소로 인한 공소기각결정이 확정된 후에 종전의 범죄사실을 변경하여 재기소하기 위하여는 변경된 범죄사실에 대한 다른 중요한 증거가 발견되어야 한다.
[2] 조세범처벌법 제11조의2 제4항 제3호는 부가가치세법의 규정에 의한 재화 또는 용역을 공급하지 아니하고 매출·매입처별세금계산서합계표를 허위기재하여 정부에 제출한 행위를 처벌하도록 규정하고 있는바, 하나의 매출·매입처별세금계산서합계표에 여러 가지 사항에 관하여 허위의 사실을 기재하였더라도 전체로서 하나의 매출·매입처별세금계산서합계표를 허위로 작성하여 정부에 제출하는 것이므로 하나의 조세범처벌법 위반죄가 성립한다.

제330조(피고인의 진술없이 하는 판결)
피고인이 진술하지 아니하거나 재판장의 허가없이 퇴정하거나 재판장의 질서유지를 위한 퇴정명령을 받은 때에는 피고인의 진술없이 판결할 수 있다.

제331조(무죄등 선고와 구속영장의 효력)
무죄, 면소, 형의 면제, 형의 선고유예, 형의 집행유예, 공소기각 또는 벌금이나 과료를 과하는 판결이 선고된 때에는 구속영장은 효력을 잃는다. <개정 1995.12.29.>
[92헌가8 1992.12.24.(1995.12.29. 法5054)]

제332조(몰수의 선고와 압수물)
압수한 서류 또는 물품에 대하여 몰수의 선고가 없는 때에는 압수를 해제한 것으로 간주한다.

제333조(압수장물의 환부)

①압수한 장물로서 피해자에게 환부할 이유가 명백한 것은 판결로써 피해자에게 환부하는 선고를 하여야 한다.
②전항의 경우에 장물을 처분하였을 때에는 판결로써 그 대가로 취득한 것을 피해자에게 교부하는 선고를 하여야 한다.
③가환부한 장물에 대하여 별단의 선고가 없는 때에는 환부의 선고가 있는 것으로 간주한다.
④전3항의 규정은 이해관계인이 민사소송절차에 의하여 그 권리를 주장함에 영향을 미치지 아니한다.

제334조(재산형의 가납판결)

①법원은 벌금, 과료 또는 추징의 선고를 하는 경우에 판결의 확정 후에는 집행할 수 없거나 집행하기 곤란할 염려가 있다고 인정한 때에는 직권 또는 검사의 청구에 의하여 피고인에게 벌금, 과료 또는 추징에 상당한 금액의 가납을 명할 수 있다.
②전항의 재판은 형의 선고와 동시에 판결로써 선고하여야 한다.
③전항의 판결은 즉시로 집행할 수 있다.

제335조(형의 집행유예 취소의 절차)

①형의 집행유예를 취소할 경우에는 검사는 피고인의 현재지 또는 최후의 거주지를 관할하는 법원에 청구하여야 한다.
②전항의 청구를 받은 법원은 피고인 또는 그 대리인의 의견을 물은 후에 결정을 하여야 한다.
③전항의 결정에 대하여는 즉시항고를 할 수 있다.
④전2항의 규정은 유예한 형을 선고할 경우에 준용한다.

제336조(경합범 중 다시 형을 정하는 절차)

①「형법」 제36조, 동 제39조제4항 또는 동 제61조의규정에 의하여 형을 정할 경우에는 검사는 그 범죄사실에 대한 최종판결을 한 법원에 청구하여야 한다. 단, 「형법」 제61조의 규정에 의하여 유예한 형을 선고할 때에는 제323조에 의하여야 하고 선고유예를 해제하는 이유를 명시하여야 한다. <개정 2007.6.1.>
②전조 제2항의 규정은 전항의 경우에 준용한다.

제337조(형의 소멸의 재판)

①「형법」 제81조 또는 동 제82조의 규정에 의한 선고는 그 사건에 관한 기록이 보관되어 있는 검찰청에 대응하는 법원에 대하여 신청하여야 한다. <개정 2007.6.1.>
②전항의 신청에 의한 선고는 결정으로 한다.
③제1항의 신청을 각하하는 결정에 대하여는 즉시항고를 할 수 있다.

제3편 상소
제1장 통칙

제338조(상소권자)

①검사 또는 피고인은 상소를 할 수 있다.
②삭제 <2007.12.21.>

제339조(항고권자)

검사 또는 피고인 아닌 자가 결정을 받은 때에는 항고할 수 있다.

제340조(당사자 이외의 상소권자)
피고인의 법정대리인은 피고인을 위하여 상소할 수 있다.

제341조(동전)
①피고인의 배우자, 직계친족, 형제자매 또는 원심의 대리인이나 변호인은 피고인을 위하여 상소할 수 있다. <개정 2005.3.31.>
②전항의 상소는 피고인의 명시한 의사에 반하여 하지 못한다.

판례-항소기각결정에 대한재항고
[대법원 2018.3.29., 자, 2018모642, 결정]

【판시사항】
항소이유서 부제출을 이유로 항소기각의 결정을 하기 위한 요건 / 피고인의 항소대리권자인 배우자가 피고인을 위하여 항소한 경우, 소송기록접수통지를 항소인인 피고인에게 하여야 하는지 여부(적극)

【판결요지】
형사소송법 제361조의4, 제361조의3, 제361조의2에 따르면, 항소인이나 변호인이 항소법원으로부터 소송기록접수통지를 받은 날로부터 20일 이내에 항소이유서를 제출하지 않고 항소장에도 항소이유의 기재가 없는 경우에는 결정으로 항소를 기각할 수 있도록 정하고 있다. 그러나 항소이유서 부제출을 이유로 항소기각의 결정을 하기 위해서는 항소인이 적법한 소송기록접수통지서를 받고서도 정당한 이유 없이 20일 이내에 항소이유서를 제출하지 않았어야 한다. 피고인의 항소대리권자인 배우자가 피고인을 위하여 항소한 경우(형사소송법 제341조)에도 소송기록접수통지는 항소인인 피고인에게 하여야 하는데(형사소송법 제361조의2), 피고인이 적법하게 소송기록접수통지서를 받지 못하였다면 항소이유서 제출기간이 지났다는 이유로 항소기각결정을 하는 것은 위법하다.

제342조(일부상소)
①상소는 재판의 일부에 대하여 할 수 있다.
②일부에 대한 상소는 그 일부와 불가분의 관계에 있는 부분에 대하여도 효력이 미친다.

제343조(상소 제기기간)
①상소의 제기는 그 기간 내에 서면으로 한다.
②상소의 제기기간은 재판을 선고 또는 고지한 날로부터 진행된다.

제344조(재소자에 대한 특칙)
①교도소 또는 구치소에 있는 피고인이 상소의 제기기간 내에 상소장을 교도소장 또는 구치소장 또는 그 직무를 대리하는 자에게 제출한 때에는 상소의 제기기간 내에 상소한 것으로 간주한다. <개정 1963.12.13.>
②전항의 경우에 피고인이 상소장을 작성할 수 없는 때에는 교도소장 또는 구치소장은 소속공무원으로 하여금 대서하게 하여야 한다. <개정 1963.12.13.>

제345조(상소권회복 청구권자)
제338조부터 제341조까지의 규정에 따라 상소할 수 있는 자는 자기 또는 대리인이 책임질 수 없는 사유로 상소 제기기간 내에 상소를 하지 못한 경우에는 상소권회복의 청구를 할 수 있다.
[전문개정 2020.12.8.]

제346조(상소권회복 청구의 방식)

①상소권회복을 청구할 때에는 제345조의 사유가 해소된 날부터 상소 제기기간에 해당하는 기간 내에 서면으로 원심법원에 제출하여야 한다.

②상소권회복을 청구할 때에는 제345조의 책임질 수 없는 사유를 소명하여야 한다.

③상소권회복을 청구한 자는 그 청구와 동시에 상소를 제기하여야 한다.

[전문개정 2020.12.8.]

제347조(상소권회복에 대한 결정과 즉시항고)

①상소권회복의 청구를 받은 법원은 청구의 허부에 관한 결정을 하여야 한다.

②전항의 결정에 대하여는 즉시항고를 할 수 있다.

제348조(상소권회복청구와 집행정지)

①상소권회복의 청구가 있는 때에는 법원은 전조의 결정을 할 때까지 재판의 집행을 정지하는 결정을 할 수 있다. <개정 2007.6.1.>

②전항의 집행정지의 결정을 한 경우에 피고인의 구금을 요하는 때에는 구속영장을 발부하여야 한다. 단, 제70조의 요건이 구비된 때에 한한다.

제349조(상소의 포기, 취하)

검사나 피고인 또는 제339조에 규정한 자는 상소의 포기 또는 취하를 할 수 있다. 단, 피고인 또는 제341조에 규정한 자는 사형 또는 무기징역이나 무기금고가 선고된 판결에 대하여는 상소의 포기를 할 수 없다.

제350조(상소의 포기등과 법정대리인의 동의)

법정대리인이 있는 피고인이 상소의 포기 또는 취하를 함에는 법정대리인의 동의를 얻어야 한다. 단, 법정대리인의 사망 기타 사유로 인하여 그 동의를 얻을 수 없는 때에는 예외로 한다.

제351조(상소의 취하와 피고인의 동의)

피고인의 법정대리인 또는 제341조에 규정한 자는 피고인의 동의를 얻어 상소를 취하할 수 있다.

제352조(상소포기 등의 방식)

①상소의 포기 또는 취하는 서면으로 하여야 한다. 단, 공판정에서는 구술로써 할 수 있다.

②구술로써 상소의 포기 또는 취하를 한 경우에는 그 사유를 조서에 기재하여야 한다.

제353조(상소포기 등의 관할)

상소의 포기는 원심법원에, 상소의 취하는 상소법원에 하여야 한다. 단, 소송기록이 상소법원에 송부되지 아니한 때에는 상소의 취하를 원심법원에 제출할 수 있다.

제354조(상소포기 후의 재상소의 금지)

상소를 취하한 자 또는 상소의 포기나 취하에 동의한 자는 그 사건에 대하여 다시 상소를 하지 못한다.

제355조(재소자에 대한 특칙)

제344조의 규정은 교도소 또는 구치소에 있는 피고인이 상소권회복의 청구 또는 상소의 포기나 취하를 하는 경우에 준용한다. <개정 1963.12.13.>

제356조(상소포기등과 상대방의 통지)

상소, 상소의 포기나 취하 또는 상소권회복의 청구가 있는 때에는 법원은 지체없이 상대방에게 그 사유를 통지하여야 한다.

제2장 항소
<개정 1963.12.13.>

제357조(항소할 수 있는 판결)
제1심법원의 판결에 대하여 불복이 있으면 지방법원 단독판사가 선고한 것은 지방법원 본원합의부에 항소할 수 있으며 지방법원 합의부가 선고한 것은 고등법원에 항소할 수 있다. <개정 1963.12.13.>
[전문개정 1961.9.1.]
[제목개정 1963.12.13.]

제358조(항소제기기간)
항소의 제기기간은 7일로 한다. <개정 1963.12.13.>

제359조(항소제기의 방식)
항소를 함에는 항소장을 원심법원에 제출하여야 한다. <개정 1963.12.13.>

제360조(원심법원의 항소기각 결정)
①항소의 제기가 법률상의 방식에 위반하거나 항소권소멸 후인 것이 명백한 때에는 원심법원은 결정으로 항소를 기각하여야 한다. <개정 1963.12.13.>
②전항의 결정에 대하여는 즉시항고를 할 수 있다.

제361조(소송기록과 증거물의 송부)
제360조의 경우를 제외하고는 원심법원은 항소장을 받은 날부터 14일이내에 소송기록과 증거물을 항소법원에 송부하여야 한다.
[전문개정 1995.12.29.]
[92헌마44 1995.11.30.(1995.12.29. 法5054)]

제361조의2(소송기록접수와 통지)
①항소법원이 기록의 송부를 받은 때에는 즉시 항소인과 상대방에게 그 사유를 통지하여야 한다. <개정 1963.12.13.>
②전항의 통지 전에 변호인의 선임이 있는 때에는 변호인에게도 전항의 통지를 하여야 한다.
③피고인이 교도소 또는 구치소에 있는 경우에는 원심법원에 대응한 검찰청검사는 제1항의 통지를 받은 날부터 14일이내에 피고인을 항소법원소재지의 교도소 또는 구치소에 이송하여야 한다. <신설 1995.12.29.>
[본조신설 1961.9.1.]

제361조의3(항소이유서와 답변서)
①항소인 또는 변호인은 전조의 통지를 받은 날로부터 20일 이내에 항소이유서를 항소법원에 제출하여야 한다. 이 경우 제344조를 준용한다. <개정 1963.12.13., 2007.12.21.>
②항소이유서의 제출을 받은 항소법원은 지체없이 부본 또는 등본을 상대방에게 송달하여야 한다. <개정 1963.12.13.>
③상대방은 전항의 송달을 받은 날로부터 10일 이내에 답변서를 항소법원에 제출하여야 한다. <개정 1963.12.13.>
④답변서의 제출을 받은 항소법원은 지체없이 그 부본 또는 등본을 항소인 또는 변호인에게 송달하여야 한다. <개정 1963.12.13.>
[본조신설 1961.9.1.]

제361조의4(항소기각의 결정)
①항소인이나 변호인이 전조제1항의 기간 내에 항소이유서를 제출하지 아니한 때에는 결정으로 항소를 기각하여야 한다. 단, 직권조사사유가 있거나 항소장에 항소이유의 기재가 있는 때에는 예외로 한다.

②전항의 결정에 대하여는 즉시항고를 할 수 있다. <신설 1963.12.13.>
[본조신설 1961.9.1.]

제361조의5(항소이유)

다음 사유가 있을 경우에는 원심판결에 대한 항소이유로 할 수 있다. <개정 1963.12.13.>
1. 판결에 영향을 미친 헌법·법률·명령 또는 규칙의 위반이 있는 때
2. 판결 후 형의 폐지나 변경 또는 사면이 있는 때
3. 관할 또는 관할위반의 인정이 법률에 위반한 때
4. 판결법원의 구성이 법률에 위반한 때
5. 삭제 <1963.12.13.>
6. 삭제 <1963.12.13.>
7. 법률상 그 재판에 관여하지 못할 판사가 그 사건의 심판에 관여한 때
8. 사건의 심리에 관여하지 아니한 판사가 그 사건의 판결에 관여한 때
9. 공판의 공개에 관한 규정에 위반한 때
10. 삭제 <1963.12.13.>
11. 판결에 이유를 붙이지 아니하거나 이유에 모순이 있는 때
12. 삭제 <1963.12.13.>
13. 재심청구의 사유가 있는 때
14. 사실의 오인이 있어 판결에 영향을 미칠 때
15. 형의 양정이 부당하다고 인정할 사유가 있는 때
[본조신설 1961.9.1.]

제362조(항소기각의 결정)

①제360조의 규정에 해당한 경우에 원심법원이 항소기각의 결정을 하지 아니한 때에는 항소법원은 결정으로 항소를 기각하여야 한다. <개정 1963.12.13.>
②전항의 결정에 대하여는 즉시 항고를 할 수 있다.

제363조(공소기각의 결정)

①제328조제1항 각 호의 규정에 해당한 사유가 있는 때에는 항소법원은 결정으로 공소를 기각하여야 한다. <개정 1963.12.13., 1995.12.29.>
②전항의 결정에 대하여는 즉시 항고를 할 수 있다.

제364조(항소법원의 심판)

①항소법원은 항소이유에 포함된 사유에 관하여 심판하여야 한다. <개정 1963.12.13.>
②항소법원은 판결에 영향을 미친 사유에 관하여는 항소이유서에 포함되지 아니한 경우에도 직권으로 심판할 수 있다. <개정 1963.12.13.>
③제1심법원에서 증거로 할 수 있었던 증거는 항소법원에서도 증거로 할 수 있다. <신설 1963.12.13.>
④항소이유 없다고 인정한 때에는 판결로써 항소를 기각하여야 한다. <개정 1963.12.13.>
⑤항소이유 없음이 명백한 때에는 항소장, 항소이유서 기타의 소송기록에 의하여 변론없이 판결로써 항소를 기각할 수 있다. <개정 1963.12.13.>
⑥항소이유가 있다고 인정한 때에는 원심판결을 파기하고 다시 판결을 하여야 한다. <개정 1963.12.13.>
[전문개정 1961.9.1.]

제364조의2(공동피고인을 위한 파기)

피고인을 위하여 원심판결을 파기하는 경우에 파기의 이유가 항소한 공동피고인에게 공통되는 때에는 그 공동피고인에게 대하여도 원심판결을 파기하여야 한다. <개정 1963.12.13.>
[본조신설 1961.9.1.]

제365조(피고인의 출정)
①피고인이 공판기일에 출정하지 아니한 때에는 다시 기일을 정하여야 한다. <개정 1961.9.1.>
②피고인이 정당한 사유없이 다시 정한 기일에 출정하지 아니한 때에는 피고인의 진술없이 판결을 할 수 있다.

제366조(원심법원에의 환송)
공소기각 또는 관할위반의 재판이 법률에 위반됨을 이유로 원심판결을 파기하는 때에는 판결로써 사건을 원심법원에 환송하여야 한다.

제367조(관할법원에의 이송)
관할인정이 법률에 위반됨을 이유로 원심판결을 파기하는 때에는 판결로써 사건을 관할법원에 이송하여야 한다. 단, 항소법원이 그 사건의 제1심관할권이 있는 때에는 제1심으로 심판하여야 한다. <개정 1963.12.13.>

제368조(불이익변경의 금지)
피고인이 항소한 사건과 피고인을 위하여 항소한 사건에 대해서는 원심판결의 형보다 무거운 형을 선고할 수 없다.
[전문개정 2020.12.8.]

제369조(재판서의 기재방식)
항소법원의 재판서에는 항소이유에 대한 판단을 기재하여야 하며 원심판결에 기재한 사실과 증거를 인용할 수 있다. <개정 1963.12.13.>
[전문개정 1961.9.1.]

제370조(준용규정)
제2편 중 공판에 관한 규정은 본장에 특별한 규정이 없으면 항소의 심판에 준용한다. <개정 1963.12.13.>

제3장 상고

제371조(상고할 수 있는 판결)
제2심판결에 대하여 불복이 있으면 대법원에 상고할 수 있다. <개정 1963.12.13.>
[전문개정 1961.9.1.]

제372조(비약적 상고)
다음 경우에는 제1심판결에 대하여 항소를 제기하지 아니하고 상고를 할 수 있다. <개정 1961.9.1.>
1. 원심판결이 인정한 사실에 대하여 법령을 적용하지 아니하였거나 법령의 적용에 착오가 있는 때
2. 원심판결이 있은 후 형의 폐지나 변경 또는 사면이 있는 때

제373조(항소와 비약적 상고)
제1심판결에 대한 상고는 그 사건에 대한 항소가 제기된 때에는 그 효력을 잃는다. 단, 항소의 취하 또는 항소기각의 결정이 있는 때에는 예외로 한다. <개정 1963.12.13.>

제374조(상고기간)
상고의 제기기간은 7일로 한다.

제375조(상고제기의 방식)
상고를 함에는 상고장을 원심법원에 제출하여야 한다.

제376조(원심법원에서의 상고기각 결정)
①상고의 제기가 법률상의 방식에 위반하거나 상고권소멸 후인 것이 명백한 때에는 원심법원은 결정으로 상고를 기각하여야 한다.
②전항의 결정에 대하여는 즉시항고를 할 수 있다.

제377조(소송기록과 증거물의 송부)
제376조의 경우를 제외하고는 원심법원은 상고장을 받은 날부터 14일이내에 소송기록과 증거물을 상고법원에 송부하여야 한다.
[전문개정 1995.12.29.]

제378조(소송기록접수와 통지)
①상고법원이 소송기록의 송부를 받은 때에는 즉시 상고인과 상대방에 대하여 그 사유를 통지하여야 한다. <개정 1961.9.1.>
②전항의 통지 전에 변호인의 선임이 있는 때에는 변호인에 대하여도 전항의 통지를 하여야 한다.

제379조(상고이유서와 답변서)
①상고인 또는 변호인이 전조의 통지를 받은 날로부터 20일 이내에 상고이유서를 상고법원에 제출하여야 한다. 이 경우 제344조를 준용한다. <개정 1961.9.1., 2007.12.21.>
②상고이유서에는 소송기록과 원심법원의 증거조사에 표현된 사실을 인용하여 그 이유를 명시하여야 한다.
③상고이유서의 제출을 받은 상고법원은 지체없이 그 부본 또는 등본을 상대방에 송달하여야 한다. <개정 1961.9.1.>
④상대방은 전항의 송달을 받은 날로부터 10일 이내에 답변서를 상고법원에 제출할 수 있다. <개정 1961.9.1.>
⑤답변서의 제출을 받은 상고법원은 지체없이 그 부본 또는 등본을 상고인 또는 변호인에게 송달하여야 한다. <개정 1961.9.1.>

제380조(상고기각 결정)
①상고인이나 변호인이 전조제1항의 기간 내에 상고이유서를 제출하지 아니한 때에는 결정으로 상고를 기각하여야 한다. 단, 상고장에 이유의 기재가 있는 때에는 예외로 한다. <개정 1961.9.1., 2014.5.14.>
②상고장 및 상고이유서에 기재된 상고이유의 주장이 제383조 각 호의 어느 하나의 사유에 해당하지 아니함이 명백한 때에는 결정으로 상고를 기각하여야 한다. <신설 2014.5.14.>

제381조(동전)
제376조의 규정에 해당한 경우에 원심법원이 상고기각의 결정을 하지 아니한 때에는 상고법원은 결정으로 상고를 기각하여야 한다. <개정 1961.9.1.>

제382조(공소기각의 결정)
제328조제1항 각 호의 규정에 해당하는 사유가 있는 때에는 상고법원은 결정으로 공소를 기각하여야 한다.
[전문개정 1995.12.29.]

제383조(상고이유)
다음 사유가 있을 경우에는 원심판결에 대한 상고이유로 할 수 있다. <개정 1961.9.1., 1963.12.13.>
1. 판결에 영향을 미친 헌법·법률·명령 또는 규칙의 위반이 있을 때
2. 판결후 형의 폐지나 변경 또는 사면이 있는 때

3. 재심청구의 사유가 있는 때
4. 사형, 무기 또는 10년 이상의 징역이나 금고가 선고된 사건에 있어서 중대한 사실의 오인이 있어 판결에 영향을 미친 때 또는 형의 양정이 심히 부당하다고 인정할 현저한 사유가 있는 때

제384조(심판범위)
상고법원은 상고이유서에 포함된 사유에 관하여 심판하여야 한다. 그러나, 전조 제1호 내지 제3호의 경우에는 상고이유서에 포함되지 아니한 때에도 직권으로 심판할 수 있다. <개정 1961.9.1., 1963.12.13.>

제385조 삭제 <1961.9.1.>

제386조(변호인의 자격)
상고심에는 변호사 아닌 자를 변호인으로 선임하지 못한다.

제387조(변론능력)
상고심에는 변호인 아니면 피고인을 위하여 변론하지 못한다.

제388조(변론방식)
검사와 변호인은 상고이유서에 의하여 변론하여야 한다.

제389조(변호인의 불출석등)
①변호인의 선임이 없거나 변호인이 공판기일에 출정하지 아니한 때에는 검사의 진술을 듣고 판결을 할 수 있다. 단, 제283조의 규정에 해당한 경우에는 예외로 한다.
②전항의 경우에 적법한 이유서의 제출이 있는 때에는 그 진술이 있는 것으로 간주한다.

제389조의2(피고인의 소환 여부)
상고심의 공판기일에는 피고인의 소환을 요하지 아니한다.
[본조신설 1995.12.29.]

제390조(서면심리에 의한 판결)
①상고법원은 상고장, 상고이유서 기타의 소송기록에 의하여 변론 없이 판결할 수 있다. <개정 2007.6.1.>
②상고법원은 필요한 경우에는 특정한 사항에 관하여 변론을 열어 참고인의 진술을 들을 수 있다. <신설 2007.6.1.>
[전문개정 1961.9.1.]

제391조(원심판결의 파기)
상고이유가 있는 때에는 판결로써 원심판결을 파기하여야 한다.

제392조(공동피고인을 위한 파기)
피고인의 이익을 위하여 원심판결을 파기하는 경우에 파기의 이유가 상고한 공동피고인에 공통되는 때에는 그 공동피고인에 대하여도 원심판결을 파기하여야 한다.

제393조(공소기각과 환송의 판결)
적법한 공소를 기각하였다는 이유로 원심판결 또는 제1심판결을 파기하는 경우에는 판결로써 사건을 원심법원 또는 제1심법원에 환송하여야 한다.

제394조(관할인정과 이송의 판결)
관할의 인정이 법률에 위반됨을 이유로 원심판결 또는 제1심판결을 파기하는 경우에는 판결로써 사건을 관할있는 법원에 이송하여야 한다.

제395조(관할위반과 환송의 판결)
관할위반의 인정이 법률에 위반됨을 이유로 원심판결 또는 제1심판결을 파기하는 경우에는 판결로써 사건을 원심법원 또는 제1심법원에 환송하여야 한다.

제396조(파기자판)
①상고법원은 원심판결을 파기한 경우에 그 소송기록과 원심법원과 제1심법원이 조사한 증거에 의하여 판결하기 충분하다고 인정한 때에는 피고사건에 대하여 직접판결을 할 수 있다. <개정 1961.9.1.>
②제368조의 규정은 전항의 판결에 준용한다.

제397조(환송 또는 이송)
전4조의 경우 외에 원심판결을 파기한 때에는 판결로써 사건을 원심법원에 환송하거나 그와 동등한 다른 법원에 이송하여야 한다.

제398조(재판서의 기재방식)
재판서에는 상고의 이유에 관한 판단을 기재하여야 한다. <개정 1961.9.1.>

제399조(준용규정)
전장의 규정은 본장에 특별한 규정이 없으면 상고의 심판에 준용한다.

제400조(판결정정의 신청)
①상고법원은 그 판결의 내용에 오류가 있음을 발견한 때에는 직권 또는 검사, 상고인이나 변호인의 신청에 의하여 판결로써 정정할 수 있다. <개정 1961.9.1.>
②전항의 신청은 판결의 선고가 있은 날로부터 10일 이내에 하여야 한다.
③제1항의 신청은 신청의 이유를 기재한 서면으로 하여야 한다.

제401조(정정의 판결)
①정정의 판결은 변론없이 할 수 있다
②정정할 필요가 없다고 인정한 때에는 지체없이 결정으로 신청을 기각하여야 한다.

제4장 항 고

제402조(항고할 수 있는 재판)
법원의 결정에 대하여 불복이 있으면 항고를 할 수 있다. 단, 이 법률에 특별한 규정이 있는 경우에는 예외로 한다.

제403조(판결 전의 결정에 대한 항고)
①법원의 관할 또는 판결 전의 소송절차에 관한 결정에 대하여는 특히 즉시항고를 할 수 있는 경우 외에는 항고하지 못한다.
②전항의 규정은 구금, 보석, 압수나 압수물의 환부에 관한 결정 또는 감정하기 위한 피고인의 유치에 관한 결정에 적용하지 아니한다.

제404조(보통항고의 시기)
항고는 즉시항고 외에는 언제든지 할 수 있다. 단, 원심결정을 취소하여도 실익이 없게 된 때에는 예외로 한다.
[제목개정 1963.12.13.]

제405조(즉시항고의 제기기간)
즉시항고의 제기기간은 7일로 한다. <개정 2019.12.31.>
[2019.12.31. 법률 제16850호에 의하여 2018.12.27. 헌법재판소에서 헌법불합치 결정된 이 조를 개정함.]

제406조(항고의 절차)
항고를 함에는 항고장을 원심법원에 제출하여야 한다.

제407조(원심법원의 항고기각 결정)
①항고의 제기가 법률상의 방식에 위반하거나 항고권소멸 후인 것이 명백한 때에는 원심법원은 결정으로 항고를 기각하여야 한다.
②전항의 결정에 대하여는 즉시항고를 할 수 있다.

제408조(원심법원의 갱신결정)
①원심법원은 항고가 이유있다고 인정한 때에는 결정을 경정하여야 한다.
②항고의 전부 또는 일부가 이유없다고 인정한 때에는 항고장을 받은 날로부터 3일 이내에 의견서를 첨부하여 항고법원에 송부하여야 한다.

제409조(보통항고와 집행정지)
항고는 즉시항고 외에는 재판의 집행을 정지하는 효력이 없다. 단, 원심법원 또는 항고법원은 결정으로 항고에 대한 결정이 있을 때까지 집행을 정지할 수 있다.

제410조(즉시항고와 집행정지의 효력)
즉시항고의 제기기간 내와 그 제기가 있는 때에는 재판의 집행은 정지된다.

제411조(소송기록등의 송부)
①원심법원이 필요하다고 인정한 때에는 소송기록과 증거물을 항고법원에 송부하여야 한다.
②항고법원은 소송기록과 증거물의 송부를 요구할 수 있다.
③전2항의 경우에 항고법원이 소송기록과 증거물의 송부를 받은 날로부터 5일 이내에 당사자에게 그 사유를 통지하여야 한다.

제412조(검사의 의견진술)
검사는 항고사건에 대하여 의견을 진술할 수 있다.

제413조(항고기각의 결정)
제407조의 규정에 해당한 경우에 원심법원이 항고기각의 결정을 하지 아니한 때에는 항고법원은 결정으로 항고를 기각하여야 한다.

제414조(항고기각과 항고이유 인정)
①항고를 이유없다고 인정한 때에는 결정으로 항고를 기각하여야 한다.
②항고를 이유있다고 인정한 때에는 결정으로 원심결정을 취소하고 필요한 경우에는 항고사건에 대하여 직접 재판을 하여야 한다.

제415조(재항고)
항고법원 또는 고등법원의 결정에 대하여는 재판에 영향을 미친 헌법·법률·명령 또는 규칙의 위반이 있음을 이유로 하는 때에 한하여 대법원에 즉시항고를 할 수 있다.
[전문개정 1963.12.13.]

제416조(준항고)
①재판장 또는 수명법관이 다음 각 호의 1에 해당한 재판을 고지한 경우에 불복이 있으면 그 법관소속의 법원에 재판의 취소 또는 변경을 청구할 수 있다.
1. 기피신청을 기각한 재판
2. 구금, 보석, 압수 또는 압수물환부에 관한 재판
3. 감정하기 위하여 피고인의 유치를 명한 재판
4. 증인, 감정인, 통역인 또는 번역인에 대하여 과태료 또는 비용의 배상을 명한 재판
②지방법원이 전항의 청구를 받은 때에는 합의부에서 결정을 하여야 한다.
③제1항의 청구는 재판의 고지있는 날로부터 7일 이내에 하여야 한다. <개정 2019.12.31.>
④제1항제4호의 재판은 전항의 청구기간 내와 청구가 있는 때에는 그 재판의 집행은 정지된다.

제417조(동전)
검사 또는 사법경찰관의 구금, 압수 또는 압수물의 환부에 관한 처분과 제243조의2에 따른 변호인의 참여 등에 관한 처분에 대하여 불복이 있으면 그 직무집행지의 관할법원 또는 검사의 소속검찰청에 대응한 법원에 그 처분의 취소 또는 변경을 청구할 수 있다. <개정 2007.6.1., 2007.12.21.>

제418조(준항고의 방식)
전2조의청구는 서면으로 관할법원에 제출하여야 한다.

제419조(준용규정)
제409조, 제413조, 제414조, 제415조의 규정은 제416조, 제417조의 청구있는 경우에 준용한다. <개정 1995.12.29.>

제4편 특별소송절차
제1장 재심

제420조(재심이유)
재심은 다음 각 호의 어느 하나에 해당하는 이유가 있는 경우에 유죄의 확정판결에 대하여 그 선고를 받은 자의 이익을 위하여 청구할 수 있다.
1. 원판결의 증거가 된 서류 또는 증거물이 확정판결에 의하여 위조되거나 변조된 것임이 증명된 때
2. 원판결의 증거가 된 증언, 감정, 통역 또는 번역이 확정판결에 의하여 허위임이 증명된 때
3. 무고(誣告)로 인하여 유죄를 선고받은 경우에 그 무고의 죄가 확정판결에 의하여 증명된 때
4. 원판결의 증거가 된 재판이 확정재판에 의하여 변경된 때
5. 유죄를 선고받은 자에 대하여 무죄 또는 면소를, 형의 선고를 받은 자에 대하여 형의 면제 또는 원판결이 인정한 죄보다 가벼운 죄를 인정할 명백한 증거가 새로 발견된 때
6. 저작권, 특허권, 실용신안권, 디자인권 또는 상표권을 침해한 죄로 유죄의 선고를 받은 사건에 관하여 그 권리에 대한 무효의 심결 또는 무효의 판결이 확정된 때
7. 원판결, 전심판결 또는 그 판결의 기초가 된 조사에 관여한 법관, 공소의 제기 또는 그 공소의 기초가 된 수사에 관여한 검사나 사법경찰관이 그 직무에 관한 죄를 지은 것이 확정판결에 의하여 증명된 때. 다만, 원판결의 선고 전에 법관, 검사 또는 사법경찰관에 대하여 공소가 제기되었을 경우에는 원판결의 법원이 그 사유를 알지 못한 때로 한정한다.
[전문개정 2020.12.8.]

제421조(동전)
①항소 또는 상고의 기각판결에 대하여는 전조제1호, 제2호, 제7호의 사유있는 경우에 한하여 그 선고를 받은 자의 이익을 위하여 재심을 청구할 수 있다. <개정 1963.12.13.>
②제1심확정판결에 대한 재심청구사건의 판결이 있은 후에는 항소기각 판결에 대하여 다시 재심을 청구하지 못한다. <개정 1963.12.13.>
③제1심 또는 제2심의 확정판결에 대한 재심청구사건의 판결이 있은 후에는 상고기각판결에 대하여 다시 재심을 청구하지 못한다.

제422조(확정판결에 대신하는 증명)
전2조의 규정에 의하여 확정판결로써 범죄가 증명됨을 재심청구의 이유로 할 경우에 그 확정판결을 얻을 수 없는 때에는 그 사실을 증명하여 재심의 청구를 할 수 있다. 단, 증거가 없다는 이유로 확정판결을 얻을 수 없는 때에는 예외로 한다.

제423조(재심의 관할)
재심의 청구는 원판결의 법원이 관할한다.

제424조(재심청구권자)
다음 각 호의 1에 해당하는 자는 재심의 청구를 할 수 있다.
1. 검사
2. 유죄의 선고를 받은 자
3. 유죄의 선고를 받은 자의 법정대리인
4. 유죄의 선고를 받은 자가 사망하거나 심신장애가 있는 경우에는 그 배우자, 직계친족 또는 형제자매

제425조(검사만이 청구할 수 있는 재심)
제420조제7호의 사유에 의한 재심의 청구는 유죄의 선고를 받은 자가 그 죄를 범하게 한 경우에는 검사가 아니면 하지 못한다.

제426조(변호인의 선임)
①검사 이외의 자가 재심의 청구를 하는 경우에는 변호인을 선임할 수 있다.
②전항의 규정에 의한 변호인의 선임은 재심의 판결이 있을 때까지 그 효력이 있다.

제427조(재심청구의 시기)
재심의 청구는 형의 집행을 종료하거나 형의 집행을 받지 아니하게 된 때에도 할 수 있다.

제428조(재심과 집행정지의 효력)
재심의 청구는 형의 집행을 정지하는 효력이 없다. 단 관할법원에 대응한 검찰청검사는 재심청구에 대한 재판이 있을 때까지 형의 집행을 정지할 수 있다.

제429조(재심청구의 취하)
①재심의 청구는 취하할 수 있다.
②재심의 청구를 취하한 자는 동일한 이유로써 다시 재심을 청구하지 못한다.

제430조(재소자에 대한 특칙)
제344조의 규정은 재심의 청구와 그 취하에 준용한다.

제431조(사실조사)

①재심의 청구를 받은 법원은 필요하다고 인정한 때에는 합의부원에게 재심청구의 이유에 대한 사실조사를 명하거나 다른 법원판사에게 이를 촉탁할 수 있다.
②전항의 경우에는 수명법관 또는 수탁판사는 법원 또는 재판장과 동일한 권한이 있다.

제432조(재심에 대한 결정과 당사자의 의견)

재심의 청구에 대하여 결정을 함에는 청구한 자와 상대방의 의견을 들어야 한다. 단, 유죄의 선고를 받은 자의 법정대리인이 청구한 경우에는 유죄의 선고를 받은 자의 의견을 들어야 한다.

제433조(청구기각 결정)

재심의 청구가 법률상의 방식에 위반하거나 청구권의 소멸 후인 것이 명백한 때에는 결정으로 기각하여야 한다.

제434조(동전)

①재심의 청구가 이유없다고 인정한 때에는 결정으로 기각하여야 한다.
②전항의 결정이 있는 때에는 누구든지 동일한 이유로써 다시 재심을 청구하지 못한다.

제435조(재심개시의 결정)

①재심의 청구가 이유있다고 인정한 때에는 재심개시의 결정을 하여야 한다.
②재심개시의 결정을 할 때에는 결정으로 형의 집행을 정지할 수 있다. <개정 1995.12.29.>

제436조(청구의 경합과 청구기각의 결정)

①항소기각의 확정판결과 그 판결에 의하여 확정된 제1심판결에 대하여 재심의 청구가 있는 경우에 제1심법원이 재심의 판결을 한 때에는 항소법원은 결정으로 재심의 청구를 기각하여야 한다. <개정 1963.12.13.>
②제1심 또는 제2심판결에 대한 상고기각의 판결과 그 판결에 의하여 확정된 제1심 또는 제2심의 판결에 대하여 재심의 청구가 있는 경우에 제1심법원 또는 항소법원이 재심의 판결을 한 때에는 상고법원은 결정으로 재심의 청구를 기각하여야 한다. <개정 1963.12.13.>

제437조(즉시항고)

제433조, 제434조제1항, 제435조제1항과 전조제1항의 결정에 대하여는 즉시항고를 할 수 있다.

제438조(재심의 심판)

①재심개시의 결정이 확정한 사건에 대하여는 제436조의 경우 외에는 법원은 그 심급에 따라 다시 심판을 하여야 한다.
②다음 경우에는 제306조제1항, 제328조제1항제2호의 규정은 전항의 심판에 적용하지 아니한다. <개정 2014.12.30.>
1. 사망자 또는 회복할 수 없는 심신장애인을 위하여 재심의 청구가 있는 때
2. 유죄의 선고를 받은 자가 재심의 판결 전에 사망하거나 회복할 수 없는 심신장애인으로 된 때
③전항의 경우에는 피고인이 출정하지 아니하여도 심판을 할 수 있다. 단, 변호인이 출정하지 아니하면 개정하지 못한다.
④전2항의 경우에 재심을 청구한 자가 변호인을 선임하지 아니한 때에는 재판장은 직권으로 변호인을 선임하여야 한다.

제439조(불이익변경의 금지)

재심에는 원판결의 형보다 무거운 형을 선고할 수 없다.
[전문개정 2020.12.8.]

제440조(무죄판결의 공시)
재심에서 무죄의 선고를 한 때에는 그 판결을 관보와 그 법원소재지의 신문지에 기재하여 공고하여야 한다. 다만, 다음 각 호의 어느 하나에 해당하는 사람이 이를 원하지 아니하는 의사를 표시한 경우에는 그러하지 아니하다.
1. 제424조제1호부터 제3호까지의 어느 하나에 해당하는 사람이 재심을 청구한 때에는 재심에서 무죄의 선고를 받은 사람
2. 제424조제4호에 해당하는 사람이 재심을 청구한 때에는 재심을 청구한 그 사람
[전문개정 2016.5.29.]

제2장 비상상고

제441조(비상상고이유)
검찰총장은 판결이 확정한 후 그 사건의 심판이 법령에 위반한 것을 발견한 때에는 대법원에 비상상고를 할 수 있다.

제442조(비상상고의 방식)
비상상고를 함에는 그 이유를 기재한 신청서를 대법원에 제출하여야 한다.

제443조(공판기일)
공판기일에는 검사는 신청서에 의하여 진술하여야 한다.

제444조(조사의 범위, 사실의 조사)
①대법원은 신청서에 포함된 이유에 한하여 조사하여야 한다.
②법원의 관할, 공소의 수리와 소송절차에 관하여는 사실조사를 할 수 있다.
③전항의 경우에는 제431조의 규정을 준용한다.

제445조(기각의 판결)
비상상고가 이유 없다고 인정한 때에는 판결로써 이를 기각하여야 한다.

제446조(파기의 판결)
비상상고가 이유 있다고 인정한 때에는 다음의 구별에 따라 판결을 하여야 한다.
1. 원판결이 법령에 위반한 때에는 그 위반된 부분을 파기하여야 한다. 단, 원판결이 피고인에게 불이익한 때에는 원판결을 파기하고 피고사건에 대하여 다시 판결을 한다.
2. 원심소송절차가 법령에 위반한 때에는 그 위반된 절차를 파기한다.

제447조(판결의 효력)
비상상고의 판결은 전조제1호 단행의 규정에 의한 판결 외에는 그 효력이 피고인에게 미치지 아니한다.

제3장 약식절차

제448조(약식명령을 할 수 있는 사건)
①지방법원은 그 관할에 속한 사건에 대하여 검사의 청구가 있는 때에는 공판절차없이 약식명령으로 피고인을 벌금, 과료 또는 몰수에 처할 수 있다.
②전항의 경우에는 추징 기타 부수의 처분을 할 수 있다.

제449조(약식명령의 청구)
약식명령의 청구는 공소의 제기와 동시에 서면으로 하여야 한다.

제450조(보통의 심판)
약식명령의 청구가 있는 경우에 그 사건이 약식명령으로 할 수 없거나 약식명령으로 하는 것이 적당하지 아니하다고 인정한 때에는 공판절차에 의하여 심판하여야 한다.

제451조(약식명령의 방식)
약식명령에는 범죄사실, 적용법령, 주형, 부수처분과 약식명령의 고지를 받은 날로부터 7일 이내에 정식재판의 청구를 할 수 있음을 명시하여야 한다.

제452조(약식명령의 고지)
약식명령의 고지는 검사와 피고인에 대한 재판서의 송달에 의하여 한다.

제453조(정식재판의 청구)
①검사 또는 피고인은 약식명령의 고지를 받은 날로부터 7일 이내에 정식재판의 청구를 할 수 있다. 단, 피고인은 정식재판의 청구를 포기할 수 없다.
②정식재판의 청구는 약식명령을 한 법원에 서면으로 제출하여야 한다.
③정식재판의 청구가 있는 때에는 법원은 지체없이 검사 또는 피고인에게 그 사유를 통지하여야 한다.

제454조(정식재판청구의 취하)
정식재판의 청구는 제1심판결선고 전까지 취하할 수 있다.

제455조(기각의 결정)
①정식재판의 청구가 법령상의 방식에 위반하거나 청구권의 소멸 후인 것이 명백한 때에는 결정으로 기각하여야 한다.
②전항의 결정에 대하여는 즉시항고를 할 수 있다.
③정식재판의 청구가 적법한 때에는 공판절차에 의하여 심판하여야 한다.

제456조(약식명령의 실효)
약식명령은 정식재판의 청구에 의한 판결이 있는 때에는 그 효력을 잃는다.

도로법위반
[대법원 2013.4.11, 선고, 2011도10626, 판결]

【판시사항】
약식명령에 대한 정식재판 절차에서 유죄판결이 선고되어 확정된 경우, 재심청구의 대상(=유죄의 확정판결) 및 이때 피고인 등이 약식명령에 대하여 재심을 청구하여 재심개시결정이 확정된 경우, 재심절차를 진행하는 법원의 심판 대상

【판결요지】
형사소송법 제420조 본문은 재심은 유죄의 확정판결에 대하여 그 선고를 받은 자의 이익을 위하여 청구할 수 있도록 하고, 같은 법 제456조는 약식명령은 정식재판의 청구에 의한 판결이 있는 때에는 그 효력을 잃도록 규정하고 있다. 위 각 규정에 의하면, 약식명령에 대하여 정식재판 청구가 이루어지고 그 후 진행된 정식재판 절차에서 유죄판결이 선고되어 확정된 경우, 재심사유가 존재한다고 주장하는 피고인 등은 효력을 잃은 약식명령이 아니라 유죄의 확정판결을 대상으로 재심을 청구하여야 한다. 그런데도 피고인 등이 약식명령에 대하여 재심의 청구를 한 경우, 법원으로서는 재심의 청구에 기재된 재심을 개시할 대상의 표시 이외에도 재심청구의 이유에 기재된 주장 내용을

살펴보고 재심을 청구한 피고인 등의 의사를 참작하여 재심청구의 대상을 무엇으로 보아야 하는지 심리·판단할 필요가 있다. 그러나 법원이 심리한 결과 재심청구의 대상이 약식명령이라고 판단하여 그 약식명령을 대상으로 재심개시결정을 한 후 이에 대하여 검사나 피고인 등이 모두 불복하지 아니함으로써 그 결정이 확정된 때에는, 그 재심개시결정에 의하여 재심이 개시된 대상은 약식명령으로 확정되고, 그 재심개시결정에 따라 재심절차를 진행하는 법원이 재심이 개시된 대상을 유죄의 확정판결로 변경할 수는 없다. 이 경우 그 재심개시결정은 이미 효력을 상실하여 재심을 개시할 수 없는 약식명령을 대상으로 한 것이므로, 그 재심개시결정에 따라 재심절차를 진행하는 법원으로서는 심판의 대상이 없어 아무런 재판을 할 수 없다.

제457조(약식명령의 효력)
약식명령은 정식재판의 청구기간이 경과하거나 그 청구의 취하 또는 청구기각의 결정이 확정한 때에는 확정판결과 동일한 효력이 있다.

제457조의2(형종 상향의 금지 등)
①피고인이 정식재판을 청구한 사건에 대하여는 약식명령의 형보다 중한 종류의 형을 선고하지 못한다.
②피고인이 정식재판을 청구한 사건에 대하여 약식명령의 형보다 중한 형을 선고하는 경우에는 판결서에 양형의 이유를 적어야 한다.
[전문개정 2017.12.19.]

제458조(준용규정)
①제340조 내지 제342조, 제345조 내지 제352조, 제354조의 규정은 정식재판의 청구 또는 그 취하에 준용한다.
②제365조의 규정은 정식재판절차의 공판기일에 정식재판을 청구한 피고인이 출석하지 아니한 경우에 이를 준용한다. <신설 1995.12.29.>
[제목개정 1995.12.29.]

제5편 재판의 집행

제459조(재판의 확정과 집행)
재판은 이 법률에 특별한 규정이 없으면 확정한 후에 집행한다.

제460조(집행지휘)
①재판의 집행은 그 재판을 한 법원에 대응한 검찰청검사가 지휘한다. 난, 재판의 성질상 법원 또는 법관이 지휘할 경우에는 예외로 한다.
②상소의 재판 또는 상소의 취하로 인하여 하급법원의 재판을 집행할 경우에는 상소법원에 대응한 검찰청검사가 지휘한다. 단, 소송기록이 하급법원 또는 그 법원에 대응한 검찰청에 있는 때에는 그 검찰청검사가 지휘한다.

제461조(집행지휘의 방식)
재판의 집행지휘는 재판서 또는 재판을 기재한 조서의 등본 또는 초본을 첨부한 서면으로 하여야 한다. 단, 형의 집행을 지휘하는 경우 외에는 재판서의 원본, 등본이나 초본 또는 조서의 등본이나 초본에 인정하는 날인으로 할 수 있다.

제462조(형집행의 순서)
2이상의 형을 집행하는 경우에 자격상실, 자격정지, 벌금, 과료와 몰수 외에는 무거운 형을 먼저 집행한다. 다만, 검사는 소속 장관의 허가를 얻어 무거운 형의 집행을 정지하고 다른 형의 집행을 할 수 있다.
[전문개정 2020.12.8.]

제463조(사형의 집행)
사형은 법무부장관의 명령에 의하여 집행한다.

제464조(사형판결확정과 소송기록의 제출)
사형을 선고한 판결이 확정한 때에는 검사는 지체없이 소송기록을 법무부장관에게 제출하여야 한다.

제465조(사형집행명령의 시기)
①사형집행의 명령은 판결이 확정된 날로부터 6월 이내에 하여야 한다.
②상소권회복의 청구, 재심의 청구 또는 비상상고의 신청이 있는 때에는 그 절차가 종료할 때까지의 기간은 전항의 기간에 산입하지 아니한다.

제466조(사형집행의 기간)
법무부장관이 사형의 집행을 명한 때에는 5일 이내에 집행하여야 한다.

제467조(사형집행의 참여)
①사형의 집행에는 검사와 검찰청서기관과 교도소장 또는 구치소장이나 그 대리자가 참여하여야 한다. <개정 1963.12.13.>
②검사 또는 교도소장 또는 구치소장의 허가가 없으면 누구든지 형의 집행장소에 들어가지 못한다. <개정 1963.12.13.>

제468조(사형집행조서)
사형의 집행에 참여한 검찰청서기관은 집행조서를 작성하고 검사와 교도소장 또는 구치소장이나 그 대리자와 함께 기명날인 또는 서명하여야 한다. <개정 1963.12.13., 2007.6.1.>

제469조(사형 집행의 정지)
①사형선고를 받은 사람이 심신의 장애로 의사능력이 없는 상태이거나 임신 중인 여자인 때에는 법무부장관의 명령으로 집행을 정지한다.
②제1항에 따라 형의 집행을 정지한 경우에는 심신장애의 회복 또는 출산 후에 법무부장관의 명령에 의하여 형을 집행한다.
[전문개정 2020.12.8.]

제470조(자유형집행의 정지)
①징역, 금고 또는 구류의 선고를 받은 자가 심신의 장애로 의사능력이 없는 상태에 있는 때에는 형을 선고한 법원에 대응한 검찰청검사 또는 형의 선고를 받은 자의 현재지를 관할하는 검찰청검사의 지휘에 의하여 심신장애가 회복될 때까지 형의 집행을 정지한다.
②전항의 규정에 의하여 형의 집행을 정지한 경우에는 검사는 형의 선고를 받은 자를 감호의무자 또는 지방공공단체에 인도하여 병원 기타 적당한 장소에 수용하게 할 수 있다.
③형의 집행이 정지된 자는 전항의 처분이 있을 때까지 교도소 또는 구치소에 구치하고 그 기간을 형기에 산입한다. <개정 1963.12.13.>

제471조(동전)
①징역, 금고 또는 구류의 선고를 받은 자에 대하여 다음 각 호의 1에 해당한 사유가 있는 때에는 형을 선고한 법원에 대응한 검찰청검사 또는 형의 선고를 받은 자의 현재지를 관할하는 검찰청검사의 지휘에 의하여 형의 집행을 정지할 수 있다. <개정 2007.12.21.>
1. 형의 집행으로 인하여 현저히 건강을 해하거나 생명을 보전할 수 없을 염려가 있는 때
2. 연령 70세 이상인 때
3. 잉태 후 6월 이상인 때

4. 출산 후 60일을 경과하지 아니한 때
5. 직계존속이 연령 70세 이상 또는 중병이나 장애인으로 보호할 다른 친족이 없는 때
6. 직계비속이 유년으로 보호할 다른 친족이 없는 때
7. 기타 중대한 사유가 있는 때
②검사가 전항의 지휘를 함에는 소속 고등검찰청검사장 또는 지방검찰청검사장의 허가를 얻어야 한다. <개정 2004.1.20., 2007.6.1.>

제471조의2(형집행정지 심의위원회)
①제471조제1항제1호의 형집행정지 및 그 연장에 관한 사항을 심의하기 위하여 각 지방검찰청에 형집행정지 심의위원회(이하 이 조에서 "심의위원회"라 한다)를 둔다.
②심의위원회는 위원장 1명을 포함한 10명 이내의 위원으로 구성하고, 위원은 학계, 법조계, 의료계, 시민단체 인사 등 학식과 경험이 있는 사람 중에서 각 지방검찰청 검사장이 임명 또는 위촉한다.
③심의위원회의 구성 및 운영 등 그 밖에 필요한 사항은 법무부령으로 정한다.
[본조신설 2015.7.31.]

제472조(소송비용의 집행정지)
제487조에 규정된 신청기간 내와 그 신청이 있는 때에는 소송비용부담의 재판의 집행은 그 신청에 대한 재판이 확정될 때까지 정지된다.

제473조(집행하기 위한 소환)
①사형, 징역, 금고 또는 구류의 선고를 받은 자가 구금되지 아니한 때에는 검사는 형을 집행하기 위하여 이를 소환하여야 한다.
②소환에 응하지 아니한 때에는 검사는 형집행장을 발부하여 구인하여야 한다. <개정 1973.1.25.>
③제1항의 경우에 형의 선고를 받은 자가 도망하거나 도망할 염려가 있는 때 또는 현재지를 알 수 없는 때에는 소환함이 없이 형집행장을 발부하여 구인할 수 있다. <개정 1973.1.25.>

판례-공무집행방해
[대법원 2017.9.26., 선고, 2017도9458, 판결]

【판시사항】
[1] 사법경찰관리가 벌금형을 받은 이를 노역장 유치의 집행을 위하여 구인하는 경우, 검사로부터 발부받은 형집행장을 상대방에게 제시하여야 하는지 여부(적극) 및 형집행장의 제시 없이 구인할 수 있는 '급속을 요하는 때'의 의미 / 이때 사법경찰관리가 벌금 미납으로 인한 노역장 유치의 집행외 상대방에게 형집행 사유와 더불어 벌금 미납으로 인한 지명수배 사실을 고지한 경우, 형집행장이 발부되어 있는 사실도 고지한 것이라거나 형집행장이 발부되어 있는 사실까지도 포함하여 고지한 것이라고 볼 수 있는지 여부(원칙적 소극) 및 이와 같은 사법경찰관리의 직무집행이 적법한 직무집행에 해당하는지 여부(소극)
[2] 경찰관 甲이 도로를 순찰하던 중 벌금 미납으로 지명수배된 피고인과 조우하게 되어 벌금 미납 사실을 고지하고 벌금납부를 유도하였으나 피고인이 이를 거부하자 벌금 미납으로 인한 노역장 유치의 집행을 위하여 구인하려 하였는데, 피고인이 이에 저항하여 甲을 폭행함으로써 벌금수배자 검거를 위한 경찰관의 공무집행을 방해하였다는 내용으로 기소된 사안에서, 甲이 피고인을 구인하는 과정에서 형집행장이 발부되어 있는 사실은 고지하지 않았던 사정에 비추어 甲의 직무집행은 위법하다고 보아 공소사실을 무죄로 판단한 원심판결이 정당하다고 한 사례

【판결요지】
[1] 벌금형에 따르는 노역장 유치는 실질적으로 자유형과 동일하므로, 그 집행에 대하여는 자유형의 집행에 관한 규정이 준용된다(형사소송법 제492조). 구금되지 아니한 당사자에 대하여 형의 집행기관인 검사는 그 형의 집행을 위하여 이를 소환할 수 있으나, 당사자가 소환에 응하지 아니한 때에는 형집행장을 발부하여 이를 구인할 수 있는데(형사소송법 제473조),

이 경우의 형집행장의 집행에 관하여는 형사소송법 제1편 제9장에서 정하는 피고인의 구속에 관한 규정이 준용된다(형사소송법 제475조). 그리하여 사법경찰관리가 벌금형을 받은 이를 그에 따르는 노역장 유치의 집행을 위하여 구인하려면 검사로부터 발부받은 형집행장을 상대방에게 제시하여야 하지만(형사소송법 제85조 제1항), 형집행장을 소지하지 아니한 경우에 급속을 요하는 때에는 상대방에 대하여 형집행 사유와 형집행장이 발부되었음을 고하고 집행할 수 있고(형사소송법 제85조 제3항), 여기서 형집행장의 제시 없이 구인할 수 있는 '급속을 요하는 때'란 애초 사법경찰관리가 적법하게 발부된 형집행장을 소지할 여유가 없이 형집행의 상대방을 조우한 경우 등을 가리킨다. 이때 사법경찰관리가 벌금 미납으로 인한 노역장 유치의 집행의 상대방에게 형집행 사유와 더불어 벌금 미납으로 인한 지명수배 사실을 고지하였더라도 특별한 사정이 없는 한 그러한 고지를 형집행장이 발부되어 있는 사실도 고지한 것이라거나 형집행장이 발부되어 있는 사실까지도 포함하여 고지한 것이라고 볼 수 없으므로, 이와 같은 사법경찰관리의 직무집행은 적법한 직무집행에 해당한다고 할 수 없다.
[2] 경찰관 甲이 도로를 순찰하던 중 벌금 미납으로 지명수배된 피고인과 조우하게 되어 벌금 미납 사실을 고지하고 벌금납부를 유도하였으나 피고인이 이를 거부하자 벌금 미납으로 인한 노역장 유치의 집행을 위하여 구인하려 하였는데, 피고인이 이에 저항하여 甲의 가슴을 양손으로 수차례 밀침으로써 벌금수배자 검거를 위한 경찰관의 공무집행을 방해하였다는 내용으로 기소된 사안에서, 피고인에 대하여 확정된 벌금형의 집행을 위하여 형집행장이 이미 발부되어 있었으나, 甲이 피고인을 구인하는 과정에서 형집행장이 발부되어 있는 사실은 고지하지 않았던 사정에 비추어 甲의 위와 같은 직무집행은 위법하다고 보아 공소사실을 무죄로 판단한 원심판결이 정당하다고 한 사례.

제474조(형집행장의 방식과 효력)
①전조의 형집행장에는 형의 선고를 받은 자의 성명, 주거, 연령, 형명, 형기 기타 필요한 사항을 기재하여야 한다.
②형집행장은 구속영장과 동일한 효력이 있다.
[전문개정 1973.1.25.]

제475조(형집행장의 집행)
전2조의 규정에 의한 형집행장의 집행에는 제1편제9장 피고인의 구속에 관한 규정을 준용한다.
[전문개정 1973.1.25.]

제476조(자격형의 집행)
자격상실 또는 자격정지의 선고를 받은 자에 대하여는 이를 수형자원부에 기재하고 지체없이 그 등본을 형의 선고를 받은 자의 등록기준지와 주거지의 시(區가 設置되지 아니한 市를 말한다. 이하 같다)·구·읍·면장(都農複合形態의 市에 있어서는 洞地域인 경우에는 市·區 의 長, 邑·面地域인 경우에는 邑·面의 長으로 한다)에게 송부하여야 한다. <개정 1994.12.22., 2007.5.17.>

제477조(재산형 등의 집행)
①벌금, 과료, 몰수, 추징, 과태료, 소송비용, 비용배상 또는 가납의 재판은 검사의 명령에 의하여 집행한다.
②전항의 명령은 집행력 있는 채무명의와 동일한 효력이 있다.
③제1항의 재판의 집행에는 「민사집행법」의 집행에 관한 규정을 준용한다. 단, 집행 전에 재판의 송달을 요하지 아니한다. <개정 2002.1.26., 2007.6.1.>
④제3항에도 불구하고 제1항의 재판은 「국세징수법」에 따른 국세체납처분의 예에 따라 집행할 수 있다. <신설 2007.6.1.>
⑤검사는 제1항의 재판을 집행하기 위하여 필요한 조사를 할 수 있다. 이 경우 제199조제2항을 준용한다. <신설 2007.6.1.>
⑥벌금, 과료, 추징, 과태료, 소송비용 또는 비용배상의 분할납부, 납부연기 및 납부대행기관을 통한 납부 등 납부방법에 필요한 사항은 법무부령으로 정한다. <신설 2016.1.6.>

제478조(상속재산에 대한 집행)

몰수 또는 조세, 전매 기타 공과에 관한 법령에 의하여 재판한 벌금 또는 추징은 그 재판을 받은 자가 재판확정 후 사망한 경우에는 그 상속재산에 대하여 집행할 수 있다.

제479조(합병 후 법인에 대한 집행)

법인에 대하여 벌금 ,과료, 몰수, 추징, 소송비용 또는 비용배상을 명한 경우에 법인이 그 재판확정 후 합병에 의하여 소멸한 때에는 합병 후 존속한 법인 또는 합병에 의하여 설립된 법인에 대하여 집행할 수 있다.

제480조(가납집행의 조정)

제1심가납의 재판을 집행한 후에 제2심가납의 재판이 있는 때에는 제1심재판의 집행은 제2심 가납금액의 한도에서 제2심재판의 집행으로 간주한다.

제481조(가납집행과 본형의 집행)

가납의 재판을 집행한 후 벌금, 과료 또는 추징의 재판이 확정한 때에는 그 금액의 한도에서 형의 집행이 된 것으로 간주한다.

제482조(판결확정 전 구금일수 등의 산입)

①판결선고 후 판결확정 전 구금일수(판결선고 당일의 구금일수를 포함한다)는 전부를 본형에 산입한다. <개정 2015.7.31.>
②상소기각 결정 시에 송달기간이나 즉시항고기간 중의 미결구금일수는 전부를 본형에 산입한다. <신설 2007.6.1., 2015.7.31.>
③제1항 및 제2항의 경우에는 구금일수의 1일을 형기의 1일 또는 벌금이나 과료에 관한 유치기간의 1일로 계산한다.
<개정 2015.7.31.>
[제목개정 2015.7.31.]
[2015.7.31. 법률 제13454호에 의하여 2009.12.29. 헌법재판소에서 헌법불합치 결정된 이 조를 개정함.]

판례-형사보상

[서울고법 2011.8.9., 자, 2011코4, 결정 : 확정]

【판시사항】
[1] 미결구금을 형사보상의 대상으로 삼거나 본형에 산입하는 취지 및 징역형 또는 징역형의 집행유예가 선고되는 경우, 미결구금이 형사보상의 대상이 되는지 여부(소극)
[2] 재건축사업조합 조합장으로 재직하던 청구인이 뇌물을 수수 또는 요구하였다는 혐의로 구속되어 제①, 제②, 제③공소사실로 기소되었다가 제1심법원으로부터 공소사실 전부에 관하여 무죄를 선고받고 당일 석방되었는데, 그 후 항소심법원이 제②공소사실만을 유죄로 인정하여 징역형의 집행유예를 선고한 판결이 확정되자 미결구금에 대하여 형사보상을 청구한 사안에서, 청구인에 대하여 미결구금일수를 상회하는 징역형이 선고되어 확정된 이상, 비록 집행이 유예되었다 할지라도 청구인의 형사보상 주장은 이유 없다고 하여 청구를 기각한 사례

【판결요지】
[1] 미결구금이란 수사 또는 공소의 목적을 달성하기 위하여 피고인 또는 피의자를 판결이 선고될 때까지 구금, 즉 구속하는 강제처분을 말하며, 형사보상 및 명예회복에 관한 법률 제2조 제1항에 의하여 미결구금이 형사보상의 대상으로 되는 것은 신체의 자유가 박탈된 것에 대한 국가적인 보상책으로 볼 수 있다. 이와 같은 미결구금은 신체의 자유를 박탈한다는 점에서 형의 집행과 동일시되므로, 형법 제57조에 의하여 그 일수를 본형에 산입한다. 실형 선고의 경우 미결구금일수가 형기에 산입되고 이는 형사보상의 대상으로 될 수 없는 것처럼,

징역형 및 이에 대한 집행유예가 선고되는 경우에도 미결구금일수는 당연히 징역형에 산입되어 그만큼 징역형이 집행된 것이 되므로 역시 형사보상의 대상이 아니다.
[2] 재건축사업조합 조합장으로 재직하던 청구인이 사업 시행사인 甲 주식회사 대표이사 乙에게서 뇌물을 수수 또는 요구하였다는 혐의로 구속되어 포괄일죄인 제①, 제②공소사실 및 이와 경합범 관계인 제③공소사실로 기소되었다가 제1심법원으로부터 위 공소사실 전부에 관하여 무죄를 선고받고 당일 석방되었는데, 그 후 항소심법원이 제①, 제②공소사실 부분을 파기하여 제②공소사실만을 유죄로 인정하면서 징역형의 집행유예를 선고하되 제①공소사실은 이유에서 무죄로 판단한 판결이 확정되자 제②공소사실 부분이 유죄라 하더라도 처음부터 불구속 수사 및 재판을 받았어야 한다고 주장하며 미결구금에 대하여 형사보상을 청구한 사안에서, 청구인이 제①, 제③공소사실에 대하여 무죄판결을 받았더라도, 청구인의 미결구금일수는 이미 제②공소사실에 대한 징역형에 산입되었으므로 더 이상 형사보상의 대상으로 되는 미결구금일수는 존재할 수 없고, 결국 청구인에 대하여 미결구금일수를 상회하는 징역형이 선고되어 확정된 이상, 비록 집행이 유예되었다 할지라도 청구인의 형사보상 주장은 이유 없다고 하여 청구를 기각한 사례.

제483조(몰수물의 처분)

몰수물은 검사가 처분하여야 한다. <개정 1995.12.29.>

제484조(몰수물의 교부)

①몰수를 집행한 후 3월 이내에 그 몰수물에 대하여 정당한 권리있는 자가 몰수물의 교부를 청구한 때에는 검사는 파괴 또는 폐기할 것이 아니면 이를 교부하여야 한다.
②몰수물을 처분한 후 전항의 청구가 있는 경우에는 검사는 공매에 의하여 취득한 대가를 교부하여야 한다.

제485조(위조등의 표시)

①위조 또는 변조한 물건을 환부하는 경우에는 그 물건의 전부 또는 일부에 위조나 변조인 것을 표시하여야 한다.
②위조 또는 변조한 물건이 압수되지 아니한 경우에는 그 물건을 제출하게 하여 전항의 처분을 하여야 한다. 단, 그 물건이 공무소에 속한 것인 때에는 위조나 변조의 사유를 공무소에 통지하여 적당한 처분을 하게 하여야 한다.

제486조(환부불능과 공고)

①압수물의 환부를 받을 자의 소재가 불명하거나 기타 사유로 인하여 환부를 할 수 없는 경우에는 검사는 그 사유를 관보에 공고하여야 한다.
②공고한 후 3월 이내에 환부의 청구가 없는 때에는 그 물건은 국고에 귀속한다. <개정 1973.1.25.>
③전항의 기간 내에도 가치없는 물건은 폐기할 수 있고 보관하기 어려운 물건은 공매하여 그 대가를 보관할 수 있다. <개정 2007.6.1.>

제487조(소송비용의 집행면제의 신청)

소송비용부담의 재판을 받은 자가 빈곤으로 인하여 이를 완납할 수 없는 때에는 그 재판의 확정 후 10일 이내에 재판을 선고한 법원에 소송비용의 전부 또는 일부에 대한 재판의 집행면제를 신청할 수 있다.

제488조(의의신청)

형의 선고를 받은 자는 집행에 관하여 재판의 해석에 대한 의의가 있는 때에는 재판을 선고한 법원에 의의신청을 할 수 있다.

제489조(이의신청)
재판의 집행을 받은 자 또는 그 법정대리인이나 배우자는 집행에 관한 검사의 처분이 부당함을 이유로 재판을 선고한 법원에 이의신청을 할 수 있다.

제490조(신청의 취하)
①전3조의 신청은 법원의 결정이 있을 때까지 취하할 수 있다.
②제344조의 규정은 전3조의 신청과 그 취하에 준용한다.

제491조(즉시항고)
①제487조 내지 제489조의 신청이 있는 때에는 법원은 결정을 하여야 한다.
②전항의 결정에 대하여는 즉시항고를 할 수 있다.

제492조(노역장유치의 집행)
벌금 또는 과료를 완납하지 못한 자에 대한 노역장유치의 집행에는 형의 집행에 관한 규정을 준용한다.

제493조(집행비용의 부담)
제477조제1항의 재판집행비용은 집행을 받은 자의 부담으로 하고 「민사집행법」의 규정에 준하여 집행과 동시에 징수하여야 한다. <개정 2002.1.26., 2007.6.1.>

부칙
<제16924호, 2020.2.4.>

제1조(시행일)
이 법은 공포 후 6개월이 경과한 날부터 1년 내에 시행하되, 그 기간 내에 대통령령으로 정하는 시점부터 시행한다. 다만, 제312조제1항의 개정규정은 공포 후 4년 내에 시행하되, 그 기간 내에 대통령령으로 정하는 시점부터 시행한다.

제1조의2(검사가 작성한 피의자신문조서의 증거능력에 관한 적용례 및 경과조치)
①제312조제1항의 개정규정은 같은 개정규정 시행 후 공소제기된 사건부터 적용한다.
②제312조제1항의 개정규정 시행 전에 공소제기된 사건에 관하여는 종전의 규정에 따른다.
[본조신설 2021.12.21.]

제2조(다른 법률의 개정)
법률 제16863호 고위공직자범죄수사처 설치 및 운영에 관한 법률 일부를 다음과 같이 개정한다.
제21조제2항 중 "「형사소송법」 제196조제1항"을 "「형사소송법」 제197조제1항"으로 한다.

<제17572호, 2020.12.8.>

제1조(시행일)
이 법은 공포 후 1년이 경과한 날부터 시행한다. 다만, 제17조제8호 및 제9호의 개정규정은 공포 후 6개월이 경과한 날부터 시행한다.

제2조(법관의 제척에 관한 적용례)
제17조제8호 및 제9호의 개정규정은 이 법 시행 후 최초로 공소장이 제출된 사건부터 적용한다.

<제18398호, 2021.8.17.>

제1조(시행일)
이 법은 공포 후 3개월이 경과한 날부터 시행한다. 다만, 법률 제17572호 형사소송법 일부개정법률 제165조의2의 개정규정은 2021년 12월 9일부터 시행한다.

제2조(계속사건에 대한 경과조치)
이 법은 이 법 시행 당시 법원에 계속 중인 사건에 대하여도 적용한다.

<제18598호, 2021.12.21.>

이 법은 공포한 날부터 시행한다.

형사소송규칙

[시행 2022.1.1.]
[대법원규칙 제3016호,
2021.12.31., 일부개정]

법원행정처(사법지원심의관실), 02-3480-1461

제1편 총칙

제1조(목적)
이 규칙은 「형사소송법」(다음부터 "법"이라 한다)이 대법원규칙에 위임한 사항, 그 밖에 형사소송절차에 관하여 필요한 사항을 규정함을 목적으로 한다.
[전문개정 2007.10.29.]

제1장 법원의 관할

제2조(토지관할의 병합심리 신청 등)
①법 제6조의 규정에 의한 신청을 함에는 그 사유를 기재한 신청서를 공통되는 직근 상급법원에 제출하여야 한다.
②검사의 신청서에는 피고인의 수에 상응한 부본을, 피고인의 신청서에는 부본 1통을 각 첨부하여야 한다.
③법 제6조의 신청을 받은 법원은 지체없이 각 사건계속법원에 그 취지를 통지하고 제2항의 신청서 부본을 신청인의 상대방에게 송달하여야 한다.
④사건계속법원과 신청인의 상대방은 제3항의 송달을 받은 날로부터 3일 이내에 의견서를 제1항의 법원에 제출할 수 있다. <개정 1991.8.3.>

제3조(토지관할의 병합심리절차)
①법 제6조의 신청을 받은 법원이 신청이 이유있다고 인정한 때에는 관련사건을 병합심리할 법원을 지정하여 그 법원으로 하여금 병합심리하게 하는 취지의 결정을, 이유없다고 인정한 때에는 신청을 기각하는 취지의 결정을 각하고, 그 결정등본을 신청인과 그 상대방에게 송달하고 사건계속법원에 송부하여야 한다.
②제1항의 결정에 의하여 병합심리하게 된 법원 이외의 법원은 그 결정등본을 송부받은 날로부터 7일 이내에 소송기록과 증거물을 병합심리하게 된 법원에 송부하여야 한다.

제4조(사물관할의 병합심리)
①법 제10조의 규정은 법원합의부와 단독판사에 계속된 각 사건이 토지관할을 달리하는 경우에도 이를 적용한다.
②단독판사는 그가 심리 중인 사건과 관련된 사건이 합의부에 계속된 사실을 알게 된 때에는 즉시 합의부의 재판장에게 그 사실을 통지하여야 한다.
③합의부가 법 제10조의 규정에 의한 병합심리 결정을 한 때에는 즉시 그 결정등본을 단독판사에게 송부하여야 하고, 단독판사는 그 결정등본을 송부받은 날로부터 5일 이내에 소송기록과 증거물을 합의부에 송부하여야 한다.

제4조의2(항소사건의 병합심리)
①사물관할을 달리하는 수개의 관련항소사건이 각각 고등법원과 지방법원본원합의부에 계속된 때에는 고등법원은 결정으로 지방법원본원합의부에 계속한 사건을 병합하여 심리할 수 있다. 수개의 관련항소사건이 토지관할을 달리하는 경우에도 같다.

②지방법원본원합의부의 재판장은 그 부에서 심리 중인 항소사건과 관련된 사건이 고등법원에 계속된 사실을 알게 된 때에는 즉시 고등법원의 재판장에게 그 사실을 통지하여야 한다.

③고등법원이 제1항의 규정에 의한 병합심리결정을 한 때에는 즉시 그 결정등본을 지방법원본원합의부에 송부하여야 하고, 지방법원본원합의부는 그 결정등본을 송부받은 날로부터 5일 이내에 소송기록과 증거물을 고등법원에 송부하여야 한다.
[본조신설 1991.8.3.]

제5조(관할지정 또는 관할이전의 신청 등)

①법 제16조제1항의 규정에 의하여, 검사가 관할지정 또는 관할이전의 신청서를 제출할 때에는 피고인 또는 피의자의 수에 상응한 부본을, 피고인이 관할이전의 신청서를 제출할 때에는 부본 1통을 각 첨부하여야 한다.

②제1항의 신청서를 제출받은 법원은 지체없이 검사의 신청서 부본을 피고인 또는 피의자에게 송달하여야 하고, 피고인의 신청서 부본을 검사에게 송달함과 함께 공소를 접수한 법원에 그 취지를 통지하여야 한다.

③검사, 피고인 또는 피의자는 제2항의 신청서 부본을 송부받은 날로부터 3일 이내에 의견서를 제2항의 법원에 제출할 수 있다.

제6조(관할지정 또는 관할이전의 결정에 의한 처리절차)

①공소 제기전의 사건에 관하여 관할지정 또는 관할이전의 결정을 한 경우 결정을 한 법원은 결정등본을 검사와 피의자에게 각 송부하여야 하며, 검사가 그 사건에 관하여 공소를 제기할 때에는 공소장에 그 결정등본을 첨부하여야 한다.

②공소가 제기된 사건에 관하여 관할지정 또는 관할이전의 결정을 한 경우 결정을 한 법원은 결정등본을 검사와 피고인 및 사건계속법원에 각 송부하여야 한다.

③제2항의 경우 사건계속법원은 지체없이 소송기록과 증거물을 제2항의 결정등본과 함께 그 지정 또는 이전된 법원에 송부하여야 한다. 다만, 사건계속법원이 관할법원으로 지정된 경우에는 그러하지 아니하다.

제7조(소송절차의 정지)

법원은 그 계속 중인 사건에 관하여 토지관할의 병합심리신청, 관할지정신청 또는 관할이전신청이 제기된 경우에는 그 신청에 대한 결정이 있기까지 소송절차를 정지하여야 한다. 다만, 급속을 요하는 경우에는 그러하지 아니하다.

제8조(소송기록 등의 송부방법 등)

①제3조제2항, 제4조제3항, 제4조의2제3항 또는 제6조제3항의 각 규정에 의하여 또는 법 제8조의 규정에 의한 이송결정에 의하여 소송기록과 증거물을 다른 법원으로 송부힐 때에는 이를 송부받을 법원으로 직접 송부한다.

②제1항의 송부를 한 법원 및 송부를 받은 법원은 각각 그 법원에 대응하는 검찰청 검사 또는 고위공직자범죄수사처에 소속된 검사(이하 "수사처검사"라고 한다)에게 그 사실을 통지하여야 한다. <개정 2021.1.29.>
[전문개정 1991.8.3.]

제2장 법원직원의 기피

제9조(기피신청의 방식 등)

①법 제18조의 규정에 의한 기피신청을 함에 있어서는 기피의 원인되는 사실을 구체적으로 명시하여야 한다.

②제1항에 위배된 기피신청의 처리는 법 제20조제1항의 규정에 의한다.

제3장 소송행위의 대리와 보조

제10조(피의자의 특별대리인 선임청구사건의 관할)
법 제28조제1항 후단의 규정에 의한 피의자의 특별대리인 선임청구는 그 피의사건을 수사 중인 검사 또는 사법경찰관이 소속된 관서의 소재지를 관할하는 지방법원에 이를 하여야 한다.

제11조(보조인의 신고)
①법 제29조제2항에 따른 보조인의 신고는 보조인이 되고자 하는 자와 피고인 또는 피의자 사이의 신분관계를 소명하는 서면을 첨부하여 이를 하여야 한다. 개정 2007. 10. 29.>
②공소제기전의 보조인 신고는 제1심에도 그 효력이 있다.

제4장 변호

제12조(법정대리인 등의 변호인 선임)
법 제30조제2항에 규정한 자가 변호인을 선임하는 때에는 그 자와 피고인 또는 피의자와의 신분관계를 소명하는 서면을 법 제32조제1항의 서면에 첨부하여 제출하여야 한다.

제13조(사건이 병합되었을 경우의 변호인 선임의 효력)
하나의 사건에 관하여 한 변호인 선임은 동일법원의 동일피고인에 대하여 병합된 다른 사건에 관하여도 그 효력이 있다. 다만, 피고인 또는 변호인이 이와 다른 의사표시를 한 때에는 그러하지 아니하다. <개정 1996.12.3.>
[제목개정 1996.12.3.]

제13조의2(대표변호인 지정등의 신청)
대표변호인의 지정, 지정의 철회 또는 변경의 신청은 그 사유를 기재한 서면으로 한다. 다만, 공판기일에서는 구술로 할 수 있다.
[전문개정 1996.12.3.]

제13조의3(대표변호인의 지정등의 통지)
대표변호인의 지정, 지정의 철회 또는 변경은 피고인 또는 피의자의 신청에 의한 때에는 검사 및 대표변호인에게, 변호인의 신청에 의하거나 직권에 의한 때에는 피고인 또는 피의자 및 검사에게 이를 통지하여야 한다. <개정 2007.10.29.>
[전문개정 1996.12.3.]

제13조의4(기소전 대표변호인 지정의 효력)
법 제32조의2제5항에 의한 대표변호인의 지정은 기소후에도 그 효력이 있다.
[전문개정 1996.12.3.]

제13조의5(준용규정)
제13조의 규정은 대표변호인의 경우에 이를 준용한다.
[본조신설 1996.12.3.]

제14조(국선변호인의 자격)
①국선변호인은 법원의 관할구역안에 사무소를 둔 변호사, 그 관할구역안에서 근무하는 공익법무관에관한 법률에 의한 공익법무관(법무부와 그 소속기관 및 각급검찰청에서 근무하는 공익법무관을 제외한다. 이하 "공익법무관"이라 한다) 또는 그 관할구역안에서 수습 중인 사법연수생 중에서 이를 선정한다.

②제1항의 변호사, 공익법무관 또는 사법연수생이 없거나 기타 부득이한 때에는 인접한 법원의 관할구역안에 사무소를 둔 변호사, 그 관할구역안에서 근무하는 공익법무관 또는 그 관할구역안에서 수습 중인 사법연수생 중에서 이를 선정할 수 있다.
③제1항 및 제2항의 변호사, 공익법무관 또는 사법연수생이 없거나 기타 부득이한 때에는 법원의 관할 구역안에서 거주하는 변호사 아닌 자 중에서 이를 선정할 수 있다.
[전문개정 1995.7.10.]

제15조(변호인의 수)
①국선변호인은 피고인 또는 피의자마다 1인을 선정한다. 다만, 사건의 특수성에 비추어 필요하다고 인정할 때에는 1인의 피고인 또는 피의자에게 수인의 국선변호인을 선정할 수 있다.
②피고인 또는 피의자 수인간에 이해가 상반되지 아니할 때에는 그 수인의 피고인 또는 피의자를 위하여 동일한 국선변호인을 선정할 수 있다.

제15조의2(국선전담변호사)
법원은 기간을 정하여 법원의 관할구역 안에 사무소를 둔 변호사(그 관할구역 안에 사무소를 둘 예정인 변호사를 포함한다) 중에서 국선변호를 전담하는 변호사를 지정할 수 있다.
[본조신설 2006.8.17.]

제16조(공소가 제기되기 전의 국선변호인 선정)
①법 제201조의2에 따라 심문할 피의자에게 변호인이 없거나 법 제214조의2에 따라 체포 또는 구속의 적부심사가 청구된 피의자에게 변호인이 없는 때에는 법원 또는 지방법원 판사는 지체 없이 국선변호인을 선정하고, 피의자와 변호인에게 그 뜻을 고지하여야 한다. <개정 2007.10.29.>
②제1항의 경우 국선변호인에게 피의사실의 요지 및 피의자의 연락처 등을 함께 고지할 수 있다. <개정 2007.10.29.>
③ 제1항의 고지는 서면 이외에 구술·전화·모사전송·전자우편·휴대전화 문자전송 그 밖에 적당한 방법으로 할 수 있다. <개정 2007.10.29.>
④구속영장이 청구된 후 또는 체포·구속의 적부심사를 청구한 후에 변호인이 없게 된 때에도 제1항 및 제2항의 규정을 준용한다.
[전문개정 2006.8.17.]
[제목개정 2007.10.29.]

제16조의2(국선변호인 예정자명부의 작성)
①지방법원 또는 지원은 국선변호를 담당할 것으로 예정한 변호사, 공익법무관, 사법연수생 등을 일괄 등재한 국선변호인 예정자명부(이하 '명부'라고 한다)를 작성할 수 있다. 이 경우 국선변호 업무의 내용 및 국선변호 예정일자를 미리 지정할 수 있다.
②지방법원 또는 지원의 장은 제1항의 명부 작성에 관하여 관할구역 또는 인접한 법원의 관할구역 안에 있는 지방변호사회장에게 협조를 요청할 수 있다.
③지방법원 또는 지원은 제1항의 명부를 작성한 후 지체없이 국선변호인 예정자에게 명부의 내용을 고지하여야 한다. 이 경우 제16조제3항의 규정을 적용한다.
④제1항의 명부에 기재된 국선변호인 예정자는 제3항의 고지를 받은 후 3일 이내에 명부의 변경을 요청할 수 있다.
⑤제1항의 명부가 작성된 경우 법원 또는 지방법원 판사는 특별한 사정이 없는 한 명부의 기재에 따라 국선변호인을 선정하여야 한다.
[본조신설 2006.8.17.]

제17조(공소제기의 경우 국선변호인의 선정등)

①재판장은 공소제기가 있는 때에는 변호인 없는 피고인에게 다음 각호의 취지를 고지한다.
1. 법 제33조제1항제1호 내지 제6호의 어느 하나에 해당하는 때에는 변호인 없이 개정할 수 없는 취지와 피고인 스스로 변호인을 선임하지 아니할 경우에는 법원이 국선변호인을 선정하게 된다는 취지
2. 법 제33조제2항에 해당하는 때에는 법원에 대하여 국선변호인의 선정을 청구할 수 있다는 취지
3. 법 제33조제3항에 해당하는 때에는 법원에 대하여 국선변호인의 선정을 희망하지 아니한다는 의사를 표시할 수 있다는 취지
②제1항의 고지는 서면으로 하여야 한다.
③법원은 제1항의 고지를 받은 피고인이 변호인을 선임하지 아니한 때 및 법 제33조제2항의 규정에 의하여 국선변호인 선정청구가 있거나 같은 조 제3항에 의하여 국선변호인을 선정하여야 할 때에는 지체없이 국선변호인을 선정하고, 피고인 및 변호인에게 그 뜻을 고지하여야 한다.
④공소제기가 있은 후 변호인이 없게 된 때에도 제1항 내지 제3항의 규정을 준용한다.
[전문개정 2006.8.17.]

제17조의2(국선변호인 선정청구 사유의 소명)

법 제33조제2항에 의하여 국선변호인 선정을 청구하는 경우 피고인은 소명자료를 제출하여야 한다. 다만, 기록에 의하여 그 사유가 소명되었다고 인정될 때에는 그러하지 아니하다.
[본조신설 2006.8.17.]

제18조(선정취소)

①법원 또는 지방법원 판사는 다음 각호의 어느 하나에 해당하는 때에는 국선변호인의 선정을 취소하여야 한다. <개정 2006.8.17.>
1. 피고인 또는 피의자에게 변호인이 선임된 때
2. 국선변호인이 제14조제1항 및 제2항에 규정한 자격을 상실한 때
3. 법원 또는 지방법원 판사가 제20조의 규정에 의하여 국선변호인의 사임을 허가한 때
②법원 또는 지방법원 판사는 다음 각호의 어느 하나에 해당하는 때에는 국선변호인의 선정을 취소할 수 있다. <개정 2006.8.17.>
1. 국선변호인이 그 직무를 성실하게 수행하지 아니하는 때
2. 피고인 또는 피의자의 국선변호인 변경 신청이 상당하다고 인정하는 때
3. 그 밖에 국선변호인의 선정결정을 취소할 상당한 이유가 있는 때
③법원이 국선변호인의 선정을 취소한 때에는 지체없이 그 뜻을 해당되는 국선변호인과 피고인 또는 피의자에게 통지하여야 한다.

제19조(법정에서의 선정등)

①제16조제1항 또는 법 제283조의 규정에 의하여 국선변호인을 선정할 경우에 이미 선임된 변호인 또는 선정된 국선변호인이 출석하지 아니하거나 퇴정한 경우에 부득이한 때에는 피고인 또는 피의자의 의견을 들어 재정 중인 변호사 등 제14조에 규정된 사람을 국선변호인으로 선정할 수 있다. <개정 1995.7.10., 2006.8.17.>
②제1항의 경우에는 이미 선정되었던 국선변호인에 대하여 그 선정을 취소할 수 있다.
③국선변호인이 공판기일 또는 피의자 심문기일에 출석할 수 없는 사유가 발생한 때에는 지체없이 법원 또는 지방법원 판사에게 그 사유를 소명하여 통지하여야 한다. <개정 2006.8.17.>

제20조(사임)

국선변호인은 다음 각호의 어느 하나에 해당하는 경우에는 법원 또는 지방법원 판사의 허가를 얻어 사임할 수 있다. <개정 2006.8.17.>
1. 질병 또는 장기여행으로 인하여 국선변호인의 직무를 수행하기 곤란할 때
2. 피고인 또는 피의자로부터 폭행, 협박 또는 모욕을 당하여 신뢰관계를 지속할 수 없을 때
3. 피고인 또는 피의자로부터 부정한 행위를 할 것을 종용받았을 때
4. 그 밖에 국선변호인으로서의 직무를 수행하는 것이 어렵다고 인정할 만한 상당한 사유가 있을 때

제21조(감독)
법원은 국선변호인이 그 임무를 해태하여 국선변호인으로서의 불성실한 사적이 현저하다고 인정할 때에는 그 사유를 대한변호사협회장 또는 소속지방변호사회장에게 통고할 수 있다.

제22조 삭제 <1999.12.31.>

제23조 삭제 <2007.10.29.>

제5장 재판

제24조(결정, 명령을 위한 사실조사)
① 결정 또는 명령을 함에 있어 법 제37조제3항의 규정에 의하여 사실을 조사하는 때 필요한 경우에는 법 및 이 규칙의 정하는 바에 따라 증인을 신문하거나 감정을 명할 수 있다.
②제1항의 경우에는 검사, 피고인, 피의자 또는 변호인을 참여하게 할 수 있다.

제25조(재판서의 경정)
①재판서에 잘못된 계산이나 기재, 그 밖에 이와 비슷한 잘못이 있음이 분명한 때에는 법원은 직권으로 또는 당사자의 신청에 따라 경정결정(更正決定)을 할 수 있다. <개정 2007.10.29.>
②경정결정은 재판서의 원본과 등본에 덧붙여 적어야 한다. 다만, 등본에 덧붙여 적을 수 없을 때에는 경정결정의 등본을 작성하여 재판서의 등본을 송달받은 자에게 송달하여야 한다. <개정 2007.10.29.>
③경정결정에 대하여는 즉시 항고를 할 수 있다. 다만, 재판에 대하여 적법한 상소가 있는 때에는 그러하지 아니하다.

제25조의2(기명날인할 수 없는 재판서)
법 제41조제3항에 따라 서명날인에 갈음하여 기명날인할 수 없는 재판서는 판결과 각종 영장(감정유치장 및 감정처분허가장을 포함한다)을 말한다.
[본조신설 2007.10.29.]

제26조(재판서의 등, 초본 청구권자의 범위)
①법 제45조에 규정한 기타의 소송관계인이라 함은 검사, 변호인, 보조인, 법인인 피고인의 대표자, 법 제28조의 규정에 의한 특별대리인, 법 제340조 및 제341조제1항의 규정에 의한 상소권자를 말한다.
②고소인, 고발인 또는 피해자는 비용을 납입하고 재판서 또는 재판을 기재한 조서의 등본 또는 초본의 교부를 청구할 수 있다. 다만, 그 청구하는 사유를 소명하여야 한다.

제27조(소송에 관한 사항의 증명서의 청구)
피고인과 제26조제1항에 규정한 소송관계인 및 고소인, 고발인 또는 피해자는 소송에 관한 사항의 증명서의 교부를 청구할 수 있다. 다만, 고소인, 고발인 또는 피해자의 청구에 관하여는 제26조제2항 단서의 규정을 준용한다.

제28조(등, 초본 등의 작성방법)
법 제45조에 규정한 등본, 초본(제26조제2항에 규정한 등본, 초본을 포함한다) 또는 제27조에 규정한 증명서를 작성함에 있어서는 담당 법원서기관, 법원사무관, 법원주사, 법원주사보(이하 "법원사무관등"이라 한다)가 등본, 초본 또는 소송에 관한 사항의 증명서라는 취지를 기재하고 기명날인하여야 한다.

제6장 서류

제29조(조서에의 인용)
①조서에는 서면, 사진, 속기록, 녹음물, 영상녹화물, 녹취서 등 법원이 적당하다고 인정한 것을 인용하고 소송기록에 첨부하거나 전자적 형태로 보관하여 조서의 일부로 할 수 있다. <개정 2014.12.30.>
②제1항에 따라 속기록, 녹음물, 영상녹화물, 녹취서를 조서의 일부로 한 경우라도 재판장은 법원사무관 등으로 하여금 피고인, 증인, 그 밖의 소송관계인의 진술 중 중요한 사항을 요약하여 조서의 일부로 기재하게 할 수 있다. <신설 2014.12.30.>
[전문개정 2012.5.29.]

제29조의2(변경청구나 이의제기가 있는 경우의 처리)
공판조서의 기재에 대하여 법 제54조제3항에 따른 변경청구나 이의제기가 있는 경우, 법원사무관 등은 신청의 연월일 및 그 요지와 그에 대한 재판장의 의견을 기재하여 조서를 작성한 후 당해 공판조서 뒤에 이를 첨부하여야 한다.
[본조신설 2007.10.29.]

제30조(공판조서의 낭독 등)
법 제55조제2항에 따른 피고인의 낭독청구가 있는 때에는 재판장의 명에 의하여 법원사무관 등이 낭독하거나 녹음물 또는 영상녹화물을 재생한다.
[전문개정 2012.5.29.]

제30조의2(속기 등의 신청)
①속기, 녹음 또는 영상녹화(녹음이 포함된 것을 말한다. 다음부터 같다)의 신청은 공판기일·공판준비기일을 열기 전까지 하여야 한다. <개정 2014.12.30.>
②피고인, 변호인 또는 검사의 신청이 있음에도 불구하고 특별한 사정이 있는 때에는 속기, 녹음 또는 영상녹화를 하지 아니하거나 신청하는 것과 다른 방법으로 속기, 녹음 또는 영상녹화를 할 수 있다. 다만, 이 경우 재판장은 공판기일에 그 취지를 고지하여야 한다.
[전문개정 2007.10.29.]

제31조 삭제 <2007.10.29.>

제32조 삭제 <2007.10.29.>

제33조(속기록에 대한 조치)
속기를 하게 한 경우에 재판장은 법원사무관 등으로 하여금 속기록의 전부 또는 일부를 조서에 인용하고 소송기록에 첨부하여 조서의 일부로 하게 할 수 있다.
[전문개정 2007.10.29.]

제34조(진술자에 대한 확인 등)
속기를 하게 한 경우 법 제48조제3항 또는 법 제52조 단서에 따른 절차의 이행은 법원사무관 등 또는 법원에 소속되어 있거나 법원이 선정한 속기능력소지자(다음부터 "속기사 등"이라고 한다)로 하여금 속기록의 내용을 읽어주게 하거나 진술자에게 속기록을 열람하도록 하는 방법에 의한다.
[전문개정 2007.10.29.]

제35조 삭제 <2007.10.29.>

제36조 삭제 <2007.10.29.>

제37조 삭제 <2007.10.29.>

제38조(녹취서의 작성등)
①재판장은 필요하다고 인정하는 때에는 법원사무관 등 또는 속기사 등에게 녹음 또는 영상녹화된 내용의 전부 또는 일부를 녹취할 것을 명할 수 있다. <개정 2007.10.29.>
②재판장은 법원사무관 등으로 하여금 제1항에 따라 작성된 녹취서의 전부 또는 일부를 조서에 인용하고 소송기록에 첨부하여 조서의 일부로 하게 할 수 있다. <개정 2007.10.29.>

제38조의2(속기록, 녹음물 또는 영상녹화물의 사본 교부)
①재판장은 법 제56조의2제3항에도 불구하고 피해자 또는 그 밖의 소송관계인의 사생활에 관한 비밀 보호 또는 신변에 대한 위해 방지 등을 위하여 특히 필요하다고 인정하는 경우에는 속기록, 녹음물 또는 영상녹화물의 사본의 교부를 불허하거나 그 범위를 제한할 수 있다. <개정 2014.12.30.>
②법 제56조의2제3항에 따라 속기록, 녹음물 또는 영상녹화물의 사본을 교부받은 사람은 그 사본을 당해 사건 또는 관련 소송의 수행과 관계 없는 용도로 사용하여서는 아니 된다.
[본조신설 2007.10.29.]

제39조(속기록 등의 보관과 폐기)
속기록, 녹음물, 영상녹화물 또는 녹취서는 전자적 형태로 이를 보관할 수 있으며, 재판이 확정되면 폐기한다. 다만, 속기록, 녹음물, 영상녹화물 또는 녹취서가 조서의 일부가 된 경우에는 그러하지 아니하다. <개정 2012..29.>
[전문개정 2007.10.29.]

제40조 삭제 <2007.10.29.>

제40조의2 [종전 제40조의2는 제40조로 이동<1996.12.3.>]

제41조(서명의 특칙)
공무원이 아닌 자가 서명날인을 하여야 할 경우에 서명을 할 수 없으면 타인이 대서한다. 이 경우에는 대서한 자가 그 사유를 기재하고 기명날인 또는 서명하여야 한다. <개정 2007.10.29.>
[제목개정 2007.10.29.]

제7장 송달

제42조(법 제60조에 의한 법원소재지의 범위)
법 제60조제1항에 규정한 법원소재지는 당해 법원이 위치한 특별시, 광역시, 시 또는 군(다만, 廣域市내의 郡은 除外)으로 한다. <개정 1996.12.3.>

제43조(공시송달을 명하는 재판)
법원은 공시송달의 사유가 있다고 인정한 때에는 직권으로 결정에 의하여 공시송달을 명한다.

제8장 기간

제44조(법정기간의 연장)
①소송행위를 할 자가 국내에 있는 경우 주거 또는 사무소의 소재지와 법원 또는 검찰청, 고위공직자범죄수사처(이하 "수사처"라고 한다) 소재지와의 거리에 따라 해로는 100킬로미터, 육로는 200킬로미터마다 각 1일을 부가한다. 그 거리의 전부 또는 잔여가 기준에 미달할지라도 50킬로미터이상이면 1일을 부가한다. 다만, 법원은 홍수, 천재지변등 불가피한 사정이 있거나 교통통신의 불편정도를 고려하여 법정기간을 연장함이 상당하다고 인정하는 때에는 이를 연장할 수 있다. <개정 2021.1.29.>
②소송행위를 할 자가 외국에 있는 경우의 법정기간에는 그 거주국의 위치에 따라 다음 각 호의 기간을 부가한다.
1. 아시아주 및 오세아니아주:15일
2. 북아메리카주 및 유럽주:20일
3. 중남아메리카주 및 아프리카주:30일
[전문개정 1996.12 3.]

제9장 피고인의 소환, 구속

제45조(소환의 유예기간)
피고인에 대한 소환장은 법 제269조의 경우를 제외하고는 늦어도 출석할 일시 12시간 이전에 송달하여야 한다. 다만, 피고인이 이의를 하지 아니하는 때에는 그러하지 아니하다.

제45조의2(비디오 등 중계장치에 의한 구속사유 고지)
①법 제72조의2제2항에 따른 절차를 위한 기일의 통지는 서면 이외에 전화·모사전송·전자우편·휴대전화 문자전송 그 밖에 적당한 방법으로 할 수 있다. 이 경우 통지의 증명은 그 취지를 조서에 기재함으로써 할 수 있다.
②법 제72조의2제2항에 따른 절차 진행에 관하여는 제123조의13제1항 내지 제4항과 제6항 내지 제8항을 준용한다.
[본조신설 2021.10.29.]

제46조(구속영장의 기재사항)
구속영장에는 법 제75조에 규정한 사항외에 피고인의 주민등록번호(외국인인 경우에는 외국인등록번호, 위 번호들이 없거나 이를 알 수 없는 경우에는 생년월일 및 성별, 다음부터 '주민등록번호 등'이라 한다)·직업 및 법 제70조제1항 각호에 규정한 구속의 사유를 기재하여야 한다. <개정 1996.12.3., 2007.10.29.>

제47조(수탁판사 또는 재판장 등의 구속영장 등의 기재요건)
수탁판사가 법 제77조제3항의 규정에 의하여 구속영장을 발부하는 때나 재판장 또는 합의부원이 법 제80조의 규정에 의하여 소환장 또는 구속영장을 발부하는 때에는 그 취지를 소환장 또는 구속영장에 기재하여야 한다.

제48조(검사에 대한 구속영장의 송부)
검사의 지휘에 의하여 구속영장을 집행하는 경우에는 구속영장을 발부한 법원이 그 원본을 검사에게 송부하여야 한다.

제49조(구속영장집행후의 조치)

①구속영장집행사무를 담당한 자가 구속영장을 집행한 때에는 구속영장에 집행일시와 장소를, 집행할 수 없었을 때에는 그 사유를 각 기재하고 기명날인하여야 한다. <개정 1996.12.3.>
②구속영장의 집행에 관한 서류는 집행을 지휘한 검사 또는 수탁판사를 경유하여 구속영장을 발부한 법원에 이를 제출하여야 한다.
③삭제 <2007.10.29.>

제49조의2(구인을 위한 구속영장 집행후의 조치)

구인을 위한 구속영장의 집행에 관한 서류를 제출받은 법원의 재판장은 법원사무관 등에게 피고인이 인치된 일시를 구속영장에 기재하게 하여야 하고, 법 제71조의2에 따라 피고인을 유치할 경우에는 유치할 장소를 구속영장에 기재하고 서명날인하여야 한다.
[본조신설 2007.10.29.]

제50조(구속영장등본의 교부청구)

①피고인, 변호인, 피고인의 법정대리인, 법 제28조에 따른 피고인의 특별대리인, 배우자, 직계친족과 형제자매는 구속영장을 발부한 법원에 구속영장의 등본의 교부를 청구할 수 있다. <개정 1996.12.3., 2007.10.29.>
②제1항의 경우에 고소인, 고발인 또는 피해자에 대하여는 제26조제2항의 규정을 준용한다.

제51조(구속의 통지)

①피고인을 구속한 때에 그 변호인이나 법 제30조제2항에 규정한 자가 없는 경우에는 피고인이 지정하는 자 1인에게 법 제87조제1항에 규정한 사항을 통지하여야 한다. <개정 1996.12.3.>
②구속의 통지는 구속을 한 때로부터 늦어도 24시간이내에 서면으로 하여야 한다. 제1항에 규정한 자가 없어 통지를 하지 못한 경우에는 그 취지를 기재한 서면을 기록에 철하여야 한다. <개정 1996.12.3.>
③ 급속을 요하는 경우에는 구속되었다는 취지 및 구속의 일시·장소를 전화 또는 모사전송기 기타 상당한 방법에 의하여 통지할 수 있다. 다만, 이 경우에도 구속통지는 다시 서면으로 하여야 한다. <신설 1996.12.3.>

제52조(구속과 범죄사실등의 고지)

법원 또는 법관은 법 제72조 및 법 제88조의 규정에 의한 고지를 할 때에는 법원사무관등을 참여시켜 조서를 작성하게 하거나 피고인 또는 피의자로 하여금 확인서 기타 서면을 작성하게 하여야 한다. <개정 1996.12.3., 1997.12.31.>
[제목개정 1996.12.3.]

제53조(보석 등의 청구)

①보석청구서 또는 구속취소청구서에는 다음 사항을 기재하여야 한다.
1. 사건번호
2. 구속된 피고인의 성명, 주민등록번호 등, 주거
3. 청구의 취지 및 청구의 이유
4. 청구인의 성명 및 구속된 피고인과의 관계
②보석의 청구를 하거나 검사 아닌 자가 구속취소의 청구를 할 때에는 그 청구서의 부본을 첨부하여야 한다.
③법원은 제1항의 보석 또는 구속취소에 관하여 검사의 의견을 물을 때에는 제2항의 부본을 첨부하여야 한다.
[전문개정 2007.10.29.]

제53조의2(진술서 등의 제출)

①보석의 청구인은 적합한 보석조건에 관한 의견을 밝히고 이에 관한 소명자료를 낼 수 있다.
②보석의 청구인은 보석조건을 결정함에 있어 법 제99조제2항에 따른 이행가능한 조건인지 여부를 판단하기 위하여 필요한 범위 내에서 피고인(피고인이 미성년자인 경우에는 그 법정대리인 등)의 자력 또는 자산 정도에 관한 서면을 제출하여야 한다.
[전문개정 2007.10.29.]

제54조(기록 등의 제출)

① 검사는 법원으로부터 보석, 구속취소 또는 구속집행정지에 관한 의견요청이 있을 때에는 의견서와 소송서류 및 증거물을 지체 없이 법원에 제출하여야 한다. 이 경우 특별한 사정이 없는 한 의견요청을 받은 날의 다음날까지 제출하여야 한다. <개정 2007.10.29.>
②보석에 대한 의견요청을 받은 검사는 보석허가가 상당하지 아니하다는 의견일 때에는 그 사유를 명시하여야 한다. <신설 1997.12.31.>
③제2항의 경우 보석허가가 상당하다는 의견일 때에는 보석조건에 대하여 의견을 나타낼 수 있다. <신설 1997.12.31., 2007.10.29.>

제54조의2(보석의 심리)

①보석의 청구를 받은 법원은 지체없이 심문기일을 정하여 구속된 피고인을 심문하여야 한다. 다만, 다음 각호의 어느 하나에 해당하는 때에는 그러하지 아니하다. <개정 2007.10.29.>
1. 법 제94조에 규정된 청구권자 이외의 사람이 보석을 청구한 때
2. 동일한 피고인에 대하여 중복하여 보석을 청구하거나 재청구한 때
3. 공판준비 또는 공판기일에 피고인에게 그 이익되는 사실을 진술할 기회를 준 때
4. 이미 제출한 자료만으로 보석을 허가하거나 불허가할 것이 명백한 때
②제1항의 규정에 의하여 심문기일을 정한 법원은 즉시 검사, 변호인, 보석청구인 및 피고인을 구금하고 있는 관서의 장에게 심문기일과 장소를 통지하여야 하고, 피고인을 구금하고 있는 관서의 장은 위 심문기일에 피고인을 출석시켜야 한다.
③제2항의 통지는 서면외에 전화·모사전송·전자우편·휴대전화 문자전송 그 밖에 적당한 방법으로 할 수 있다. 이 경우 통지의 증명은 그 취지를 심문조서에 기재함으로써 할 수 있다. <신설 1996.12.3., 2007.10.29.>
④피고인, 변호인, 보석청구인은 피고인에게 유리한 자료를 낼 수 있다. <개정 1996.12.3., 2007.10.29.>
⑤검사, 변호인, 보석청구인은 제1항의 심문기일에 출석하여 의견을 진술할 수 있다.
⑥법원은 피고인, 변호인 또는 보석청구인에게 보석조건을 결정함에 있어 필요한 자료의 제출을 요구할 수 있다. <신설 2007.10.29.>
⑦법원은 피고인의 심문을 합의부원에게 명할 수 있다. <신설 1996.12.3., 2007.10.29.>
[본조신설 1989.6.7.]

제55조(보석 등의 결정기한)

법원은 특별한 사정이 없는 한 보석 또는 구속취소의 청구를 받은 날부터 7일 이내에 그에 관한 결정을 하여야 한다.
[전문개정 2007.10.29.]

제55조의2(불허가 결정의 이유)

보석을 허가하지 아니하는 결정을 하는 때에는 결정이유에 법 제95조 각호중 어느 사유에 해당하는지를 명시하여야 한다.
[본조신설 1989.6.7.]

제55조의3(보석석방 후의 조치)

①법원은 법 제98조제3호의 보석조건으로 석방된 피고인이 보석조건을 이행함에 있어 피고인의 주거지를 관할하는 경찰서장에게 피고인이 주거제한을 준수하고 있는지 여부 등

에 관하여 조사할 것을 요구하는 등 보석조건의 준수를 위하여 적절한 조치를 취할 것을 요구할 수 있다.

②법원은 법 제98조제6호의 보석조건을 정한 경우 출입국사무를 관리하는 관서의 장에게 피고인에 대한 출국을 금지하는 조치를 취할 것을 요구할 수 있다.

③법 제100조제5항에 따라 보석조건 준수에 필요한 조치를 요구받은 관공서 그 밖의 공사단체의 장은 그 조치의 내용과 경과 등을 법원에 통지하여야 한다.

[본조신설 2007.10.29.]

[종전 제55조의3은 제55조의4로 이동 <2007.10.29.>]

제55조의4(보석조건 변경의 통지)

법원은 보석을 허가한 후에 보석의 조건을 변경하거나 보석조건의 이행을 유예하는 결정을 한 경우에는 그 취지를 검사에게 지체없이 통지하여야 한다. <개정 2007.10.29.>

[본조신설 1997.12.31.]

[제55조의3에서 이동 <2007.10.29.>]

제55조의5(보석조건의 위반과 피고인에 대한 과태료 등)

①법 제102조제3항·제4항에 따른 과태료 재판의 절차에 관하여는 비송사건절차법 제248조, 제250조(다만, 검사에 관한 부분을 제외한다)를 준용한다.

②법 제102조제3항에 따른 감치재판절차는 법원의 감치재판개시결정에 따라 개시된다. 이 경우 감치사유가 있는 날부터 20일이 지난 때에는 감치재판개시결정을 할 수 없다.

③법원은 감치재판절차를 개시한 이후에도 감치에 처함이 상당하지 아니하다고 인정되는 때에는 불처벌의 결정을 할 수 있다.

④제2항의 감치재판개시결정과 제3항의 불처벌결정에 대하여는 불복할 수 없다.

⑤제2항부터 제4항까지 및 법 제102조제3항·제4항에 따른 감치절차에 관하여는 「법정 등의 질서유지를 위한 재판에 관한 규칙」 제3조, 제6조, 제7조의2, 제8조, 제10조, 제11조, 제13조, 제15조, 제16조, 제18조, 제19조, 제21조부터 제23조, 제25조제1항을 준용한다.

[본조신설 2007.10.29.]

제56조(보석 등의 취소에 의한 재구금절차)

①법 제102조제2항에 따른 보석취소 또는 구속집행정지취소의 결정이 있는 때 또는 기간을 정한 구속집행정지결정의 기간이 만료된 때에는 검사는 그 취소결정의 등본 또는 기간을 정한 구속집행정지결정의 등본에 의하여 피고인을 재구금하여야 한다. 다만, 급속을 요하는 경우에는 재판장, 수명법관 또는 수탁판사가 재구금을 지휘할 수 있다. <개정 1996.12.3., 2007.10.29.>

② 제1항 단서의 경우에는 법원사무관등에게 그 집행을 명할 수 있다. 이 경우에 법원사무관등은 그 집행에 관하여 필요한 때에는 사법경찰관리 또는 교도관에게 보조를 요구할 수 있으며 관할구역외에서도 집행할 수 있다. <신설 1996.12.3.>

제57조(상소 등과 구속에 관한 결정)

①상소기간중 또는 상소 중의 사건에 관한 피고인의 구속, 구속기간갱신, 구속취소, 보석, 보석의 취소, 구속집행정지와 그 정지의 취소의 결정은 소송기록이 상소법원에 도달하기까지는 원심법원이 이를 하여야 한다. <개정 1997.12.31.>

②이송, 파기환송 또는 파기이송 중의 사건에 관한 제1항의 결정은 소송기록이 이송 또는 환송법원에 도달하기까지는 이송 또는 환송한 법원이 이를 하여야 한다.

제10장 압수와 수색

제58조(압수수색영장의 기재사항)
압수수색영장에는 압수수색의 사유를 기재하여야 한다. <개정 1996.12.3.>

제59조(준용규정)
제48조의 규정은 압수수색영장에 이를 준용한다.

제60조(압수와 수색의 참여)
①법원이 압수수색을 할 때에는 법원사무관등을 참여하게 하여야 한다.
②법원사무관등 또는 사법경찰관리가 압수수색영장에 의하여 압수수색을 할 때에는 다른 법원사무관등 또는 사법경찰관리를 참여하게 하여야 한다.

제61조(수색증명서, 압수품목록의 작성등)
법 제128조에 규정된 증명서 또는 법 제129조에 규정된 목록은 제60조제1항의 규정에 의한 압수수색을 한 때에는 참여한 법원사무관등이 제60조제2항의 규정에 의한 압수수색을 한 때에는 그 집행을 한 자가 각 작성 교부한다.

제62조(압수수색조서의 기재)
압수수색에 있어서 제61조의 규정에 의한 증명서 또는 목록을 교부하거나 법 제130조의 규정에 의한 처분을 한 경우에는 압수수색의 조서에 그 취지를 기재하여야 한다.

제63조(압수수색영장 집행후의 조치)
압수수색영장의 집행에 관한 서류와 압수한 물건은 압수수색영장을 발부한 법원에 이를 제출하여야 한다. 다만, 검사의 지휘에 의하여 집행된 경우에는 검사를 경유하여야 한다.

제11장 검증

제64조(피고인의 신체검사 소환장의 기재사항)
피고인에 대한 신체검사를 하기 위한 소환장에는 신체검사를 하기 위하여 소환한다는 취지를 기재하여야 한다.

제65조(피고인 아닌 자의 신체검사의 소환장의 기재사항)
피고인이 아닌 자에 대한 신체검사를 하기 위한 소환장에는 그 성명 및 주거, 피고인의 성명, 죄명, 출석일시 및 장소와 신체검사를 하기 위하여 소환한다는 취지를 기재하고 재판장 또는 수명법관이 기명날인하여야 한다. <개정 1996.12.3.>

제12장 증인신문

제66조(신문사항 등)
재판장은 피해자·증인의 인적사항의 공개 또는 누설을 방지하거나 그 밖에 피해자·증인의 안전을 위하여 필요하다고 인정할 때에는 증인의 신문을 청구한 자에 대하여 사전에 신문사항을 기재한 서면의 제출을 명할 수 있다.
[전문개정 2007.10.29.]

제67조(결정의 취소)

법원은 제66조의 명을 받은 자가 신속히 그 서면을 제출하지 아니한 경우에는 증거결정을 취소할 수 있다. <개정 2007.10.29.>

제67조의2(증인의 소환방법)

①법 제150조의2제1항에 따른 증인의 소환은 소환장의 송달, 전화, 전자우편, 모사전송, 휴대전화 문자전송 그 밖에 적당한 방법으로 할 수 있다.
②증인을 신청하는 자는 증인의 소재, 연락처와 출석 가능성 및 출석 가능 일시 그 밖에 증인의 소환에 필요한 사항을 미리 확인하는 등 증인 출석을 위한 합리적인 노력을 다하여야 한다.
[본조신설 2007.10.29.]

제68조(소환장 · 구속영장의 기재사항)

①증인에 대한 소환장에는 그 성명, 피고인의 성명, 죄명, 출석일시 및 장소, 정당한 이유없이 출석하지 아니할 경우에는 과태료에 처하거나 출석하지 아니함으로써 생긴 비용의 배상을 명할 수 있고 또 구인할 수 있음을 기재하고 재판장이 기명날인하여야 한다. <개정 1996.12.3.>
②증인에 대한 구속영장에는 그 성명, 주민등록번호(住民登錄番號가 없거나 이를 알 수 없는 경우에는 生年月日), 직업 및 주거, 피고인의 성명, 죄명, 인치할 일시 및 장소, 발부 연월일 및 유효기간과 그 기간이 경과한 후에는 집행에 착수하지 못하고 구속영장을 반환하여야 한다는 취지를 기재하고 재판장이 서명날인하여야 한다. <개정 1996.12.3.>

제68조의2(불출석의 신고)

증인이 출석요구를 받고 기일에 출석할 수 없을 경우에는 법원에 바로 그 사유를 밝혀 신고하여야 한다.
[본조신설 2007.10.29.]

제68조의3(증인에 대한 과태료 등)

법 제151조제1항에 따른 과태료와 소송비용 부담의 재판절차에 관하여는 비송사건절차법 제248조, 제250조(다만, 제248조제3항 후문과 검사에 관한 부분을 제외한다)를 준용한다.
[본조신설 2007.10.29.]

제68조의4(증인에 대한 감치)

①법 제151조제2항부터 제8항까지의 감치재판절차는 법원의 감치재판개시결정에 따라 개시된다. 이 경우 감치사유가 발생한 날부터 20일이 지난 때에는 감치재판개시결정을 할 수 없다.
②감치재판절차를 개시한 후 감치결정 전에 그 증인이 증언을 하거나 그 밖에 감치에 처하는 것이 상당하지 아니하다고 인정되는 때에는 법원은 불처벌결정을 하여야 한다.
③제1항의 감치재판개시결정과 제2항의 불처벌결정에 대하여는 불복할 수 없다.
④법 제151조제7항의 규정에 따라 증인을 석방한 때에는 재판장은 바로 감치시설의 장에게 그 취지를 서면으로 통보하여야 한다.
⑤제1항부터 제4항 및 법 제151조제2항부터 제8항까지에 따른 감치절차에 관하여는 「법정 등의 질서유지를 위한 재판에 관한 규칙」 제3조, 제6조부터 제8조까지, 제10조, 제11조, 제13조, 제15조부터 제19조까지, 제21조부터 제23조까지 및 제25조제1항(다만, 제23조제8항 중 "감치의 집행을 한 날"은 "법 제151조제5항의 규정에 따른 통보를 받은 날"로 고쳐 적용한다)을 준용한다.
[본조신설 2007.10.29.]

제69조(준용규정)

제48조, 제49조, 제49조의2 전단의 규정은 증인의 구인에 이를 준용한다. <개정 2007.10.29.>

제70조(소환의 유예기간)
증인에 대한 소환장은 늦어도 출석할 일시 24시간 이전에 송달하여야 한다. 다만, 급속을 요하는 경우에는 그러하지 아니하다.

제70조의2(소환장이 송달불능된 때의 조치)
제68조에 따른 증인에 대한 소환장이 송달불능된 경우 증인을 신청한 자는 재판장의 명에 의하여 증인의 주소를 서면으로 보정하여야 하고, 이 때 증인의 소재, 연락처와 출석가능성 등을 충분히 조사하여 성실하게 기재하여야 한다.
[본조신설 2007.10.29.]

제71조(증인의 동일성 확인)
재판장은 증인으로부터 주민등록증 등 신분증을 제시받거나 그 밖의 적당한 방법으로 증인임이 틀림없음을 확인하여야 한다.
[전문개정 2006.3.23.]

제72조(선서취지의 설명)
증인이 선서의 취지를 이해할 수 있는가에 대하여 의문이 있는 때에는 선서전에 그 점에 대하여 신문하고, 필요하다고 인정할 때에는 선서의 취지를 설명하여야 한다.

제73조(서면에 의한 신문)
증인이 들을 수 없는 때에는 서면으로 묻고 말할 수 없는 때에는 서면으로 답하게 할 수 있다.

제74조(증인신문의 방법)
①재판장은 증인신문을 행함에 있어서 증명할 사항에 관하여 가능한 한 증인으로 하여금 개별적이고 구체적인 내용을 진술하게 하여야 한다. <개정 1996.12.3.>
② 다음 각호의 1에 규정한 신문을 하여서는 아니된다. 다만, 제2호 내지 제4호의 신문에 관하여 정당한 이유가 있는 경우에는 그러하지 아니하다.
1. 위협적이거나 모욕적인 신문
2. 전의 신문과 중복되는 신문
3. 의견을 묻거나 의논에 해당하는 신문
4. 증인이 직접 경험하지 아니한 사항에 해당하는 신문

제75조(주신문)
①법 제161조의2제1항 전단의 규정에 의한 신문(이하 "주신문"이라 한다)은 증명할 사항과 이에 관련된 사항에 관하여 한다.
②주신문에 있어서는 유도신문을 하여서는 아니된다. 다만, 다음 각호의 1의 경우에는 그러하지 아니하다.
1. 증인과 피고인과의 관계, 증인의 경력, 교우관계등 실질적인 신문에 앞서 미리 밝혀둘 필요가 있는 준비적인 사항에 관한 신문의 경우
2. 검사, 피고인 및 변호인 사이에 다툼이 없는 명백한 사항에 관한 신문의 경우
3. 증인이 주신문을 하는 자에 대하여 적의 또는 반감을 보일 경우
4. 증인이 종전의 진술과 상반되는 진술을 하는 때에 그 종전진술에 관한 신문의 경우
5. 기타 유도신문을 필요로 하는 특별한 사정이 있는 경우
③ 재판장은 제2항 단서의 각호에 해당하지 아니하는 경우의 유도신문은 이를 제지하여야 하고, 유도신문의 방법이 상당하지 아니하다고 인정할 때에는 이를 제한할 수 있다.

제76조(반대신문)
①법 제161조의2제1항 후단의 규정에 의한 신문(이하 "반대신문"이라 한다)은 주신문에 나타난 사항과 이에 관련된 사항에 관하여 한다.
②반대신문에 있어서 필요할 때에는 유도신문을 할 수 있다.
③재판장은 유도신문의 방법이 상당하지 아니하다고 인정할 때에는 이를 제한할 수 있다.
④반대신문의 기회에 주신문에 나타나지 아니한 새로운 사항에 관하여 신문하고자 할 때에는 재판장의 허가를 받아야 한다.
⑤제4항의 신문은 그 사항에 관하여는 주신문으로 본다.

제77조(증언의 증명력을 다투기 위하여 필요한 사항의 신문)
①주신문 또는 반대신문의 경우에는 증언의 증명력을 다투기 위하여 필요한 사항에 관한 신문을 할 수 있다.
②제1항에 규정한 신문은 증인의 경험, 기억 또는 표현의 정확성등 증언의 신빙성에 관한 사항 및 증인의 이해관계, 편견 또는 예단 등 증인의 신용성에 관한 사항에 관하여 한다. 다만, 증인의 명예를 해치는 내용의 신문을 하여서는 아니된다.

제78조(재 주신문)
①주신문을 한 검사, 피고인 또는 변호인은 반대신문이 끝난 후 반대신문에 나타난 사항과 이와 관련된 사항에 관하여 다시 신문(이하 "재 주신문"이라 한다)을 할 수 있다.
②재 주신문은 주신문의 예에 의한다.
③제76조제4항, 제5항의 규정은 재 주신문의 경우에 이를 준용한다.

제79조(재판장의 허가에 의한 재신문)
검사, 피고인 또는 변호인은 주신문, 반대신문 및 재 주신문이 끝난 후에도 재판장의 허가를 얻어 다시 신문을 할 수 있다.

제80조(재판장에 의한 신문순서 변경의 경우)
①재판장이 법 제161조의2제3항 전단의 규정에 의하여 검사, 피고인 및 변호인에 앞서 신문을 한 경우에 있어서 그 후에 하는 검사, 피고인 및 변호인의 신문에 관하여는 이를 신청한 자와 상대방의 구별에 따라 제75조 내지 제79조의 규정을 각 준용한다.
②재판장이 법 제161조의2제3항 후단의 규정에 의하여 신문순서를 변경한 경우의 신문방법은 재판장이 정하는 바에 의한다.

제81조(직권에 의한 증인의 신문)
법 제161조의2제4항에 규정한 증인에 대하여 재판장이 신문한 후 검사, 피고인 또는 변호인이 신문하는 때에는 반대신문의 예에 의한다.

제82조(서류 또는 물건에 관한 신문)
①증인에 대하여 서류 또는 물건의 성립, 동일성 기타 이에 준하는 사항에 관한 신문을 할 때에는 그 서류 또는 물건을 제시할 수 있다.
②제1항의 서류 또는 물건이 증거조사를 마치지 않은 것일 때에는 먼저 상대방에게 이를 열람할 기회를 주어야 한다. 다만, 상대방이 이의하지 아니할 때에는 그러하지 아니한다.

제83조(기억의 환기가 필요한 경우)
①증인의 기억이 명백치 아니한 사항에 관하여 기억을 환기시켜야 할 필요가 있을 때에는 재판장의 허가를 얻어 서류 또는 물건을 제시하면서 신문할 수 있다.
②제1항의 경우에는 제시하는 서류의 내용이 증인의 진술에 부당한 영향을 미치지 아니하도록 하여야 한다.
③제82조제2항의 규정은 제1항의 경우에 이를 준용한다.

제84조(증언을 명확히 할 필요가 있는 경우)
①증인의 진술을 명확히 할 필요가 있을 때에는 도면, 사진, 모형, 장치등을 이용하여 신문할 수 있다.
②제83조제2항의 규정은 제1항의 경우에 이를 준용한다.

제84조의2(증인의 증인신문조서 열람 등)
증인은 자신에 대한 증인신문조서 및 그 일부로 인용된 속기록, 녹음물, 영상녹화물 또는 녹취서의 열람, 등사 또는 사본을 청구할 수 있다.
[전문개정 2012.5.29.]

제84조의3(신뢰관계에 있는 사람의 동석)
①법 제163조의2에 따라 피해자와 동석할 수 있는 신뢰관계에 있는 사람은 피해자의 배우자, 직계친족, 형제자매, 가족, 동거인, 고용주, 변호사, 그 밖에 피해자의 심리적 안정과 원활한 의사소통에 도움을 줄 수 있는 사람을 말한다. <개정 2012.5.29.>
②법 제163조의2제1항에 따른 동석 신청에는 동석하고자 하는 자와 피해자 사이의 관계, 동석이 필요한 사유 등을 명시하여야 한다.
③재판장은 법 제163조의2제1항 또는 제2항에 따라 동석한 자가 부당하게 재판의 진행을 방해하는 때에는 동석을 중지시킬 수 있다.
[본조신설 2007.10.29.]
[제목개정 2012.5.29.]

제84조의4(비디오 등 중계장치 등에 의한 신문 여부의 결정)
①법원은 신문할 증인이 법 제165조의2제1항에서 정한 자에 해당한다고 인정될 경우, 증인으로 신문하는 결정을 할 때 비디오 등 중계장치에 의한 중계시설 또는 차폐시설을 통한 신문 여부를 함께 결정하여야 한다. 이 때 증인의 연령, 증언할 당시의 정신적·심리적 상태, 범행의 수단과 결과 및 범행 후의 피고인이나 사건관계인의 태도 등을 고려하여 판단하여야 한다. <개정2021.10.29.>
②법원은 증인신문 전 또는 증인신문 중에도 비디오 등 중계장치에 의한 중계시설 또는 차폐시설을 통하여 신문할 것을 결정할 수 있다.
[본조신설 2007.10.29.]

제84조의5(비디오 등 중계장치에 의한 신문의 실시)
제123조의13제1항내지 제4항과 제6항 내지 제8항은 법 제165조의2제1항, 제2항에 따라 비디오 등 중계장치에 의한 중계시설을 통하여 증인신문을 하는 경우에 준용한다.
[전문개정 2021.10.29.]

제84조의6(심리의 비공개)
①법원은 법 제165조의2제1항에 따라 비디오 등 중계장치에 의한 중계시설 또는 차폐시설을 통하여 증인을 신문하는 경우, 증인의 보호를 위하여 필요하다고 인정하는 경우에는 결정으로 이를 공개하지 아니할 수 있다. <개정 2021.10.29.>
②증인으로 소환받은 증인과 그 가족은 증인보호 등의 사유로 증인신문의 비공개를 신청할 수 있다.
③재판장은 제2항의 신청이 있는 때에는 그 허가 여부 및 공개, 법정외의 장소에서의 신문 등 증인의 신문방식 및 장소에 관하여 결정하여야 한다.
④제1항의 결정을 한 경우에도 재판장은 적당하다고 인정되는 자의 재정을 허가할 수 있다.
[본조신설 2007.10.29.]

제84조의7(중계시설의 동석 등)

①법원은 비디오 등 중계장치에 의한 중계시설을 통하여 증인신문을 하는 경우, 법 제163조의2의 규정에 의하여 신뢰관계에 있는 자를 동석하게 할 때에는 제84조의5에 정한 비디오 등 중계장치에 의한 중계시설에 동석하게 한다. <개정 2021.10.29.>
②법원은 법원 직원이나 비디오 등 중계장치에 의한 중계시설을 관리하는 사람으로 하여금 비디오 등 중계장치의 조작과 증인신문 절차를 보조하게 할 수 있다. <개정 2021.10.29.>
[본조신설 2007.10.29.]
[제목개정 2021.10.29.]

제84조의8(증인을 위한 배려)

①법 제165조의2제1항에 따라 증인신문을 하는 경우, 증인은 증언을 보조할 수 있는 인형, 그림 그 밖에 적절한 도구를 사용할 수 있다. <개정 2021.10.29.>
②제1항의 증인은 증언을 하는 동안 담요, 장난감, 인형 등 증인이 선택하는 물품을 소지할 수 있다.
[본조신설 2007.10.29.]

제84조의9(차폐시설 등)

①법원은 법 제165조의2제1항에 따라 차폐시설을 설치함에 있어 피고인과 증인이 서로의 모습을 볼 수 없도록 필요한 조치를 취하여야 한다. <개정 2021.10.29.>
②법 제165조의2제1항에 따라 비디오 등 중계장치에 의한 중계시설을 통하여 증인신문을 할 때 중계장치를 통하여 증인이 피고인을 대면하거나 피고인이 증인을 대면하는 것이 증인의 보호를 위하여 상당하지 않다고 인정되는 경우 재판장은 검사, 변호인의 의견을 들어 증인 또는 피고인이 상대방을 영상으로 인식할 수 있는 장치의 작동을 중지시킬 수 있다. <신설 2021.10.29.>
[본조신설 2007.10.29.]
[제목개정 2021.10.29.]

제84조의10(증인지원시설의 설치 및 운영)

①법원은 특별한 사정이 없는 한 예산의 범위 안에서 증인의 보호 및 지원에 필요한 시설을 설치한다.
②법원은 제1항의 시설을 설치한 경우, 예산의 범위 안에서 그 시설을 관리·운영하고 증인의 보호 및 지원을 담당하는 직원을 둔다.
[본조신설 2012.5.29.]

제13장 감정 등

<개정 2021.10.29.>

제85조(감정유치장의 기재사항 등)

①감정유치장에는 피고인의 성명, 주민등록번호 등, 직업, 주거, 죄명, 범죄사실의 요지, 유치할 장소, 유치기간, 감정의 목적 및 유효기간과 그 기간 경과후에는 집행에 착수하지 못하고 영장을 반환하여야 한다는 취지를 기재하고 재판장 또는 수명법관이 서명날인하여야 한다. <개정 1996.12.3., 2007.10.29.>
②감정유치기간의 연장이나 단축 또는 유치할 장소의 변경 등은 결정으로 한다.

제86조(간수의 신청방법)

법 제172조제5항의 규정에 의한 신청은 피고인의 간수를 필요로 하는 사유를 명시하여 서면으로 하여야 한다. <개정 1996.12.3.>

제87조(비용의 지급)
①법원은 감정하기 위하여 피고인을 병원 기타 장소에 유치한 때에는 그 관리자의 청구에 의하여 입원료 기타 수용에 필요한 비용을 지급하여야 한다.
②제1항의 비용은 법원이 결정으로 정한다.

제88조(준용규정)
구속에 관한 규정은 이 규칙에 특별한 규정이 없는 경우에는 감정하기 위한 피고인의 유치에 이를 준용한다. 다만, 보석에 관한 규정은 그러하지 아니하다.

제89조(감정허가장의 기재사항)
①감정에 필요한 처분의 허가장에는 법 제173조제2항에 규정한 사항외에 감정인의 직업, 유효기간을 경과하면 허가된 처분에 착수하지 못하며 허가장을 반환하여야 한다는 취지 및 발부연월일을 기재하고 재판장 또는 수명법관이 서명날인하여야 한다.
②법원이 감정에 필요한 처분의 허가에 관하여 조건을 붙인 경우에는 제1항의 허가장에 이를 기재하여야 한다.

제89조의2(감정자료의 제공)
재판장은 필요하다고 인정하는 때에는 감정인에게 소송기록에 있는 감정에 참고가 될 자료를 제공할 수 있다.
[본조신설 1996.12.3.]

제89조의3(감정서의 설명)
① 법 제179조의2제2항의 규정에 의하여 감정서의 설명을 하게 할 때에는 검사, 피고인 또는 변호인을 참여하게 하여야 한다.
②제1항의 설명의 요지는 조서에 기재하여야 한다.
[본조신설 1996.12.3.]

제90조(준용규정)
제12장의 규정은 구인에 관한 규정을 제외하고는 감정, 통역과 번역에 이를 준용한다. <개정 2021.10.29.>

제14장 증거보전

제91조(증거보전처분을 하여야 할 법관)
①증거보전의 청구는 다음 지역을 관할하는 지방법원판사에게 하여야 한다.
1. 압수에 관하여는 압수할 물건의 소재지
2. 수색 또는 검증에 관하여는 수색 또는 검증할 장소, 신체 또는 물건의 소재지
3. 증인신문에 관하여는 증인의 주거지 또는 현재지
4. 감정에 관하여는 감정대상의 소재지 또는 현재지
②감정의 청구는 제1항제4호의 규정에 불구하고 감정함에 편리한 지방법원판사에게 할 수 있다.

제92조(청구의 방식)
①증거보전청구서에는 다음 사항을 기재하여야 한다.
1. 사건의 개요
2. 증명할 사실
3. 증거 및 보전의 방법
4. 증거보전을 필요로 하는 사유
② 삭제 <1996.12.3.>

제15장 소송비용
<신설 2020.6.26.>

제92조의2(듣거나 말하는 데 장애가 있는 사람을 위한 비용 등)
듣거나 말하는 데 장애가 있는 사람을 위한 통역·속기·녹음·녹화 등에 드는 비용은 국고에서 부담하고, 형사소송법 제186조부터 제194조까지에 따라 피고인 등에게 부담하게 할 소송비용에 산입하지 아니한다.
[본조신설 2020.6.26.]

제2편 제1심
제1장 수사

제93조(영장청구의 방식)
①영장의 청구는 서면으로 하여야 한다.
②체포영장 및 구속영장의 청구서에는 범죄사실의 요지를 따로 기재한 서면 1통(수통의 영장을 청구하는 때에는 그에 상응하는 통수)을 첨부하여야 한다. <개정 2007.10.29.>
③압수·수색·검증영장의 청구서에는 범죄사실의 요지, 압수·수색·검증의 장소 및 대상을 따로 기재한 서면 1통(수통의 영장을 청구하는 때에는 그에 상응하는 통수)을 첨부하여야 한다. <신설 2007.10.29.>

제94조(영장의 방식)
검사의 청구에 의하여 발부하는 영장에는 그 영장을 청구한 검사의 성명과 그 검사의 청구에 의하여 발부한다는 취지를 기재하여야 한다. <개정 1996.12.3.>

제95조(체포영장청구서의 기재사항)
체포영장의 청구서에는 다음 각 호의 사항을 기재하여야 한다.
1. 피의자의 성명(분명하지 아니한 때에는 인상, 체격, 그 밖에 피의자를 특정할 수 있는 사항), 주민등록번호 등, 직업, 주거
2. 피의자에게 변호인이 있는 때에는 그 성명
3. 죄명 및 범죄사실의 요지
4. 7일을 넘는 유효기간을 필요로 하는 때에는 그 취지 및 사유
5. 여러 통의 영장을 청구하는 때에는 그 취지 및 사유
6. 인치구금할 장소
7. 법 제200조의2제1항에 규정한 체포의 사유
8. 동일한 범죄사실에 관하여 그 피의자에 대하여 전에 체포영장을 청구하였거나 발부받은 사실이 있는 때에는 다시 체포영장을 청구하는 취지 및 이유
9. 현재 수사 중인 다른 범죄사실에 관하여 그 피의자에 대하여 발부된 유효한 체포영장이 있는 경우에는 그 취지 및 그 범죄사실
[전문개정 2007.10.29.]

제95조의2(구속영장청구서의 기재사항)
구속영장의 청구서에는 다음 각 호의 사항을 기재하여야 한다.
1. 제95조제1호부터 제6호까지 규정한 사항
2. 법 제70조제1항 각 호에 규정한 구속의 사유
3. 피의자의 체포여부 및 체포된 경우에는 그 형식
4. 법 제200조의6, 법 제87조에 의하여 피의자가 지정한 사람에게 체포이유 등을 알린 경우에는 그 사람의 성명과 연락처
[본조신설 2007.10.29.]

제96조(자료의 제출등)

①체포영장의 청구에는 체포의 사유 및 필요를 인정할 수 있는 자료를 제출하여야 한다.
②체포영장에 의하여 체포된 자 또는 현행범인으로 체포된 자에 대하여 구속영장을 청구하는 경우에는 법 제201조제2항에 규정한 자료외에 다음 각호의 자료를 제출하여야 한다.
1. 피의자가 체포영장에 의하여 체포된 자인 때에는 체포영장
2. 피의자가 현행범인으로 체포된 자인 때에는 그 취지와 체포의 일시 및 장소가 기재된 서류
③법 제214조의2제1항에 규정한 자는 체포영장 또는 구속영장의 청구를 받은 판사에게 유리한 자료를 제출할 수 있다.
④판사는 영장 청구서의 기재사항에 흠결이 있는 경우에는 전화 기타 신속한 방법으로 영장을 청구한 검사에게 그 보정을 요구할 수 있다. <신설 1997.12.31.>
[전문개정 1996.12.3.]
[제목개정 1997.12.31.]

제96조의2(체포의 필요)

체포영장의 청구를 받은 판사는 체포의 사유가 있다고 인정 되는 경우에도 피의자의 연령과 경력, 가족관계나 교우관계, 범죄의 경중 및 태양 기타 제반 사정에 비추어 피의자가 도망할 염려가 없고 증거를 인멸할 염려가 없는 등 명백히 체포의 필요가 없다고 인정되는 때에는 체포영장의 청구를 기각하여야 한다.
[본조신설 1996.12.3.]

제96조의3(인치 · 구금할 장소의 변경)

검사는 체포영장을 발부받은 후 피의자를 체포하기 이전에 체포영장을 첨부하여 판사에게 인치 · 구금할 장소의 변경을 청구할 수 있다.
[본조신설 1997.12.31.]
[종전 제96조의3은 제96조의5로 이동<1997.12.31.>]

제96조의4(체포영장의 갱신)

검사는 체포영장의 유효기간을 연장할 필요가 있다고 인정하는 때에는 그 사유를 소명하여 다시 체포영장을 청구하여야 한다.
[전문개정 1997. 12.31.]

제96조의5(영장전담법관의 지정)

지방법원 또는 지원의 장은 구속영장청구에 대한 심사를 위한 전담법관을 지정할 수 있다.
[본조신설 1996.12.3.]
[제96조의3에서 이동, 종전 제96조의5는 제96조의12로 이동<1997.12.31.>]

제96조의6 삭제 <2007.10.29.>

제96조의7 삭제 <2007.10.29.>

제96조의8 삭제 <2007.10.29.>

제96조의9 삭제 <2007.10.29.>

제96조의10 삭제 <2007.10.29.>

제96조의11(구인 피의자의 유치등)
① 구인을 위한 구속영장의 집행을 받아 인치된 피의자를 법원에 유치한 경우에 법원사무관 등은 피의자의 도망을 방지하기 위한 적절한 조치를 취하여야 한다.
② 제1항의 피의자를 법원외의 장소에 유치하는 경우에 판사는 구인을 위한 구속영장에 유치할 장소를 기재하고 서명날인하여 이를 교부하여야 한다.
[본조신설 1997.12.31.]

제96조의12(심문기일의 지정, 통지)
① 삭제 <2007.10.29.>
② 체포된 피의자외의 피의자에 대한 심문기일은 관계인에 대한 심문기일의 통지 및 그 출석에 소요되는 시간 등을 고려하여 피의자가 법원에 인치된 때로부터 가능한 한 빠른 일시로 지정하여야 한다. <신설 1997.12.31.>
③심문기일의 통지는 서면 이외에 구술·전화·모사전송·전자우편·휴대전화 문자전송 그 밖에 적당한 방법으로 신속하게 하여야 한다. 이 경우 통지의 증명은 그 취지를 심문조서에 기재함으로써 할 수 있다. <개정 1997.12.31., 2007.10.29.>
[본조신설 1996.12.3.]
[제96조의5에서 이동 <1997.12.31.>]

제96조의13(피의자의 심문절차)
①판사는 피의자가 심문기일에의 출석을 거부하거나 질병 그 밖의 사유로 출석이 현저하게 곤란하고, 피의자를 심문 법정에 인치할 수 없다고 인정되는 때에는 피의자의 출석 없이 심문절차를 진행할 수 있다.
②검사는 피의자가 심문기일에의 출석을 거부하는 때에는 판사에게 그 취지 및 사유를 기재한 서면을 작성 제출하여야 한다.
③제1항의 규정에 의하여 심문절차를 진행할 경우에는 출석한 검사 및 변호인의 의견을 듣고, 수사기록 그 밖에 적당하다고 인정하는 방법으로 구속사유의 유무를 조사할 수 있다.
[전문개정 2007.10.29.]

제96조의14(심문의 비공개)
피의자에 대한 심문절차는 공개하지 아니한다. 다만, 판사는 상당하다고 인정하는 경우에는 피의자의 친족, 피해자 등 이해관계인의 방청을 허가할 수 있다.
[본조신설 1996.12.3.]
[제96조의7에서 이동<1997.12.31.>]

제96조의15(심문장소)
피의자의 심문은 법원청사내에서 하여야 한다. 다만, 피의자가 출석을 거부하거나 질병 기타 부득이한 사유로 법원에 출석할 수 없는 때에는 경찰서, 구치소 기타 적당한 장소에서 심문할 수 있다.
[본조신설 1996.12.3.]
[제96조의8에서 이동<1997.12.31.>]

제96조의16(심문기일의 절차)
①판사는 피의자에게 구속영장청구서에 기재된 범죄사실의 요지를 고지하고, 피의자에게 일체의 진술을 하지 아니하거나 개개의 질문에 대하여 진술을 거부할 수 있으며, 이익 되는 사실을 진술할 수 있음을 알려주어야 한다.
②판사는 구속 여부를 판단하기 위하여 필요한 사항에 관하여 신속하고 간결하게 심문하여야 한다. 증거인멸 또는 도망의 염려를 판단하기 위하여 필요한 때에는 피의자의 경력, 가족관계나 교우관계 등 개인적인 사항에 관하여 심문할 수 있다.
③검사와 변호인은 판사의 심문이 끝난 후에 의견을 진술할 수 있다. 다만, 필요한 경우에는 심문 도중에도 판사의 허가를 얻어 의견을 진술할 수 있다.

④피의자는 판사의 심문 도중에도 변호인에게 조력을 구할 수 있다.
⑤판사는 구속 여부의 판단을 위하여 필요하다고 인정하는 때에는 심문장소에 출석한 피해자 그 밖의 제3자를 심문할 수 있다.
⑥구속영장이 청구된 피의자의 법정대리인, 배우자, 직계친족, 형제자매나 가족, 동거인 또는 고용주는 판사의 허가를 얻어 사건에 관한 의견을 진술할 수 있다.
⑦판사는 심문을 위하여 필요하다고 인정하는 경우에는 호송경찰관 기타의 자를 퇴실하게 하고 심문을 진행할 수 있다.
[전문개정 2007.10.29.]

제96조의17 삭제 <2007.10.29.>

제96조의18(처리시각의 기재)
구속영장을 청구받은 판사가 피의자심문을 한 경우 법원사무관등은 구속영장에 구속영장청구서·수사관계서류 및 증거물을 접수한 시각과 이를 반환한 시각을 기재하여야 한다. 다만, 체포된 피의자 외의 피의자에 대하여는 그 반환 시각을 기재한다.
[본조신설 1997.12.31.]

제96조의19(영장발부와 통지)
①법 제204조의 규정에 의한 통지는 다음 각호의 1에 해당하는 사유가 발생한 경우에 이를 하여야 한다.
1. 피의자를 체포 또는 구속하지 아니하거나 못한 경우
2. 체포후 구속영장 청구기간이 만료하거나 구속후 구속기간이 만료하여 피의자를 석방한 경우
3. 체포 또는 구속의 취소로 피의자를 석방한 경우
4. 체포된 국회의원에 대하여 헌법 제44조의 규정에 의한 석방요구가 있어 체포영장의 집행이 정지된 경우
5. 구속집행정지의 경우
②제1항의 통지서에는 다음 각호의 사항을 기재하여야 한다.
1. 피의자의 성명
2. 제1항 각호의 사유 및 제1항제2호 내지 제5호에 해당하는 경우에는 그 사유발생일
3. 영장 발부 연월일 및 영장번호
③ 제1항제1호에 해당하는 경우에는 체포영장 또는 구속영장의 원본을 첨부하여야 한다.
[본조신설 1997.12.31.]

제96조의20(변호인의 접견 등)
①변호인은 구속영장이 청구된 피의자에 대한 심문 시작 전에 피의자와 접견할 수 있다.
②지방법원 판사는 심문할 피의자의 수, 사건의 성격 등을 고려하여 변호인과 피의자의 접견 시간을 정할 수 있다.
③지방법원 판사는 검사 또는 사법경찰관에게 제1항의 접견에 필요한 조치를 요구할 수 있다.
[본조신설 2006.8. 7.]

제96조의21(구속영장청구서 및 소명자료의 열람)
①피의자 심문에 참여할 변호인은 지방법원 판사에게 제출된 구속영장청구서 및 그에 첨부된 고소·고발장, 피의자의 진술을 기재한 서류와 피의자가 제출한 서류를 열람할 수 있다.
②검사는 증거인멸 또는 피의자나 공범 관계에 있는 자가 도망할 염려가 있는 등 수사에 방해가 될 염려가 있는 때에는 지방법원 판사에게 제1항에 규정된 서류(구속영장청구서는 제외한다)의 열람 제한에 관한 의견을 제출할 수 있고, 지방법원 판사는 검사의 의견이 상당하다고 인정하는 때에는 그 전부 또는 일부의 열람을 제한할 수 있다. <개정 2011.12.30.>
③지방법원 판사는 제1항의 열람에 관하여 그 일시, 장소를 지정할 수 있다.
[본조신설 2006.8.17.]

제96조의22(심문기일의 변경)
판사는 지정된 심문기일에 피의자를 심문할 수 없는 특별한 사정이 있는 경우에는 그 심문기일을 변경할 수 있다.
[본조신설 2007. 10. 29.]

제97조(구속기간연장의 신청)
①구속기간연장의 신청은 서면으로 하여야 한다.
②제1항의 서면에는 수사를 계속하여야 할 상당한 이유와 연장을 구하는 기간을 기재하여야 한다.

제98조(구속기간연장기간의 계산)
구속기간연장허가결정이 있은 경우에 그 연장기간은 법 제203조의 규정에 의한 구속기간만료 다음날로부터 기산한다.

제99조(재체포 · 재구속영장의 청구)
①재체포영장의 청구서에는 재체포영장의 청구라는 취지와 법 제200조의2제4항에 규정한 재체포의 이유 또는 법 제214조의3에 규정한 재체포의 사유를 기재하여야 한다. <개정 1996.12.3.>
②재구속영장의 청구서에는 재구속영장의 청구라는 취지와 법 제208조제1항 또는 법 제214조의3에 규정한 재구속의 사유를 기재하여야 한다. <개정 1996.12.3.>
③제95조, 제95조의2, 제96조, 제96조의2 및 제96조의4의 규정은 재체포 또는 재구속의 영장의 청구 및 그 심사에 이를 준용한다. <신설 1996.12.3., 2007.10.29.>
[제목개정 1996.12.3.]

제100조(준용규정)
①제46조, 제49조제1항 및 제51조의 규정은 검사 또는 사법경찰관의 피의자 체포 또는 구속에 이를 준용한다. 다만, 체포영장에는 법 제200조의2제1항에서 규정한 체포의 사유를 기재하여야 한다. <개정 1996.12.3.>
②체포영장에 의하여 체포되었거나 현행범으로 체포된 피의자에 대하여 구속영장청구가 기각된 경우에는 법 제200조의4제2항의 규정을 준용한다. <신설 1996.12.3.>
③제96조의3의 규정은 구속영장의 인치 · 구금할 장소의 변경 청구에 준용한다. <신설 2020.12.28.>

제101조(체포 · 구속적부심청구권자의 체포 · 구속영장등본 교부청구등)
구속영장이 청구되거나 체포 또는 구속된 피의자, 그 변호인, 법정대리인, 배우자, 직계친족, 형제자매나 동거인 또는 고용주는 긴급체포서, 현행범인체포서, 체포영장, 구속영장 또는 그 청구서를 보관하고 있는 검사, 사법경찰관 또는 법원사무관등에게 그 등본의 교부를 청구할 수 있다.
<개정 1989.6 7., 1996.12.3., 1997.12.31., 2007.10.29.>
[제목개정 1996.12.3., 1997.12.31.]

제102조(체포 · 구속적부심사청구서의 기재사항)
체포 또는 구속의 적부심사청구서에는 다음 사항을 기재하여야 한다. <개정 1996.12.3., 2007.10.29.>
1. 체포 또는 구속된 피의자의 성명, 주민등록번호 등, 주거
2. 체포 또는 구속된 일자
3. 청구의 취지 및 청구의 이유
4. 청구인의 성명 및 체포 또는 구속된 피의자와의 관계
[제목개정 1996.12.3.]

제103조 삭제 <2007.10.29.>

제104조(심문기일의 통지 및 수사관계서류 등의 제출)

①체포 또는 구속의 적부심사의 청구를 받은 법원은 지체 없이 청구인, 변호인, 검사 및 피의자를 구금하고 있는 관서(경찰서, 교도소 또는 구치소 등)의 장에게 심문기일과 장소를 통지하여야 한다. <개정 2007.10.29.>

②사건을 수사 중인 검사 또는 사법경찰관은 제1항의 심문기일까지 수사관계서류와 증거물을 법원에 제출하여야 하고, 피의자를 구금하고 있는 관서의 장은 위 심문기일에 피의자를 출석시켜야 한다. 법원사무관 등은 체포적부심사청구사건의 기록표지에 수사관계서류와 증거물의 접수 및 반환의 시각을 기재하여야 한다. <개정 1996.12.3.>

③제54조의2제3항의 규정은 제1항에 따른 통지에 이를 준용한다. <개정 1996.12.3., 2007.10.29.>

제104조의2(준용규정)

제96조의21의 규정은 체포·구속의 적부심사를 청구한 피의자의 변호인에게 이를 준용한다.
[본조신설 2006.8.17.]

제105조(심문기일의 절차)

①법 제214조의2제9항에 따라 심문기일에 출석한 검사·변호인·청구인은 법원의 심문이 끝난 후 의견을 진술할 수 있다. 다만, 필요한 경우에는 심문 도중에도 판사의 허가를 얻어 의견을 진술할 수 있다.

②피의자는 판사의 심문 도중에도 변호인에게 조력을 구할 수 있다.

③체포 또는 구속된 피의자, 변호인, 청구인은 피의자에게 유리한 자료를 낼 수 있다.

④법원은 피의자의 심문을 합의부원에게 명할 수 있다.
[전문개정 2007.10.29.]

제106조(결정의 기한)

체포 또는 구속의 적부심사청구에 대한 결정은 체포 또는 구속된 피의자에 대한 심문이 종료된 때로부터 24시간 이내에 이를 하여야 한다. <개정 1996.12.3.>

제107조(압수, 수색, 검증 영장청구서의 기재사항)

①압수, 수색 또는 검증을 위한 영장의 청구서에는 다음 각호의 사항을 기재하여야 한다. <개정 1996.12.3., 2007.10.29., 2011.12.30.>

1. 제95조제1호부터 제5호까지에 규정한 사항
2. 압수할 물건, 수색 또는 검증할 장소, 신체나 물건
3. 압수, 수색 또는 검증의 사유
4. 일출전 또는 일몰후에 압수, 수색 또는 검증을 할 필요가 있는 때에는 그 취지 및 사유
5. 법 제216조제3항에 따라 청구하는 경우에는 영장 없이 압수, 수색 또는 검증을 한 일시 및 장소
6. 법 제217조제2항에 따라 청구하는 경우에는 체포한 일시 및 장소와 영장 없이 압수, 수색 또는 검증을 한 일시 및 장소
7. 「통신비밀보호법」 제2조제3호에 따른 전기통신을 압수·수색하고자 할 경우 그 작성기간

②신체검사를 내용으로 하는 검증을 위한 영장의 청구서에는 제1항 각호의 사항외에 신체검사를 필요로 하는 이유와 신체검사를 받을 자의 성별, 건강상태를 기재하여야 한다.

제108조(자료의 제출)

①법 제215조의 규정에 의한 청구를 할 때에는 피의자에게 범죄의 혐의가 있다고 인정되는 자료와 압수, 수색 또는 검증의 필요 및 해당 사건과의 관련성을 인정할 수 있는 자료를 제출하여야 한다. <개정 2011.12.30.>

②피의자 아닌 자의 신체, 물건, 주거 기타 장소의 수색을 위한 영장의 청구를 할 때에는 압수하여야 할 물건이 있다고 인정될 만한 자료를 제출하여야 한다.

제109조(준용규정)
제58조, 제62조의 규정은 검사 또는 사법경찰관의 압수, 수색에 제64조, 제65조의 규정은 검사 또는 사법경찰관의 검증에 각 이를 준용한다.

제110조(압수, 수색, 검증의 참여)
검사 또는 사법경찰관이 압수, 수색, 검증을 함에는 법 제243조에 규정한 자를 각 참여하게 하여야 한다.

제111조(제1회 공판기일 전 증인신문청구서의 기재사항)
법 제221조의2에 따른 증인신문 청구서에는 다음 각 호의 사항을 기재하여야 한다.
1. 증인의 성명, 직업 및 주거
2. 피의자 또는 피고인의 성명
3. 죄명 및 범죄사실의 요지
4. 증명할 사실
5. 신문사항
6. 증인신문청구의 요건이 되는 사실
7. 피의자 또는 피고인에게 변호인이 있는 때에는 그 성명
[전문개정 2007.10.29.]

제112조(증인신문등의 통지)
판사가 법 제221조의2에 따른 증인신문을 실시할 경우에는 피고인, 피의자 또는 변호인에게 신문기일과 장소 및 증인신문에 참여할 수 있다는 취지를 통지하여야 한다. <개정 2007.10.29.>
[전문개정 1996.12.3.]

제113조(감정유치청구서의 기재사항)
법 제221조의3에 따른 감정유치청구서에는 다음 각호의 사항을 기재하여야 한다. <개정 2007.10.29.>
1. 제95조제1호부터 제5호까지에 규정한 사항
2. 유치할 장소 및 유치기간
3. 감정의 목적 및 이유
4. 감정인의 성명, 직업
[전문개정 1996.12.3.]

제114조(감정에 필요한 처분허가청구서의 기재사항)
법 제221조의4의 규정에 의한 처분허가청구서에는 다음 각호의 사항을 기재하여야 한다.
1. 법 제173조제2항에 규정한 사항. 다만, 피의자의 성명이 분명하지 아니한 때에는 인상, 체격 기타 피의자를 특정할 수 있는 사항을 기재하여야 한다.
2. 제95조제2호 내지 제5호에 규정한 사항
3. 감정에 필요한 처분의 이유
[전문개정 1996.12.3.]

제115조(준용규정)
제85조, 제86조 및 제88조의 규정은 법 제221조의3에 규정한 유치처분에, 제89조의 규정은 법 제221조의4에 규정한 허가장에 각 이를 준용한다.

제116조(고소인의 신분관계 자료제출)
①법 제225조 내지 제227조의 규정에 의하여 고소할 때에는 고소인과 피해자와의 신분관계를 소명하는 서면을, 법 제229조에 의하여 고소할 때에는 혼인의 해소 또는 이혼소송의 제기사실을 소명하는 서면을 각 제출하여야 한다.
②법 제228조의 규정에 의하여 검사의 지정을 받은 고소인이 고소할 때에는 그 지정받은 사실을 소명하는 서면을 제출하여야 한다.

제2장 공소

제117조(공소장의 기재요건)
①공소장에는 법 제254조제3항에 규정한 사항외에 다음 각호의 사항을 기재하여야 한다.
<개정 1996.12.3., 2007.10.29.>
1. 피고인의 주민등록번호 등, 직업, 주거 및 등록기준지. 다만, 피고인이 법인인 때에는 사무소 및 대표자의 성명과 주소
2. 피고인이 구속되어 있는지 여부
②제1항제1호에 규정한 사항이 명백하지 아니할 때에는 그 취지를 기재하여야 한다.

제118조(공소장의 첨부서류)
①공소장에는, 공소제기전에 변호인이 선임되거나 보조인의 신고가 있는 경우 그 변호인선임서 또는 보조인신고서를, 공소제기전에 특별대리인의 선임이 있는 경우 그 특별대리인 선임결정등 본을, 공소제기당시 피고인이 구속되어 있거나, 체포 또는 구속된 후 석방된 경우 체포영장, 긴 급체포서, 구속영장 기타 구속에 관한 서류를 각 첨부하여야 한다. <개정 1996.12.3.>
②공소장에는 제1항에 규정한 서류외에 사건에 관하여 법원에 예단이 생기게 할 수 있는 서류 기 타 물건을 첨부하거나 그 내용을 인용하여서는 아니된다. <개정 1996.12.3.>

제119조 삭제 <2007.10.29.>

제120조(재정신청인에 대한 통지)
법원은 재정신청서를 송부받은 때에는 송부받은 날로부터 10일 이내에 피의자 이외에 재정 신청인에게도 그 사유를 통지하여야 한다.
[전문개정 2007. 10. 29.]

제121조(재정신청의 취소방식 및 취소의 통지)
①법 제264조제2항에 규정된 취소는 관할고등법원에 서면으로 하여야 한다. 다만, 기록이 관할 고등법원에 송부되기 전에는 그 기록이 있는 검찰청 검사장 또는 지청장에게 하여야 한다.
②제1항의 취소서를 제출받은 고등법원의 법원사무관등은 즉시 관할 고등검찰청 검사장 및 피의자에게 그 사유를 통지하여야 한다. <개정 2007.10.29.>

제122조(재정신청에 대한 결정과 이유의 기재)
법 제262조제2항제2호에 따라 공소제기를 결정하는 때에는 죄명과 공소사실이 특정될 수 있도 록 이유를 명시하여야 한다.
[전문개정 2007.10.29.]

제122조의2(국가에 대한 비용부담의 범위)
법 제262조의3제1항에 따른 비용은 다음 각 호에 해당하는 것으로 한다. <개정 2020.6.26.>
1. 증인·감정인·통역인(듣거나 말하는 데 장애가 있는 사람을 위한 통역인을 제외한다)· 번역인에게 지급되는 일당·여비·숙박료·감정료·통역료·번역료
2. 현장검증 등을 위한 법관, 법원사무관 등의 출장경비
3. 그 밖에 재정신청 사건의 심리를 위하여 법원이 지출한 송달료 등 절차진행에 필요한 비용
[본조신설 2007.10.29.]

제122조의3(국가에 대한 비용부담의 절차)
①법 제262조의3제1항에 따른 재판의 집행에 관하여는 법 제477조의 규정을 준용한다.
②제1항의 비용의 부담을 명하는 재판에 그 금액을 표시하지 아니한 때에는 집행을 지휘하는 검사가 산정한다.
[본조신설 2007.10.29.]

제122조의4(피의자에 대한 비용지급의 범위)

①법 제262조의3제2항과 관련한 비용은 다음 각 호에 해당하는 것으로 한다.
1. 피의자 또는 변호인이 출석함에 필요한 일당·여비·숙박료
2. 피의자가 변호인에게 부담하였거나 부담하여야 할 선임료
3. 기타 재정신청 사건의 절차에서 피의자가 지출한 비용으로 법원이 피의자의 방어권행사에 필요하다고 인정한 비용
②제1항제2호의 비용을 계산함에 있어 선임료를 부담하였거나 부담할 변호인이 여러 명이 있은 경우에는 그 중 가장 고액의 선임료를 상한으로 한다.
③제1항제2호의 변호사 선임료는 사안의 성격·난이도, 조사에 소요된 기간 그 밖에 변호인의 변론활동에 소요된 노력의 정도 등을 종합적으로 고려하여 상당하다고 인정되는 금액으로 정한다.
[본조신설 2007.10.29.]

제122조의5(피의자에 대한 비용지급의 절차)

①피의자가 법 제262조의3제2항에 따른 신청을 할 때에는 다음 각 호의 사항을 기재한 서면을 재정신청사건의 관할 법원에 제출하여야 한다.
1. 재정신청 사건번호
2. 피의자 및 재정신청인
3. 피의자가 재정신청절차에서 실제 지출하였거나 지출하여야 할 금액 및 그 용도
4. 재정신청인에게 지급을 구하는 금액 및 그 이유
②피의자는 제1항의 서면을 제출함에 있어 비용명세서 그 밖에 비용액을 소명하는 데 필요한 서면과 고소인 수에 상응하는 부본을 함께 제출하여야 한다.
③법원은 제1항 및 제2항의 서면의 부본을 재정신청인에게 송달하여야 하고, 재정신청인은 위 서면을 송달받은 날로부터 10일 이내에 이에 대한 의견을 서면으로 법원에 낼 수 있다.
④법원은 필요하다고 인정하는 경우에는 피의자 또는 변호인에게 비용액의 심리를 위하여 필요한 자료의 제출 등을 요구할 수 있고, 재정신청인, 피의자 또는 변호인을 심문할 수 있다.
⑤비용지급명령에는 피의자 및 재정신청인, 지급을 명하는 금액을 표시하여야 한다. 비용지급명령의 이유는 특히 필요하다고 인정되는 경우가 아니면 이를 기재하지 아니한다.
⑥비용지급명령은 피의자 및 재정신청인에게 송달하여야 하고, 법 제262조의3제3항에 따른 즉시항고기간은 피의자 또는 재정신청인이 비용지급명령서를 송달받은 날부터 진행한다.
⑦확정된 비용지급명령정본은 「민사집행법」에 따른 강제집행에 관하여는 민사절차에서의 집행력 있는 판결정본과 동일한 효력이 있다.
[본조신설 2007.10.29.]

제3장 공판
제1절 공판준비와 공판절차

제123조(제1회공판기일소환장의 송달시기)

피고인에 대한 제1회 공판기일소환장은 법 제266조의 규정에 의한 공소장부본의 송달 전에는 이를 송달하여서는 아니된다.

제123조의2(공소제기 후 검사가 보관하는 서류 등의 열람·등사 신청)

법 제266조의3제1항의 신청은 다음 사항을 기재한 서면으로 하여야 한다.
1. 사건번호, 사건명, 피고인
2. 신청인 및 피고인과의 관계
3. 열람 또는 등사할 대상
[본조신설 2007.10.29.]

제123조의3(영상녹화물과 열람·등사)

법 제221조·법 제244조의2에 따라 작성된 영상녹화물에 대한 법 제266조의3의 열람·등사는 원본과 함께 작성된 부본에 의하여 이를 행할 수 있다.
[본조신설 2007.10.29.]

제123조의4(법원에 대한 열람·등사 신청)

①법 제266조의4제1항의 신청은 다음 사항을 기재한 서면으로 하여야 한다.
1. 열람 또는 등사를 구하는 서류 등의 표목
2. 열람 또는 등사를 필요로 하는 사유
②제1항의 신청서에는 다음 각 호의 서류를 첨부하여야 한다.
1. 제123조의2의 신청서 사본
2. 검사의 열람·등사 불허 또는 범위 제한 통지서. 다만 검사가 서면으로 통지하지 않은 경우에는 그 사유를 기재한 서면
3. 신청서 부본 1부
③법원은 제1항의 신청이 있는 경우, 즉시 신청서 부본을 검사에게 송부하여야 하고, 검사는 이에 대한 의견을 제시할 수 있다.
④제1항, 제2항제1호·제3호의 규정은 법 제266조의11제3항에 따른 검사의 신청에 이를 준용한다. 법원은 검사의 신청이 있는 경우 즉시 신청서 부본을 피고인 또는 변호인에게 송부하여야 하고, 피고인 또는 변호인은 이에 대한 의견을 제시할 수 있다.
[본조신설 2007.10 29.]

제123조의5(공판준비기일 또는 공판기일에서의 열람·등사)

①검사, 피고인 또는 변호인은 공판준비 또는 공판기일에서 법원의 허가를 얻어 구두로 상대방에게 법 제266조의3·제266조의11에 따른 서류 등의 열람 또는 등사를 신청할 수 있다.
②상대방이 공판준비 또는 공판기일에서 서류 등의 열람 또는 등사를 거부하거나 그 범위를 제한한 때에는 법원은 법 제266조의4제2항의 결정을 할 수 있다.
③제1항, 제2항에 따른 신청과 결정은 공판준비 또는 공판기일의 조서에 기재하여야 한다.
[본조신설 2007.10.29.]

제123조의6(재판의 고지 등에 관한 특례)

법원은 서면 이외에 전화·모사전송·전자우편·휴대전화 문자전송 그 밖에 적당한 방법으로 검사·피고인 또는 변호인에게 공판준비와 관련된 의견을 요청하거나 결정을 고지할 수 있다.
[본조신설 2007.10.29.]

제123조의7(쟁점의 정리)

①사건이 공판준비절차에 부쳐진 때에는 검사는 증명하려는 사실을 밝히고 이를 증명하는 데 사용할 증거를 신청하여야 한다.
②피고인 또는 변호인은 검사의 증명사실과 증거신청에 대한 의견을 밝히고, 공소사실에 관한 사실상·법률상 주장과 그에 대한 증거를 신청하여야 한다.
③검사·피고인 또는 변호인은 필요한 경우 상대방의 주장 및 증거신청에 대하여 필요한 의견을 밝히고, 그에 관한 증거를 신청할 수 있다.
[본조신설 2007.10.29.]

제123조의8(심리계획의 수립)

①법원은 사건을 공판준비절차에 부친 때에는 집중심리를 하는 데 필요한 심리계획을 수립하여야 한다.
②검사·피고인 또는 변호인은 특별한 사정이 없는 한 필요한 증거를 공판준비절차에서 일괄하여 신청하여야 한다.

③법원은 증인을 신청한 자에게 증인의 소재, 연락처, 출석 가능성 및 출석이 가능한 일시 등 증인의 신문에 필요한 사항의 준비를 명할 수 있다.
[본조신설 2007.10.29.]

제123조의9(기일외 공판준비)
①재판장은 검사·피고인 또는 변호인에게 기한을 정하여 공판준비 절차의 진행에 필요한 사항을 미리 준비하게 하거나 그 밖에 공판준비에 필요한 명령을 할 수 있다.
②재판장은 기한을 정하여 법 제266조의6제2항에 규정된 서면의 제출을 명할 수 있다.
③제2항에 따른 서면에는 필요한 사항을 구체적이고 간결하게 기재하여야 하고, 증거로 할 수 없거나 증거로 신청할 의사가 없는 자료에 기초하여 법원에 사건에 대한 예단 또는 편견을 발생하게 할 염려가 있는 사항을 기재하여서는 아니 된다.
④피고인이 제2항에 따른 서면을 낼 때에는 1통의 부본을, 검사가 제2항에 따른 서면을 낼 때에는 피고인의 수에 1을 더한 수에 해당하는 부본을 함께 제출하여야 한다. 다만, 여러 명의 피고인에 대하여 동일한 변호인이 선임된 경우에는 검사는 변호인의 수에 1을 더한 수에 해당하는 부본만을 낼 수 있다.
[본조신설 2007.10.29.]

제123조의10(공판준비기일의 변경)
검사·피고인 또는 변호인은 부득이한 사유로 공판준비기일을 변경할 필요가 있는 때에는 그 사유와 기간 등을 구체적으로 명시하여 공판준비기일의 변경을 신청할 수 있다.
[본조신설 2007.10.29.]

제123조의11(공판준비기일이 지정된 사건의 국선변호인 선정)
①법 제266조의7에 따라 공판준비 기일이 지정된 사건에 관하여 피고인에게 변호인이 없는 때에는 법원은 지체 없이 국선변호인을 선정하고, 피고인 및 변호인에게 그 뜻을 고지하여야 한다.
②공판준비기일이 지정된 후에 변호인이 없게 된 때에도 제1항을 준용한다.
[본조신설 2007.10.29.]

제123조의12(공판준비기일조서)
①법원이 공판준비기일을 진행한 경우에는 참여한 법원사무관 등이 조서를 작성하여야 한다.
②제1항의 조서에는 피고인, 증인, 감정인, 통역인 또는 번역인의 진술의 요지와 쟁점 및 증거에 관한 정리결과 그 밖에 필요한 사항을 기재하여야 한다.
③제1항, 제2항의 조서에는 재판장 또는 법관과 참여한 법원사무관 등이 기명날인 또는 서명하여야 한다.
[본조신설 2007.10.29.]

제123조의13(비디오 등 중계장치 등에 의한 공판준비기일)
①법 제266조의17제1항에 따른 공판준비기일(이하 "영상공판준비기일"이라 한다)은 검사, 변호인을 비디오 등 중계장치에 의한 중계시설에 출석하게 하거나 인터넷 화상장치를 이용하여 지정된 인터넷주소에 접속하게 하고, 영상과 음향의 송수신에 의하여 법관, 검사, 변호인이 상대방을 인식할 수 있는 방법으로 한다.
②제1항의 비디오 등 중계장치에 의한 중계시설은 법원 청사 안에 설치하되, 필요한 경우 법원 청사 밖의 적당한 곳에 설치할 수 있다.
③법원은 제2항 후단에 따라 비디오 등 중계장치에 의한 중계시설이 설치된 관공서나 그 밖의 공사단체의 장에게 영상공판준비기일의 원활한 진행에 필요한 조치를 요구할 수 있다.
④영상공판준비기일에서의 서류 등의 제시는 비디오 등 중계장치에 의한 중계시설이나 인터넷 화상장치를 이용하거나 모사전송, 전자우편, 그 밖에 이에 준하는 방법으로 할 수 있다.
⑤인터넷 화상장치를 이용하는 경우 영상공판준비기일에 지정된 인터넷 주소에 접속하지 아니한 때에는 불출석한 것으로 본다. 다만, 당사자가 책임질 수 없는 사유로 접속할 수 없었던 때에는 그러하지 아니하다.

⑥통신불량, 소음, 서류 등 확인의 불편, 제3자 관여 우려 등의 사유로 영상공판준비기일의 실시가 상당하지 아니한 당사자가 있는 경우 법원은 기일을 연기 또는 속행하면서 그 당사자가 법정에 직접 출석하는 기일을 지정할 수 있다.

⑦법원조직법 제58조제2항에 따른 명령을 위반하는 행위, 같은 법 제59조에 위반하는 행위, 심리방해행위 또는 재판의 위신을 현저히 훼손하는 행위가 있는 경우 감치 또는 과태료에 처하는 재판에 관하여는 법정등의질서유지를위한재판에관한규칙에 따른다.

⑧영상공판준비기일을 실시한 경우 그 취지를 조서에 적어야 한다.

[본조신설 2021.10.29.]

제124조(공판개정시간의 구분 지정)

재판장은 가능한 한 각 사건에 대한 공판개정시간을 구분하여 지정하여야 한다.

제124조의2(일괄 기일 지정과 당사자의 의견 청취)

재판장은 법 제267조의2제3항의 규정에 의하여 여러 공판기일을 일괄하여 지정할 경우에는 검사, 피고인 또는 변호인의 의견을 들어야 한다.

[본조신설 2007.10.29.]

제125조(공판기일 변경신청)

법 제270조제1항에 규정한 공판기일 변경신청에는 공판기일의 변경을 필요로 하는 사유와 그 사유가 계속되리라고 예상되는 기간을 명시하여야 하며 진단서 기타의 자료로써 이를 소명하여야 한다.

제125조의2(변론의 방식)

공판정에서의 변론은 구체적이고 명료하게 하여야 한다.

[본조신설 2007.10.29.]

제126조(피고인의 대리인의 대리권)

피고인이 법 제276조 단서 또는 법 제277조에 따라 공판기일에 대리인을 출석하게 할 때에는 그 대리인에게 대리권을 수여한 사실을 증명하는 서면을 법원에 제출하여야 한다. <개정 2007.10.29.>

제126조의2(신뢰관계 있는 자의 동석)

①법 제276조의2제1항에 따라 피고인과 동석할 수 있는 신뢰관계에 있는 자는 피고인의 배우자, 직계친족, 형제자매, 가족, 동거인, 고용주 그 밖에 피고인의 심리적 안정과 원활한 의사소통에 도움을 줄 수 있는 자를 말한다.

②법 제276조의2제1항에 따른 동석 신청에는 동석하고자 하는 자와 피고인 사이의 관계, 동석이 필요한 사유 등을 밝혀야 한다.

③피고인과 동석한 신뢰관계에 있는 자는 재판의 진행을 방해하여서는 아니 되며, 재판장은 동석한 신뢰관계 있는 자가 부당하게 재판의 진행을 방해하는 때에는 동석을 중지시킬 수 있다.

[본조신설 2007.10.29.]

[종전 제126조의2는 제126조의4로 이동 <2007.10.29.>]

제126조의3(불출석의 허가와 취소)

①법 제277조 제3호에 규정한 불출석허가신청은 공판기일에 출석하여 구술로 하거나 공판기일 외에서 서면으로 할 수 있다.

②법원은 피고인의 불출석허가신청에 대한 허가 여부를 결정하여야 한다.

③법원은 피고인의 불출석을 허가한 경우에도 피고인의 권리보호 등을 위하여 그 출석이 필요하다고 인정되는 때에는 불출석 허가를 취소할 수 있다.

[본조신설 2007.10.29.]

[종전 제126조의3은 제126조의5로 이동 <2007.10.29.>]

제126조의4(출석거부의 통지)

법 제277조의2의 사유가 발생하는 경우에는 교도소장은 즉시 그 취지를 법원에 통지하여야 한다.
[본조신설 1996.12.3.]
[제126조의2에서 이동, 종전 제126조의4는 제126조의6으로 이동 <2007.10.29.>]

제126조의5(출석거부에 관한 조사)

①법원이 법 제277조의2에 따라 피고인의 출석 없이 공판절차를 진행하고자 하는 경우에는 미리 그 사유가 존재하는가의 여부를 조사하여야 한다. <개정 2007.10.29.>
②법원이 제1항의 조사를 함에 있어서 필요하다고 인정하는 경우에는 교도관리 기타 관계자의 출석을 명하여 진술을 듣거나 그들로 하여금 보고서를 제출하도록 명할 수 있다. <개정 2007.10.29.>
③법원은 합의부원으로 하여금 제1항의 조사를 하게 할 수 있다.
[본조신설 1996.12.3.]
[제126조의3에서 이동 <2007.10.29.>]
[제목개정 2007.10.29.]

제126조의6(피고인 또는 검사의 출석없이 공판절차를 진행한다는 취지의 고지)

법 제277조의2의 규정에 의하여 피고인의 출석없이 공판절차를 진행하는 경우 또는 법 제278조의 규정에 의하여 검사의 2회 이상 불출석으로 공판절차를 진행하는 경우에는 재판장은 공판정에서 소송관계인에게 그 취지를 고지하여야 한다.
[본조신설 1996.12.3.]
[제126조의4에서 이동 <2007.10.29.>]

제126조의7(전문심리위원의 지정)

법원은 전문심리위원규칙에 따라 정해진 전문심리위원 후보자 중에서 전문심리위원을 지정하여야 한다.
[본조신설 2007.12.31.]

제126조의8(기일 외의 전문심리위원에 대한 설명 등의 요구와 통지)

재판장이 기일 외에서 전문심리위원에 대하여 설명 또는 의견을 요구한 사항이 소송관계를 분명하게 하는 데 중요한 사항일 때에는 법원사무관 등은 검사, 피고인 또는 변호인에게 그 사항을 통지하여야 한다.
[본조신설 2007.12.31.]

제126조의9(서면의 사본 송부)

전문심리위원이 설명이나 의견을 기재 한 서면을 제출한 경우에는 법원사무관등은 검사, 피고인 또는 변호인에게 그 사본을 보내야 한다.
[본조신설 2007.12.31.]

제126조의10(전문심리위원에 대한 준비지시)

①재판장은 전문심리위원을 소송절차에 참여시키기 위하여 필요하다고 인정한 때에는 쟁점의 확인 등 적절한 준비를 지시할 수 있다.
②재판장이 제1항의 준비를 지시한 때에는 법원사무관등은 검사, 피고인 또는 변호인에게 그 취지를 통지하여야 한다.
[본조신설 2007.12.31.]

제126조의11(증인신문기일에서의 재판장의 조치)
재판장은 전문심리위원의 말이 증인의 증언에 영향을 미치지 않게 하기 위하여 필요하다고 인정할 때에는 직권 또는 검사, 피고인 또는 변호인의 신청에 따라 증인의 퇴정 등 적절한 조치를 취할 수 있다.
[본조신설 2007.12.31.]

제126조의12(조서의 기재)
①전문심리위원이 공판준비기일 또는 공판기일에 참여한 때에는 조서에 그 성명을 기재하여야 한다.
②전문심리위원이 재판장, 수명법관 또는 수탁판사의 허가를 받아 소송관계인에게 질문을 한 때에는 조서에 그 취지를 기재하여야 한다.
[본조신설 2007.12.31.]

제126조의13(전문심리위원 참여 결정의 취소 신청방식 등)
①법 제279조의2 제1항에 따른 결정의 취소 신청은 기일에서 하는 경우를 제외하고는 서면으로 하여야 한다.
②제1항의 신청을 할 때에는 신청 이유를 밝혀야 한다. 다만, 검사와 피고인 또는 변호인이 동시에 신청할 때에는 그러하지 아니하다.
[본조신설 2007.12.31.]

제126조의14(수명법관 등의 권한)
수명법관 또는 수탁판사가 소송절차를 진행하는 경우에는 제126조의10부터 제126조의12까지의 규정에 따른 재판장의 직무는 그 수명법관이나 수탁판사가 행한다.
[본조신설 2007.12.31.]

제127조(피고인에 대한 진술거부권 등의 고지)
재판장은 법 제284조에 따른 인정신문을 하기 전에 피고인에게 진술을 하지 아니하거나 개개의 질문에 대하여 진술을 거부할 수 있고, 이익 되는 사실을 진술할 수 있음을 알려 주어야 한다.
[전문개정 2007.10.29.]

제127조의2(피고인의 모두진술)
①재판장은 법 제285조에 따른 검사의 모두진술 절차를 마친 뒤에 피고인에게 공소사실을 인정하는지 여부에 관하여 물어야 한다.
②피고인 및 변호인은 공소에 관한 의견 그 밖에 이익이 되는 사실 등을 진술할 수 있다.
[본조신설 2007.10.29.]

제128조 삭제 <2007.10.29.>

제129조 삭제 <2007.10.29.>

제130조 삭제 <2007.10.29.>

제131조(간이공판절차의 결정전의 조치)
법원이 법 제286조의2의 규정에 의한 결정을 하고자 할 때에는 재판장은 이미 피고인에게 간이공판절차의 취지를 설명하여야 한다.

제132조(증거의 신청)
검사 · 피고인 또는 변호인은 특별한 사정이 없는 한 필요한 증거를 일괄하여 신청하여야 한다.
[본조신설 2007.10.29.]
[종전 제132조는 제132조의2로 이동 <2007.10.29.>]

제132조의2(증거신청의 방식)

①검사, 피고인 또는 변호인이 증거신청을 함에 있어서는 그 증거와 증명하고자 하는 사실과의 관계를 구체적으로 명시하여야 한다.
②피고인의 자백을 보강하는 증거나 정상에 관한 증거는 보강증거 또는 정상에 관한 증거라는 취지를 특히 명시하여 그 조사를 신청하여야 한다.
③서류나 물건의 일부에 대한 증거신청을 함에 있어서는 증거로 할 부분을 특정하여 명시하여야 한다.
④법원은 필요하다고 인정할 때에는 증거신청을 한 자에게, 신문할 증인, 감정인, 통역인 또는 번역인의 성명, 주소, 서류나 물건의 표목 및 제1항 내지 제3항에 규정된 사항을 기재한 서면의 제출을 명할 수 있다.
⑤제1항 내지 제4항의 규정에 위반한 증거신청은 이를 기각할 수 있다.
[전문개정 1989.6.7.]
[제132조에서 이동, 종전 제132조의2는 제132조의3으로 이동 <2007.10.29.>]

제132조의3(수사기록의 일부에 대한 증거신청방식)

①법 제311조부터 법 제315조까지 또는 법 제318조에 따라 증거로 할 수 있는 서류나 물건이 수사기록의 일부인 때에는 검사는 이를 특정하여 개별적으로 제출함으로써 그 조사를 신청하여야 한다. 수사기록의 일부인 서류나 물건을 자백에 대한 보강증거나 피고인의 정상에 관한 증거로 낼 경우 또는 법 제274조에 따라 공판기일전에 서류나 물건을 낼 경우에도 이와 같다. <개정 2007.10.29.>
②제1항의 규정에 위반한 증거신청은 이를 기각할 수 있다.
[본조신설 1989.6.7.]
[제132조의2에서 이동, 종전 제132조의3은 제132조의4로 이동 <2007.10.29.>]

제132조의4(보관서류에 대한 송부요구)

①법 제272조에 따른 보관서류의 송부요구신청은 법원, 검찰청, 수사처, 기타의 공무소 또는 공사단체(이하 "法院등"이라고 한다)가 보관하고 있는 서류의 일부에 대하여도 할 수 있다. <개정 2007.10.29., 2021.1.29.>
②제1항의 신청을 받은 법원이 송부요구신청을 채택하는 경우에는 서류를 보관하고 있는 법원등에 대하여 그 서류 중 신청인 또는 변호인이 지정하는 부분의 인증등본을 송부하여 줄 것을 요구할 수 있다.
③제2항의 규정에 의한 요구를 받은 법원등은 당해서류를 보관하고 있지 아니하거나 기타 송부요구에 응할 수 없는 사정이 있는 경우를 제외하고는 신청인 또는 변호인에게 당해서류를 열람하게 하여 필요한 부분을 지정할 수 있도록 하여야 하며 정당한 이유없이 이에 대한 협력을 거절하지 못한다.
④서류의 송부요구를 받은 법원등이 당해서류를 보관하고 있지 아니하거나 기타 송부요구에 응할 수 없는 사정이 있는 때에는 그 사유를 요구법원에 통지하여야 한다.
[본조신설 1996.12.3.]
[제132조의3에서 이동 <2007.10.29.>]
[제목개정 2007.10.29.]

제132조의5(민감정보 등의 처리)

①법원은 재판업무 및 그에 부수하는 업무의 수행을 위하여 필요한 경우 「개인정보 보호법」 제23조의 민감정보, 제24조의 고유식별정보, 제24조의2의 주민등록번호 및 그 밖의 개인정보를 처리할 수 있다. <개정 2014.8.6.>
②법원은 필요하다고 인정하는 경우 법 제272조에 따라 법원등에 대하여 제1항의 민감정보, 고유식별정보, 주민등록번호 및 그 밖의 개인정보가 포함된 자료의 송부를 요구할 수 있다. <개정 2014.8.6.>
③제2항에 따른 송부에 관하여는 제132조의4제2항부터 제4항까지의 규정을 준용한다.
[본조신설 2012.5.29.]

제133조(증거신청의 순서)
증거신청은 검사가 먼저 이를 한 후 다음에 피고인 또는 변호인이 이를 한다.

제134조(증거결정의 절차)
①법원은 증거결정을 함에 있어서 필요하다고 인정할 때에는 그 증거에 대한 검사, 피고인 또는 변호인의 의견을 들을 수 있다.
②법원은 서류 또는 물건이 증거로 제출된 경우에 이에 관한 증거결정을 함에 있어서는 제출한 자로 하여금 그 서류 또는 물건을 상대방에게 제시하게 하여 상대방으로 하여금 그 서류 또는 물건의 증거능력 유무에 관한 의견을 진술하게 하여야 한다. 다만, 법 제318조의3의 규정에 의하여 동의가 있는 것으로 간주되는 경우에는 그러하지 아니하다.
③삭제 <2021.12.31.>
④법원은 증거신청을 기각·각하하거나, 증거신청에 대한 결정을 보류하는 경우, 증거신청인으로부터 당해 증거서류 또는 증거물을 제출받아서는 아니 된다. <신설 2007.10.29.>

제134조의2(영상녹화물의 조사 신청)
①검사는 피고인이 아닌 피의자의 진술을 영상녹화한 사건에서 피고인이 아닌 피의자가 그 조서에 기재된 내용이 자신이 진술한 내용과 동일하게 기재되어 있음을 인정하지 아니하는 경우 그 부분의 성립의 진정을 증명하기 위하여 영상녹화물의 조사를 신청할 수 있다. <개정 2020.12.28.>
②삭제 <2020.12.28.>
③제1항의 영상녹화물은 조사가 개시된 시점부터 조사가 종료되어 피의자가 조서에 기명날인 또는 서명을 마치는 시점까지 전과정이 영상녹화된 것으로, 다음 각 호의 내용을 포함하는 것이어야 한다.
1. 피의자의 신문이 영상녹화되고 있다는 취지의 고지
2. 영상녹화를 시작하고 마친 시각 및 장소의 고지
3. 신문하는 검사와 참여한 자의 성명과 직급의 고지
4. 진술거부권·변호인의 참여를 요청할 수 있다는 점 등의 고지
5. 조사를 중단·재개하는 경우 중단 이유와 중단 시각, 중단 후 재개하는 시각
6. 조사를 종료하는 시각
④제1항의 영상녹화물은 조사가 행해지는 동안 조사실 전체를 확인할 수 있도록 녹화된 것으로 진술자의 얼굴을 식별할 수 있는 것이어야 한다.
⑤제1항의 영상녹화물의 재생 화면에는 녹화 당시의 날짜와 시간이 실시간으로 표시되어야 한다.
⑥삭제 <2020.12.28.>
[본조신설 2007.10.29.]

제134조의3(제3자의 진술과 영상녹화물)
①검사는 피의자가 아닌 자가 공판준비 또는 공판기일에서 조서가 자신이 검사 또는 사법경찰관 앞에서 진술한 내용과 동일하게 기재되어 있음을 인정하지 아니하는 경우 그 부분의 성립의 진정을 증명하기 위하여 영상녹화물의 조사를 신청할 수 있다.
②검사는 제1항에 따라 영상녹화물의 조사를 신청하는 때에는 피의자가 아닌 자가 영상녹화에 동의하였다는 취지로 기재하고 기명날인 또는 서명한 서면을 첨부하여야 한다.
③제134조의2제3항제1호부터 제3호, 제5호, 제6호, 제4항, 제5항은 검사가 피의자가 아닌 자에 대한 영상녹화물의 조사를 신청하는 경우에 준용한다.
[본조신설 2007.10.29.]

제134조의4(영상녹화물의 조사)
①법원은 검사가 영상녹화물의 조사를 신청한 경우 이에 관한 결정을 함에 있어 원진술자와 함께 피고인 또는 변호인으로 하여금 그 영상녹화물이 적법한 절차와 방식에 따라 작성되어 봉인된 것인지 여부에 관한 의견을 진술하게 하여야 한다. <개정 2020.12.28.>
②삭제 <2020.12.28.>

③법원은 공판준비 또는 공판기일에서 봉인을 해체하고 영상녹화물의 전부 또는 일부를 재생하는 방법으로 조사하여야 한다. 이 때 영상녹화물은 그 재생과 조사에 필요한 전자적 설비를 갖춘 법정 외의 장소에서 이를 재생할 수 있다.
④재판장은 조사를 마친 후 지체 없이 법원사무관 등으로 하여금 다시 원본을 봉인하도록 하고, 원진술자와 함께 피고인 또는 변호인에게 기명날인 또는 서명하도록 하여 검사에게 반환한다. 다만, 피고인의 출석 없이 개정하는 사건에서 변호인이 없는 때에는 피고인 또는 변호인의 기명날인 또는 서명을 요하지 아니한다.
[본조신설 2007.10.29.]

제134조의5(기억 환기를 위한 영상녹화물의 조사)
①법 제318조의2제2항에 따른 영상녹화물의 재생은 검사의 신청이 있는 경우에 한하고, 기억의 환기가 필요한 피고인 또는 피고인 아닌 자에게만 이를 재생하여 시청하게 하여야 한다.
②제134조의2제3항부터 제5항까지와 제134조의4는 검사가 법 제318조의2제2항에 의하여 영상녹화물의 재생을 신청하는 경우에 준용한다.
[본조신설 2007.10.29.]

제134조의6(증거서류에 대한 조사방법)
①법 제292조제3항에 따른 증거서류 내용의 고지는 그 요지를 고지하는 방법으로 한다.
②재판장은 필요하다고 인정하는 때에는 법 제292조제1항 · 제2항 · 제4항의 낭독에 갈음하여 그 요지를 진술하게 할 수 있다.
[본조신설 2007.10.29.]

제134조의7(컴퓨터용디스크 등에 기억된 문자정보 등에 대한 증거조사)
①컴퓨터용디스크 그 밖에 이와 비슷한 정보저장매체(다음부터 이 조문 안에서 이 모두를 "컴퓨터디스크 등"이라 한다)에 기억된 문자정보를 증거자료로 하는 경우에는 읽을 수 있도록 출력하여 인증한 등본을 낼 수 있다.
②컴퓨터디스크 등에 기억된 문자정보를 증거로 하는 경우에 증거조사를 신청한 당사자는 법원이 명하거나 상대방이 요구한 때에는 컴퓨터디스크 등에 입력한 사람과 입력한 일시, 출력한 사람과 출력한 일시를 밝혀야 한다.
③컴퓨터디스크 등에 기억된 정보가 도면 · 사진 등에 관한 것인 때에는 제1항과 제2항의 규정을 준용한다.
[본조신설 2007.10.29.]

제134조의8(음성 · 영상자료 등에 대한 증거조사)
①녹음 · 녹화테이프, 컴퓨터용디스크, 그 밖에 이와 비슷한 방법으로 음성이나 영상을 녹음 또는 녹화(다음부터 이 조문 안에서 "녹음 · 녹화 등"이라 한다)하여 재생할 수 있는 매체(다음부터 이 조문 안에서 "녹음 · 녹화매체 등"이라 한다)에 대한 증거조사를 신청하는 때에는 음성이나 영상이 녹음 · 녹화 등이 된 사람, 녹음 · 녹화 등을 한 사람 및 녹음 · 녹화 등을 한 일시 · 장소를 밝혀야 한다.
②녹음 · 녹화매체 등에 대한 증거조사를 신청한 당사자는 법원이 명하거나 상대방이 요구한 때에는 녹음 · 녹음매체 등의 녹취서, 그 밖에 그 내용을 설명하는 서면을 제출하여야 한다.
③녹음 · 녹화매체 등에 대한 증거조사는 녹음 · 녹화매체 등을 재생하여 청취 또는 시청하는 방법으로 한다.
[본조신설 2007.10.29.]

제134조의9(준용규정)
도면 · 사진 그 밖에 정보를 담기 위하여 만들어진 물건으로서 문서가 아닌 증거의 조사에 관하여는 특별한 규정이 없으면 법 제292조, 법 제292조의2의 규정을 준용한다.
[본조신설 2007.10.29.]

제134조의10(피해자등의 의견진술)

①법원은 필요하다고 인정하는 경우에는 직권으로 또는 법 제294조의2제1항에 정한 피해자 등(이하 이 조 및 제134조의11에서 '피해자등'이라 한다)의 신청에 따라 피해자등을 공판기일에 출석하게 하여 법 제294조의2제2항에 정한 사항으로서 범죄사실의 인정에 해당하지 않는 사항에 관하여 증인신문에 의하지 아니하고 의견을 진술하게 할 수 있다.
②재판장은 재판의 진행상황 등을 고려하여 피해자등의 의견진술에 관한 사항과 그 시간을 미리 정할 수 있다.
③재판장은 피해자등의 의견진술에 대하여 그 취지를 명확하게 하기 위하여 피해자등에게 질문할 수 있고, 설명을 촉구할 수 있다.
④합의부원은 재판장에게 알리고 제3항의 행위를 할 수 있다.
⑤ 검사, 피고인 또는 변호인은 피해자등이 의견을 진술한 후 그 취지를 명확하게 하기 위하여 재판장의 허가를 받아 피해자등에게 질문할 수 있다.
⑥재판장은 다음 각 호의 어느 하나에 해당하는 경우에는 피해자등의 의견진술이나 검사, 피고인 또는 변호인의 피해자등에 대한 질문을 제한할 수 있다.
1. 피해자등이나 피해자 변호사가 이미 해당 사건에 관하여 충분히 진술하여 다시 진술할 필요가 없다고 인정되는 경우
2. 의견진술 또는 질문으로 인하여 공판절차가 현저하게 지연될 우려가 있다고 인정되는 경우
3. 의견진술과 질문이 해당 사건과 관계없는 사항에 해당된다고 인정되는 경우
4. 범죄사실의 인정에 관한 것이거나, 그 밖의 사유로 피해자등의 의견진술로서 상당하지 아니하다고 인정되는 경우
⑦제1항의 경우 법 제163조의2제1항, 제3항 및 제84조의3을 준용한다.
[본조신설 2015.6.29.]

제134조의11(의견진술에 갈음한 서면의 제출)

①재판장은 재판의 진행상황, 그 밖의 사정을 고려하여 피해자등에게 제134조의10제1항의 의견진술에 갈음하여 의견을 기재한 서면을 제출하게 할 수 있다.
②피해자등의 의견진술에 갈음하는 서면이 법원에 제출된 때에는 검사 및 피고인 또는 변호인에게 그 취지를 통지하여야 한다.
③제1항에 따라 서면이 제출된 경우 재판장은 공판기일에서 의견진술에 갈음하는 서면의 취지를 명확하게 하여야 한다. 이 경우 재판장은 상당하다고 인정하는 때에는 그 서면을 낭독하거나 요지를 고지할 수 있다.
④제2항의 통지는 서면, 전화, 전자우편, 모사전송, 휴대전화 문자전송 그 밖에 적당한 방법으로 할 수 있다.
[본조신설 2015.6.29.]

제134조의12(의견진술·의견진술에 갈음한 서면)

제134조의10제1항에 따른 진술과 제134조의11제1항에 따른 서면은 범죄사실의 인정을 위한 증거로 할 수 없다.
[본조신설 2015.6.29.]

제135조(자백의 조사 시기)

법 제312조 및 법 제313조에 따라 증거로 할 수 있는 피고인 또는 피고인 아닌 자의 진술을 기재한 조서 또는 서류가 피고인의 자백 진술을 내용으로 하는 경우에는 범죄사실에 관한 다른 증거를 조사한 후에 이를 조사하여야 한다.
[본조신설 2007.10.29.]
[종전 제135조는 제135조의2로 이동 <2007.10.29.>]

제135조의2(증거조사에 관한 이의신청의 사유)

법 제296조제1항의 규정에 의한 이의신청은 법령의 위반이 있거나 상당하지 아니함을 이유로 하여 이를 할 수 있다. 다만, 법 제295조의 규정에 의한 결정에 대한 이의신청은 법령의 위반이 있음을 이유로 하여서만 이를 할 수 있다.
[제135조에서 이동 <2007.10.19.>]

제136조(재판장의 처분에 대한 이의신청의 사유)

법 제304조제1항의 규정에 의한 이의신청은 법령의 위반이 있음을 이유로 하여서만 이를 할 수 있다.

제137조(이의신청의 방식과 시기)

제135조 및 제136조에 규정한 이의신청(이하 이 절에서는 "이의신청"이라 한다)은 개개의 행위, 처분 또는 결정시마다 그 이유를 간결하게 명시하여 즉시 이를 하여야 한다.

제138조(이의신청에 대한 결정의 시기)

이의신청에 대한 법 제296조제2항 또는 법 제304조제2항의 결정은 이의신청이 있은 후 즉시 이를 하여야 한다.

제139조(이의신청에 대한 결정의 방식)

①시기에 늦은 이의신청, 소송지연만을 목적으로 하는 것임이 명백한 이의신청은 결정으로 이를 기각하여야 한다. 다만, 시기에 늦은 이의신청이 중요한 사항을 대상으로 하고 있는 경우에는 시기에 늦은 것만을 이유로 하여 기각하여서는 아니된다.
②이의신청이 이유없다고 인정되는 경우에는 결정으로 이를 기각하여야 한다.
③이의신청이 이유있다고 인정되는 경우에는 결정으로 이의신청의 대상이 된 행위, 처분 또는 결정을 중지, 철회, 취소, 변경하는 등 그 이의신청에 상응하는 조치를 취하여야 한다.
④증거조사를 마친 증거가 증거능력이 없음을 이유로 한 이의신청을 이유있다고 인정할 경우에는 그 증거의 전부 또는 일부를 배제한다는 취지의 결정을 하여야 한다.

제140조(중복된 이의신청의 금지)

이의신청에 대한 결정에 의하여 판단이 된 사항에 대하여는 다시 이의신청을 할 수 없다.

제140조의2(피고인신문의 방법)

피고인을 신문함에 있어서 그 진술을 강요하거나 답변을 유도하거나 그 밖에 위압적·모욕적 신문을 하여서는 아니 된다.
[본조신설 2007.10.29.]

제140조의3(재정인의 퇴정)

재판장은 피고인이 어떤 재정인의 앞에서 충분한 진술을 할 수 없다고 인정한 때에는 그 재정인을 퇴정하게 하고 진술하게 할 수 있다.
[본조신설 2007.10.29.]

제141조(석명권등)

①재판장은 소송관계를 명료하게 하기 위하여 검사, 피고인 또는 변호인에게 사실상과 법률상의 사항에 관하여 석명을 구하거나 입증을 촉구할 수 있다.
②합의부원은 재판장에게 고하고 제1항의 조치를 할 수 있다.
③검사, 피고인 또는 변호인은 재판장에 대하여 제1항의 석명을 위한 발문을 요구할 수 있다.

제142조(공소장의 변경)
①검사가 법 제298조제1항에 따라 공소장에 기재한 공소사실 또는 적용법조의 추가, 철회 또는 변경(이하 "공소장의 변경"이라 한다)을 하고자 하는 때에는 그 취지를 기재한 공소장변경허가신청서를 법원에 제출하여야 한다. <개정 2007.10.29.>
②제1항의 공소장변경허가신청서에는 피고인의 수에 상응한 부본을 첨부하여야 한다.
③법원은 제2항의 부본을 피고인 또는 변호인에게 즉시 송달하여야 한다.
④공소장의 변경이 허가된 때에는 검사는 공판기일에 제1항의 공소장변경허가신청서에 의하여 변경된 공소사실·죄명 및 적용법조를 낭독하여야 한다. 다만, 재판장은 필요하다고 인정하는 때에는 공소장변경의 요지를 진술하게 할 수 있다. <개정 2007.10.29.>
⑤법원은 제1항의 규정에도 불구하고 피고인이 재정하는 공판정에서는 피고인에게 이익이 되거나 피고인이 동의하는 경우 구술에 의한 공소장변경을 허가할 수 있다. <신설 1996.12.3.>

제143조(공판절차정지후의 공판절차의 갱신)
공판개정후 법 제306조제1항의 규정에 의하여 공판절차가 정지된 경우에는 그 정지사유가 소멸한 후의 공판기일에 공판절차를 갱신하여야 한다.

제144조(공판절차의 갱신절차)
①법 제301조, 법 제301조의2 또는 제143조에 따른 공판절차의 갱신은 다음 각 호의 규정에 의한다.
1. 재판장은 제127조의 규정에 따라 피고인에게 진술거부권 등을 고지한 후 법 제284조에 따른 인정신문을 하여 피고인임에 틀림없음을 확인하여야 한다.
2. 재판장은 검사로 하여금 공소장 또는 공소장변경허가신청서에 의하여 공소사실, 죄명 및 적용법조를 낭독하게 하거나 그 요지를 진술하게 하여야 한다.
3. 재판장은 피고인에게 공소사실의 인정 여부 및 정상에 관하여 진술할 기회를 주어야 한다.
4. 재판장은 갱신전의 공판기일에서의 피고인이나 피고인이 아닌 자의 진술 또는 법원의 검증결과를 기재한 조서에 관하여 증거조사를 하여야 한다.
5. 재판장은 갱신전의 공판기일에서 증거조사된 서류 또는 물건에 관하여 다시 증거조사를 하여야 한다. 다만, 증거능력 없다고 인정되는 서류 또는 물건과 증거로 함이 상당하지 아니하다고 인정되고 검사, 피고인 및 변호인이 이의를 하지 아니하는 서류 또는 물건에 대하여는 그러하지 아니하다.
②재판장은 제1항제4호 및 제5호에 규정한 서류 또는 물건에 관하여 증거조사를 함에 있어서 검사, 피고인 및 변호인의 동의가 있는 때에는 그 전부 또는 일부에 관하여 법 제292조·제292조의2·제292조의3에 규정한 방법에 갈음하여 상당하다고 인정하는 방법으로 이를 할 수 있다.
[전문개정 2007.10.29.]

제145조(변론시간의 제한)
재판장은 필요하다고 인정하는 경우 검사, 피고인 또는 변호인의 본질적인 권리를 해치지 아니하는 범위내에서 법 제302조 및 법 제303조의 규정에 의한 의견진술의 시간을 제한할 수 있다.

제2절 공판의 재판

제146조(판결서의 작성)
변론을 종결한 기일에 판결을 선고하는 경우에는 선고 후 5일 내에 판결서를 작성하여야 한다.
[전문개정 2007.10.29.]

제147조(판결의 선고)

①재판장은 판결을 선고할 때 피고인에게 이유의 요지를 말이나 판결서 등본 또는 판결서 초본의 교부 등 적절한 방법으로 설명한다.
②재판장은 판결을 선고하면서 피고인에게 적절한 훈계를 할 수 있다.
[전문개정 2016.6.27.]

제147조의2(보호관찰의 취지등의 고지, 보호처분의 기간)

①재판장은 판결을 선고함에 있어서 피고인에게 형법 제59조의2, 형법 제62조의2의 규정에 의하여 보호관찰, 사회봉사 또는 수강(이하 "保護觀察등"이라고 한다)을 명하는 경우에는 그 취지 및 필요하다고 인정하는 사항이 적힌 서면을 교부하여야 한다. <개정 2016.2. 9.>
②법원은 판결을 선고함에 있어 형법 제62조의2의 규정에 의하여 사회봉사 또는 수강을 명하는 경우에는 피고인이 이행하여야 할 총 사회봉사시간 또는 수강시간을 정하여야 한다. 이 경우 필요하다고 인정하는 때에는 사회봉사 또는 수강할 강의의 종류나 방법 및 그 시설 등을 지정할 수 있다.
③형법 제62조의2제2항의 사회봉사명령은 500시간, 수강명령은 200시간을 각 초과할 수 없으며, 보호관찰관이 그 명령을 집행함에는 본인의 정상적인 생활을 방해하지 아니하도록 한다. <개정 1998.6.20.>
④형법 제62조의2제1항의 보호관찰·사회봉사·수강명령은 둘 이상 병과할 수 있다. <신설 1998.6.20.>
⑤사회봉사·수강명령이 보호관찰과 병과하여 부과된 때에는 보호관찰기간내에 이를 집행하여야 한다. <신설 1998.6.20.>
[본조신설 1996.12.3.]

제147조의3(보호관찰의 판결등의 통지)

①보호관찰등을 조건으로 한 판결이 확정된 때에 당해 사건이 확정된 법원의 법원사무관등은 3일 이내에 판결문등본을 대상자의 주거지를 관할하는 보호관찰소의 장에게 송부하여야 한다. <개정 1998.6.20.>
②제1항의 서면에는 법원의 의견 기타 보호관찰등의 자료가 될 만한 사항을 기재한 서면을 첨부할 수 있다.
[본조신설 1996.12.3.]

제147조의4(보호관찰등의 성적보고)

보호관찰등을 명한 판결을 선고한 법원은 보호관찰등의 기간 중 보호관찰소장에게 보호관찰등을 받고 있는 자의 성적에 관하여 보고를 하게 할 수 있다.
[본조신설 1996.12.3.]

제148조(피고인에 대한 판결서 등본 등의 송달)

①법원은 피고인에 대하여 판결을 선고한 때에는 선고일부터 7일 이내에 피고인에게 그 판결서 등본을 송달하여야 한다. 다만, 피고인이 동의하는 경우에는 그 판결서 초본을 송달할 수 있다.
②제1항에 불구하고 불구속 피고인과 법 제331조의 규정에 의하여 구속영장의 효력이 상실된 구속 피고인에 대하여는 피고인이 송달을 신청하는 경우에 한하여 판결서 등본 또는 판결서 초본을 송달한다.
[전문개정 2016.6.27.]

제149조(집행유예취소청구의 방식)

법 제335조제1항의 규정한 형의 집행유예취소청구는 취소의 사유를 구체적으로 기재한 서면으로 하여야 한다.

제149조의2(자료의 제출)
형의 집행유예취소청구를 한 때에는 취소의 사유가 있다는 것을 인정할 수 있는 자료를 제출하여야 한다.
[본조신설 1996.12.3.]

제149조의3(청구서부본의 제출과 송달)
①형법 제64조제2항의 규정에 의한 집행유예취소청구를 한 때에는 검사는 청구와 동시에 청구서의 부본을 법원에 제출하여야 한다.
②법원은 제1항의 부본을 받은 때에는 지체없이 집행유예의 선고를 받은 자에게 송달하여야 한다.
[본조신설 1996.12.3.]

제150조(출석명령)
형의 집행유예취소청구를 받은 법원은 법 제335조제2항의 규정에 의한 의견을 묻기 위하여 필요하다고 인정할 경우에는 집행유예의 선고를 받은 자 또는 그 대리인의 출석을 명할 수 있다. <개정 1996.12.3.>

제150조의2(준용규정)
제149조 내지 제150조의 규정은 형법 제61조제2항의 규정에 의하여 유예한 형을 선고하는 경우에 준용한다.
[본조신설 1996.12.3.]

제151조(경합범중 다시 형을 정하는 절차 등에의 준용)
제149조, 제149조의2 및 제150조의 규정은 법 제336조에 규정한 절차에 이를 준용한다. <개정 1996.12.3.>

제3편 상소
제1장 통칙

제152조(재소자의 상소장등의 처리)
①교도소장, 구치소장 또는 그 직무를 대리하는 자가 법 제344조제1항의 규정에 의하여 상소장을 제출받은 때에는 그 제출받은 연월일을 상소장에 부기하여 즉시 이를 원심법원에 송부하여야 한다.
②제1항의 규정은 교도소장, 구치소장 또는 그 직무를 대리하는 자가 법 제355조에 따라 정식재판청구나 상소권회복청구 또는 상소의 포기나 취하의 서면 및 상소이유서를 제출받은 때 및 법 제487조부터 법 제489조까지의 신청과 그 취하에 이를 준용한다. <개정 2007.10.29.>

제153조(상소의 포기 또는 취하에 관한 동의서의 제출)
①법 제350조에 규정한 피고인이 상소의 포기 또는 취하를 할 때에는 법정대리인이 이에 동의하는 취지의 서면을 제출하여야 한다.
②피고인의 법정대리인 또는 법 제341조에 규정한 자가 상소의 취하를 할 때에는 피고인이 이에 동의하는 취지의 서면을 제출하여야 한다.

제154조(상소의 포기 또는 취하의 효력을 다투는 절차)
①상소의 포기 또는 취하가 부존재 또는 무효임을 주장하는 자는 그 포기 또는 취하당시 소송기록이 있었던 법원에 절차속행의 신청을 할 수 있다.

②제1항의 신청을 받은 법원은 신청이 이유있다고 인정하는 때에는 신청을 인용하는 결정을 하고 절차를 속행하여야 하며, 신청이 이유없다고 인정하는 때에는 결정으로 신청을 기각하여야 한다.
③제2항 후단의 신청기각결정에 대하여는 즉시 항고할 수 있다.

제2장 항소

제155조(항소이유서, 답변서의 기재)
항소이유서 또는 답변서에는 항소이유 또는 답변내용을 구체적으로 간결하게 명시하여야 한다.

제156조(항소이유서, 답변서의 부본제출)
항소이유서 또는 답변서에는 상대방의 수에 2를 더한 수의 부본을 첨부하여야 한다. <개정 1996.12.3.>

제156조의2(국선변호인의 선정 및 소송기록접수통지)
①기록의 송부를 받은 항소법원은 법 제33조제1항제1호부터 제6호까지의 필요적 변호사건에 있어서 변호인이 없는 경우에는 지체없이 변호인을 선정한 후 그 변호인에게 소송기록접수통지를 하여야 한다. 법 제33조제3항에 의하여 국선변호인을 선정한 경우에도 그러하다. <개정 2006.3.23., 2006.8.17., 2016.6.27.>
②항소법원은 항소이유서 제출기간이 도과하기 전에 피고인으로부터 법 제33조제2항의 규정에 따른 국선변호인 선정청구가 있는 경우에는 지체없이 그에 관한 결정을 하여야 하고, 이 때 변호인을 선정한 경우에는 그 변호인에게 소송기록접수통지를 하여야 한다. <신설 2006.3.23., 2006.8.17.>
③제1항, 제2항의 규정에 따라 국선변호인 선정결정을 한 후 항소이유서 제출기간 내에 피고인이 책임질 수 없는 사유로 그 선정결정을 취소하고 새로운 국선변호인을 선정한 경우에도 그 변호인에게 소송기록접수통지를 하여야 한다. <신설 2006.3.23.>
④항소법원이 제2항의 국선변호인 선정청구를 기각한 경우에는 피고인이 국선변호인 선정청구를 한 날로부터 선정청구기각결정등본을 송달받은 날까지의 기간을 법 제361조의3제1항이 정한 항소이유서 제출기간에 산입하지 아니한다. 다만, 피고인이 최초의 국선변호인 선정청구기각결정을 받은 이후 같은 법원에 다시 선정청구를 한 경우에는 그 국선변호인 선정청구일로부터 선정청구기각결정등본 송달일까지의 기간에 대해서는 그러하지 아니하다. <신설 2006.3.23.>
[본조신설 1996.12.3.]

제156조의3(항소이유 및 답변의 진술)
①항소인은 그 항소이유를 구체적으로 진술하여야 한다.
②상대방은 항소인의 항소이유 진술이 끝난 뒤에 항소이유에 대한 답변을 구체적으로 진술하여야 한다.
③피고인 및 변호인은 이익이 되는 사실 등을 진술할 수 있다.
[본조신설 2007.10.29.]

제156조의4(쟁점의 정리)
법원은 항소이유와 답변에 터잡아 해당 사건의 사실상·법률상 쟁점을 정리하여 밝히고 그 증명되어야 하는 사실을 명확히 하여야 한다.
[본조신설 2007.10.29.]

제156조의5(항소심과 증거조사)

①재판장은 증거조사절차에 들어가기에 앞서 제1심의 증거관계와 증거조사결과의 요지를 고지하여야 한다.

②항소심 법원은 다음 각호의 어느 하나에 해당하는 경우에 한하여 증인을 신문할 수 있다.

1. 제1심에서 조사되지 아니한 데에 대하여 고의나 중대한 과실이 없고, 그 신청으로 인하여 소송을 현저하게 지연시키지 아니하는 경우

2. 제1심에서 증인으로 신문하였으나 새로운 중요한 증거의 발견 등으로 항소심에서 다시 신문하는 것이 부득이하다고 인정되는 경우

3. 그 밖에 항소의 당부에 관한 판단을 위하여 반드시 필요하다고 인정되는 경우

[본조신설 2007.10.29.]

제156조의6(항소심에서의 피고인 신문)

①검사 또는 변호인은 항소심의 증거조사가 종료한 후 항소이유의 당부를 판단함에 필요한 사항에 한하여 피고인을 신문할 수 있다.

②재판장은 제1항에 따라 피고인 신문을 실시하는 경우에도 제1심의 피고인 신문과 중복되거나 항소이유의 당부를 판단하는 데 필요 없다고 인정하는 때에는 그 신문의 전부 또는 일부를 제한할 수 있다.

③재판장은 필요하다고 인정하는 때에는 피고인을 신문할 수 있다.

[본조신설 2007.10.29.]

제156조의7(항소심에서의 의견진술)

①항소심의 증거조사와 피고인 신문절차가 종료한 때에는 검사는 원심 판결의 당부와 항소이유에 대한 의견을 구체적으로 진술하여야 한다.

②재판장은 검사의 의견을 들은 후 피고인과 변호인에게도 제1항의 의견을 진술할 기회를 주어야 한다.

[본조신설 2007.10.29.]

제157조(환송 또는 이송판결이 확정된 경우 소송기록 등의 송부)

법 제366조 또는 법 제367조 본문의 규정에 의한 환송 또는 이송판결이 확정된 경우에는 다음 각 호의 규정에 의하여 처리하여야 한다. <개정 1996.12.3., 2021.1.29.>

1. 항소법원은 판결확정일로부터 7일 이내에 소송기록과 증거물을 환송 또는 이송받을 법원에 송부하고, 항소법원에 대응하는 검찰청 검사 또는 수사처검사에게 그 사실을 통지하여야 한다.

2. 제1호의 송부를 받은 법원은 지체없이 그 법원에 대응한 검찰청 검사 또는 수사처검사에게 그 사실을 통지하여야 한다.

3. 피고인이 교도소 또는 구치소에 있는 경우에는 항소법원에 대응한 검찰청 검사 또는 수사처검사는 제1호의 통지를 받은 날로부터 10일 이내에 피고인을 환송 또는 이송받을 법원소재지의 교도소나 구치소에 이감한다.

제158조(변호인 선임의 효력)

원심법원에서의 변호인 선임은 법 제366조 또는 법 제367조의 규정에 의한 환송 또는 이송이 있은 후에도 효력이 있다.

제159조(준용규정)

제2편중 공판에 관한 규정은 항소법원의 공판절차에 이를 준용한다.

제3장 상고

제160조(상고이유서, 답변서의 부본 제출)
상고이유서 또는 답변서에는 상대방의 수에 4를 더한 수의 부본을 첨부하여야 한다.
<개정 1996.12.3.>

제161조(피고인에 대한 공판기일의 통지등)
①법원사무관 등은 피고인에게 공판기일통지서를 송달하여야 한다. <개정 1996.12.3.>
②상고심에서는 공판기일을 지정하는 경우에도 피고인의 이감을 요하지 아니한다.
<개정 1996.12.3.>
③상고한 피고인에 대하여 이감이 있는 경우에는 검사는 지체없이 이를 대법원에 통지하여야 한다. <신설 1996.12.3.>
[제목개정 1996.12.3.]

제161조의2(참고인 의견서 제출)
①국가기관과 지방자치단체는 공익과 관련된 사항에 관하여 대법원에 재판에 관한 의견서를 제출할 수 있고, 대법원은 이들에게 의견서를 제출하게 할 수 있다.
②대법원은 소송관계를 분명하게 하기 위하여 공공단체 등 그 밖의 참고인에게 의견서를 제출하게 할 수 있다.
[본조신설 2015.1.28.]

제162조(대법관전원합의체사건에 관하여 부에서 할 수 있는 재판)
대법관전원합의체에서 본안재판을 하는 사건에 관하여 구속, 구속기간의 갱신, 구속의 취소, 보석, 보석의 취소, 구속의 집행정지, 구속의 집행정지의 취소를 함에는 대법관 3인 이상으로써 구성된 부에서 재판할 수 있다. <개정 1998.3.23.>
[제목개정 1988.3.23.]

제163조(판결정정신청의 통지)
법 제400조제1항에 규정한 판결정정의 신청이 있는 때에는 즉시 그 취지를 상대방에게 통지하여야 한다.

제164조(준용규정)
제155조, 제156조의2, 제157조제1호, 제2호의 규정은 상고심의 절차에 이를 준용한다.
<개정 1996.12.3.>

제4장 항고

제165조(항고법원의 결정등본의 송부)
항고법원이 법 제413조 또는 법 제414조에 규정한 결정을 한 때에는 즉시 그 결정의 등본을 원심법원에 송부하여야 한다.

제4편 특별소송절차
제1장 재심

제166조(재심청구의 방식)
재심의 청구를 함에는 재심청구의 취지 및 재심청구의 이유를 구체적으로 기재한 재심청구서에 원판결의 등본 및 증거자료를 첨부하여 관할법원에 제출하여야 한다.

제167조(재심청구 취하의 방식)
①재심청구의 취하는 서면으로 하여야 한다. 다만, 공판정에서는 구술로 할 수 있다.
②구술로 재심청구의 취하를 한 경우에는 그 사유를 조서에 기재하여야 한다.

제168조(준용규정)
제152조의 규정은 재심의 청구와 그 취하에 이를 준용한다.

제169조(청구의 경합과 공판절차의 정지)
①항소기각의 확정판결과 그 판결에 의하여 확정된 제1심판결에 대하여 각각 재심의 청구가 있는 경우에 항소법원은 결정으로 제1심법원의 소송절차가 종료할 때까지 소송절차를 정지하여야 한다.
②상고기각의 판결과 그 판결에 의하여 확정된 제1심 또는 제2심의 판결에 대하여 각각 재심의 청구가 있는 경우에 상고법원은 결정으로 제1심법원 또는 항소법원의 소송절차가 종료할 때까지 소송절차를 정지하여야 한다.

제2장 약식절차

제170조(서류 등의 제출)
검사는 약식명령의 청구와 동시에 약식명령을 하는데 필요한 증거서류 및 증거물을 법원에 제출하여야 한다.

제171조(약식명령의 시기)
약식명령은 그 청구가 있은 날로부터 14일내에 이를 하여야 한다.

제172조(보통의 심판)
①법원사무관등은 약식명령의 청구가 있는 사건을 법 제450조의 규정에 따라 공판절차에 의하여 심판하기로 한 때에는 즉시 그 취지를 검사에게 통지하여야 한다. <개정 1996.12.3.>
②제1항의 통지를 받은 검사는 5일이내에 피고인수에 상응한 공소장 부본을 법원에 제출하여야 한다. <개정 1996.12.3.>
③법원은 제2항의 공소장 부본에 관하여 법 제266조에 규정한 조치를 취하여야 한다.

제173조(준용규정)
제153조의 규정은 정식재판청구의 취하에 이를 준용한다.

제5편 재판의 집행

제174조(소송비용의 집행면제 등의 신청 등)
①법 제487조 내지 법 제489조의 규정에 의한 신청 및 그 취하는 서면으로 하여야 한다.
②제152조의 규정은 제1항의 신청과 그 취하에 이를 준용한다.

제175조(소송비용의 집행면제 등의 신청 등의 통지)
법원은 제174조제1항에 규정한 신청 또는 그 취하의 서면을 제출받은 경우에는 즉시 그 취지를 검사에게 통지하여야 한다.

제6편 보칙

제176조(신청 기타 진술의 방식)
①법원 또는 판사에 대한 신청 기타 진술은 법 및 이 규칙에 다른 규정이 없으면 서면 또는 구술로 할 수 있다.
②구술에 의하여 신청 기타의 진술을 할 때에는 법원사무관등의 면전에서 하여야 한다.
③제2항의 경우에 법원사무관등은 조서를 작성하고 기명날인하여야 한다. <개정 1996.12.3.>

제177조(재소자의 신청 기타 진술)
교도소장, 구치소장 또는 그 직무를 대리하는 자는 교도소 또는 구치소에 있는 피고인이나 피의자가 법원 또는 판사에 대한 신청 기타 진술에 관한 서면을 작성하고자 할 때에는 그 편의를 도모하여야 하고, 특히 피고인이나 피의자가 그 서면을 작성할 수 없을 때에는 법 제344조제2항의 규정에 준하는 조치를 취하여야 한다.

제177조의2(기일 외 주장 등의 금지)
①소송관계인은 기일 외에서 구술, 전화, 휴대전화 문자전송, 그 밖에 이와 유사한 방법으로 신체구속, 공소사실 또는 양형에 관하여 법률상·사실상 주장을 하는 등 법령이나 재판장의 지휘에 어긋나는 절차와 방식으로 소송행위를 하여서는 아니 된다.
②재판장은 제1항을 어긴 소송관계인에게 주의를 촉구하고 기일에서 그 위반사실을 알릴 수 있다.
[본조신설 2016.9.6.]

제178조(영장의 유효기간)
영장의 유효기간은 7일로 한다. 다만, 법원 또는 법관이 상당하다고 인정하는 때에는 7일을 넘는 기간을 정할 수 있다.
[본조신설 1996.12.3.]

제179조 삭제 <2016.11.29.>

부칙

<대법원규칙 제3004호, 2021.10.29.>

제1조(시행일)
이 규칙은 2021년 11월 18일부터 시행한다.

제2조(계속사건에 대한 경과조치)
이 규칙은 이 규칙 시행 당시 법원에 계속 중인 사건에 대하여도 적용한다.

<대법원규칙 제3016호, 2021.12.31.>

제1조(시행일)
이 규칙은 2022년 1월 1일부터 시행한다.

제2조(경과조치)
①이 규칙은 이 규칙 시행 후 공소제기된 사건부터 적용한다.
②이 규칙 시행 전에 종전의 규정에 따라 행한 행위의 효력에는 영향을 미치지 아니한다.

형사소송비용 등에 관한 법률
(약칭: 형사소송비용법)
[시행 2012.2.10.]
[법률 제11306호, 2012.2.10., 일부개정]

법무부(형사법제과), 02-2110-3307~8

제1조(목적)
이 법은 형사소송비용의 범위와 법원의 형사절차에서 증인·감정인·통역인·번역인 또는 국선변호인에게 지급하는 비용의 지급기준 등에 관하여 필요한 사항을 규정함을 목적으로 한다.
[전문개정 2012.2.10.]

제2조(형사소송비용의 범위)
「형사소송법」에 따른 소송비용은 다음 각 호의 어느 하나에 해당하는 것으로 한다.
1. 증인·감정인·통역인 또는 번역인의 일당, 여비 및 숙박료
2. 감정인·통역인 또는 번역인의 감정료·통역료·번역료, 그 밖의 비용
3. 국선변호인의 일당, 여비, 숙박료 및 보수
[전문개정 2012.2.10.]

제3조(증인 등의 일당)
①증인·감정인·통역인 또는 번역인의 일당은 출석 또는 조사와 이를 위한 여행(이하 "출석등"이라 한다)에 필요한 일수(日數)에 따라 지급한다.
②일당의 금액은 대법원규칙으로 정하는 범위에서 법원이 정한다.
[전문개정 2012.2.10.]

제4조(증인 등의 여비)
①증인·감정인·통역인 또는 번역인의 여비는 운임과 그 밖에 이에 준하는 비용으로 하고, 운임은 철도운임·선박운임·자동차운임 및 항공운임 네 종류로 구분하되, 법원이 적절하다고 인정하는 교통수단을 기준으로 하여 지급한다.
②여비의 항목과 그 금액은 대법원규칙으로 정하는 범위에서 법원이 정한다.
[전문개정 2012. 2. 10.]

제5조(증인 등의 숙박료)
①증인·감정인·통역인 또는 번역인의 숙박료는 출석등에 필요한 밤[야]의 수에 따라 지급한다.
②숙박료의 금액은 대법원규칙으로 정하는 범위에서 법원이 정한다.
[전문개정 2012.2.10.]

제6조(국외여비 등의 금액)
증인·감정인·통역인 또는 번역인이 국내와 국외(공해를 포함한다) 사이를 여행하는 경우에 그 일당, 여비 및 숙박료는 제3조부터 제5조까지에 규정된 기준에 준하여 대법원규칙으로 정하는 범위에서 법원이 정한다.
[전문개정 2012.2.10.]

제7조(감정료 등)
감정인·통역인 또는 번역인에게 지급할 감정료·통역료·번역료, 그 밖의 비용은 법원이 적절하다고 인정하는 금액으로 한다.
[전문개정 2012.2.10.]

제8조(국선변호인의 일당 등)

①국선변호인에게 지급할 일당, 여비 및 숙박료의 금액은 제3조부터 제6조까지에 규정된 기준에 준하여 대법원규칙으로 정하는 범위에서 법원이 정한다.
②국선변호인에게 지급할 보수의 기준 및 금액은 대법원규칙으로 정하는 범위에서 법원이 정한다.
[전문개정 2012.2.10.]

제9조(여비 등의 계산)

일당, 여비(항공운임은 제외한다) 및 숙박료를 계산할 때 여행 일수는 흔히 이용하는 가장 경제적인 경로와 방법으로 여행하는 경우의 예에 따라 계산한다. 다만, 천재지변이나 그 밖의 부득이한 사유로 그와 같은 경로와 방법으로 여행하기 곤란한 경우에는 실제 경로와 방법으로 계산한다.
[전문개정 2012.2.10.]

제10조(일당 등의 지급 요건)

증인·감정인·통역인 또는 번역인에게 지급하는 일당, 여비 및 숙박료는 법원이 정한 기일·장소에 출석하거나 조사받은 경우에만 지급하며, 국선변호인에게 지급하는 일당, 여비 및 숙박료는 국선변호인이 기일에 출석하거나 조사 또는 처분에 참여한 경우에만 지급한다.
[전문개정 2012.2.10.]

제11조(소송비용의 청구기한)

제2조에 따른 소송비용은 다음 각 호의 구분에 따른 기한까지 청구하지 아니하면 지급하지 아니한다. 다만, 부득이한 사유로 해당 기한까지 청구하지 못한 경우에는 그러하지 아니하다.
1. 재판에 의하여 소송절차가 종료되는 경우: 그 재판이 있기까지
2. 재판에 의하지 아니하고 소송절차가 종료되는 경우: 소송비용을 부담하게 하는 재판이 있기까지
[전문개정 2012.2.10.]

제12조(법관이 정하는 경우)

①수명법관(受命法官) 또는 수탁판사(受託判事)가 증인신문(證人訊問)이나 그 밖의 절차를 이행한 경우에는 이 법에 따라 법원이 정할 사항은 해당 법관이 정한다. 다만, 해당 법관이 정하는 것이 적절하지 아니하다고 인정하는 경우에는 그러하지 아니하다.
②수명법관 또는 수탁판사 외의 법관이 절차를 이행한 경우에는 제1항 본문을 준용한다.
[전문개정 2012.2.10.]

제13조(대법원규칙)

이 법에서 규정한 사항 외에 법원의 형사절차에서 지급하는 비용에 관하여 필요한 사항은 대법원규칙으로 정한다.
[전문개정 2012.2.10.]

제14조(자료의 제출)

법원은 필요하다고 인정하면 이 법에 따라 비용을 지급받을 자에게 비용 명세서나 그 밖의 자료 제출 등을 요구할 수 있다.
[전문개정 2012.2.10.]

부칙
<법률 제6082호, 1999.12.31.>

제1조 (시행일)
이 법은 공포한 날부터 시행한다.

제2조 (경과조치)
이 법 시행전에 개시된 증인신문 기타 행위에 대한 비용의 금액에 관하여는 종전의 예에 의한다.

제3조 (다른 법률의 개정)
①가정폭력범죄의처벌등에관한특례법중 다음과 같이 개정한다.
제28조제5항 및 제34조제3항중 "형사소송비용법"을 "형사소송비용등에관한법률"로 한다.
②검사징계법중 다음과 같이 개정한다.
제26조중 "형사소송비용법"을 "형사소송비용등에관한법률"로 한다.
③군사법원법중 다음과 같이 개정한다.
제536조중 "형사소송비용법"을 "형사소송비용등에관한법률"로 한다.
④마류불법거래방지에관한특례법중 다음과 같이 개정한다.
제78조중 "형사소송비용법"을 "형사소송비용등에관한법률"로 한다.
⑤법관징계법중 다음과 같이 개정한다.
제22조중 "형사소송비용법"을 "형사소송비용등에관한법률"로 한다.

제4조 (다른 법령과의 관계)
이 법 시행당시 다른 법령에서 종전의 형사소송비용법 또는 그 규정을 인용하고 있는 경우 이 법에 그에 해당하는 규정이 있는 때에는 이 법 또는 이 법의 해당 규정을 인용한 것으로 본다.

부칙
<법률 제11306호, 2012.2.10.>

이 법은 공포한 날부터 시행한다.

형사소송비용 등에 관한 규칙

[시행 2009.1.9.]
[대법원규칙 제2208호, 2009.1.9., 일부개정]

법원행정처(사법지원심의관실), 02-3480-1461

제1조(목적)

이 규칙은 형사소송비용등에관한법률(이하 "법"이라 한다)에 의하여 위임된 사항 및 기타 법원의 형사절차에서 지급하는 비용에 관하여 필요한 사항을 규정함을 목적으로 한다.

제2조(증인등의 일당)

법 제3조제2항, 제6조의 규정에 의한 증인·감정인·통역인 또는 번역인(이하 "증인등" 이라 한다)의 일당은 매년 예산의 범위안에서 대법관회의에서 정한다.

제3조(증인등의 여비·숙박료)

①법 제4조제1항에서 규정하고 있는 "기타 이에 준하는 비용"의 항목은 식비로 한다. <개정 2003.9.13.>
②법 제4조제2항, 제5조제2항의 규정에 의한 증인등의 국내 여비 및 숙박료는 법원공무원 여비규칙 제10조제1항, 제11조제1항, 제12조제1항, 제13조제1항, 제16조제1항의 별표 2 국 내여비지급표에 정한 제2호 해당자 지급액으로 하며, 철도운임의 경우 위 규칙 제10조제1 항 단서의 규정을 준용한다. <개정 2009.1.9.>

제4조(증인등의 국외여행의 경우)

①법 제6조의 규정에 의한 증인등의 일당·여비 및 숙박료는 증인등이 국외로부터 국내 로, 국내로부터 국외로 여행하거나 또는 국내로 입국하기 위하여 국외에서 여행(이하 이 를 합하여 "국외여행"이라 한다)하는 경우에 이를 지급한다.
②증인등이 국외여행하는 경우의 운임은 다음 각호의 구분에 의하되, 통행세를 가산한다.
1. 철도운임 및 선박운임은 그 운임에 등급구별이 있는 경우에는 중간등급이하의 운임, 등급구별이 없는 경우에는 승차나 승선에 요하는 실비액
2. 자동차운임은 실비액
3. 항공운임은 법원공무원여비규칙 제12조제2항의 별표 3 "국외항공운임정액표"에 정한 기타의 자 소정액
③증인등이 국외여행하는 경우의 운임을 제외한 여비 및 숙박료는 법원공무원여비규칙 제16조제1항의 별표 4 "국외여비정액표"에 정한 별표 1 여비지급구분표의 제2호 나목 해당자 소정액으로 한다. <개정 2009.1.9.>

제5조(국선변호인의 일당등)

①법 제8조제1항의 규정에 의한 국선변호인의 일당은 매년 예산의 범위안에서 대법관회 의에서 정한다.
②국선변호인의 국내여비 및 숙박료에 관하여는 제3조제2항의 규정을 준용한다. <개정 2009.1.9.>
③국선변호인이 국외여행하는 경우의 여비 및 숙박료에 관하여는 제4조제2항, 제3항의 규정을 준용하되, 이 경우 "중간 등급 이하의 운임"은 "최상등급의 운임"으로, 별표 1 여비지급구분표의 제2호 나목 해당자는 별표 1 여비지급표의 제1호 라목 해당자로 본다. <개정 2009.1.9.>

제6조(국선변호인의 보수)

①법 제8조제2항의 규정에 의한 국선변호인의 보수는 매년 예산의 범위안에서 대법관회 의에서 정하며 그 보수는 심급별로 지급하되, 체포 또는 구속적부심에 있어서는 심급에 관계없이 별도로 지급한다.
②제1항의 보수는 사안의 난이, 국선변호인이 수행한 직무의 내용, 사건처리에 소요된 시간 등을 참작하여 예산의 범위안에서 당해재판장이 이를 증액할 수 있다. <개정 2008.6.5.>
③공익법무관 또는 사법연수생인 국선변호인에 대하여는 보수를 지급하지 아니한다. 다만, 피고인 또는 피의자의 접견을 위한 비용 기타 재판장이 인정하는 실비를 변상할 수 있다.

부칙
<대법원규칙 제1628호, 1999.12.31.>

제1조(시행일)
이 규칙은 공포한 날로부터 시행한다.

제2조(다른 규칙의 폐지등)
①형사소송비용법에의한증인·감정인등의일당,여비,숙박료에관한규칙을 폐지한다.
②형사소송규칙중 다음과 같이 개정한다.
제22조 를 삭제한다.

부칙
<대법원규칙 제1843호, 2003.9.13.>

제1조(시행일)
이 규칙은 2003년 10월 1일부터 시행한다.

제2조(경과규정)
이 규칙 시행 전에 개시된 증인신문 기타 행위에 대한 비용의 금액에 관하여는 종전의 규칙에 의한다.

부칙
<대법원규칙 제2180호, 2008.6.5.>

이 규칙은 공포한 날부터 시행한다.

부칙
<대법원규칙 제2208호, 2009.1.9.>

이 규칙은 공포한 날부터 시행한다.

형사전자소송 추진단 설치 및 운영에 관한 규칙

[시행 2022.1.1.]
[대법원규칙 제3006호, 2021.11.29., 제정]

법원행정처(차세대전자소송추진단), 02-3480-1820

제1조(목적)

이 규정은 「형사사법절차에서의 전자문서 이용 등에 관한 법률」에 따른 법원의 형사사법업무 전자화의 효율적인 추진을 위하여 법원행정처에 형사전자소송(위 법에 따라 전자화된 형태의 법원의 형사사법절차를 가리킨다, 이하 이 규칙에서 같다) 추진단(이하 "추진단"이라 한다)을 설치하고, 이를 운영함에 필요한 사항을 정함을 목적으로 한다.

제2조(추진단의 구성)

①추진단은 단장, 형사전자소송심의관, 형사전자소송담당관 및 단원으로 구성한다.
②단장과 형사전자소송심의관은 판사로 보한다.
③형사전자소송담당관은 4급 이상 법원직원으로 보한다.

제3조(사무)

추진단은 다음 각 호의 사항을 담당한다.
1. 형사전자소송 관련 법령 및 재판예규의 제·개정
2. 형사전자소송 시스템 구축 사업계획의 수립
3. 형사전자소송 시스템 구축 사업을 위한 예산 편성의 준비와 결산 준비
4. 형사전자소송 시스템 구축 사업의 집행 및 점검
5. 그 밖에 형사전자소송 추진을 위하여 필요한 사항

제4조(협조요청 등)

①단장은 추진단 업무를 수행하기 위하여 필요한 때에는 관계 기관, 단체 등에 대하여 자료 또는 의견의 제출 및 지원 활동 등 필요한 협조를 요청할 수 있다.
②단장은 추진단 업무를 수행하기 위하여 필요한 때에는 법원행정처장의 허가를 받아, 법원행정처 내 각 실·국과 관계 기관에 형사전자소송 사업의 수행을 위하여 필요한 인원의 파견을 요청할 수 있다.

제5조(조사연구위탁 등)

①단장은 형사전자소송 시스템 구축 사업의 수행을 위하여 필요한 경우에는 법관, 법원직원 또는 외부전문가에게 협조를 구하거나 조사연구를 위탁할 수 있다.
②제1항의 경우 추진단은 예산의 범위에서 그 수당 및 여비, 그 밖에 필요한 경비를 지급할 수 있다. 다만, 법관과 법원직원이 그 소관 업무와 관련하여 협조에 응할 경우에는 여비 등 필요한 경비만을 지급할 수 있다.

제6조(위임사항)

추진단의 운영 및 그 밖에 필요한 사항은 법원행정처내규로 정한다.

부칙
<대법원규칙 제3006호, 2021.11.29.>

제1조(시행일)
이 규칙은 2022년 1월 1일부터 시행한다.

제2조(유효기간)
이 규칙은 2025년 6월 30일까지 효력을 가진다.

형사소송법

형 사 소 송 법 개 요

　　순수한 소송은 민사소송뿐이라고 하는 견해도 있으나, 범죄자에게 형벌을 과하는 데에도 국민의 권리보호라는 점에서 보면, 범죄자를 찾는 자와 죄를 결정하는 자를 나누어 범죄의 有無輕重(유무경중)을 제3자적 판단에 위임하고, 피의자는 항시 범죄를 부정하는 자라고 가정하여 이 자에게도 나름대로의 주장을 하도록 하는 등, 민사재판을 모방한 절차에 의한 재판을 거치도록 하고, 그 다음 형벌권을 행사하는 것이 요망된다. 이러한 이유에서 일반인에 대한 국가형벌권의 유무와 범위를 정하기 위하여 행하여지는 재판절차 즉 형사재판의 절차를 규정하고 있는 법을 형사소송법이라 한다. 1954년 9월 23일 법률 제341호로 제정된 이 법은 피의자의 인권·변호권 등의 확장을 내용으로 개정되어 1961년 9월 1일 법률 제705호로 공포되고 수차례의 개정을 거쳐 현행 형사소송법으로 시행되고 있다. 현행 형사소송법은 영미법의 영향을 받아 변호권이 확장되어 피의자에게도 인정되어 있고, 묵비권을 규정하고 있으며, 강제처분에 법원의 영장을 필요로 하는 등의 인권보장적 측면에서의 규정과 자유·전문증거에 대한 증거능력을 제한하고 있고, 대법원으로의 상고이유를 판결에 영향을 미친 헌법위반·법률위반 등으로 한정하고 있는 점 등의 특색이 있다. 즉 현행 형사소송법은 직권주의에서 당사자주의로의 전환을 이루고 있는 점에 특색이 있다.

형 사 소 송 법

총 론

실체적 진실주의
(實體的 眞實主義)
독 ; prinzip der mate- riellen Wahrheit

현대국가는 어떠한 행위를 범죄로 하고 또 거기에 어떠한 刑罰(형벌)을 과할 것인가에 대하여 반드시 미리 법률로써 규정해야한다(罪刑法定主義). 그러나 실제로 어떤 범죄가 행해졌는가의 여부 또는 그 범죄를 어떻게 처벌해야 하는가는 공정한 법원의 재판을 받지 않으면 구체화되지 아니된다. 또한 공정한 법원의 재판을 거친 후에라야 비로소 처벌할 수 있는 것이다. 이 형사재판의 절차를 刑事訴訟(형사소송)이라 하며, 형사소송절차를 어떻게 정하는 가는 刑事訴訟法(형사소송법)에 규정되어 있다. 형사재판에서는 범죄가 행해진 경우에는 반드시 범인을 발견하여 처벌해야 한다는 요구(實體的 事實主義)와 혐의를 받아 재판에 회부된 자라도 그의 인권은 충분히 보장되어야 한다는 요구가 상호대립하고 있다. 그 이해를 어떻게 조화시키는가는 역사적인 배경에 따라서 여러 가지 형태로 나타낸다. 다만, 현행의 형사소송법은 英美法(영미법)의 강한 영향을 받아 성립한 것이고 또한 제2차대전 전의 人權輕視(인권경시)의 비참한 경험에서 인권보장에 보다 큰 비중을 두고 있다고 할 수 있다.

형사소송절차(刑事訴訟節次)
영 ; criminal procedure
독 ; Straf prozess

사법상의 분쟁을 해결하기 위한 절차인 民事訴訟(민사소송)에서는 原告(원고) · 被告(피고)의 어느 일방이 정당한가를 판단하면 족하고 분쟁의 밑바닥에 있는 진상은 무엇인가를 추구할 필요는 없다(形式的 事實主義). 그러나 범죄는 사회의 질서를 문란케 하므로 刑事訴訟(형사소송)에서는 민사소송의 경우와는 달리 국가가 진상의 발견에 힘써서 범죄자는 반드시 이를 처벌함으로써 질서의 유지를 도모하여야 한다. 이처럼 소송의 實體(실체)에 관하여 客觀的(객관적) 진실을 발견하여 事案(사안)의 진상을 밝히자는 주의를 實體的 眞實主義(실체적 진실주의)라 한다. 즉, 법원이 당사자의 사실상의 주장, 사실의 부인 또는 제출한 증거에 구속되지 않고 사안의 진상을 규명하여 객관적 진실을 발견하려는 소송법상의 원리를 말한다. 형사소송은 피고인과 피해자 사이의 법적 분쟁을 해결하기 위한 개인적 관계가 아니라 國家刑罰權(국가형벌권)의 범위와 한계를 확정하여 형벌권을 실현하는 절차이므로 법원이 사안의 진상을 정확히 파악하는 것이 전제되어야 한다. 이러한 의미에서 실체적 진실의 발견은 형사소송의 최고의 목표이며 가장 중요한 지도이념이 된다. 그러나 실체적 진실의 발견에 급급하여 피의자나 피고인의 인권을 침해하여서는 안될 것이다. 범죄를 반드시 발견하여 처벌하는 것이 實體的 眞實主義(실체적 진실주의)에 있어서 그 어느 것을 강조하는가는 각국의 體制(체제)에 따라 다르나 현재는 「100명의 유죄자를 놓치더라도 한 사람의 무죄를 벌하지 말라」, 「의심스러운 때는 피고인의 이익으로」라는 점들을 강조하여야할 것이다.

규문주의(糾問主義)

영 ; inquisitorial system
독 ; Inquisitionsp4rinzip

법원이 스스로 절차를 개시하여 審理·재판하는 주의를 말한다. 이는 심리개시와 재판의 권한이 법관에게 집중되어 있다는 점에 특색이 있다. 근세 초기의 絕對主義國家(절대주의국가)에 있어서 전형적으로 형성되었지만 「프랑스」혁명 후는 국가소추에 의한 탄핵주의로 대치되었다. 糾問主義(규문주의)는 법원이 訴追權(소추권)·證據蒐集權(증거수집권)·審判權(심판권)을 갖기 때문에 소송활동이 敏活(민활)·신속한 점에 장점이 있으나 搜査(수사)와 審理開始(심리개시) 및 재판의 권한이 법관에게 집중되어 법관에게 지나친 부담을 주며 법관은 공평한 재판을 하기보다 訴追機關(소추기관)으로 활동하게 되고, 심사와 심리의 객체에 지나지 않는 피고인은 충분한 방어를 할 수 없다는 폐단이 있다.

탄핵주의(彈劾主義)

영 ; accusatorial system
독 ; Akkusationsprinzip

裁判機關(재판기관)과 訴追機關(소추기관)을 분리하여 소추기관의 소송제기에 의하여 법원이 절차를 개시하는 주의를 말하며 소추주의라고도 한다. 이러한 소추주의는 訴追權者(소추권자)가 누구이냐에 따라 國家訴追主義(국가소추주의), 被害者訴追主義(피해자소추주의), 公衆訴追主義(공중소추주의)로 분류되는데, 피해자소추주의, 공중소추주의를 합하여 私人訴追主義(사인소추주의)라 한다. 탄핵주의는 재판기관과 소추기관이 분리되므로 不告不理(불고불리)의 원칙이 형사소송의 기본원칙이 되며 피고인은 소송당사자로서 소송에 관여하게 되므로 형사절차는 소송의 구조를 갖게 된다. 유럽 대륙에서는 프랑스혁명 후 나폴레옹의 治罪法(치죄법) 이후 국가소추주의에 입각한 彈劾主義的 刑事訴訟制度(탄핵주의적 형사소송제도)가 확립되었으며 英·美에서는 그 역사적·정치적 특수성으로 말미암아 비교적 일찍부터 공중소추주의, 陪審制度(배심제도)를 기초로 한 탄핵주의적 형사소송제도가 확립되었다. 우리 나라에서는 國家訴追主義(국가소추주의)를 채택하고 있다(刑訴§ 246참조)

당사자주의(當事者主義)

독 ; Parteienprinzip

형사소송은 검사가 처벌을 요구한 사실이 증거에 의하여 증명이 되었는가의 여부를 법원이 판단하는 과정이다. 이를 위해서는 될 수 있는 한 충분하게 증거를 수집하여 시기적절하게 증거조사를 하지 않으면 아니 된다. 이 때에 訴訟當事者(소송당사자)에게 주도적 지위를 인정하여 당사자 상호간의 공격·방어에 의하여 심리가 진행되고 법원은 제3자적 입장에서 양당사자의 주장과 입증을 판단하는 주의를 당사자주의라 한다. 이 당사자주의는 법원이 직권으로 증거를 수집하여 직권으로써 증거조사를 행하는 職權主義(직권주의)와 대립한다. 刑事訴訟節次(형사소송절차)가 당사자주의를 취하는가 직권주의를 취하는 가는 역사적인 배경에 좌우되는 것이지만, 현행법은 당사자주의를 원칙으로 하고 직권주의를 다소 보충적인 것으로 규정하고 있다. 그런데 당사자주의는 심리의 능률과 신속을 기하기 어렵고, 당사자의 이기적 소송활동 내지 立證活動(입증활동)에 의해 실체적 진실발견이 왜곡될 위험성이 있으며, 당사자간의 소송능력의 차이로 인하여 변호인 없는 피고인에게 오히려 불리한 결과를 가져올 염려가 있으며, 당사자주의가 當事者處分主義(당사자처분주의)로 흐를 때 국가의 형벌권의 행사가 당사자간의 타협을 위한 거래에 의해서 좌우될 염려가 있게 된다. 그러나 기술적 측면에서 보더라도 실상을 누구보다도 잘 알고 있는 검사 및 피고인이 스스로 증거를 수집하여 자기에게 유리한 증거를 내세워 공평한 법원에 그것을 판단시키려는 것인 만큼 오히려 진상을 더 잘 발견할 수 있을 것이다. 그리고 刑事訴訟法(형사소송법)에서의 진실이라 함은 無罪(무죄)인 자는 결코 처벌하지 않는다는 점에 있다고 하면, 공평한 법원이 배후에 물러나서 냉정하게 재판의 흐름을 감시하고, 재판의 주도권을 감시하고, 재판의 주도권을 당사자에게 맡기는 것이 바람직하다고 할 것이다.

당사자주의의 장·단점

장점	① 소송의 결과에 대하여 직접적인 이해관계를 가진 당사자에게 증거를 수집, 제출케 함으로써 많은 증거가 법원에 제출될 수 있고, 법원은 제3자의 입장에서 공정한 재판이 가능해짐. ② 당사자주의에 의하여 피고인은 비로소 적극적으로 소송활동을 수행하는 실질적인 소송의 주체가 될 수 있음.
단점	① 당사자 간에 공격과 방어의 항쟁이 계속되어 심리의 능률과 신속을 달성할 수 없음. ② 국가형벌권의 행사가 당사자의 타협이나 거래 대상이 될 수 있음.

직권주의(職權主義)

독 ; Offizialprinzip

형사소송절차에서 검사나 피고인에 대하여 법원이 적극적인 역할을 하는 訴訟構造(소송구조)를 職權主義(직권주의)라 한다. 직권주의는 當事者主義(당사자주의)에 대립한다. 직권주의적 소송구조하에서는 법원이 실체진실을 발견하기 위해서 사건의 심리를 적극적으로 관여하여 피고인 신문·증거조사 등에 있어서 주도적 역할을 담당하고 訴訟物(소송물)은 법원의 지배 아래 놓이게 된다. 이러한 의미에서 직권주의를 職權審理主義(직권심리주의) 또는 職權探知主義(직권탐지주의)라 한다. 유럽에서 프랑스 혁명을 계기로 糾問主義的(규문주의적) 형사제도를 폐지하고 彈劾主義的(탄핵주의적) 형사제도를 채택하였으나 국가권위주의 내지 官僚主義思想의 영향으로 직권주의를 원칙으로 한 소송구조가 확립되었다. 그런데 이러한 직권주의는 법원이 적극적·능동적으로 사건의 심리에 관여하는 관계로 실체적 진실발견에 효과적이며, 심리의 능률을 기할 수 있고, 소송진행의 신속을 도모 할 수 있는 장점이 있으나 사건의 심리가 법원의 自意(자의)·獨斷(독단)으로 흐를 위험성이 있고, 당사자의 소송활동이 경시되고 피고인의 방어권 보장이 소홀하게 될 염려가 있으며, 법원 자신이 소송의 와중에 휩쓸리게 되어 공정한 판단을 하기 어렵게 된다는 단점이 있다.

당사자주의와 직권주의

	당사자주의	직권주의
소송의 개시	검 사	법 원
입 증	검사·피고인	법 원
절차의 감시	검사·피고인의 이의신청	법원의 직권에 의함

직권주의의 장·단점

장점	① 재판의 지연을 방지하여 능률적이고 신속한 재판을 가능하게 함. ② 법원이 소송에서 주도적으로 활동하게 되어 실체진실의 발견이 가능하게 됨.
단점	① 사건의 심리가 법원의 독단에 빠질 위험이 있음. ② 피고인의 주체성이 형식적인 것에 그칠 위험이 있음.

소송법률상태설(訴訟法律狀態說)

독 ; Prozess als Rech- tslage

이 설은 소송의 動的(동적) · 발전적 성격에 착안하여 소송의 전체를 통일적으로 파악하는 학설로서 James Goldschmidt에 의하여 제창되었다. 이 설에 따르면 刑事訴訟節次(형사소송절차)는 절차라고 하지만 단지 절차의 集積(집적)에 불과한 것은 아니며, 증명을 통하여 검사 및 피고인에게 유리하게 또는 불리하게 일보 발전해 가는 浮動(부동)한 상태이고, 더구나 이 부동한 상태는 형사소송법이라는 법률에 묶인 하나의 法律狀態(법률상태)라고 한다. 그리하여 소송법상의 여러 가지 문제를 검토함에 있어서도 이러한 소송 특유의 모습을 잃어버리지 않고 그 입장에서 생각하지 않으면 아니될 것을 가르친 것이 이 견해이다(訴訟法的 官僚方法). 이 견해에 의하면 소송주체의 소송절차상의 권리의무는 판결이 확정되기까지는 미확정적·浮動的인 것이므로 소송의 전체를 소송의 종국적 목표인 旣判力(기판력)과 관련시켜서 이해해야 한다고 주장하는 바, 즉 소송은 법률관계가 아니고 「기판력을 終點으로 한 부

동적 법률상태」로 파악한다고 한다. 그러나 소송은 전체적으로 보면 이와 같은 법률상태인 것은 정당하다 하더라도, 하나하나의 절차는 법원·검사·피고인간에서 엄밀하게 법률에 의하여 규정된 법률관계라는 것도 망각하여서는 아니된다(訴訟法律關係說). 소송이 법률관계인 일면을 경시하면 피고인의 권리를 침해하는 결과를 초래하기 쉽다(소송의 전체).

전체의 소송

법원이 심증을 형성하는 과정	법률상태 법률관계
소송을 진행하는 과정	
절차의 과정	

소송법률관계설(訴訟法律關係說)

소송의 본질을 소송주체간에 존재하는 통일적 법률관계로 파악하여야 한다는 견해로서 Oskar Bülow에 의하여 제창되었다. 이 설은 법원은 심판을 하는 권리의무를 가지고, 당사자는 심판을 구하고 심판을 받을 권리 의무를 가지는 바, 이러한 법률관계가 일보일보 발전하여 나가는 데에 소송의 특질이 있고 소송의 전체는 이러한 법률관계의 통일체로 파악하여야 한다고 한다. 이 설은 소송법률관계가 實體法律關係(실체법률관계)와 차원이 다르다는 점을 명백히 하였다는 점에서 또한 소송의 본질을 訴訟主體間의 권리의무관계로 파악함으로써 피고인의 권리보호에 기여하였다는 점에서 소송법이론에 큰 공적을 남겼다. 그러나 원래 법률관계란 靜止的(정지적)·固定的(고정적)이기 때문에 소송의 동적·발전적 성격을 해명하는 데 부적당하다.

무죄추정주의(無罪推定主義)

영 ; presumption of inno- cence

•

형사절차에서 피고인 또는 피의자는 유죄의 판결이 확정될 때까지는 무죄로 추정된다는 원칙을 말한다. 영미법상 피고인의 진범이라 할지라도 증거가 없는 한 무죄를 선고하여야 한다는 주의나 大陸法上 「의심스러운 때는 피고인의 이익으로」(in dubio pro reo)라는 法諺(법언)도 이에 해당한다. 이러한 주의는 피의자·피고인의 인권보장을 그 합리적 기초로 하고 있다. 그리고 이는 법관의 사실인정에 대해서만 지배하는 원리가 아니라 수사절차·공판절차 등 형사소송의 全過程을 지배하는 지도원리이다. 그래서 형사소송법상 舉證責任(거증책임)이 검사에게 있다고 하거나, 피의자·피고인의 陳述拒否權(진술거부권)의 인정, 부당한 待遇(대우)의 금지, 權利保釋(권리보석)을 인정하는 것 등은 모두 이러한 주의의 표현이라고 볼 수 있다.

소송조건(訴訟條件)

독 ; Prozeß voraussentzung

•

소송조건이란 사건의 실체에 대하여 심판할 수 있는 실체심리의 전제조건 즉 형벌권의 존재를 심판하는데 구비되어야 할 전체로서의 소송에 공통된 조건을 말한다 소송조건은 실체적 심판의 조건이므로 피고사건의 실체에 대한 심리시 및 재판시에 존재해야 함은 물론 소송제기시에도 존재해야 한다. 따라서 소송조건은 소송제기의 適法(적법)·有效要件(소송개시의 조건)이며 실체적 심리의 조건(소송존속의 조건)인 동시에 소송의 목표인 실체적 재판의 조건

이다. 이러한 의미에서 소송조건을 전체로서의 소송의 허용조건(zuverl ssigkeit des verfahrens imganzen)이라고도 한다. 이러한 소송조건은 소송의 全段階에 존재함을 필요로 하는 조건으로 개개의 소송행위의 유효요건과는 구별된다. 이러한 소송조건의 개념은 1868년 소송법률관계설을 주장한 Bü low가 소송관계의 성립요건으로 제창한 것이 Kries에 의해서 형사소송법에 도입된 것이다. 소송조건은 여러 기준에 따라 (1) 일반의 사건에 공통적인 일반적 소송조건이나 특수한 사건에만 요구되는 特別訴訟條件 (2) 법원이 직권으로 조사함을 요하는 절대적 소송조건이나 당사자의 신청에 의해서 조사사항으로 되는 相對的 訴訟條件(상대적소송조건) (3) 刑事訴訟法(형사소송법)에서 유형적으로 규정하고 있는 유형적 소송조건과 형사소송법이 소송조건으로 규정하고 있지 아니한, 예컨대 조사의 위법, 소송권의 남용과 같은 非類型的 訴訟條件(비유형적 소송조건) 그리고 (4) 절차면에 관한 사유가 실체적 심판의 조건으로 되는 경우의 형식적 소송조건이나 實體面에 관한 사유가 소송조건으로 되는 實體的 訴訟條件(실체적 소송조건) 등으로 분류된다.

실체적 소송조건
(實體的 訴訟條件)

독 : materielle Prozessvoraussetzungen

•

형식적 소송조건에 상대되는 개념으로, 소송조건의 일종으로서, 실체면에 관한 사유를 소송조건으로 하는 것을 말한다. 실체적 소송조건은 형사소송법상 면소의 판결(형소법 326조)을 해야 할 것으로 규정되어 있다.

절대적 친고죄(絶對的 親告罪)

상대적 친고죄에 상대되는 개념으로 범인과 피해자와의 신분관계의 여하를 묻지 않고 항상 친고죄로 되는 범죄를 말한다. 강간죄와 사자명예훼손죄 등이 이에 해당한다.

사건의 단일성(事件의 單一性)
독 ; Einheit des Prozeß gegenstandes

사건의 단일성이란 형사소송법상 발전하는 소송의 어느 시점에서 횡단적 、 정적으로 관찰하였을 경우에 그 사건이 1개의 객체로서 취급되는 것을 의미한다. 즉 사건이 소송법상 불가분인 1개로 취급되는 경우에 그 사건은 1개이다. 사건이 단일하기 위하여는 피고인이 단일하고, 공소사실이 단일함을 요한다. 피고인이 數人인 때에는 사건도 數個이다. 공범사건은 피고인의 수에 따라 수개의 사건이며 관련사건(刑訴§ 11 II)으로 되는 데 불과하다. 피고인이 1인이라도 공소사실(범죄사실)이 수개인 때에는 수개의 사건으로서 관련사건이 된다. 경합범(刑§ 37)은 수개의 범죄사실로 되는데 이론이 없으나 科刑上의 一罪인 想像的競合(§ 40)은 형법상으로 수개로 보는 것이 통설이지만, 형사소송법상으로는 1개의 범죄사실로 취급된다.

사건의 동일성(事件의 同一性)
독 ; Identitat des Prozeß gegenstandes

사건의 동일성은 소송의 발전적인 면에서 착안하여 縱斷的(종단적) 、 動的으로 관찰하는 경우에 사건이 전후동일함을 말한다. 사건의 동일성은 사건의 단일성을 전제로 하는 개념이다. 그래서 사건이 수개인 경우에는 개개의 사건에 관하여 동일성여부를 판단하여야한다. 사건이 동일하기 위해서는 피고인이 동일하여야 하고 공소사실이 동일함을 요한다. 피고인의 동일은 전후에 걸쳐 동일하여야 한다(주관적동일). 공소사실도 전후 동일하여야 한다. 공소사실의 동일성이 사건의 동일성을 결정하는 요소이고, 법원은 이 동일성을 害하지 않는 범위 내에서 공소장의 변경을 허가해야 한다(刑訴§ 298①). 법원은 사건의 동일성을 넘어서 심판할 수 없다.

법원 · 당사자

법원(法院)
영 ; court
독 ; Gericht

법원은 사법권을 행사하는 국가기관이다. 법률상의 쟁소에 관하여 심리 、 재판하는 권한과 이에 부수하는 권한을 사법권이라 하는데 이는 법관으로 구성된 법원에 속한다(憲§ 101). 법원이라는 말은 두 가지 의미로 사용된다. 국법상 의미의 법원과 소송법상의 의미의 법원이 그것이다. 국법상 의미의 법원은 司法行政上(사법행정상)의 관청으로서의 법원과 관서로서의 법원으로 구분된다. 전자는 司法行政權(사법행정권)의 주체가 되는 법원을 말하고 후자는 그 자체로서는 아무런 권한을 가지고 있지 않는 법관과 전직원을 포함한 사법행정상의 단위에 불과한 법원을 말한다. 법원조직법에서 말하는 법원은 흔히 국법상 의미의 법원을 말한다. 법원에는 최고 법원인 대법원이 있고 하급법원으로서는 高等法院(고등법원)과 地方法院(지방법원)·家庭法院(가정법원)이 있다. 또 지방법원의 사무의 일부를 처리하게 하기 위하여 그 관할구역 내에 지원과 소년부지원을 둘 수 있다. 가정법원은 지방법원과 동등하며 그 사무의 일부를 처리하게 하기 위하여 그 관할구역 안에 지원을 둘 수 있다. 대법원에는 大法官(대법관)을 두고 그 員數(원수)는 대법원장을 포함하여 14인으로 한다. 고등법원에는 고등법원장과 법률로써 정한 員數의 판사를 둔다. 지방법원과 가정법원에는 각 지방법원장·가정법원장과 법률로써 정한 원수의 판사를 둔다. 그리고 소송법상 의미의 법원은 개개의 소송사건에 관하여 실제로 재판권을 행사하는 재판기관을 말하며 1인의 법관이 담당하는 경우(單獨制)와 수인이 담당하는 경우(合議制)가 있다. 형사소송법상의 법원은 대체로 이러한 의미로 사용된다. 소송법상 의미의 법원은 각각 독립하여 재판권을 행사하며 그 재판권행사에 관하여 상급법원 또는 所屬 法院(소속법원)의 長으로부터 지휘감독을 받지 아니한다.

형사재판권(刑事裁判權)

刑事裁判權(형사재판권)이라 함은 어떤 犯人(범인)에 대한 범죄사실을 인정하여 형벌 등의 처분을 과할 수 있는 권한을 말한다. 이 권한은 국가에 속하며, 법원이 이를 행사한다(憲§ 101①).

刑事裁判權(형사재판권)의 주요내용은 형사사건을 심리·재판하는 권한, 즉 심판권이며 이에 부수하는 권한으로 訴訟指揮權(소송지휘권), 法廷警察權(법정경찰권), 强制處分權(강제처분권) 등이 있다. 刑事裁判權은 公判法院(공판법원)뿐만 아니라 그 외의 裁判機關(재판기관)에도 인정되고 있다.

합의제(合議制)

법원이 공소가 제기된 사건을 재판할 경우에 수인의 법관이 합의하여 재판하는 제도이다. 사건을 신속하게 처리할 수 없으며 법관의 책임감이 약화될 우려가 있으나, 신중과 공정을 기할 수 있어 과오가 적다는 장점을 갖고 있으므로 상소법원의 재판에 있어서는 합의제가 요망된다. 대법원과 고등법원은 항상 합의제이다. 즉 대법원은 원칙적으로 대법원판사 전원의 3분의 2이상의 합의체에서 심판한다. 그런데 대법원판사 3인 이상으로 구성되는 部에서 먼저 사건을 심리하여 의견이 일치한 때에 한하여 그 부에서 재판할 수 있는 경우도 있다(法組 § 7①但). 高等法院(고등법원)은 언제나 3인의 판사로 구성된 합의부에서 심판하고 지방법원·가정법원·지방법원지원·가정법원지원·지방법원소년부지원은 단독제와 합의제를 병용하고 있으나 합의제인 경우에는 판사 3인으로 구성된 합의부에서 심판한다. 합의제에 있어서 중요한 것은 법관과반수의 의견으로 결정하며, 구성원으로서 재판장과 수명법관이라는 자격을 인정하여 어느 정도 단독활동의 여지를 남기고 있다.

단독제(單獨制)

공소가 제기된 사건의 재판을 1인의 법관이 담당하는 경우이다. 그 장단점은 合議制(합의제)의 경우와 반대가 된다. 형사재판에서는 과오를 최대한으로 방지하기 위하여 합의제가 이상적이나 현재의 사건 수에 비하여 人的(인적) ·물적 설비의 부족에 의해 단독제를 채용할 수밖에 없어서 지방법원 등에 단독제를 원칙적으로 채용하고 있다. 단 사건의 성질에 따라서 합의제에서 심판하는 경우를 명시하고 있다(法組§ 32).

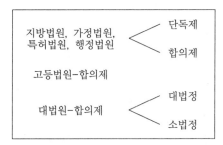

재판장(裁判長)
독 ; Vorsitzender

재판장은 公判法院(공판법원)의 기관으로 법원이 합의체인 경우 그 구성원 중의 1인이 된다. 재판장은 합의체의 기관으로서 公判期日指定權(공판기일지정권), 訴訟指揮權(소송지휘권), 法廷定警察權(법정경찰권) 등을 가지며, 독립하여서는 급속을 요하는 경우에 피고인을 소환, 구속할 수 있는 권한을 가진다. 재판장 이외의 법관을 합의부원(陪席判事)이라고 한다. 재판장은 소송절차를 진행시키기 위한 권한만을 가지고 있으며 심판에 있어서는 다른 법관과 동일한 권한을 가질 뿐이다.

수명법관(受命法官)

합의제법원으로부터 특정한 소송행위를 하도록 명을 받은 합의제법원의 구성원을 受命法官(수명법관)이라고 한다. 수명법관은 명을 받는 소송행위에 관하여 법원 또는 재판장과 동일한 권한이 인정되는 경우가 있다. 예컨대 押收(압수) 또는 搜索(수색)의 경우(刑訴§ 136), 증인의 訊問의 경우(§ 167)등이 그러하다.

수탁판사(受託判事)
독 ; ersuchter Richter

공탁법원으로부터 특정한 소송행위를 촉탁 받은 다른 법원의 판사를 말한다. 수탁판사는 촉탁 받은 소송행위에 관하여 법원 또는 재판장과 동일한 권한이 인정되기도 한다. 受託判事(수탁판사)는 公判法院(공판법원)의 구성원이 아니라는 점에서 수명법관과 다르다.

수임판사(受任判事)

受訴法院(수소법원)과는 독립하여 소송법상의 권한을 행사할 수 있는 개개의 법관을 수임판사라 한다. 예컨대 수사기관의 청구에 의하여 각종의 令狀(영장)을 발부하는 판사, 證據保全節次(증거보전절차)를 행하는 판사, 수사상의 증인신문을 하는 판사 등이 있다. 수소법원과 관계없이 소송행위를 하는 재판기관이라는 점에서 受命法官(수명법관)·受託判事(수탁판사)와 다르다.

공평한 법원(公平한 法院)

조직과 구성에 있어서 편파적인 재판을 할 우려가 없는 법원을 말한다. 공평한 법원을 위해서는 사법권의 독립이 보장되고 자격 있는 법관에 의해 법원이 구성되어야 한다. 사법권의 독립은 공평한 법원의 구성을 위한 일반적 보장이다. 어떠한 경우가 그러한 공평한 법원이라고 할 수 있는가는 결국 사회상식에 따라서 이해될 것이다. 그런데 그 법원을 구성하는 법관이 그 사건의 피해자이던가 피해자의 친족인 경우는 물론이고, 當事者主義(당사자주의)의 소송이라는 입장에서 보면 법관이 그 사건에 대하여 이미 일방적으로 치우친 지식을 가지고 있는 경우에도 공평한 법원이라고는 할 수 없다. 그러므로 이러한 점들에 따라 공평한 법원의 구성을 구체적으로 보장하기 위하여 마련된 제도가 除斥(제척) · 忌避(기피) · 回避制度(회피제도)인 것이다.

제척(除斥)
영 ; exclusion
독 ; Ausschließung

구체적인 사건의 심판에 있어서 법관이 불공평한 재판을 할 우려가 현저한 것으로 법률에 類型的(유형적)으로 규정되어 있는 사유에 해당하는 때에 그 법관을 직무집행에서 배제시키는 제도를 말한다. 그 효과가 법률의 규정에 의하여 당연히 발생한다는 점에서 당사자 또는 법관 스스로의 신청이 있을 때에 재판에 의하여 법관이 職務執行(직무집행)에서 배제되는 기피 · 회피와 구별된다. 예컨대 법관이

피해자라든가 피고인에 친족인 관계가 있으면 상식적으로 판단할 때 그 법관에게 공평한 재판을 기대할 수 없고, 그러한 법관이라도 재판할 수 있는 지위에 설 수 있다면 재판제도에 대한 국민의 신뢰를 잃어버리게 된다고 아니할 수 없다. 여기에 공평한 법원의 구성에 의한 공정한 재판을 위한 제척의 존재이유가 있다. 제척의 원인이 되는 사유에 대해서는 刑事訴訟法(형사소송법) 제17조에서 다음과 같이 규정하고 있다. ① 법관이 피해자인 때 ② 법관이 피고인 또는 피해자의 친족 · 가족 또는 피해자의 친족 · 가족 또는 이러한 관계가 있었던 자인 때 ③ 법관이 피고인 또는 피해자의 법정대리인 · 후견감독인인 때 ④ 법관이 사건에 관하여 증인 · 감정인 · 피해자의 대리인으로 된 때 ⑤ 법관이 사건에 관하여 피고인의 대리인 · 변호인 · 보조인으로 된 때 ⑥ 법관이 사건에 관하여 검사 또는 사법경찰관의 직무를 행한 때 ⑦ 법관이 사건에 관하여 前審裁判 또는 그 기초되는 조사 · 심리에 관여한 때 등이다.

> 형사소송법 제17조 제7호의 제척원인인 '법관이 사건에 관하여 그 기초되는 조사에 관여한 때'라 함은 전심재판의 내용형성에 사용될 자료의 수집 · 조사에 관여하여 그 결과가 전심재판의 사실인정 자료로 쓰여진 경우를 말하므로, 법관이 선거관리위원장으로서 공직선거및선거부정방지법위반혐의사실에 대하여 수사기관에 수사의뢰를 하고, 그 후 당해 형사피고사건의 항소심 재판을 하는 경우, 형사소송법 제17조 제7호 소정의 '법관이 사건에 관하여 그 기초되는 조사에 관여한 때'에 해당한다고 볼 수는 없다(**대법원 1999. 4. 13. 선고 99도155).**

기피(忌避)

독 ; Ablehnung

除斥原因(제척원인)이 있는 법관이 제척되지 않고 재판에 나설 경우, 또 제척원인이 없더라도 법관이 불공평한 재판을 할 염려가 있는 경우에 당사자에게 그 법관을 직무집행으로부터 배제하도록 하는 신청을 인정하고 있다(刑訴§ 18). 이것을 기피라 하며 이는 除斥制度(제척제도)를 보충하는 제도이다. 忌避制度(기피제도)는 제척제도·回避制度(회피제도)와 마찬가지로 재판의 공평을 보장하기 위한 제도이다. 그러나 이는 악의의 당사자에 의해서 소송지연의 수단으로 악용될 우려가 없지 않다. 기피는 법관뿐만 아니라 법원의 서기관, 서기 및 통역인에 대하여도 이를 신청할 수 있다(§ 25). 법관에 대한 기피신청이 있는 경우에는 기피 당한 법관이 소속한 법원의 合意部(합의부)에서 이를 결정하며, 서기관·서기 및 통역인에 대한 기피신청이 있는 경우에는 그 소속법원이 이를 결정하여야 한다(§ 21①, § 25②). 기피신청이 소송의 지연을 목적으로 함이 명백하거나 법률의 규정에 위배된 때에는 신청을 받은 법원 또는 법관은 결정으로 이를 棄却(기각)한다(§ 201①).

회피(回避)

독 ; Selbstablehnung

法官(법관)자신이 기피의 원인이 있다고 생각되는 경우에는 자발적으로 그 직무의 집행으로부터 脫退(탈퇴)하는 제도이다(刑訴§ 24). 그러나 법관에게 回避權(회피권)이 인정된 것은 아니므로 법관이 스스로 忌避事由가 있다고 판단한 때에는 사건의 재배당이나 합의부원의 재구성에 의하여 내부적으로 해결할 수 있다. 그러나 이러한 해결이 이루어지지 않을 때에는 회피하여야 한다. 법관의 회피신청은 직무상의 의무라고 할 수 있다. 회피는 자기가 소속하는 법원에 서면으로 신청하도록 되어 있다. 제척 및 기피와 마찬가지로 刑事訴訟法(형사소송법)에 명시한 제도로서 법원의 서기관, 서기, 통역인 역시 스스로 회피할 수 있다.

제척·기피·회피

	원 인	절 차
제 척	법률에 유형적으로 정해져 있음(刑訴§ 17)	법률상 당연히 제외됨
기 피	•유형적으로 정해져 있지 않음 •불공평한 재판을 할 염려가 있는 일체의 경우(§ 18)	당사자의 신청에 의하여 법원이 판단함
회 피	上同(상동)	법관 스스로 직무 집행으로부터 탈퇴함

배심제(陪審制)

국민가운데서 선출된 일정수의 전문가가 아닌 陪審員(배심원)으로서 구성되는 배심의 심판 또는 起訴(기소)를 행하는 제도. 심판을 행하는 것을 審理陪審(심리배심) 또는 小陪審(소배심)이라 부르고, 기소를 행하는 것을 기소배심 또는 大陪審(대배심)이라고 부른다. 배심제도의 起源(기원)에 관하여 자연발생적이라고 하는 설, 프랑크시대의 규문절차가 노르만인과 함께 전래하였다고 하는 설

등의 논쟁이 있으나 여하튼 영국에서는 12, 13세기 경부터 발달하였다. 처음에는 증인 또는 범죄사실의 보고자였으나 뒤에 소를 제기하게 되고 神判(신판)의 소멸과 더불어 스스로 심판을 하게 되었다. 심리배심은 프랑스 혁명당시 프랑스에 들어왔다가 다시 1948년에는 독일에 전파되었으나, 그후 독일에서는 이를 폐지하고 參審制(참심제)만을 채용하고 있다. 기소배심은 프랑스에서도 혁명당시에 한때 채용되었을 뿐이고, 영국에서도 1933년에 폐지되었으나 미국은 헌법에서 重罪(중죄)에 관하여는 배심의 기소를 필수적인 것으로 하고 있다.

국민참여재판제도
(國民參與裁判制度)

국민참여재판은 일반 시민이 배심원으로 형사재판에 참여해 유무죄 판단을 한 뒤 판사에게 평의 결과와 양형 의견을 내놓는 재판제도를 말한다. 2007. 6. 1. '국민의 형사재판 참여에 관한 법률'이 법률 제849호로 공포됨에 따라 2008. 1. 1.부터 동법 제5조에 규정된 범죄에 대해서는 배심재판이 행해지게 되었다. 다만, 배심원단 평결은 권고적 효력만 있고 재판부가 이를 반드시 따라야 하는 것은 아니어서 미국식 배심제도와는 차이가 있다. 그러나 재판부가 배심원단평결과 다르게 판결을 선고할 때에는 반드시 판결문에 그 이유를 적어야 하고, 법정에서 피고인에게 설명해 주도록 하였다(동법 § 48).

관할(管轄)
영 ; jurisdiction
독 ; Zuständigkeit

각 법원에 대한 裁判權(재판권)의 배분, 즉 특정법원이 특정사건을 재판할 수 있는 권한을 말한다. 관할은 사건의 輕重(경중)、심판의 難易(난이) 、 법원의 負擔(부담)의 공평 및 피고인의 편의 등을 고려하여 결정하고 있다. 관할에는 사건의 경중에 의한 구별(事物管轄), 지역적 차이에 의한 구분(土地管轄) 및 제1심、항소심、상고심과 같은 심급상의 구별(심급관할)이 있는데 특정사건이 어떤 법원에 係屬(계속)되는가는 이 세 가지 점을 고려하여 결정된다. 그리고 법원의 관할에는 사건자체의 심판에 관한 관할과 특정한 절차에 관한 관할이 있는데 前者를 事件管轄(사건관할), 후자를 職務管轄(직무관할)이라 한다. 그리고 법률의 규정에 의하여 직접 관할이 정하여진 法定管轄(법정관할)과 법원의 재판에 의하여 관할이 정해지는 관련사건의 관할이 있다. 이처럼 법원의 재판에 의하여 관할이 정해지는 關聯事件(관련사건)의 관할이 있다. 이처럼 법원의 관할을 정함에 있어서는 한편으로 심리의 편의, 사건의 능률적 처리라는 공익적 측면을 고려하며 또 한편으로 피고인의 출석편의 등 피고인의 이익보호라는 측면도 고려하여야 한다. 관할에 관한 규정에 의해서 일단 特定法院(특정법원)에 계속된 사건에 대해서는 동일법원에 의하여 심판이 행해질 것이 요청되는데 이를 管轄恒定(관할항정)의 원칙이라 한다.

사물관할(事物管轄)
독 ; sachliche Zuständigkeit

사건의 경중 또는 성질에 의한 제1심 법원의 관할의 분배를 말한다. 사건관할은 제1심 법원의 單獨判事(단독판사) 또는 합의부에 속한다. 그러나 원칙적으로 제1심 법원의 사물관할은 단독판사에 속한다. 예외적으로 사건이 중대하거나 특히 신중한 심리가 요청되는 사건에 대해서는 합의부의 관할로 하고 있다. 사물관할을 정하는 원칙에는 범죄를 기준으로 하는 犯罪主義(범죄주의)와 형벌을 기준으로 하는 刑罰主義(형벌주의)가 있다. 現行法院組織法(현행법원조직법)은 兩主義(양주의)를 병용하고 있다.

토지관할(土地管轄)
독 ; rtliche Zustädigkeit

동등법원간에 있어서 사건의 토지관계에 의한 관할의 분배를 말한다. 토지관할은 사건의 능률적 처리와 피고인의 출석·방어의 편의를 고려하여 결정되어야 한다. 법원의 토지관할은 범죄지 또는 피고인의 住所·居所·現在地에 의한다. 각 법원은 그 관할구역내에 犯罪地 또는 피고인의 주소·거소·현재지가 있는 사건에 대하여 土地管轄權(토지관할권)을 갖는다. 이처럼 토지관할의 표준이 되는 犯罪地·주소 등을 裁判籍(재판적)이라고 한다.

심급관할(審級管轄)

상소관계에 있어서의 관할을 말한다. 상소에는 抗訴(항소)와 上告(상고) 및 抗告(항고)가 있다. 지방법원 또는 同支院의 단독판사의 판결에 대한 항소사건은 地方法院 本院合意部에서 관할하고 지방법원 합의부의 제1심 판결에 대한 항소사건은 고등법원에서 관할한다. 제2심 판결에 대한 상고사건과 제1심 판결에 대한 飛躍上告事件(비약상고사건)은 대법원의 관할에 속한다. 그리고 地方法院單獨判事(지방법원단독판사)의 결정·명령에 대한 항고사건은 지방법원 합의부에서 관할하고 지방법원합의부의 제1심 결정에 대한 항고사건은 고등법원의 관할에 속한다. 또 고등법원의 결정과 지방법원합의부의 제2심 결정에 대한 항고사건은 대법원의 관할에 속한다.

관할의 지정(管轄의 指定)

구체적 사건에 대하여 그 관할상 관계 있는 법원의 상급법원이 심판할 법원을 지정하는 것을 말하며, 이것에 의하여 발생한 관할을 지정관할이라 하는 바, 이는 재정관할의 일종이다. 지정의 관할을 신청할 수 있는 사유는 다음과 같다. 법원의 관할이 명확하지 아니한 때, 관할위반을 선고한 재판이 확정된 사건에 관하여 다른 관할법원이 없을 때이다. 관할위반의 재판의 당·부당은 불문한다. 관할의 지정은 검사가 관계 있는 제1심법원에 공통되는 직근 상급법원에 신청하여야 한다(형소법 14조). 신청은 공소제기 전후를 불문하고, 사유를 기재한 신청서를 제출함에 의한다(형소법 16조1항). 공소제기 후에 관할지정을 신청한 때에는 공소를 접수한 법원에 통지해야 한다(형소법 16조2항).

관할의 병합(管轄의 倂合)

관련사건에 대하여는 병합관할이 인정되고 있다. 즉 사물관할을 달리하는 수개의 사건이 관련된 때에는 법원합의부는 병합관할한다. 단 결정으로 관할권 있는 법원 단독판사에게 이송할 수 있다(형소법 9조). 토지관할을 달리하는 수개의 사건이 관련된 때에는 한 개의 사건에 관하여 관할권 있는 법원은 다른 사건까지 관할 할 수 있다(형소법 5조).

관할의 이전(管轄의 移轉)
독 : bertragung der Zunstä ndigkeit

관할법원이 재판권을 행사할 수 없거나 적당하지 않은 때에 법원의 관할권을 관할권 없는 법원으로 이전하는 것을 말한다. 따라서 형소법상의 관할이전의 사유는 다음과 같다. 관할법원이 법률상의 이유 또는 특별한 사정으로 재판권을 행사할 수 없을 때, 범죄의 성질 · 지방의 민심·소송의 상황 기타 사정으로 공평을 유지하기 어려울 염려가 있는 때이다. 관할의 이전은 검사 또는 피고인의 신청에 의한다(형소법 15조). 관할의 이전을 신청함에는 그 사유를 기재한 신청서를 직근상급법원에 제출하여야 하며, 공소를 제기한

후에 신청하는 때에는 즉시 공소를 접수한 법원에 통지하여야 한다(형소법 16조).

관련사건(關聯事件)
독 ; Zusammenh ä ngendeStrafsachen

수개의 사건이 상호 관련하는 것을 말하는 것으로 형사소송법상 두 개 이상의 사건이 있는 경우 그 중 한 사건에 관하여 관할권이 있고 他方(타방)에 대하여도 관할을 갖게 되는 경우에 이 두 사건을 關聯事件(관련사건)이라고 한다. 한 사람이 여러개의 범죄를 하였을 때(競合犯이 해당), 여러 사람이 공동으로 죄를 범하였을 때(공범), 여러 사람이 동시에 동일한 장소에서 罪를 犯하였을 때(同時犯)가 이에 해당한다. 그리고 犯人隱匿罪(범인은닉죄), 證據湮滅罪(증거인멸죄), 僞證罪(위증죄), 虛僞通譯(허위통역), 鑑定(감정)의 罪 및 臟物(장물)에 관한 罪와 그 本犯間에는 관련사건이 된다. 관련사건의 관할수정은 심판의 편의상 倂合管轄(刑訴§ 5, § 9), 심리의 병합(§ 6, § 10), 審理(심리)의 分離(분리)(§ 5, § 9)가 인정된다.

심판불가분의 원칙
(審判不可分의 原則)

형사소송법에 있어, (1)법원은 한 개의 사건의 일부에 대하여 분할하여 심판할 수 없다는 원칙을 말한다. 공소불가분의 원칙을 법원에 적용한 관념이다. 따라서 판결의 효력(기판력)은 사건이 단일하고 동일한, 그 전부에 미친다. (2)

사건의 범죄성립문제와 형벌문제의 전부에 관하여 불가분적으로 심판하여야 한다는 원칙을 말한다. 즉 범죄와 형벌, 주형과 부가형, 형벌과 집행유예를 분리하여 심판할 수 없다는 것이다.

관할의 경합(管轄의 競合)

법원의 관할이 여러 가지 기준에 의하여 결정되는 결과 동일사건에 대하여 2개 이상의 법원이 관할권을 가지는 경우가 있는데 이를 관할의 경합이라 한다. 管轄抵觸(관할저촉)이라고도 한다. 관할의 경합은 土地管轄(토지관할)의 경우에 주로 발생한다. 형사소송법상 토지관할에 관하여 그 표준이 여러 가지 있을 뿐 아니라 여러 개의 관할구역에 걸쳐서 행해진 결과로서 또는 토지관할 외에 관련사건의 토지관할이 인정되는 결과가 발생한다. 사물관할에 있어서도 下級法院(하급법원)의 고유 관할사건에 대하여 上級法院(상급법원)이 관련사건의 관할을 가지는 결과가 발생한다. 그러나 심급관할의 경우에는 1개의 법원만이 관할법원으로 되므로 관할의 경합은 발생하지 않는다.

관할위반의 항변
(管轄違反의 抗辯)

관할권이 없는 법원에 제기된 소에 관한 피고의 항변을 말한다. 관할위반의 재판이 법률에 위반됨을 이유로 원심판결을 파기하는 때에는 판결로써 사건을 원심법원에 환송하여야 한다(형소법 366조).

소송계속의 경합
(訴訟係屬의 競合)

관할의 경합으로 인하여 1개의 사건(同一事件)이 수개의 법원에 계속되는 경우가 있다. 이를 訴訟係屬(소송계속)의 競合(경합)이라 한다. 이는 동일사건에 대하여 한 법원에 공소가 제기된 경우에도 다른 법원의 관할권이 소멸되지 않기 때문이다. 그런데 동일사건에 대한 重複審理(중복심리), 二重判決(이중판결)은 허용할 수 없으므로 동일사건이 수개의 법원에 소송 계속된 경우에는 어느 한 법원으로 하여금 심판하도록 하여야 한다. 동일사건이 事物管轄을 달리하는 수개의 법원에 계속한 때에는 法院合議部가 심판한다(刑訴§ 12). 그리고 동일사건이 사물관할을 같이 하는 수개의 법원에 계속된 때에는 먼저 公訴(공소)를 받은 법원이 심판함을 원칙으로 한다. 그러나 각 법원에 공통되는 直近上級法院(직근상급법원)은 검사 또는 피고인의 신청에 의하여 결정으로 뒤에, 공소를 받은 법원으로 하여금 심판하게 할 수 있다(§ 13).

사건의 이송(事件의 移送)

법원이 訴訟係屬(소송계속) 중인 사건을 다른 법원 또는 군사법원으로 이송하는 것을 말한다. 이 때에는 소송기록과 증거물을 송부하여야 한다. 사건의 이송은 同級法院間의 이송 또는 일반법원과 군사법원 사이의 이송인 수평적 이송과 상급법원에 의한 破棄移送인 수직적 이송으로 구분할 수 있다. 또한 필요적 이송과 任意的 移送으로 분류된다.

검사(檢事)

영 ; Public Prosecutor
독 ; Staatsanwalt

檢察權(검찰권)을 행사하는 국가의 기관이다. 이런 점에서 사법권의 행사를 그 직무로 하는 법관과 그 성격 · 지위를 달리한다. 검사의 권한은 주로 범죄의 수사, 공소의 제기 및 수행재판의 집행을 지휘·감독하는 것이다. 이 권한을 檢察事務(검찰사무)라 한다. 검사는 각자가 국가의 기관으로서 검찰사무를 처리할 수 있는데, 이 점에서 일반의 관청과 다르다. 이와 같은 검찰사무는 그 내용면에서 사법권과 밀접한 관계에 있으므로 일반 행정관과 달리 검사임명에 있어서 엄격한 자격의 제한과 강력한 신분의 보장이 법률에 의해 이루어지고 있다. 즉 검사는 행정관이면서 준사법관적 성격이 있다. 사법권의 독립에 의하여 심판상 독립성이 보장된 법관과 달리 검사는 검찰총장을 정점으로 檢事同一體의 原則에 의해 상관의 명령을 받아 그 명령에 따라서 활동하는 관계(上命下服의 關係)에 있다.

검사동일체의 원칙
(檢事同一體의 原則)

독 ; Grundsatz der Einheitlichkeit der Staatsanwaltschaft

모든 검사는 검찰권의 행사에 관하여 검찰총장을 정점으로 하여 피라미드형의 階層的(계층적) 조직체를 형성하여 上下服從關係로 一體不可分의 유기적 통일체로서 활동한다. 이를 검사동일체의 원칙이라 한다. 이 원칙은 범죄수사

와 공소의 제기 및 재판의 집행을 내용으로 하는 檢察權(검찰권)의 행사가 전국적으로 균형을 이루게 하여 檢察權行使(검찰권행사)의 공정을 기하려는 데 주된 이유가 있다.

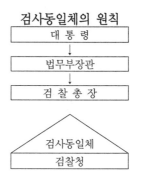

검사동일체의 원칙

대 통 령

법무부장관

검 찰 총 장

검사동일체
검찰청

검찰청(檢察廳)

檢察廳法(검찰청법)에 의하여 설치되는 것으로 검사의 사무를 통할하는 관서이다. 그 종류로는 大檢察廳(대검찰청) · 高等檢察廳(고등검찰청) 및 地方檢察廳(지방검찰청)의 3종이 있으며, 각각 대법원·고등법원 및 지방법원에 대응하여 설치되어 있다. 다만 지방법원 설치구역에는 이에 대응하여 지방검찰청지청을 둘 수 있다. 그러므로 각각의 검찰청에 소속하는 검사는 그에 대응하는 법원이 담당하는 직무에 응한 검찰사무를 행하는 것이다. 그리고 검찰청과 지원의 관할구역은 법원과 지원의 관할구역에 의한다. 대검찰청의 장을 검찰총장이라고 하고 고등검찰청 및 지방검찰청의 장을 검사장이라 한다.

피고인(被告人)

영 ; accused
독 ; Angeklagte

•

피고인이라 함은 검사에 의하여 형사책임을 져야 할 자로 공소가 제기된 자 또는 공소가 제기된 자로 취급되어 있는 자를 말한다. 피고인은 공소제기 이후의 개념이므로 수사기관에 의하여 수사의 대상으로 되어 있는 피의자와 구별되며 또한 판결확정 이전의 개념이므로 확정판결에 의하여 형의 집행을 받고 있는 受刑人과 구별된다. 누구를 피고인으로 보아야 할 것인가는 공소장에 기재된 자인가의 여부에 따라서 판정된다는 견해(公示說)와 이에 대하여 피고인으로서 실제로 행위를 한 자를 피고인이라고 보는 설(行爲說), 그리고 검사의 의사를 기준으로 하여 피고인을 결정하여야 한다는 설(意思說) 등이 대립하고 있는데 형사소송에서는 前 2설을 포괄하여 결정함이 타당하다는 것이 통설이다. 이러한 피고인은 판결이 확정되어 유죄로 확정될 때까지는 무죄로 추정되며 그러므로 검사가 충분하게 입증하지 못한 때에는 비록 혐의가 있더라도 범인이 아니었던 것으로 해서 무죄가 선고된다. 또, 피고인은 단순히 법원에서 取調(취조)를 받는 입장에서가 아니고, 무죄를 주장하여 적극적으로 다툴 입장이 인정되어 있다. 이것을 소송의 당사자로서의 지위라 한다. 이러한 피고인의 당사자로서의 지위에 의하여 피고인은 검사와 대등한 입장에 있는 것이다. 이것을 當事者(당사자) 對等(대등)의 原則(원칙)이라 하는데, 실제로 피고인과 검사가 힘이 균등하지 않으면 대등의 입장이라 할 수가 없다. 피고인의 법률지식을 보충하는 변호인제도는 그래서 중요한 것이다. 그리고 피고인은 항상 재판시에 법정에 출석할 권리를 갖는다. 따라서 원칙적으로 피고인의 출석 없이는 開廷(개정)할 수 없다. 피고인이 정당한 이유 없이 출석하지 않으면 拘引(구인)해서라도 출석시켜야 한다. 이와 같이 피고인의 지위는 소송의 당사자로서 재판에 있어서 부당하게 처벌받지 않도록 자신을 수호할 지위에 있으나, 또 한편으로 현행법은 피고인이 법정에서 임의로 진술한 것을 증거로 할 수 있도록 하였다. 그러나 이것도 피고인이 반드시 供述(공술)해야 하는 것은 아니고 진술을 거부할 수 있다. 이를 피고인의 묵비권(陳述拒否權(진술거부권))이라 한다.

공동피고인(共同被告人)

영 ; codefendant
독 ; Mitbeschuldigte

•

복수의 피고인의 형사사건을 함께 병합 심리하는 경우에 여러 사람이 하나의 소송절차에서 피고인으로 된 자를 말한다. 공동피고인에 대하여는 소송관계는 독립해 존재하고, 또 共犯(공범)등이 다른 관계에서 비롯하는 영향은 예외로 하며 공동피고인에 대하여 생긴 사유는 원칙적으로 다른 사람에게 영향을 미치지 아니한다. 공동피고인은 피고인인 동시에 다른 피고인과의 관계에서는 제3자일 따름이다. 따라서 그 진술조서는 다른 공동피고인에 대한 관계에서는 피고인 이외의 자의 진술에 해당되므로 傳聞法則이 적용되고(刑訴

§ 312~§ 315), 또 그 내용이 타인으로부터 傳聞한 진술이면 형소법 제316조가 적용된다. 공동피고인의 진술은 이상의 기준에 의하여 다른 공동피고인의 자백에 대한 보강증거로 될 수 있으나 그것만으로써 다른 공동피고인을 유죄로 인정할 수 있는지에 관하여는 議論(의론)이 있다.

피의자(被疑者)

영 ; suspect
독 ; Beschuldigter
불 ; pré venu

경찰이나 검사 등의 수사기관으로부터 범죄의 의심을 받게 되어 수사를 받고 있는 자를 被疑者(피의자)라 한다. 피의자는 수사개시 이후의 개념이므로 被內査者와 구별되며 公訴提起(공소제기) 이전이 개념이므로 피고인과 구별된다. 現行刑事訴訟法上 피의자는 기본적으로 수사의 대상이 된다. 또한 準當事者的地位(준당사적지위)를 가지고 있어서 陳述拒否權(진술거부권), 변호인 선임권, 자료제출권, 변호인과의 接見交通權(접견교통권) 등의 권리를 가진다.

소송절차참여권(訴訟節次參與權)

피고인은 소송의 주체로서 공판기일의 소송절차(公判審理節次)뿐만 아니라 공판준비절차, 強制處分節次(강제처분절차), 證據保全節次(증거보전절차) 등 소송절차의 전반에 참여할 권리가 있다. 피고인의 이러한 권리를 訴訟節次參與權(소송절차참여권)이라 한다. 이러한 권리는 피고인의 防禦權 행사와 소송절차의 공정을 보장하기 위해서 필수적으로 요청된다. 소송절차참여권을 절차의 단계에 의하여 분류하여보면 公判節次參與權(공판절차참여권), 公判準備節次參與權(공판준비절차참여권), 證據保全節次參與權(증거보전절차참여권) 등이 있으며 절차의 내용에 의하여 분류하여 보면 公判廷出席權(공판정출석권), 證據調査參與權(증거조사참여권), 強制處分參與權(강제처분참여권) 등이 있다.

당사자능력(當事者能力)

독 ; Parteif ä higkeit

소송법상 당사자가 될 수 있는 일반적 능력을 말한다. 당사자에는 검사와 피고인이 있으나 검사는 일정한 자격요건을 갖춘 자 중에서 임명된 국가기관이므로 당사자능력이 문제될 여지가 없다. 따라서 당사자능력의 문제는 피고인으로 될 수 있는 일반적 능력의 문제로 다루어진다. 자연인, 법인 모두 당사자능력이 있다. 이러한 당사자능력은 소송법상의 능력이라는 점에서 형법상의 책임능력과 구별된다. 한편 일반적·추상적으로 당사자가 될 수 있는 능력이라는 점에서 구체적 특정사건에서 당사자가 될 수 있는 자격인 當事者適格(당사자적격)과 구별된다. 법률은 피고인이 사망하거나 피고인인 법인이 존속하지 아니하게 되었을 때에는 公訴棄却(공소기각)의 결정을 하도록 하고(刑訴§ 328)①Ⅱ) 이 경우의 공소는 무효로 하고 있다.

당사자대등주의(當事者對等主義)
독 : Prinzip der Parteigleichheit,
Waffengleichheit

형사소송법상 검사와 피고인의 실질적 평등은 사실상 실현될 수 없는 것이 현실이다. 그러나 이는 국민의 기본적 인권 옹호상 중요하므로 형사소송법은 검사와 피고인의 대등을 실현하기 위하여 노력하고 있다. 예컨대 피고인에게 묵비권을 보장하는 규정이라든가(형소법 289조), 피고인의 방어력을 보충하는 변호인제도 등은 당사자 대등주의를 구현하려는 것이다.

소송능력(訴訟能力)
독 ; Prozeß fä higkeit

피고인이 소송당사자로서 유효하게 소송행위를 할 수 있는 능력, 즉 의사능력을 기초로 하는 訴訟行爲能力(소송행위능력)을 말한다. 소송능력은 소송상의 행위능력으로서 당사자능력과 구별된다. 당사자능력의 존재는 소송조건으로서 이를 缺하면 공소기각의 재판을 하여야 하나 소송능력의 존재는 소송행위의 유효요건으로서 이를 결하면 원칙적으로 공판절차를 정지하여야한다. 형소법상의 당사자능력이나 소송능력의 관계는 민법상의 권리능력과 행위능력의 관계에 비유할 수 있다.

변론능력(辯論能力)
독 ; Postulationsf ä higkeit

법정에서 사실을 진술하거나 법률적인 의견을 진술할 수 있는 자격을 말한다. 소송에서의 자기의 지위와 이해를 이해할 수 있는 만큼의 능력(訴訟能力)이 있으면 그 者 자신을 직접 소송에 참가시켜 자기의 입장을 지키도록 할 필요가 있다. 그러나 한편 소송의 원활 、 신속한 처리라는 것도 중요하다. 소송경험이 없고 법률지식도 불충분한 자가 실제로 법정에서 사실이나 법률적인 의견을 진술한다면 소송이 원활·신속하게 처리되기 어렵기 때문에 그 자격을 제한할 필요가 있다. 그러나 어떠한 경우에 제한할 것인가는 제한되는 자의 이해에도 관계되므로 간단하게 정할 수 없는 것이다. 上告審에서는 변호인인 변호사 이외에는 피고인이라도 변론능력이 없다(刑訴§ 386).

변호인(辯護人)
영 ; counsel
독 ; Verteidiger

피고인 、 피의자의 방어력을 보충함을 임무로 하는 피고인 또는 피의자의 보조자를 말한다. 소송에서의 당사자 주의가 이상적으로 효과를 거두려면 검사와 피고인 、 피의자의 사이에 공격방어의 무기가 평등하게 있지 않으면 아니된다. 그런데 법률적인 素養(소양)에서는 양자간에는 큰 차이가 있다. 그래서 법률적인 면에서 피고인을 보조하는 제도로서 변호인제도가 설치되어 있다. 이러한 변호인은 소송법상 被告人(피고인) 、 피의자의 이익을 보호하는 보호자적 지위와 그 보호하는 이익이 정당한 이익에 한정되는 공익적 지위를 가진다. 변호인은 원칙적으로 변호사의 자격을 가진 자 중에서 선임된다(刑訴§ 31). 변호인에는 피고인 자신(혹은 배우자 등 일정한 친족)이 사비로써 선임하는 경우(私選辯護士)와 국가가 이를 선임하는 경우(國選辯護

士)가 있다. 어느 경우에도 변호인은 피의자나 피고인의 권리를 충분히 옹호하기 위하여 그들과 입회인 없이도 연락할 수 있는 권리(接見·交通權)나 서류증거물을 읽거나 증사할 수 있는 권리, 또는 증인신문이나 감정·검증 등에 참여할 수 있는 권리 등이 인정되어 있다. 그러나 권리 중에 어떤 것은 피의자나 피고인의 권리를 대리함에 불과한 것도 있고(대리권), 또 어떤 것은 변호인이기 때문에 당연히 가지는 권리(고유권)도 있다. 변호인의 권리는 가능한 한 고유권으로 해석하는 것이 바람직하다. 대리권인 경우에는 피의자나 피고인이 권리를 잃으면 변호인도 권리를 잃게되어 피의자나 피고인의 권리를 충분히 옹호할 수 없게 되기 때문이다.

변호인의 고유권
(辯護人의 固有權)

변호인의 권리로 특별히 규정된 것 중에서 성질상 대리권이라고 볼 수 없는 것을 말한다. 고유권에는 변호인이 피고인 또는 피의자와 중복하여 가지고 있는 권리와 변호인만 가지고 있는 권리가 있다. 후자를 협의의 고유권이라고 한다. 압수 및 수색영장의 집행에의 참여(형소법 145·121조), 감정에의 참여(형소법 176조), 증인신문에의 참여(형소법 163조), 증인신문(형소법 161조의2), 증거제출·증인신문신청(형소법 294조) 및 최종의견진술(형소법 303조) 등은 전자에 속하며, 피고인 또는 피의자와의 접견교통권(형소법 34조), 서류증거물의 열람 등사권(형소법 35조) 및

피고인에 대한 신문권(형소법 296조의2)은 후자에 해당한다. 변호인의 고유권 가운데 가장 중요한 것이 바로 접견교통권과 기록 열람·등사권이다.

접견교통권(接見交通權)

형사절차에 의하여 신체의 구속을 받고 있는 자와 면회하는 것을 접견이라고 하는 바, 이를 통신 및 서류·물건의 접수와 더불어 접견교통이라고 하고, 이와 같은 권리를 접견교통권이라 한다. 형사소송법에서는 변호인 또는 변호인이 되려는 자는 신체구속을 당한 피고인 또는 피의자와 접견하고 서류 또는 물 것을 수수할 수 있는 권리가 인정되어 있다(형소법 34조). 변호인 또는 변호인이 되려는 자 이외의 자도 구속중인 피고인·피의자와 접견·교통할 수 있으나, 법원은 도망하거나 또는 죄증을 인멸할 염려가 있다고 인정할 만한 상당한 이유가 있는 때에는 접견을 금하거나 수수할 서류 기타의 물건을 검열·수수의 금지 또는 압수를 할 수 있다. 다만 의류·양식·의료품의 수수는 이를 금지 또는 압수할 수 없다(형소법 91조).

변호권(辯護權)

검사의 공소권에 대응하는 피고인의 권리이다. 이 권리는 피고인뿐만 아니라 피의자에게도 인정된다. 이 변호권을 행사할 수 있는 것은 피고인 및 피의자이지만 가장 직접적으로 또한 구체적으로 행사하는 것은 변호인이다. 변호인은 피고인 및 피의자의 정당한 이

익을 옹호함으로써 刑事司法의 공정·타당한 운영에 협력하는 것이다. 그 의미에서는 피고인 및 피의자의 이익만을 옹호하는 것이 아니다. 즉 변호인은 보호자로서 뿐만 아니라 공익적인 지위도 아울러 가지고 있다. 따라서 변호인은 피고인에게 불이익이 되는 행동을 해서는 아니되지만 보호하는 것은 피고인의 정당한 이익에 한하며 피고인의 의견에 구속되지 않는다. 구체적인 변호인의 권리로서 변호인고유의 권리와 피고인의 대리인으로서의 권리의 두 가지가 있다. 형사소송법의 역사는 변호권 확대의 역사라는 말처럼 인권사상의 보급과 형사소송의 當事者主義化(당사자주의화)에 따라 변호권이 확대·강화되어 왔으며 변호권의 확대는 필연적으로 변호인제도의 강화를 요구하고 있다.

국선변호인(國選辯護人)
독 ; Offzialverteidigung, Bestellteverteidigung

변호인은 당사자주의에 의한 실체진실의 발견이나 공정한 재판의 이념을 실현하기 위한 불가결한 전제이며 문명국가의 형사절차를 위한 최소한의 요구라 할 수 있다. 그런데 변호인은 私選(사선)되는 것이 원칙이나 피고인이 빈곤 기타의 사유에 의하여 변호인을 私選 할 수 없는 때에는 피고인의 청구에 의하여 법원이 변호인을 선정하여야 하며 피고인이 미성년자이거나 70세 이상의 노인, 농아자, 심신장애의 의심이 있는 때 등의 경우에 法院(법원)이 직권으로 이를 선정하여야 한다(刑訴§ 33). 또한 피의자와 관련하여서는 체포·구속적부심사를 청구한 피의자

가 형소법 제33조의 국선변호인 선임사유에 해당하고 변호인이 없는 때에는 국선변호인을 선정하여야 한다(刑訴§ 214조의2⑩). 종래에는 이 규정을 제외하고는 국선변호인은 被告人(피고인)에게만 인정되고 被疑者(피의자)에게는 인정되지 않았었다. 그러나 2006년 형사소송법 개정에 따라 국선변호가 대폭 확대되어 구속된 피고인뿐만 아니라 피의자에 대하여도 공판과 수사절차에서 전면적인 국선변호가 인정되었다. 즉, 구속영장을 청구 받은 지방법원판사가 피의자를 심문하는 경우에 심문할 피의자에게 변호인이 없는 때에는 직권으로 변호인을 선정하여야 한다. 이 경우 변호인의 선정은 피의자에 대한 구속영장청구가 기각되어 효력이 소멸한 경우를 제외하고는 제1심까지 효력이 있다(刑訴§ 201조의2⑧). 법원은 변호인의 사정이나 그 밖의 사유로 변호인 선정결정이 취소되어 변호인이 없게 된 때에는 직권으로 변호인을 다시 선정할 수 있다(刑訴§ 201조의2⑨).

변호사(辯護士)
독 ; Rechtsanwalt

변호사라 함은 당사자 또는 그 밖의 관계인의 의뢰 또는 관공서의 위촉에 의하여 訴訟事件(소송사건) · 非訟事件(비송사건) · 訴願(소원) · 심사의 청구·이의의 신청 등 행정기관에 대한 불복신청의 사건에 관한 행위 및 일반 법률사무를 행하는 것을 직무로 하는 자를 말한다. 변호사에 관하여는 변호사법에 그 직무, 자격, 사명 등에 관한 규정이 있다.

필요적 변호(必要的 辯護)

변호인이 없으면 공판을 열 수 없는 경우를 말한다. 소송은 검사가 피고인에게 의심을 두고 피고인은 그로부터 자신을 지키려는 형태를 통해 진상을 밝히려는 구조로 구성되어 있다. 이 경우 경미한 사건이면 피고인 자력으로 능히 자기를 수호할 수 있으나, 중대한 사건에서는 대개 검사와의 힘의 차이가 커서 자력으로써는 충분히 자기의 입장을 보호할 수가 없다. 이러한 경우에 변호인 없이는 진상이 명확하지 못할 경우도 있고, 또 잘못 판단하여 처벌하는 일이 있을 때 그 피해는 돌이킬 수 없게 된다. 따라서 형사소송법은 피고인이 구속된 때, 피고인이 미성년자인 때, 피고인이 70세 이상인 때, 피고인이 농아자인 때, 피고인이 심신장애의 의심이 있는 때, 피고인이 사형, 무기 또는 단기 3년 이상의 징역이나 금고에 해당하는 사건으로 기소된 때의 어느 하나에 해당하는 사건 및 형소법 제33조 제2항·제3항의 규정에 따라 변호인이 선정된 사건에 관하여는 변호인 없이 개정하지 못한다고 규정하고 있다. 단, 판결만을 선고할 경우에는 예외로 한다(刑訴§ 282). 형소법 제282조 본문의 경우 변호인이 출석하지 아니한 때에는 법원은 직권으로 변호인을 선정하여야 한다(§ 283).

보조인(輔助人)

보조인이라 함은 일정한 신분관계에 의한 情誼(정의)의 발현으로 자진하여 피고인 또는 피의자의 보조인으로 된 자라는 점에서 법률전문가가 법률적 측면에서 피고인·피의자로 보조하는 변호인과 구별된다. 피고인 、 피의자의 法定代理人(법정대리인), 배우자, 직계 친족, 형제자매는 보조인이 될 수 있다(刑訴§ 29①). 만약 보조인이 될 수 있는 자가 없거나 장애 등의 사유로 보조인으로서 역할을 할 수 없는 경우에는 피고인 또는 피의자와 신뢰관계 있는 자가 보조인이 될 수 있다(刑訴§ 29②). 보조인은 소송에서 피고인이 할 수 있는 행위라면 피고인의 명시한 의사에 반하는 경우를 제외하고는 일체를 할 수 있다. 위와 같은 신분관계에 있는 자가 보조인이 되려면 법원에 서면으로 신고하면 된다. 보조인의 신고는 보조인이 되고자 하는 자와 피고인 또는 피의자와의 신분관계를 소명하는 서면을 첨부하여 심급마다 이를 하여야 한다. 그런데 이러한 보조인은 辯護人制度의 확립에 따라 실효성을 잃게 될 것이다.

소송관계인(訴訟關係人)
독 : Verfahrensbeteiligten

형사소송법상으로는 소송당사자와 보조자를 합친 개념이다(형소법 45 、 291 、 290조). 소송당사자로는 검사와 피고인이 있고, 피고인의 보조자에는 변호인 이외에 보조인과 대리인이 있고, 검사의 보조자로 사법경찰관리가 있다. 소송관계인은 소송관여자와는 구별하여야 하는데, 증인·감정인·고소인 등과 같이 소송의 주체가 아닐 뿐 아니라, 소송에 대한 적극적인 형성력이 없기 때문에 소송관계인이 될 수 없는 자를 소송관여자라고 한다.

소송서류(訴訟書類)

소송상 필요에 의하여 법원에 제출되거나 법원에서 소송과 관련하여 작성되는 일체의 서류를 말한다. 형사소송법상의 소송에 관한 서류는 공판의 개정 전에는 공익상 기타 필요 기타 상당한 이유가 없으면 공개하지 못한다(형소법 47조). 피고인 、 피의자 、 증인 、 감정인 、 통역인 또는 번역인을 신문하는 때에는 참여한 법원사무관 등이 또는 번역인을 신문하는 때에는 참여한 법원사무관 등이 조서(소송서류)를 작성하여야 하고, 그 조서에는 진술자에게 읽어주거나 열람하게 하여 기재내용의 정확여부를 물어야 한다. 또 조서에는 진술자로 하여금 간인(間印)한 후 서명 、 날인하여야 한다(형소법 48조 1 、 3 、 7항). 또 공무원이 작성하는 서류에는 법률에 다른 규정이 없는 때에는 작성년월일과 소송공무소를 기재하고 기명날인 또는 서명하여야 하고, 서류에는 간인을 하여야 한다. 또 공무원이 서류를 작성함에는 문자를 변개하지 못하며, 삽입・삭제 또는 난외기재를 할 때에는 기재한 곳에 날인하고 그 문수를 기재하여야 한다. 다만 삭제한 부분은 해득할 수 있도록 자체를 존치하여야 한다(형소법 57 、 58조). 또 공무원이 아닌 자가 작성하는 서류에는 연월일을 기재하고 기명날인 또는 서명하여야 하고, 인장이 없으면 지장으로 한다(형소법 59조).

수사 · 강제처분

강제처분 법정주의 (强制處分 法定主義)

강제처분은 법률에 특별한 규정이 없으면 하지 못한다는 원칙(형소법 199조)을 말한다. 인권침해의 위험을 방지하기 위하여 강제수사의 허용조건을 법률에 규정함으로써 강제처분을 제한하는 일반적 형식에 의한 억제를 의미한다. 이 주의는 임의수사의 원칙과 표리관계에 있는 원칙이다.

수사(搜査)
영 ; investigation
독 ; Ermittlung

범죄가 발생하였거나 발생한 것으로 생각되는 사정이 있는 경우에 범죄의 혐의 유무와 정상을 명백히 하여 공소의 제기 여부를 결정하기 위해서 또는 공소의 유지를 위한 준비로서 범인을 발견하여 신체를 보전하고, 또한 증거를 수집・확보하여야 한다. 이러한 절차를 수사라고 한다. 이러한 수사의 목적에 대해서 공소의 提起・遂行이 그 목적이라는 통설과 提訴(제소)・不起訴의 결정이 그 목적이라는 반대설이 있다. 수사절차를 행하는 수사기관은 제1차적으로는 검사(刑訴§ 196)이고, 제2차적으로는 司法警察官吏이다. 이는 한편으로 수사목적을 보다 능률적으로 달성하기 위한 것으로 司法警察에게는 그가 가진 통일적 활동력 、 과학적 수사기술 내지 설비에 기대하며, 검사에게는 재판에서 訴追機關(소추기관)으로서의 역할을 보다 중시하게 한다는 것에 있고, 다른 한편으로는 사법경찰이 동시에 행정경찰로서의 활동도 행하기 때문에 수사에 대한 행정적 압력을 배제하여야 하다는 점에서 검사로 하여금 보정시킨다는 뜻도 있다. 그런데 이러한 수사는 그 성격상 실제에서 법률적 형식적 요청과 모순되는 경우가 있다. 이에 대하여 적정절차(due process)와 실체진실발견의 대립이 나타나기도 한다. 그러나 법치국가에서 수사는 인권존중의 관점에서 엄격한 법적 규제에 의하여야 한다. 그런 점에서 현행 刑事訴訟法(형사소송법)에서는 수사의 방법은 강제수단에 의하지 않는 것이 원칙이다(任意搜査). 강제적으로 행하여지는 것은 예외로서, 특히 법률이 정한 경우가 아니면 할 수 없다(§ 199①). 임의수사의 예로서는 內査(내사), 傳聞(전문), 尾行(미행), 實況分析(실황분석), 承諾(승낙)을 얻은 수색이나 출입, 피의자나 참고인의 출석요구(§ 200, § 221), 감정이나 通釋(통석)의 의뢰·임의제출한 물건의 압수(§ 218), 공무소 등에 대한 照會(조회)(§ 199②), 경찰관 등의 불심검문(警職§ 3①), 變死體(변사체)의 檢屍(검시)(刑訴§ 222) 등이 있으나, 그 한계에 대하여 문제가 되는 수가 많다(예컨대 盜聽의 경우). 수사는 사법경찰관리가 범죄가 발생한 것으로 생각할 때(§ 196), 또는 검사가 필요하다고 인정할 때(刑訴§ 195)에 시작된다. 그런데 수사개시의 원인 즉 수사의 단서가 되는 것으로는 수사기관 자신의 체험에 의한 것과 타인의 체험에 의한 것이 있다. 그

단서들 중 법률에 규정되어 있는 것들은 告訴(§ 223이하), 告發(§ 234), 自首(§ 240), 檢視(§ 222), 現行犯(§ 211이하), 不審檢問(警職§ 3) 등이다. 수사의 마무리, 즉 訴訟提起 또는 不起訴處分(불기소처분)은 검사만이 할 수 있다. 위와 같은 수사절차에 대하여 이론적으로는 그 기본적인 구조를 어떻게 생각하는가의 문제가 있는데 그 수사구조에 대한 이론으로서는 彈劾的 搜査觀(탄핵적 수사관) 또는 糾問的 搜査觀(규문적 수사관)이 있다. 이것은 어떠한 수사관에 기초를 두는 가에 따라서 차이가 있다. 그래서 실제적으로는 소위 과학적 수사의 발달 촉진과 인권보장을 어떻게 조화시키는가의 문제가 가로놓여져 있으며, 강제수사와 임의수사와의 경계나 間隙(간극)(도청, 사진촬영, 痲醉分析(마취분석) 등), 임의수사의 요건이나 한계 등이 문제가 된다.

강제수사의 분류

대상 / 주체	사람에 대한 것	물건에 대한 것
수사기관이 스스로 판단하여 행하는 것	현행범 체포 (刑訴§ 212)	체포에 따른 압수·수색·검증(§ 216)
수사기관이 법관의 허가를 얻어 행하는 것	통상체포 (§ 200조의2)	영장에 의한 압수·수색·검증(§ 215)
법원이 수사기관의 청구에 기하여 행하는 것	구속(§ 70), 증인신문(§ 221의2), 감정유치(§ 221의3)	

강제수사(强制搜査)

강제처분에 의한 수사를 말한다. 수사상 의 강제처분은 수사기관이 영장없이 행하 는 것과 영장에 의해서 행하는 것, 그리고 판사에게 청구하여 행하는 것으로 구분할 수 있고, 이는 각각 대인적 강제처분과 대 물적 강제처분으로 나누어진다. 대인적 강 제처분으로서 영장없이 행할 수 있는 것은 현행범인의 체포(형소법 212조)와 긴급체 포(형소법 200조의 3)등이 있으며, 영장에 의해서 행하는 것은 체포영장에 의한 체포 (형소법 200조의 2), 구속(형소법 201조) 등이 있다. 대물적 강제처분으로서 영장없 이 행할 수 있는 것은 피의자구속을 위한 수색과 그 현장에서의 압수·검증(형소법 216조 · 217조), 유류물이나 임의로 제출 된 물건의 압수(형소법 218조) 등이고, 영 장에 의해서 행하는 것은 보통의 압수·수 색·검증(형소법 215조), 판사에게 청구하 여 행하는 것은 증거보존절차상의 압수· 수색·검증·감정(형소법 184조1항)등이다. 강제처분 내지 강제수사는 형사사법에 있 어서 불가결한 제도이지만 이로 인하여 개 인의 기본권을 침해하는 필요악이다. 여기 에 강제처분을 제한하기 위한 법적규제가 필요하게 된다. 강제처분은 법률에 특별한 규정이 없으면 하지 못한다(형소법 199조). 이를 강제처분법정주의 또는 강제수사법정 주의라고 한다. 영장주의란 법원 또는 법 관이 발부한 적법한 영장에 의하지 않으면 형사절차상의 강제처분을 할 수 없다는 원 칙을 말한다. 법관의 공정한 판단에 의하 여 수사기관에 의한 강제처분권하의 남용 을 방지하고 시민의 자유와 재산의 보장을 실현하기 위한 원칙이다.

임의수사(任意搜査)

임의적인 조사에 의한 조사를 말한다. 즉 강제력을 행사하지 않고 상대방의 동의나 승낙을 받아서 행하는 수사이다. 이에 대하여 강제처분에 의한 수사를 강제수사라고 한다. 형사소송법의 규정 에 의하면, 수사에 관하여는 그 목적을 달성하기 위하여 필요한 수사를 할 수 있다. 다만 강제처분은 법률에 특별한 규정이 있는 경우에 한하며, 필요한 최 소한도의 범위 안에서만 하여야 한다(형 소법 199조). 이와 같이 수사는 원칙적 으로 임의조사에 의하고 강제수사는 법 률에 규정된 경우에 한하여 허용된다는 원칙을 임의수사의 원칙이라 한다. 임 의조사의 방법으로는 피의자신문(형소 법 200조), 참고인조사(형소법 221조), 감정 · 통역 · 번역의 위촉(형소법 221조), 형사조회(형소법 199조2항)가 대표적이다.

수사기관(搜査機關)

법률상 수사의 권한이 인정되어 있는 국가기관을 말한다. 수사기관에는 검사 와 사법경찰관리가 있다. 검사는 수사 의 주재자이고 사법경찰관리는 검사의 지휘를 받아 수사를 행한다(형소법 196 조). 따라서 현행법상 검사와 사법경찰 관리와의 관계는 상하 복종관계이다. 현행법은 검사에게 사법경찰관리에 대 한 지휘 · 감독권을 제도적으로 보장 하고 있다. 검사장의 수사중지 명령권 및 교체임용요구권(검찰청법 54조), 검 사의 구속장소감찰권(형소법 198조의2),

영장신청의 검사경유제도(형소법 201
· 215조), 압수물의 처분에 대한 지휘
권(형소법 219조 단서, 사법경찰관리집
무규칙 53조), 사법경찰관의 검사에 대
한 수사보고 및 정보보고의 의무(사법경
찰관리집무규칙 11 · 12 · 13조) 등은
검사의 사법경찰관리에 대한 수사지휘
권을 구체적으로 보장하는 제도이다.

수사의 단서(搜査의 端緖)

수사개시의 원인을 말한다. 검사는 범
죄의 혐의가 있다고 사료되는 때에 범
인 · 범죄사실과 증거를 수사해야 한
다(형소법 195조). 사법경찰관은 검사의
지휘를 받아 수사해야 한다(형소법 196
조). 이와 같이 수사는 수사기관의 주관
적 혐의에 의해 개시된다. 수사의 단서
에는 수사기관 자신의 체험에 의한 경
우와 타인의 체험의 청취에 의한 경우
가 있다. 현행범인의 체포, 변사자의 검
시, 불심검문·타사건 수사중의 범죄발
견, 기사 · 풍설 · 세평이 전자에 속
하며, 후자에는 고소 · 고발 · 자수
· 진정 · 범죄신고 등이 포함된다.

불심검문(不審檢問)

경찰관이 거동이 수상한 자를 발견한
때에 이를 정지시켜 질문하는 것을 말한
다. 職務質問(직무질문)이라고도 한다.
경찰관직무집행법 제3조 1항에서는 이
불심검문에 대해 규정하고 있다. 이는
범죄가 발견되지 않은 경우 범죄수사의
단서가 될 뿐 아니라 특정범죄에 대한
범인이 발각되지 않은 때에 범인발견의

계기가 된다는 점에서 수사와 밀접한
관련을 가진다. 그러나 이는 어디까지
나 행정경찰작용 특히 보안경찰의 분야
에 속하는 것으로 범죄수사와는 엄격히
구별하여야 한다. 이러한 불심검문은
停止(정지)와 질문 및 동행요구를 내용
으로 한다.

임의동행(任意同行)

수사기관이 피의자의 동의를 얻어 피
의자와 수사기관까지 동행하는 것을 말
한다. 임의동행에는 형사소송법 제 199
조 1항에 의한 임의수사로서의 任意同
行(임의동행)과 警察官職務執行法에 의
한 직무질문(不審檢問)을 위한 것 두 가
지가 있다. 임의 수사로서의 임의 동행
은 피의자신문을 위한 보조수단으로서
임의수사로서의 성질을 가진다. 그러나
경찰관 직무집행법에 의한 직무질문(불
심검문)을 위한 것은 범죄예방과 진압을
위한 행정경찰처분이다. 이러한 임의동
행은 피의자의 승낙을 전제로 한 임의
수사이므로 피의자의 자유의 구속이 없
는 적법한 상태서만 허용된다.

형소법 제199조의 임의수사의
방법으로 임의동행이 허용되는지 여부

긍정설	통상적으로 동의하에 이루어지며, 초동수사의 긴급성을 이유로 임의수사로서 허용된다고 보는 견해.
부정설	상대방의 신체의 자유가 실제로 제약되므로 강제수사로 보는 견해로서, 경찰관직무집행법이나 주민등록법이 특정 목적을 위해 엄격한 요건 하에서 임의동행을 인정

	하고 있으므로 법률에 구체적인 요건과 절차에 관한 규정이 없음에도 일반적인 수사의 방법으로 임의동행을 인정하는 것은 곤란하다는 견해.
판례	일정한 조건하에 허용된다고 본다 (2005도6810참조).

수사관이 수사과정에서 당사자의 동의를 받는 형식으로 피의자를 수사관서 등에 동행하는 것은 … 수사관이 동행에 앞서 피의자에게 동행을 거부할 수 있음을 알려 주었거나 동행한 피의자가 언제든지 자유로이 동행과정에서 이탈 또는 동행장소로부터 퇴거할 수 있었음이 인정되는 등 오로지 피의자의 자발적인 의사에 의하여 수사관서 등에의 동행이 이루어졌음이 객관적인 사정에 의하여 명백하게 입증된 경우에 한하여, 그 적법성이 인정되는 것으로 봄이 상당하다. 형사소송법 제200조 제1항에 의하여 검사 또는 사법경찰관이 피의자에 대하여 임의적 출석을 요구할 수는 있겠으나, 그 경우에도 수사관이 단순히 출석을 요구함에 그치지 않고 일정 장소로의 동행을 요구하여 실행한다면 위에서 본 법리가 적용되어야 하고, 한편 행정경찰 목적의 경찰활동으로 행하여지는 경찰관직무집행법 제3조 제2항 소정의 질문을 위한 동행요구도 형사소송법의 규율을 받는 수사로 이어지는 경우에는 역시 위에서 본 법리가 적용되어야 한다(대법원 2006. 7. 6. 선고 2005도6810).

함정수사(陷穽搜査)

함정수사란 수사기관 또는 그 의뢰를 받은 자가 범죄를 敎唆(교사)하거나 또는 방조한 후에 용의자가 범죄의 실행에 착수하는 것을 잡는 것을 말한다. 이는 마약법 위반사건의 경우에 그 발견이 어렵기 때문에 쓰이기도 한다. 이에 대해서 大陸法系(대륙법계)의 나라에서는 미수의 교사의 한 형태로서 올가미에 건자의 형사책임을 문제로 했다. 이에 대하여 미국에서는 「올가미의 이론」으로 올가미에 걸린 자의 처분을 문제로 삼았다. 우리 나라에서는 이를 위법하다고 보는 소극설, 적법하다고 보는 적극설과, 함정에 의하여 비로소 범죄의 의도가 발생한 경우에만 위법하고, 그 이외의 함정수사는 적법하다는 절충설 등이 있다.

본래 범의를 가지지 아니한 자에 대하여 수사기관이 사술이나 계략 등을 써서 범의를 유발케 하여 범죄인을 검거하는 함정수사는 위법함을 면할 수 없고, 이러한 함정수사에 기한 공소제기는 그 절차가 법률의 규정에 위반하여 무효인 때에 해당한다 할 것이지만, 범의를 가진 자에 대하여 단순히 범행의 기회를 제공하는 것에 불과한 경우에는 위법한 함정수사라고 단정할 수 없다(대법원 2007. 5. 31. 선고 2007도1903).

고소(告訴)

영 ; Plaint
독 ; Strafantrag

범죄의 피해자, 그의 법정대리인 기타 일정한 자(告訴權者, 刑訴§ 223)가 범죄 사실을 수사기관에 신고하여 범인의 訴追를 구하는 의사를 표시할 수 있는데, 이를 告訴라 한다. 역사적으로 보면 고대 私人(被害者)訴追의 유물이라 말할 수 있다. 이 고소가 있었다고 해서 반드시 검사는 기소하여야 하는 것은 아니고 수사를 촉진하는데 불과하다. 그러나 이른바 친고죄에 있어서는 고소가 없으면 기소할 수 없고 따라서 審理도 할 수 없다. 이러한 고소를 할 수 있는 자, 즉 고소권자로는 피해자, 그의 법정대리인, 그의 배우자, 친족 그리고 고소할 자가 없는 경우에 이해관계인의 신청에 의해 검사가 지정하는 指定告訴權者(지정고소권자)가 있다. 그리고 고소는 서면 또는 구술로 검사 또는 사법경찰관에게 하여야 한다. 또 친고죄에 대하여는 범인을 알게 된 날로부터 6월을 경과하면 告訴하지 못한다.

> 고소는 서면 또는 구술로써 검사 또는 사법경찰관에게 하여야 하는 것이므로 피해자가 피고인을 심리하고 있는 법원에 대하여 간통사실을 적시하고 피고인을 엄벌에 처하라는 내용의 진술서를 제출하거나 증인으로서 증언하면서 판사의 신문에 대해 피고인의 처벌을 바란다는 취지의 진술을 하였다 하더라도 이는 고소로서의 효력이 없다(대법원 1984. 6. 26. 선고 84도709).

고소기간(告訴期間)

형소법상 유효한 고소를 할 수 있는 기간을 말한다. 친고죄의 고소에 관하여는 고소기간이 정하여져 있지만, 친고죄가 아닌 범죄에 대하여는 고소기간의 제한이 없다. 친고죄의 경우는 범인을 알게 된 날로부터 6개월이 경과하면 고소하지 못하며(형소법 230조1항), 다만 성폭력범의 경우는 1년이다. 따라서 고소기간의 경과 후에 고소하는 것은 무효이다. 고소기간에 제한을 둔 것은 사인의 의사에 대하여 형사사법권의 발동이 장기간 불확정한 상태에 놓이는 것을 방지하려는 취지이다.

고소의 추완(告訴의 追完)

친고죄에 관하여 고소가 없음에도 불구하고 공소가 제기된 후에 비로소 고소가 있는 경우, 무효인 공소가 유효로 되는 것을 말한다. 고소의 추완은 피해사건이 친고죄인 경우에 한해서 문제되며, 고소가 수사의 단서에 불과한 비친고죄의 경우는 고소의 추완은 문제되지 않는다.

고소의 추완을 인정할 것인지 여부

적극설	소송경제와 절차유지의 원칙을 이유로 고소의 추완을 인정해야 한다는 견해.
절충설	공소제기시에 공소사실이 친고죄임에도 불구하고 고소가 없는 경우에는 고소의 추완을 인정할 수 없으나, 비친고죄로 공소제기된 사건이 심리결과 친고죄로 판명되거

	나 친고죄가 추가된 때에는 고소의 추완을 인정해야 한다는 견해.
소극설	공소제기는 절차의 형식적 확실성이 강하게 요청되는 소송행위이므로 무효의 치유를 인정해서는 안 되기에 고소의 추완을 부정하는 견해.
판례	소극설의 태도(82도1504참조)

고소의 취소(告訴의 取消)

일단 제기한 고소를 철회하는 소송행위를 말한다. 고소는 제1심 판결선고 전까지 취소할 수 있다(형소법 232조1항). 범인과 피해자 사이의 화해 가능성을 고려하여 고소의 취소를 인정하면서도 국가사법권의 발동이 고소인의 자의에 의하여 좌우되는 것을 막기 위하여 이를 제1심 판결선고 전까지로 제한한 것이다. 여기서의 고소는 친고죄의 고소를 말한다.

고소인(告訴人)
독 : Ankläger

고소를 한 사람을 말한다. 검사는 고소가 있는 사건에 관하여 공소를 제기하거나, 제기하지 아니하는 처분, 공소의 취소 또는 타관송치를 한 때에는 그 처분한 날로부터 7일 이내에 서면으로 고소인에게 그 취지를 통고하여야 한다(형소법 258조1항).

고소권자(告訴權者)

형소법에 의해 고소권을 가지는 자를 말한다. 범죄로 인한 피해자(형소법 223조), 피해자의 법정대리인(형소법 225조1항), 피해자의 법정대리인이 피의자이거나, 법

정대리인의 친족이 피의자인 때에는 피해자의 친족(형소법 226조), 피해자가 사망한 때에는 그 배우자·직계친족 또는 형제자매(형소법 225조2항) 등이 고소권자이다. 그러나 자기 또는 배우자의 직계존속은 고소하지 못하고(형소법 224조), 사자의 명예를 훼손한 범죄에 대하여는 그 친족 또는 자손이 고소할 수가 있다(형소법 227조). 친고죄에 관하여 고소할 자가 없는 경우에 이해관계인의 신청이 있으면 검사는 10일 이내에 고소할 수 있는 자를 지정해야 한다(형소법 228조). 또 고소할 수 있는 자가 수인인 경우에는, 1인의 기간이 해소되거나 이혼소송을 제기한 후가 아니면 고소할 수 없다(형소법 229조1항).

고소불가분의 원칙 (告訴不可分의 原則)

고소의 효력이 불가분이라는 원칙을 고소불가분의 원칙이라 한다. 즉 1개의 범죄의 일부에 대한 고소 또는 그 취소가 있는 경우에는 그 효력은 당연히 그 범죄사실의 전부에 대하여 발생하고(객관적 불가분), 또 친고죄의 공범 중 그 1인 또는 수인에 대한 고소 또는 그 취소는 다른 공범자 전체에 대하여도 효력이 있다(주관적 불가분, 刑訴 § 233). 그런데 이 원칙에 대해서 예외가 있다. 즉 전자에 있어서 이른바 科刑上의 一罪(원래는 수개의 범죄)인 경우에 각 부분의 피해자가 서로 다를 때, 또는 일부분만이 친고죄인 때에는 모두 분리하여 고찰하여야 하고, 후자에 있어서도 이른바 相對的 親告罪(상대적 친고죄(예 ; 刑§ 328, § 344)의 경우에는 일정한 신분을 가진 공범을 신분 없는 자와 분리하여 논한다.

고발(告發)

영 ; denunciation
독 ; Anzeige

고발이라 함은 고소와 마찬가지로 범죄사실을 수사기관에 신고하여 범인의 소추를 구하는 의사표시이다. 그러므로 단순한 피해신고는 고발이라고 할 수 없다. 그런데 고소와 달리 범인 및 고소권자 이외의 제3자는 누구든지 할 수 있다. 공무원은 그 직무를 행함에 있어서 범죄가 있다고 思料하는 때에는 고발의 의무가 있다. 여기에서 직무를 행함에 있어서란 범죄의 발견이 직무내용에 포함되는 경우를 말하고 직무집행과 관계없이 우연히 범죄를 발견한 경우는 여기에 해당하지 않는다. 고발도 일반적으로는 단순히 수사를 촉진하기 위한 것이나, 특별법에서는 친고죄의 고소와 기타의 공소 내지 심리의 조건(訴訟條件)이 되는 고발도 있다(예 : 租稅犯處罰法 § 6). 자기 또는 배우자의 직계존속은 고발하지 못한다. 고발과 그 취소의 절차와 방식은 고소와 같다(刑訴§ 237, § 238, § 239). 다만 대리인에 의한 고발이 인정되지 않고, 고발기간에는 제한이 없으며, 고발을 취소한 후에도 다시 고발할 수 있다는 점이 고소와 다르다.

자수(自首)

영 ; self-denunciation

범죄사실을 수사기관에 告함으로써 그 범죄의 기소를 바라는 의사를 표명하는 것을 자수라 한다. 다만 고소·고발과 다른 점은 그것을 하는 것이 범인자신이라는 점이다. 그러나 이 경우 반드시 자기자신이 출두하여 고하지 않아도 무방하며 타인을 시켜도 좋다. 그러나 사실만을 고하고 행방을 감추는 것 등은 자수가 되지 않는다. 일반적인 고소·고발과 같이 자수도 단순히 수사의 개시를 촉구하는 것에 불과하며 그 절차에 있어서도 고발·고소의 방식에 관한 제237조, 제238조의 규정을 준용한다(刑訴 § 240). 또 형법상으로는 자수(형§ 52 ①, § 90①但)는 형을 경감하거나 면제하는 등의 근거가 된다.

구속(拘束)

구속이란 피고인 또는 피의자의 신체의 자유를 제한하는 對人的 强制處分(대인적 강제처분)을 말한다. 이는 拘引(구인)과 拘禁(구금)을 포함하는 말이다. 구속은 두 가지 뜻을 포함하는데 그 하나는 피고인 또는 피의자를 구속하는 재판의 뜻이고, 또 다른 하나는 이 재판을 집행하는 사실 행위를 의미하기도 한다. 검사 또는 사법경찰관은 관할 지방법원 판사가 발부한 구속영장을 받아서 피의자를 구속할 수 있는데, 구속이유로는 죄를 범하였다고 의심할만한 상당한 이유가 있고, 도망하거나 도망할 염려가 있고, 증거인멸의 염려가 있어야 하며, 다만 50만원 이하의 罰金(벌금)·拘留(구류)·科料(과료)에 해당하는 범죄에 관하여는 住居(주거)不定(부정)의 경우에 한하여 구속할 수 있다(刑訴 § 70, § 201). 구속기간은 사법경찰관과 검사가 각각 10일이고 검사에 한하여 부득이한 경우에 10일을 한도로 延長을 받을 수 있다(§ 205). 구속되었다가 석방된 피의자는 다른 중요한 증거를 발견한 경우를 제외하고는 동일한 범죄사실에 대하여 다시 구속하지는 못한다(§ 208). 피의자의 구속은 피고인구속에 관한 규정이 많이 준용된다(§ 209). 이러한 구속은 형사소송의 진행과 형벌의 집행을 확보함을 목적으로 한다. 또한 이는 형사사법의 기능이라는 공익과 개인의 자유라는 이익이 정면으로 충돌하는 분야이다.

이중구속(二重拘束)

이중구속이란 이미 구속영장에 발부되어 피고인 또는 피의자에 대해 구속영장을 집행하는 것을 말한다. 다수설은 구속영장의 효력은 구속영장에 기재된 범죄사실에 대해서만 미치고(事件單位說), 구속된 피고인 또는 피의자가 석방되는 경우를 대비하여 미리 구속해 둘 필요가 있다는 이유로 이중구속도 허용된다고 해석한다.

형사소송법 제75조 제1항은, "구속영장에는 피고인의 성명, 주거, 죄명, 공소사실의 요지, 인치구금할 장소, 발부연월일, 그 유효기간과 그 기간을 경과하면 집행에 착수하지 못하며 영장을 반환하여야 할 취지를 기재하고 재판장 또는 수명법관이 서명날인하여야 한다."고 규정하고 있는바, 구속의 효력은 원칙적으로 위 방식에 따라 작성된 구속영장에 기재된 범죄사실에만 미치는 것이므로, 구속기간이 만료될 무렵에 종전 구속영장에 기재된 범죄사실과 다른 범죄사실로 피고인을 구속하였다는 사정만으로는 피고인에 대한 구속이 위법하다고 할 수 없다(대법원 2000. 11. 10. 자 2000모134).

별건구속(別件拘束)

수사기관이 본래 수사하고자 하는 사건(본건)에 대하여는 구속의 요건이 구비되지 않았기 때문에 본건의 수사에 이용할 목적으로 구속요건이 구비된 별건으로 구속하는 경우 이를 별건구속이라 한다. 별건구속은 별건을 기준으로 할 때 적합하지만 본건구속의 요건이 없는 이상 令狀主義(영장주의)에 반하고, 본건구속에 대한 구속기간의 제한을 벗어나는 것이 되며, 구속의 사유가 없는 경우에 自白强要 내지 수사의 편의를 위하여 구속을 인정하는 것이 되므로 위법하다.

별건구속의 허용여부

적법설 (별건기준설)	구속영장심사 단계에서 수사기관의 주관적 의도를 심사하는 것은 곤란하므로 별건에 대한 구속사유와 필요성이 있는 한 구속은 적법하다고 본다.
위법성 (본건기준설)	사실상 구속기간의 제한을 잠탈하는 것이고, 본건에 의한 영장발부가 아니기 때문에 법관은 본건에 대한 영장심사를 제대로 할 수 없기 때문에 영장주의의 근본 취지에 반하므로 위법하다고 본다.

구속의 취소(拘束의 取消)

구속의 사유가 없거나 소멸된 경우에 구속된 자를 석방하는 것을 말한다. 구속의 사유가 없거나 소멸된 때에 피고인에 대하여는 법원이 직권 또는 검사 · 피고인 · 변호인과 변호인선임권자의 청구에 의하여, 피의자에 대하여는 검사 또는 사법경찰관이 결정으로 구속을 취소하여야 한다(형소법 93조 · 209조). 구속의 사유가 없는 때란 구속사유가 처음부터 존재하지 않았던 것이 판명된 경우이고, 구속사유가 소멸된 때란 존재한 구속사유가 사후적으로 소멸한 경우를 말한다. 법원이 피고인에 대한 구속취소의 결정을 함에는 검사의 청구에 의하거나 급속을 요하는 경우 이외에는 검사의 의견을 물어야 한다. 구속취소결정에 대하여 검사는 즉시항고를 할 수 있다(형소법 97조4항).

긴급체포(緊急逮捕)

체포를 하려면 사전에 검사의 신청에 의하여 법관이 발부한 영장을 제시해야 하는 것이 원칙이지만(헌§ 12③)본문, 刑訴§ 200의2), 피의자 사형 · 무기 또는 장기 3년 이상의 징역이나 금고에 해당하는 죄를 범하였다고 의심할만한 상당한 이유가 있고 증거인멸, 도망 또는 도망의 염려가 있는 경우에 긴급을 요하여 地方法院判事의 체포영장을 받을 수 없는 경우에, 검사 또는 사법경찰관은 그 사유를 알리고 영장 없이 피의자를 체포할 수 있다(헌§ 12③但, 刑訴§ 200의 3). 이것을 긴급체포라 한다. 이러한 사유로 피의자를 체포한 경우에 피의자를 구속하고자 할 때에는 지체없이 영장을 청구하여야 하고, 영장청구기간은 체포한 때부터 48시간을 초과할 수 없고, 긴급체포서를 첨부하여야 한다(형소법 200조의 4).

영장(令狀)
영 : warrant

강제처분의 재판을 기재한 서면을 말한다. 강제처분을 행함에 있어서는 원칙적으로 영장을 피처분자에게 제시하여야 한다. 강제처분의 남용을 피하고 피처분자의 인권을 옹호하는 것을 그 목적으로 한다. 헌법은 체포 · 구속 · 압수 · 수색의 강제처분에 있어서의 영장주의를 선언하고 있다(헌법 12조3항). 영장의 종류로서는 소환장, 체포 · 구속영장과 압수 · 수색영장의 3종이 있다. 영장의 기재사항은 그 종류에 따라 다르다.

영장주의(令狀主義)

법원 또는 수사기관의 형사절차에서 강제처분을 함에는 법원 또는 법관이 발부한 영장에 의하여야 한다는 주의를 令狀主義라 한다. 수사 등의 절차를 행하는 강제처분은 사람의 신체 및 의사의 자유에, 또는 사람의 물건에 대한 지배에 제한을 가하는 것이므로 강제처분권을 남용하여 基本的人權(기본적인권)이 침해되는 경우가 있을 수 있다. 그래서 기본적 인권보장을 위해서는 강제처분을 하여야 할 것인가의 여부를 수사기관의 판단에 맡기지 않고 먼저 법원이 판단하여(이 판단도 재판의 일종이다) 그 결과를 영장에 기재하고 이 영장이 없으면 강제처분을 할 수 없도록 하는 원칙이 바로 영장주의이다. 이러한 영장주의는 수사기관의 강제처분에 대하여 더욱 강조되고 있다. 헌법은 체포 · 구금 · 압수 · 수색에는 영장을 필요로 한다고 규정하고 있다(헌

§ 12②). 영장 중에서도 법원 스스로가 강제처분을 할 때의 영장은 이것을 실제로 집행하는 기관에 대한 명령장의 성질을 갖는 것이다(召喚狀·拘束令狀·逮捕令狀·鑑定留置狀, 법원이 행하는 경우의 押收·搜査令狀). 그런데 탄핵적 수사권에 기초를 두고 체포·구속영장을 명령장이라고 이해하는 유력한 학설이 있다. 그러나 이 강제처분은 법원의 의사에 의한 것이 명백한 경우(에를 들면 公判廷에서의 압수·수색) 및 수사기관의 행위가 아님이 명백한 경우(예를 들면 현행범체포)혹은 이미 일정한 범위에서 법원이 판단을 하고 있는 사안에 관한 경우, 예를 들면 영장을 기초로 한 체포·구속·압수·수색·검증에는 실질적으로 영장주의와 모순되지 않는 영장주의의 예외가 된다. 그리고 영장주의의 원칙이 행정상의 강제처분 특히 행정상의 즉시강제에도 적용되느냐에 관해 견해가 대립되고 있는데 행정목적의 달성을 위하여 불가피한 경우에는 영장주의가 적용되지 아니한다는 견해가 유력하다.

체포 · 구속영장
(逮捕 · 拘束令狀)
독 ; Haftbefehl
●────

수사기관에 체포 、 구속을 허용하는 법관의 허가장이다. 체포 、 구속은 범죄용의자에 대한 강제처분이므로 체포·구속을 할 경우에는 영장을 필요로 하는 것이 원칙이다(刑訴§ 73, § 200의2, § 201①). 즉 체포·구속하여야 하는가의 여부는 법원이 판단하는 것이고 영장 없이는 수사기관이 체포 、 구속 할 수

없는데, 이 법원의 판단을 기재한 것을 체포 、 구속영장이라 하고, 이 체포 、 구속영장은 법원의 집행기관에 대한 허가장으로서의 성질을 갖고 있다. 체포 、 구속영장의 발부를 청구할 수 있는 권한을 가진 자는 검사와 사법경찰관이고, 청구에 대하여 법원은 체포·구속의 이유와 필요가 있다고 인정되면 체포 、 구속영장을 발부한다(刑訴§ 200의2, § 201③). 명백히 체포 、 구속의 필요가 없는 때에는 그 청구를 기각한다. 따라서 이와 같은 의미에서 법원은 체포·구속영장청구에 대하여 하나의 實質的審査權(실질적심사권)을 갖고 있는 것이다. 체포 、 구속영장에는 피의자의 성명 、 주거 、 죄명 、 공소사실의 요지 、 引致拘禁할 장소 、 유효기간(원칙으로 체포 48시간, 구속은 10일)과, 유효기간이 경과하면 집행에 착수하지 못하며 영장을 반환하여야 할 趣旨 、 영장발부 연월일 등을 기재하고 재판장 또는 受命法官이 서명·날인하여야 한다(刑訴§ 75①, § 200의5). 체포·구속영장에 의하여 체포·구속할 수 있는 것은 수사기관뿐이다. 체포·구속할 때에는 체포 、 구속영장을 제시하여야 하지만, 긴급을 요할 때에는 범죄사실의 요지와 이에 대하여 체포·구속영장이 발부되어 있음을 알리고 영장 없이도 체포·구속할 수 있다. 그러나 체포·구속한 후에는 신속히 구속영장을 제시하여야 한다(刑訴§ 85③, ④, § 200의6). 검사 또는 사법경찰관은 피의자를 체포하는 경우에는 피의사실의 요지, 체포의 이유와 변호인을 선임할 수 있음을 말하고 변명할 기회를 주어야 한다(형소 § 200의 5).

영장실질심사(令狀實質審査)

영장실질심사란 구속영장의 청구를 받은 판사가 피의자를 직접 심문하여 구속사유를 판단하는 것을 말한다. 영장실질심사는 피의자나 배우자, 직계가족 등의 신청이 있을 때에만 실시했지만 2007. 6. 1. 형사소송법 개정으로 2008. 1. 1. 부터는 신청이 없어도 모든 구속영장 청구 사건에서 실질심사가 진행된다.

형사소송법 제201조의 2는 ① 영장에 의한 체포, 긴급체포, 현행범인의 체포에 따라 체포된 피의자에 대하여 구속영장을 청구 받은 판사는 지체없이 피의자를 심문하여야 하고, ② 그 외의 피의자에 대하여 구속영장을 청구받은 판사는 피의자가 죄를 범하였다고 의심할 만한 상당한 이유가 있는 경우에 구인을 위한 구속영장을 발부하여 피의자를 구인한 후 심문하여야 한다고 규정하고 있다.

현행범인(現行犯人)

현행범인의 개념에 대하여 廣義의 현행범인은 狹義의 현행범인과 準現行犯人을 포함하는 개념이며 현행 형사소송법은 현행범인을 광의의 의미로 사용하고 있다. 협의의 현행범인이라함은 범죄의 실행 중이거나 실행 직후인 자(刑訴§ 211 ①)를 말한다. 현행범인을 체포할 때에는 급히 서둘러야 하고, 또 체포로 말미암아 부당한 침해가 발생할 우려도 一應 없다고 생각되므로 영장은 불필요하며, 또 수사기관이 아니라도 누구든지 체포할 수 있다(§ 212, 다만 § 214참조). 한편 준현행범인이라 함은 범죄실행 직후라고는 할 수 없더라도 실행 후 시간이 얼마 지나지 않은 것이 명백히 인정되거나 범인으로 호창되어 추적되고 있거나 장물 또는 분명히 범죄를 위해 사용되었다고 생각되는 흉기 등을 현재 몸에 숨기고 있거나, 신체 또는 의류에 범죄의 證跡(증적)이 현저하거나, 누구임을 물음에 대하여 도망하려 하는 등, 이상의 둘 중 하나에 해당하는 자로 현행범인과 똑같이 취급되는 자를 말한다(§ 211②).

준현행범인(準現行犯人)

현행범인은 아니지만 현행범인으로 간주되는 자를 말한다. 형사소송법은 (1)범인으로 호창되어 추적되고 있는 때, (2)장물이나 범죄에 사용되었다고 인정함에 충분한 흉기 기타의 물건을 소지하고 있는 때, (3)신체 또는 의복류에 현저한 증적이 있을 때, (4)누구임을 물음에 대하여 도망하려 하는 때를 현행범인으로 간주하고 있다(형소법 211조2항). 현행범인과 같이 준현행범인도 누구나 영장 없이 체포할 수 있다(형소법 212조).

체포·구속적부심사제도 (逮捕·拘束適否審査制度)

수사기관의 피의자에 대한 체포·구속의 위법여부 또는 체포 、 구속계속의 필요성 유무를 법관이 심사하여 그 체포 、 구속이 부적법·부당한 경우에 체포 、 구속된 피의자를 석방하는 제도를 체포 、 구속적부심사제도라 한다. 피의자의 석방제도라는 점에서 피고인의 석방제도인 保釋制度(보석제도)와 다르며 법관의 심사에 의한 석방제도라는 점에서 검사가 피의자를 석방하는 拘束取消制度(구속취소제도)와 다르다. 이 제도는 수사기관의 위법 부당한 인신체포·구속으로부터 피의자를 구제하려는 데 그 존재이유가 있다. 체포·구속된 피의자, 그의 변호인, 법정대리인, 배우자, 직계친족, 형제자매, 가족, 동거인, 가족 또는 고용주가 할 수 있으며 서면에 의할 것을 요한다. 그리고 체포·구속영장을 발부한 법관은 그 청구사건에 대한 심사나 결정에 관여하지 못한다. 또한 체포·구속적부심사청구에 대한 법원의 결정은 棄却決定과 釋放決定이 있는데 이 결정은 청구서가 접수된 때부터 48시간 이내에 하여야 한다(형소 § 214의 2).

인치(引致)

신체의 자유를 구속한 자를 일정한 장소로 연행하는 것을 말한다. 拘引의 효력으로서 인정되며, 구인한 피고인을 법원에 인치한 경우에 구금할 필요가 없다고 인정할 때에는 그 인치한 때로부터 24시간 내에 석방하여야 한다(刑訴 § 71). 사법경찰관이 피의자를 구속한 때에는 10일 이내에 피의자를 검사에게 인치하지 아니하면 석방하여야 한다(§ 202). 검사가 피의자를 구속한 때 또는 사법경찰관으로부터 피의자의 인치를 받은 때에는 10일 이내에 고소를 제기하지 아니하면 석방하여야 한다(§ 203).

대물적 강제처분 (代物的 强制處分)

증거물이나 몰수물의 수집과 보전을 목적으로 하는 강제처분을 말한다. 압수와 수색 그리고 검증이 여기에 해당한다. 대상적 강제처분은 그 직접적 대상이 물건이라는 점에서 대인적 강제처분과 구별된다. 대물적 강제처분은 주체에 따라 법원이 증거수집을 위해서 행하는 경우와 수사기관이 수사로 행하는 경우로 나눌 수 있다. 특히 수사기관의 대물적 강제처분을 대물적 강제수사라 한다. 단 증거물이나 몰수할 물건의 수집과 확보를 목적으로 하는 강제처분이라는 점에서 양자는 그 성질을 같이한다. 대물적 강제수사에 대해서도 법원의 압수·수색과 검증에 관한 규정이 준용된다. 대물적 강제처분이 가능하기 위해서는 영장주의원칙, 필요성, 범죄의 혐의 등의 요건이 갖추어져야 한다. 대물적 강제처분도 국민의 기본권을 제한하는 요인이 될 수 있으므로 영장주의의 원칙이 준수되어야 한다. 다만 대물적 강제수사에서는 긴급성이 있을 때 영장주의의 예외를 인정한다. 또한 대물적 강제처분은 필요성이 인정되어야 한다. 그러므로 법치국가의 원리 중 비례성의 원칙은 여기서도 적용되어야 한다. 범죄의 혐의는 구속의 경우에 요구되는 정도가 아니라 '최초의 혐의' 또는 '단순한 혐의' 정도면 족하다고 볼 수 있다.

수색(搜索)
영 ; Search
독 ; Durchsuchung

수색이란 압수해야 할 물건이나 체포·구인해야 할 사람의 발견을 위해 사람의 신체·물건·가옥 또는 기타의 장소에 대하여 행하는 강제처분을 말한다. 원칙적으로 법원이 행하나(刑訴§ 109) 법관(§ 136, § 184) 또는 수사기관이 행하는 수도 있다(§ 137,

§ 215), § 216). 또 원칙적으로 수색영장이 필요하다(헌§ 12, 刑訴§ 113, § 215. 예외로서는 § 137, § 216). 압수하여야 할 물건의 搜索에 대하여는 피고인과 피고인이 아닌 자와의 사이에 구별이 있고(§ 109), 또 가옥 기타 사람이 거주하는 장소의 수색에 대한 검사·피고인·변호인의 참여권(§ 121, § 122), 여자신체의 수색에 대한 성년여성의 참여(§ 124)등 여러 가지 제한이 있다.

야간수색(夜間搜索)

압수할 물건 또는 체포하여야 할 사람의 발견을 목적으로 사람의 신체·물건 또는 그 밖의 장소에 대하여 행한 강제처분인 수색을 야간(일출 전 일몰 후)에 행함을 말한다. 야간수색은 주간수색에 비해 제한이 가해지고 있다. 즉 수색영장에 야간집행의 기재가 없으면 타인의 주거, 간수자있는 가옥, 건조물·항공기 또는 선차내에 들어가지 못하게 하고 있는 바(형소법 125조), 이는 야간에 있어서의 사생활의 평온을 보호하기 위함이다. 그러나 예외적으로 수색영장에 야간집행의 기재가 없더라도 도박 기타 풍속을 해하는 행위에 상용된다고 인정되는 장소와 여관·음식점 기타 야간에 공중인 출입할 수 있는 장소(공개된 시간중)에서는 야간수색의 제한을 받지 않는다(형소법 126조).

압수(押收)
독 ; Beschlagnahme

압수라 함은 물건의 점유를 취득하는 강제처분을 말하며 압수와 領置 및 제출명령의 세 가지를 내용으로 한다. 압류란 점유취득과정 자체에 강제력이 가하여지는 경우를 말하고, 留置物(유치물)과 任意提出物(임의제출물)을 점유하는 경우를 領置라 하며, 일정한 물건의 제출을 명하는 처분을 提出命令(제출명령)이라고 한다. 다만 수사기관에 의한 강제수사에는 제출명령이 포함되지 않는다. 이러한 수사는 원칙적으로 법원이 행하나(刑訴§ 106이하) 때에 따라서는 합의부원에게 이를 명할 수 있으며 또한 그 목적물의 소재지를 관할하는 지방법원판사에게 촉탁할 수도 있다(§ 136). 또 법관의 영장을 얻어 수사기관이 행하는 경우도 있다(§ 215). 압수에는 원칙적으로 영장이 필요하다(§ 113 이하). 또 공무 및 업무상의 비밀을 보호하기 위하여 압수가 제한되는 경우가 있다(§ 111, § 112). 압수할 때에는 영장을 제시하고, 압수한 물건의 목록을 작성하여 소유자·소지자·보관자 등에게 이를 교부하여야 한다(§ 118, § 129). 압수물에 대하여는 그 상실 또는 파손 등의 방지를 위하여 상당한 조치를 하여야 하고(§ 131), 압수를 계속할 필요가 없다고 인정되는 때에는 압수물을 환부하여야 한다(§ 133, § 134).

압수물(押收物)

압수의 강제처분에 의하여 법원 또는 수사기관이 점유를 취득한 물건을 말한다. 압수한 경우에는 압수목록을 작성하여 소유자 등에게 교부하여야 하고(형소법 129 · 219조), 운반 또는 보관에 불편한 압수물에 관하여는 간수자를 두거나 소유자 또는 적당한 자의 승낙을 얻어 보관하게 할 수 있다(형소법 130조1항, 219조). 현행 형사소송법상 압수물의 처분에는 폐기처분(형소법 130조2항), 환가처분(형소법 132조), 환부·가환부(형소법 133 · 134조)

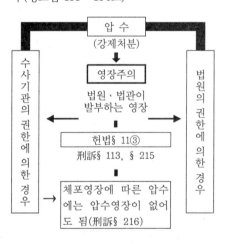

몰수물(沒收物)

몰수재판의 확정에 의해 몰수된 물건을 말한다. 몰수물은 국고에 귀속한다. 또 몰수물은 검사가 처분하여야 한다(형사소송법 483조). 물류를 집행한 후 3월 이내에 그 몰수물에 대하여 정당한 권리 있는 자가 몰수물의 교부를 청구한 때에

는 검사는 파괴 또는 폐기할 것이 아니면 이를 교부하여야 한다. 몰수물을 처분한 후 교부의 청구가 있는 경우에는 검사는 공매에 의하여 취득한 대가를 교부하여야 한다(형사소송법 484조).

압수 · 수색영장(押收 · 搜索令狀)

압수·수색의 강제처분을 기재한 재판서를 말한다. 수사기관에 대한 허가장인 경우(형소법 215조)와 집행기관에 대한 명령장인 경우(형소법 113 · 115조)가 있다. 법원이 행하는 압수·수색이라 할지라도 공판정외에서 압수 · 수색을 할 때에는 영장을 발부하여야 한다(형소법 113조). 다만 공판정에서의 압수·수색에는 영장을 요하지 않는다. 압수·수색영장은 처분을 받는 자에게 반드시 제시해야 한다(형소법 118 · 219조). 압수와 수색은 실제로 함께 행하여지는 것이 통례이고, 실무상으로도 압수·수색영장이라는 단일영장이 발부되고 있다. 압수·수색영장에는 압수할 물건과 수색할 장소를 명시하여야 하므로(형소법 114조 1항) 현행법상 일반영장은 금지된다.

구금(拘禁)
독 ; Verhafung

구금이라 함은 일정한 자가 죄를 범하였다고 의심할만한 상당한 이유가 있는 자로서 일정한 주거가 없고, 범죄의 증거를 인멸할 염려가 있고 또, 도망하거나 도망할 염려가 있는 때(刑訴§ 70①) 등 법원이 긴급을 요하는 경우에 재판장 또는 수명법관이 행하는 강제처분의 일

종으로서 이는 구속영장에 의하여 집행한다(§ 69이하). 즉 주로 逃亡(도망) 또는 證據湮滅(증거인멸)을 방지할 목적으로 피고인·피의자를 교도소 또는 구치소에 구속하는 것이다. 유죄가 확정되기 전에도 할 수 있으므로 형의 일종인 구류와는 다르다. 구금을 할 때에는 반드시 구속의 사유를 명시하여야 한다(구속사유의 제시). 구속영장에는 피고인 또는 피의자의 성명 · 주소 · 죄명 · 공소사실의 요지 · 引致 · 구금할 장소 · 發付연월일 · 그 유효기간과 그 기간을 경과하면 집행에 착수하지 못하며 영장을 반환하여야 할 취지를 기재하고 재판장 또는 수명법관이 서명 · 날인하여야 한다(§ 75①). 공소제기 전의 구속영장(피의자에 대한 것으로 검사가 청구한다)이나 공소제기후의 구속영장(피고인에 대한 것)은 모두 법원의 집행기관에 구속을 허용하는 구속영장과 다르다. 구금은 강제처분의 일종으로서 비교적 기간이 장기이므로 부당하게 남용하지 못하도록 하기 위하여 두 가지 제도를 두고 있다. 그 하나는 保釋이고 다른 하나는 구속기간의 제한이다. 피고인에 대한 구속기간은 원칙적으로 2월로 하고 필요에 따라서 심급마다 2차에 한하여 결정으로 경신할 후 있으나 경신한 기간도 2월로 한다(§ 92). 피의자에 대한 구속기간은 원칙으로 10일 이내이지만 검사는 10일을 초과하지 않는 한도에서 1차에 한하여 연장할 수 있다(§ 202, § 203, § 205). 구금의 사유 중 주거가 없는 때와 도망하거나 도망의 염려가 있는 때에는 불출석을 방지하기 위한 것이나, 증거인멸의 염려가 있는 때를 부가한 것은 문제가 있다. 결국 증거인멸이라는 것은 피의자의 구술을 듣기 위한 구실에 불과하고, 보석을 인정하지 않으면 결국 구금을 자백을 위한 증거수집과 진술을 듣기 위하여 전적으로 사용하게 되므로 임의수사의 원칙은 아주 협소하게 된다는 견해가 있다. 구금의 내용은 自由刑과 별로 다르지 않고 형이 확정되었을 때는 판결선고전의 구금일수 그 전부를 自由刑(자유형)에 산입하며 이미 그 형을 집행한 것과 동일하게 취급한다(형§ 57). 이러한 구금을 未決拘禁(미결구금)이라고도 한다.

구인(拘引)
독 : Vorführung

법원·재판장 또는 판사가 피고인이나 증인을 법원 또는 기타 지정한 장소로 인치하여 억류하는 재판 또는 그 집행을 말한다. 피고인이나 증인이 정당한 사유없이 소환 또는 동행명령에 응하지 않는 경우(형소법 69조 · 74조 · 152조 · 166조2항) 구속영장에 의하여 구인할 수 있다(형소법 73조). 그런데 또 구인한 피고인을 법원에 인치한 경우에 구금할 필요가 없다고 인정한 때에는 그 인치한 때로부터 24시간 내에 석방하여야 한다(형소법 71조). 한편 피의자 구인 또는 형을 집행하기 위한 구인도 있다(형소법 209조 · 473조2항 · 3항).

가택수색(家宅搜索)

주거 그 밖의 장소에 대하여 행하는 수색(刑訴§ 109, § 123①, § 137)을 말한다. 법원은 필요한 경우에 피고인의 신체·물건 또는 주거 그 밖의 장소를 수색할 수 있다. 그러나 피고인이 아닌 자의 신체·물건 또는 주거 그 밖의 장소에 관하여는 압수할 물건이 있음을 인정할 수 있는 경우에 한하여 수색할 수 있다(刑訴§ 109). 이는 원래 증거물의 발견을 위하여 행하나 사람을 발견하기 위해서도 행하는 경우가 있다. 수색은 지방법원판사가 발부하는 압수수색 명령장에 의해 할 수 있다(§ 215). 또한 행정상즉시강제의 수단으로서 家宅搜索(가택수색)이 행하여지는 경우도 있다(銃砲火藥§ 44).

소환(召喚)

소환이라 함은 피고인 또는 증인 등에 대하여 법원 기타의 일정한 장소에 호출하는 강제처분의 하나이며, 召喚狀(소환장)에 의하여 법원이 행하는 것이 원칙이다(刑訴§ 68, § 73, § 74, § 76, § 151, § 155, § 177, § 183). 구속을 요하는 경우 및 증거보전청구가 있는 경우에는 재판장 또는 판사가 소환할 수도 있다(刑訴§ 80, § 184). 증인이 소환에 불응하거나 정당한 사유 없이 동행을 거부한 때에는 구인 할 수 있으며(§ 152, § 166②), 경우에 따라서 과태료 등의 제재가 가해지는 수도 있다(§ 161). 형을 집행하기 위한 검사의 소환(§ 473①)은 여기서 말하는 소환과는 그 성질이 다르다.

보석(保釋)
영 ; bail
독 ; Sicherheits leistung

보석이라 함은 일정한 보증금의 납부를 조건으로 구속의 집행을 정지함으로써 구속된 피고인을 석방하는 제도를 말한다. 보석은 구속의 집행만을 정지하는 제도라는 점에서 광의의 구속집행정지에 속하지만 보증금의 납부를 조건으로 한다는 점에서 구속의 집행정지와 구별된다. 피고인·변호인 등의 청구에 의하는 請求保釋(刑訴§ 94)의 경우와 직권으로 행하는 職權保釋(§ 96)이 있다. 그리고 반드시 청구를 허가해야 하는 必要的保釋(§ 95)과 법원의 재량에 맡겨져 있는 任意的保釋(§ 96)이 있다. 2007. 6. 1. 개정 형사소송법은 보석조건을 다양화 해 불구속 원칙과 실질적 평등원칙을 확대했다. 법원이 지정하는 장소에의 출석과 증거를 인멸하지 않겠다는 서약서제출, 보증금 상당금액 납입의 약정서, 주거제한, 출석보증서 제출, 출국금지, 피해 공탁 및 담보제공, 보증금 납입 등 다양한 보석조건을 도입, 개별 사안의 특성과 피고인의 처지에 적합한 조건을 정할 수 있도록 했다(형소 § 98). 피고인이 도망한 때, 도망 또는 죄증을 인멸할 염려가 있다고 믿을만한 충분한 이유 없이 출석하지 아니한 때, 또 주거의 제한 기타 법원이 정한 조건을 위반한 때에는 법원은 결정으로써 보석을 취소하고 보증금 또는 담보의 전부 또는 일부를 몰취할 수 있다(§ 102, § 103). 그리고 법원은 보증금의 납입 또는 담보제공을 조건으로 석방된 피고인이 동일한 범죄사실에 관하여 형의선고를 받고, 그 판결이 확정된 후 집행하기 위한 소환을 받고 정당한 이유 없이 출석하지 아니하거나 도망한 때에는 보증금 또는 담보의 전부 또는 일부를 몰취하여야 한다(§ 103②).

구속영장의 효력이 소멸하거나 보석이 취소된 때(다만 피고인 또는 법원이 지정하는 자가 보증금을 납입하거나 담보를 제공한 경우는 예외)에는 보석조건은 즉시 그 효력을 상실한다(§ 104의2).

구속집행정지(拘束執行停止)

법원은 상당한 이유가 있는 때에는 결정으로 구속된 피고인을 친족·보호단체 기타 적당한 자에게 부탁하거나 피고인의주거를 제한하여 구속의 집행을 정지할 수 있다. 구속된 피의자에 대하여는 검사 또는 사법경찰관이 구속의 집행을 정지할 수 있다(형사소송법 § 101, § 209). 사법경찰관은 이 경우 검사의 지휘를 받는다. 그런데 법원이 피고인의 구속집행정지결정을 함에는 검사의 의견을 물어야 하는데 급속을 요하는 경우에는 그러하지 않다. 개정 전 형사소송법에서는 구속의 집행정지결정에 대하여 검사가 즉시항고를 할 수 있다고 규정하고 있었다(§ 101③). 즉시항고의 경우 재판의 집행을 정지하는 효력이 있으므로 검사가 즉시항고를 할 경우 법원의 구속 집행정지결정의 효력이 정지되는 문제가 있었다. 이에 헌법재판소는 구속집행정지결정에 대한 검사의 즉시항고를 인정하는 이 규정은 검사의 불복을 법원의 판단보다 우선시킬 뿐만 아니라, 사실상 법원의 구속집행정지결정을 무의미하게 할 수 있는 권한

을 검사에게 부여한 것이라는 점에서 헌법 제12조 제3항의 영장주의원칙에 위배된다며 위헌 결정을 하였다(2011헌가36). 이에 2015년 7월 31일 형사소송법 개정시 § 101 ③항을 삭제하였다. 따라서 검사는 재판의 집행을 정지하는 효력이 없는 보통항고로만 불복할 수 있다. 법원은 직권 또는 검사의 청구에 의하여 결정으로 구속의 집행정지를 취소할 수 있고, 구속된 피의자에 대하여는 검사 또는 사법경찰관이 결정으로 구속의 집행정지를 취소할 수 있다(§ 102, § 209).

구속의 효력(拘束의 效力)

여기에는 구속의 취소와 당연실효가 있다. 전자는 구속의 사유가 없거나 소멸된 때에 피고인에 대하여는 법원이 직권으로 또는 검사·피고인·변호인과 辯護人選任權者의 청구에 의해, 그리고 피의자에 대하여는 검사 또는 사법경찰관의 결정으로 된다(刑訴§ 93). 후자는 구속영장의 효력이 당연히 상실되는 것으로 구속기간의 만료, 구속영장의 실효, 사형·自由刑(자유형)의 확정 등의 경우에 이루어진다(§ 92).

압수물의 가환부
(押收物의 假還付)

압수물은 소유자 · 소지자 · 보관자 또는 제출인의 청구에 의하여 가환부할 수 있다. 증거로만 사용할 목적으로 압수한 물건으로서 그 소유자 또는 소지자가 계속 사용하여야 할 물건은 사진촬영 기타 원형보존의 조치를 취하고 신속히 假還付(가환부)하여야 한다(刑訴§ 133).

이를 결정할 때에는 검사·피해자·피고인 또는 변호인에게 미리 통지하여야 한다(§ 135). 가환부는 법원이 행하는 경우도 있으나 수사기관이 스스로 압수한 것을 가환부할 수도 있다(§ 219). 이러한 규정의 취지는 압수물을 유치할 필요성이 전혀 없지는 아니한 경우라도 일시적으로 유치를 해제하는 것이 수사 또는 소송상 중대한 지장이 되지 아니할 때에는 그 물건을 반환해 주는 것이 權利侵害(권리침해)를 최소화할 수 있다는 데에서 이와 같은 절차를 인정하고 있다. 특히 수사기관은 수사상 또는 公訴維持上(공소유지상)의 필요가 없는 경우에는 속히 환부 또는 가환부하는 것이 바람직하다. 변호인 측에서는 흔히 이 가운데 유리한 증거를 발견하는 경우가 많이 있다. 가환부는 어디까지나 임시로 반환하는 것이므로 압수 그 자체의 효력은 잃지 않는다. 그러므로 가환부 받은 자는 그 기간동안 보관의 의무를 지며, 임의로 처분함은 허용되지 않는다. 가환부를 받은 물건에 관하여는 終局的裁判에서 별도의 선고가 없는 한 환부의 선고가 있는 것으로 본다. 따라서 이 경우에는 임의 처분도 가능하다.

검증(檢證)
독 ; Augenscheinbeweis
불 ; constation

검증이란 사람, 장소, 물건의 성질·형상을 五官(오관)의 작용에 의하여 인식하는 강제처분이다. 이에는 법원의 검증과 수사기관이 하는 검증이 있다. 법원의 검증은 증거조사의 일종으로 영장을 요하지 않는다. 이에 반하여 수사기관의 검증은 증거를 수집·보전하기 위한 강제처분에 속하며 따라서 원칙적으로 법관의 영장에 의하지 않으면 안 된다. 또한 영장에 의한 검증과 영장에 의하지 않는 검증이 있다.

신체검사(身體檢查)
독 ; körperliche Untersu- chung

刑事訴訟法上(형사소송법상) 신체검사가 거론되는 것은 수사(刑訴§ 109이하), 검증(§ 139이하), 鑑定(§ 173의 세 가지 경우이다. 신체검사는 신체자체를 검사의 대상으로 하는 점에서 신체외부와 착의에 대한 증거물의 수색인 身體搜索(신체수색)과 구별된다. 신체검사는 인권을 침해할 우려가 크기 때문에 신중한 규정을 두고 있으나, 신체수색의 경우만은 특별한 규정이 없다. 이것을 입법의 불비라 하여 수색의 경우에도 검증에 관한 규정을 적용하여야 한다(예컨대 수색영장과 신체검사영장의 두 가지를 필요로 하는 등)는 주장도 있다. 검증으로서의 신체검사에 대하여는 검사를 당하는 자의 명예를 해하지 않도록 주의하여야한다(§ 141). 법원·법관이 행하는 것이 원칙이나, 수사기관이 행하는 경우에는 원칙적으로 신체검사영장이 필요하다(§ 215①). 감정으로서의 신체검사에 대하여는 검증으로서의 그것에 대한 규정이 준용되며, 감정인이 행할 때에는 법원의 허가장을 필요로 한다(§ 173).

증거보전(證據保全)

독 ; Sicherung des Beweises

증거보전이라 함은 공판정에서의 정상적인 증거조사가 있을 때까지 기다려서는 증거방법의 사용이 불가능하거나 현저히 곤란하게 될 염려가 있는 경우에 미리 증거를 수집·보전하여 두기 위하여 법관에게 청구하여 행하여 그 결과를 보전하여 두는 强制處分(강제처분)을 말한다. 현재의 형사소송은 당사자주의를 취하고 있으나, 한쪽 당사자인 검사는 국가기구의 하나로서 강력한 권한을 가지고 있음에 대하여 상대방인 피고인의 입장은 대단히 약하다. 그래서 피고인의 입장을 강화하여 평등에 가깝도록 하기 위하여 설치한 것의 하나가 이 證據保全節次(증거보전절차)이다. 즉 피고인측도 재판을 자기에게 유리하도록 인도하기 위하여 증거를 수집·확보하여야 하는데, 예컨대 증인이 중병으로 사기에 임박해 있다든지 국외로 여행하려 하고 있다든지 혹은 범죄현장이 변용되어 버렸거나 증거물이 소실되어 버릴 우려가 있을 때에, 이를 그대로 방치해 두면 실제로 공판에서 그 증거를 사용할 수가 없게 된다. 그래서 이와 같은 사정이 있을 때 피고인·피의자·변호인은 제1회 공판이전에 한하여 재판관에게 청구하여 미리 그러한 증거에 대한 압수·수색 기타의 처분을 받아둘 수 있도록 규정하고 있다(§ 184①). 이 경우 검사·피고인·피의자 또는 변호인은 판사의 허가를 얻어 법원에 보관된 증거를 열람하거나 謄寫할 수 있다(§ 185). 그리고 증거보전청구를 기각하는 결정에 대하여는 3일 이내에 항고할 수 있다(§ 184④).

감정유치(鑑定留置)

영 ; confinement for expert opinion

감정유치라 함은 피고인 또는 피의자의 정신 또는 신체에 관한 감정(즉 피고인이 정신병자인가 아닌가 등의 정신상태나 신체의 傷痕(상흔) 등의 신체적 상태 또는 능력의 감정)이 필요한 때에 법원이 기간을 정하여 의사 등의 전문가에게 감정시키기 위하여 병원 기타 적당한 장소에 피고인을 유치하는 강제처분을 말한다(§ 172③). 감정유치도 헌법에서 말하는 체포의 일종으로 간주하여 감정유치장이라는 영장을 발부하여야 한다(§ 172④). 수사기관이 임의의 처분으로서 감정을 하는 때에도 유치의 필요가 있을 때에는 신체의 구속을 동반하므로 법원에 그 처분을 청구하여야 한다. 감정유치도 피고인 또는 피의자의 신체를 구속하는 것이기 때문에 형사소송법에 정하여져 있는 구속에 관한 규정이 적용되어 피고사건의 告知(고지), 변호인선임권의 고지, 변호인선임의 신고, 변호인 등에의 통지, 接見交通(접견교통), 구속이유 개시, 구속의 취소, 집행정지 등의 규정이 준용된다.

검시(檢視)

老衰(노쇠)나 병 이외의 원인으로 사망한 경우를 事故死(사고사)라 하는데, 그 가운데 범죄에 의하여 사망한 것인가 아니가를 잘 조사하여 보지 않으면 알 수 없는 것을 變死體(변사체)라 한다. 또 사고사인가 아닌가 조차도 잘 알 수 없는 경우에는 이를 변사의 의심이 있는 사체라 한다. 이러한 변사체나 변사의 의심이 있는 사체를 조사하여 범죄에 의한 것인가 아닌가를 결정하는 처분이 檢視(검시)이다. 따라서 범죄가 행해진 것이 아닌가 하는 의심이 전제가 되어 있으며, 수사 그 자체는 아니지만 검시의 결과 범죄에 의한 것으로 판명되면 수사가 개시된다. 결국 범죄의 발견과 동시에 증거의 확보를 위하여 행하여진다. 검시는 검사 또는 검사의 命에 따라서 사법경찰관이 행한다(刑訴§ 222).

필요적 보석(권리보석)
(必要的 保釋(權利保釋))

피고인 또는 그 변호인 、 법정대리인 、 배우자 、 직계친족 、 형제자매, 가족、동거인 및 고용주는 보석의 청구를 할 수 있다(§ 94). 이에 대하여 법원은 (1) 피고인이 사형、무기 또는 장기 10년 이상의 징역이나 금고에 해당하는 죄를 범한 때, (2) 피고인이 累犯(누범)에 해당하거나 상습범이 죄를 범한 때, (3) 피고인이 罪證(죄증)을 인멸하거나 인멸할 염려가 있다고 믿을 만한 충분한 이유가 있는 때, (4) 피고인이 도망하거나 도망 염려가 있다고 믿을 만한 충분한 이유가 있는 때, (5) 피고인의 주거가 분명하지 아니한 때, (6) 피고인이 피해자, 당해 사건의 재판에 필요한 사실을 알고 있다고 인정되는 자 또는 그 친족의 생명、신체나 재산에 해를 가하거나 가할 염려가 있다고 믿을 만한 충분한 이유가 있는 때 등 이외에는 반드시 보석을 허가하여야 한다(§ 95). 이를 필요적 보석이라 한다. 예외적으로 청구가 없더라도 법원이 임의로 보석하는 경우도 있다(職權保釋、任意的保釋). 그런데 원칙적인 권리보석에는 많은 예외가 광범위하게 규정되어 있어서(刑訴§ 95) 실제적인 보석의 효과에는 큰 차이가 없다. 보석을 청구할 수 있는 자는 제한되어 있고(§ 94) 피의자에 대한 보석은 인정되지 않는다(§ 94). 피고인에 비하여 구속기간이 짧다는 것이 피의자에게 보석을 인정하지 않는 이유이고 재고의 여지가 있다는 설도 있다. 법원은 보석을 허가하거나 보석청구를 기각할 때에는 검사의 의견을 들어야 한다. 이 이외의 절차에 관하여는 형사소송법 제98조 이하에서 규정하고 있다.

검거(檢擧)

수사기관이 범죄의 예방공안의 유지 또는 범죄수사상 지목된 자를 일시 억류하는 것으로서 법률상의 개념은 아니다. 검거는 구속과는 다르므로 본인의 승낙 없이 강제할 수는 없다고 본다. 만일 강제처분이 필요한 경우라면 법관에게 영장을 신청하여 체포 또는 구속할 수 있을 뿐이다. 형사소송법이 인정하는 특수한 경우에 긴급체포를 할 경우에도 반드시 긴급체포서를 작성한 후에 구속영장을 교부해야 하며 또한 엄격한 법정요건을 갖추어야 한다(刑訴§ 200의3).

영치(領置)

형사소송법상 소유자나 소지자 또는 보관자가 임의로 제출한 물건이나 遺留(유류)한 물건을 영장 없이 그 점유를 취득하는 법원 또는 수사기관의 강제처분(刑訴§ 108, § 218). 압수의 일종이나 협의의 압수는 상대방의 의사에 반하여 행하는 강제처분으로서 법관의 압수 · 압수영장을 필요로 하지만 영치는 임의적인 것이므로 영장을 필요로 하지 않는다. 그러나 任意的(임의적)이라고 하더라도 압수와 동일한 효력을 갖는다.

공 소

국가소추주의(國家訴追主義)
독 : Offizialprinzip

공소제기의 권한을 국가기관(특히 검사)에게 전담하게 하는 것을 말하며, 사인의 공소제기를 인정하는 사인소추주의에 대한다. 이는 범죄예방과 처벌에 대한 공적 이익을 사인에게 맡길 것이 아니라는 견지에서 나온 것이다. 독일 형사소송법은 국가소추주의를 원칙으로 하면서도(동법 152조) 주거침입이나 비밀침해 등 경미한 범죄에 관하여 예외적으로 사인소추를 인정하나, 우리 형사소송법은 공소는 검사가 제기하여 수행한다고 규정하여(형사소송법 246조), 국가소추주의를 일관하고 있는 점에 특색이 있다.

기소(起訴)

起訴(기소)란 검사가 일정한 형사사건에 대하여 법원의 심판을 구하는 행위를 말한다. 이를 공소의 제기라고도 한다. 과거 유럽에서는 私訴(사소)라고 하여 私人이 기소하는 것을 인정한 때도 있었으나, 현재는 검사만이 이를 행할 수 있다(刑訴§ 246). 국가기관인 검사만 행할 수 있으므로 國家訴追主義(국가소추주의) 또는 起訴獨占主義(기소독점주의)라고 한다. 검사는 피해자를 위하여서만 기소하는 것이 아니라, 사회질서의 유지라는 공익의 측면에서 공익의 대표자로서 기소하는 것이다. 그러나 검사는 범죄의 혐의가 있을 때에는 반드시 기소해야만 하는 것은 아니다. 범인의 연령, 성행, 지능과 환경, 피해자와의 관계, 범행의 동기, 수단과 결과, 범행 후의 정황 등을 종합하여 기소하지 않음이 상당하다고 판단되는 때에는 起訴猶豫處分(기소유예처분)을 할 수 있다(起訴便宜主義 : § 27①). 起訴法定主義(기소법정주의)로서는 이에 대하여 기소유예를 인정치 않으나, 현재에는 대부분 기소편의주의를 취하고 있다. 기소할 때에는 공소장이라는 서면을 관할법원에 제출하여야 한다(§ 254①). 검사는 제1심판결의 선고 전까지는 공소를 취소할 수도 있다(§ 2550).

이중기소(二重起訴)

소송계속중인 동일사건에 대하여 이중으로 공소가 제기되는 것을 말한다. 종국적 재판으로 일단 소송이 끝난 후 동일사건에 대하여 다시 공소가 제기되는 재기소와 구별된다. 형사소송법상, 공소의 제기가 있는 때에는 동일사건에 대하여 다시 공소를 제기할 수 없다. 이를 이중기소(재소)의 금지 또는 공소제기의 외부적 효과라고도 한다. 따라서 동일사건이 동일법원에 이중으로 공소가 제기 되었을 때에는 후소에 대하여 공소기각의 판결을 하여야 한다(형소법 327조3호). 동일사건을 수개의 법원에 이중으로 공소 제기하는 것도 허용되지 않는다. 그러므로 동일사건이 사물관할을 달리하는 수개의 법원에 계속된 때에는 먼저 공소를 받은 법원이 심판한다(형소법 13조). 이 경우 심판할 수 없게 된 법원은 공소기각의 결정을 하여야 한다(형소법 328조3호). 다만 동일사건의 일부분이 동일법원에 동일절차 중에서 이중으로 공소가 제기 되었을 때에는 한 개의 사건으로 심판할 것이고, 공소를 기각할 필요가 없다(공소불가분의 원칙의 결과이다). 민사소송법상으로는 이중제소라고 한다.

공소(公訴)
독 ; Klagverhebung

법원에 대하여 특정한 형사사건의 심판을 요구하는 검사의 *法律行爲的 訴訟行爲*(법률행위적 소송행위)를 공소라 한다. 검사의 소송제기는 수사의 종결을 의미하는 동시에 이에 의하여 법원의 심판이 개시된다. 공소에 의하여 범죄수사는 종결되고 사건은 공판절차로 이행된다.

공소의 제기(公訴의 提起)

검사가 피고사건에 관하여 법원에 대해 그 심판을 구하는 소송행위를 말한다. 기소 또는 소추라고도 한다. 수사결과 범죄의 객관적 혐의가 충분하고 소송조건을 구비하여 유죄판결을 받을 수 있다고 인정할 때에는 검사는 공소를 제기한다(형소법 246조). 방법은 공소장을 관할법원에 제출하는 것이다(형소법 254조). 약식명령을 할 수 있는 경우에는 공소제기와 동시에 약식명령을 청구할 수 있다(형소법 449조).

공소의 취소(公訴의 取消)

공소제기를 철회하는 검사의 법원에 대한 소송행위를 말한다. 공소의 취소를 허용하는 주의를 공소변경주의라 한다. 현행법은 기소편의주의와 함께 공소변경주의를 채택하고 있다(형소법 255조). 공소의 취소는 공소의 유지가 불가능하거나 불필요한 경우에 행해진다. 유죄를 입증할 증거가 불충분한 경우에는 무죄판결의 기판력 발생을 방지하고 후일의 재기소를 위하여 공소의 취소가 필요한 경우가 있다. 공소의 취소는 검사만이 할 수 있다(형소법 255조). 이는 기소독점주의에 의한 것이다. 재판상의 준기소절차에 의하여 지방법원의 심판에 부하여진 사건에 관하여 공소유지자로 지정된 변호사(형소법 265조)는 공소유지의 권한이 없다고 본다. 공소를 취소함에 있어서는 그 이유를 기재한 서면을 수소법원에 제출하여야 한다. 그러나 공판정에서는 구술로써 할 수 있다(형소법 255조2항). 고소 또는 고발있는 사건에 관하여 공소를 취소한 때에는 7일 이내에 서면으로 고소인 또는 고발인에게 그 취지를 통지하여야 한다(형소법 258조1항). 공소의 취소는 제1심판결의 선고전까지만 허용한다(형소법 255조1항).

공소의 효력(公訴의 效力)

유효한 공소의 제기에 의하여 생기는 소송법상의 효과를 말한다. 우선 공소제기에 의하여 사건은 법원에 계속된다. 이에 의하여 법원 · 검사 · 피고인의 3주체간에 일정한 법률관계가 생긴다. 이것을 소송계속의 적극적 효과 또는 공소제기의 내부적 효과라고 한다. 또 소송계속이 있는 때에는 동일 사건에 대하여 다시 공소를 제기할 수 없다. 이를 공소제기의 외부적 효과라고도 한다. 공소제기는 또한 공소시효의 정지(형소법 253조)의 소송법상의 효과를 발생시킨다. 공소제기의 효과는 그 외에 공소장에 기재된 피고인과, 공소사실과 단일성 및 동일성이 인정되는 모든 사실에 미친다. 이를 공소불가분의 원칙이라고 한다.

공소변경주의(公訴變更主義)

일단 제기한 공소의 취소를 인정하는 제도를 말한다. 기소법정주의의 논리적 결론이 공소불변경주의임에 대하여, 공소변경주의는 기소편의주의의 논리적 귀결이라고 할 수 있다. 형사소송법은 공소는 제1심 판결의 선고전까지 취소할 수 있다고 규정하여(형소법 255조1항) 공소변경주의를 선언하고 있다. 공소변경주의가 기소편의주의의 논리적 귀결이라 하여 기소유예에 해당하는 사유가 발생한 때에만 공소취소를 할 수 있는 것은 아니다. 소송조건이 결여되었음이 판명된 경우나 증거 불충분으로 공소를 유지할 수 없음이 명백한 경우에도 공소를 취소할 수 있다.

공소불가분의 원칙 (公訴不可分의 原則)

독 : Prinzip der Unteilbarkeit des Prozesgegenstandes

소송제기의 효과는 공소장에 기재된 피고인과, 공소사실과 단일성 및 동일성이 인정되는 모든 사실에 불가분적으로 미친다는 원칙을 말한다. 이를 소송객체불가분의 원칙이라고도 한다. 그 인적범위(주관적 범위)는 공소장에 피고인으로 지정된 자에 대해서만 미치며, 그 이외의 다른 사람에게는 미치지 않는다(형소법 248조). 따라서 공범자 중 일부에 대한 공소제기의 효력은 다른 공범자에게 미치지 않는다. 이 점에 있어서 고소불가분의 원칙과 다르다. 공소제기의 물적 범위(객관적 범위)는 범죄사실의 일부에 대한 공소는 그 효력이 전부에 미친다(형소법 247조2항). 즉 공소제기의 효력은 단일사건의 전체에 미치고 동일성이 인정되는 한 그 효력은 계속 유지된다. 단일성과 동일성이 인정되는 사실의 전체에 대하여 공소제기의 효력이 미치므로 그것은 법원의 잠재적 심판의 대상이 된다. 공소장 변경에 의하며 현실적 심판의 대상이 된 때에만 법원은 그 사건에 대하여 심판할 수 있다. 이러한 의미에서 공소효력의 물적 범위는 법원의 잠재적 심판의 범위를 의미하며, 그것은 공소장변경의 한계가 되고 기판력의 객관적 범위와 일치한다고 할 수 있다. 반면 법원은 공소제기가 없는 사건에 대하여 심판할 수 없다. 이를 특히 불고불리의 원칙이라 한다.

공소권 이론(公訴權 理論)

공소권이란 공소를 제기하는 검사의 권리를 말한다. 공소를 제기하고 수행하는 검사의 지위를 권리 또는 권한의 측면에서 파악한 것이라고 할 수 있다. 검사의 공소제기에 관한 권리를 의미하는 것으로 실체법상의 형벌권과 구별된다. 그리고 공소권이론이란 공소권의 본질과 성격을 어떻게 파악할 것인가에 대한 이론이다. 이에 대해서는 (1) 검사가 형사사건에 대해 공소를 제기할 수 있는 일반적 권한을 공소권이라고 하는 抽象的 公訴權說(추상적 공소권설), (2) 검사가 구체적 사건에 관해 공소를 제기할 수 있는 구체적 권한을 공소권이라하는 具體的 公訴權說, (3) 공소권이란 구체적 사건에 관하여 검사가 유죄 또는 무죄의 실체 판결을 구하는 권능이라고 하는 實體判決請求權說(실체판결청구권설)등이 있다. 그런데 소송절차를 동적·발전적으로 파악하여 공소권이론을 독립하여 논하는 것은 부당하다는 公訴權 否認論 내지 無用論(무용론)이 있다. 또한 공소의 제기가 형식적으로 적법하나 실질적으로는 공소권의 행사가 그 재량의 한계를 일탈한 경우에 있어서 즉 公訴權濫用(공소권남용)에 있어서 법원은 유죄·무죄의 실체판결을 할 것이 아니라, 公訴棄却(공소기각) 또는 免訴判決(면소판결)과 같은 形式裁判으로 소송을 종결해야 한다는 公訴權濫用理論(공소권남용이론)도 있다.

소송객체불가분의 원칙 (訴訟客體不可分의 原則)

소송제기의 효과는 공소장에 기재된 피고인과, 소송사실과 단일성 및 동일성이 인정되는 사실에 미친다는 원칙을 말하며, 공소불가분의 원칙과 같은 의미이다. 특히 공소불가분의 원칙을 공소제기의 효력이 미치는 물적범위에 한정하여 사용하기도 하는데, 이에 의하면 범죄사실이 단일한 한 공소제기의 효력은 그 전부에 대해서 불가분적으로 미치게 되기 때문에 단순일죄의 일부에 대해서만 공소제기가 있는 경우에도 공소제기의 효력은 그 전부에 대해서 미치게 된다(형소법 247조 2항). 공소제기의 효력은 공소장에 기재된 범죄사실과 동일성이 인정되는 범위 내의 전부에 미치기 때문에 설사 공소장에 공소사실로서 적시되지 아니한 경우에도 법원의 잠재적 심판의 대상이 되며 공소장변경절차에 의하여 공소장에 공소사실로 기재되면 현실적 심판의 대상으로 된다. 또한 기판력도 공소불가분의 원칙에 의하여 공소사실과 단일성 및 동일성이 인정되는 사실의 전부에 미치게 된다.

공소장(公訴狀)
독; Borufungsschrift

검사가 공소를 제기하는 때는 공소장을 관할법원에 제출하여야 한다(刑訴 § 254). 이처럼 검사가 법원에 제출하는 이 서면을 공소장이라 한다. 반드시 공소장이라는 서면을 제출하도록 되어 있으며, 구두라든가 전보 등에 의하는 것은 허용되지 않는다. 공소장에는 일정한 기재사항이 법률에 의하여 규정되어 있으며, 이 기재사항 이외의 것을 기재하거나 또는 기재사항을 빠뜨리는 것은 허용되지 아니한다. 공소장에 기재하여야 할 사항으로서는 (1) 피고인의 성명 기타 피고인을 특정할 수 있는 사항, (2) 죄명, (3) 공소사실 (4) 적용법조 등을 기재하여야 한다(§ 254③). 또한 검사는 법원의 허가를 얻어 공소장에 기재한 공소사실 또는 적용조문의 추가·철회 또는 변경할 수 있으며, 이 경우에 법원은 공소사실의 동일성을 해하지 아니하는 범위에서 허가하여야 한다(§ 298①). 한편 판례는 동일성의 판단기준에 대하여 공소사실의 동일성은 구체적 사실로서 枝葉末端(지엽말단)의 점까지 동일할 필요는 없고 기본적 사실관계만 동일하면 족하다고 판시하고 있다(大判1967. 3. 7.).

기소독점주의(起訴獨占主義)

起訴獨占主義라 함은 범죄를 기소하여 訴追(소추)하는 권리를 국가기관인 검사만이 가지고 있는 것을 말한다(刑訴 § 246). 형벌권이 국가에 집중되고 재판의 방법이 糾問主義(규문주의)에서 탄핵주의로 이행하여감과 함께 근대국가에서는 기소독점주의가 일반적이다. 이 기수독점주의의 장점은 공공의 이익을 대표하는 자로서의 검사가 범죄·범인에 대한 피해자의 감정이나 사회의 반향 등에 구애되지 않고 오히려 그러한 요소까지도 고려에 넣은 종합적인 입장에 서서 기소의 시비를 결정할 수 있도록 하기 위하여 起訴便宜主義·검사동일체의 원칙과 함께 형사사법의 공정성을 도모한다는 점에 있다고 한다. 그러나 다른 한편으로는 검사의 독단·專橫에 흐르기 쉽고 특히 정치세력과 직접 결합하는 경우에는 독재화될 가능성도 있다. 따라서 현 형사소송법에서는 검사의 기소독점에 대하여 몇 가지 점에서 그의 시정, 억제를 고려하고 있다. 즉 고소·고발의 청구가 있는 사건에 대하여 검사가 기소 또는 불기소처분을 한때에는 그 이유도 통지하도록 되어 있다(§ 258, § 259). 또 기소의 전제가 되어 있는 친고죄의 고소, 특별한 고발 등도 제한기능을 하는 것이다.

기소편의주의 · 기소법정주의 (起訴便宜主義 · 起訴法定主義)

기소할 수 있는 권한을 가진 사람이 기소할 것인가 아닌가를 결정하는 방식에는 두 가지가 있다. 하나는 법률이 미리 일정한 전제조건을 정하여 두고 그 조건이 충족되면 반드시 기소하여야 하는 것으로 기소법정주의이고, 또 하나는 일정한 조건이 충족된 후에도 여러 가지 사정을 고려하여 기소·불기소의 어느 것을 결정하여도 좋다고 하는 것으로 기소편의주의이다. 전자의 특징은 획일적·형식적이므로 기소의 기준이 명확하고 범죄와 형벌의 관계를 긴밀히 하지만, 후자는 구체적·개별적인 사정을 고려할 수 있으며 기소의 기준에 탄력성이 많다. 또, 일단 기소한 후에도 제1심판결의 선고전까지는 검사는 공소를 취소할 수 있다(§ 255)고 하는 것과 같이 공소취소를 인정하는 제도를 起訴變更主義(기소변경주의), 인정하지 않는 것을 起訴不變更主義(기소불변경주의)라 할 수 있다. 이것도 각각 편의주의·법정주의의 연장으로 볼 수 있다. 또, 형법의 입장에서의 개선형과 응보형의 대립, 보다 일반적으로는 근대파와 고전파라는 소위 학파의 대립에 거슬러 올라가 생각할 수 있다(주관주의와 객관주의, 應報刑(응보형)과 改善刑과 교육형 등의 項 參照). 양자의 장단점은 논리적으로는 表裏(표리)의 관계에 있으나, 기소의 권한을 집중적으로 장악한 국가에 대한 사고방식이 법치국가로부터 행정국가 내지 복지국가로 이행하는 경향을 배경으로 하여 기소편의주의가 오히려 합리적인 것으로 보아 왔다. 그러나 기소편의주의는 기소독점주의와 결합하여 독재화에의 길을 열 위험도 있음을 주의하여야 할 것이다. 현행 형사소송법은 기소·불기소를 결정하는 표준으로서 범인의 연령 · 성행 · 지능과 환경, 피해자에 대한 관계, 범행의 동기·수단과 결과, 범행 후의 정황 등을 참작하여 기소편의주의를 취하도록 하고 있다(§ 247). 따라서 기소독점주의에 대한 시정·억제의 수단은 여기서도 합리적인 억제수단으로서 기능한다.

불기소처분(不起訴處分)

不起訴處分(불기소처분)이란 검사가 起訴하지 않음을 결정하는 것을 말한다. 起訴便宜主義(기소편의주의)의한 기소유예(刑訴§ 247)의 경우 외에, 소송조건이 불비한 경우나 사건이 죄가 되지 않거나 증명이 되지 않는 경우 등 결국 유죄가 될 가망이 없는 경우에 행사한다. 일단 不起訴處分(불기소처분)을 한 후 새로이 기소하여도 지장은 없으나, 불기소처분을 한 때에는 그 취지를 피의자 · 고소인 · 고발인에게 통지하여야 하며, 고소인 또는 고발인의 청구가 있는 경우에는 7일 이내에 그 이유를 서면으로 설명하여야 한다(§ 258, § 259).

기소유예(起訴猶豫)

현행 형사소송법은 起訴便宜主義를 취하여 검사는 범인의 연령 · 성행 · 지능과 환경, 피해자에 대한 관계, 범행의 동기·수단과 결과, 범행 후의 정황 등의 사항을 고려하여 訴追가 필요 없다고 생각되면 기소하지 않아도 되도록 되어 있다(刑訴§ 247). 이처럼 이른바 刑事政策上의 고려에서 기소하지 아니하는 처분을 기소유예라 한다. 이에 대하여 범죄가 특히 輕微(경미)하여 기소할 것까지는 없다고 생각되기 때문에 기소하지 않는 처분을 微罪處分(미죄처분)이라 하여 실무상 구별하고 있다.

가방면(假放免)

이탈리아 주석학파로부터 전래된 이후 "카날리나 법전"을 거쳐 1848년 개정에 이르기까지 독일에 존속하였던 제도로, 유죄의 증거가 충분하지 못한 경우에 일시 방면하였다가 새로운 증거가 나타났을 때에 다시 공소의 제기를 허용하는 것을 말한다.

재정신청(裁定申請)

재정신청이란 검사의 불기소처분에 불복하여 그 불기소처분의 당부를 가려달라고 직접 법원에 신청하는 제도를 말한다. 지금까지는 재정신청의 대상범죄가 공무원의 직무에 관한 죄 중 형법 제123조~제125조의 죄, 즉 직권남용죄, 불법 체포·감금죄, 폭행·가혹행위죄 등 3개였으나, 2007. 6. 1. 형사소송법 개정으로 모든 고소범죄(형법 제123조~제125조의 죄에 대하여는 고발의 경우도 포함)로 확대되었다. 즉 형사소송법 제260조 제1항은 "고소권자로서 고소를 한 자는 검사로부터 공소를 제기하지 아니한다는 통지를 받은 때에는 그 검사 소속의 지방검찰청 소재지를 관할하는 고등법원에 그 당부에 관한 재정신청을 할 수 있다"고 규정하고 있다.

재정신청절차도 간소화되었다. 종전에는 고등검찰청에 항고하고, 대검찰청에 재항고한 뒤에야 고등법원에 재정신청을 할 수 있었으나 재항고절차를 없애고검에서 항고가 기각되면 바로 재정신청을 할 수 있다.

법원은 재정신청을 인용할 경우 공소제기를 결정하고 공소의 제기는 검사가 한다(§ 260⑥). 종전에는 재정신청이 이유 있는 때에는 사건을 지방법원의 심판에 부하는 결정(부심판결정)을 하고, 이 결정이 있는 때에는 그 사건에 대하여 공소의 제기가 있는 것으로 하고, 그 사건에 대하여 공소의 유지를 담당할 자를 변호사 중에서 지정하였었다.

또한 개정 형사소송법은 재정신청의 남용을 방지하고 피고소인이 장기간 법적불안정 상태에 빠지는 것을 막기 위해 재정신청 법원을 고등법원으로 하고 결정의 불복금지규정을 두어 단심제로 운영하도록 하였다(§ 262④).

공소사실(公訴事實)

공소사실이란 범죄의 특별구성요건을 충족하는 구체적 사실을 말한다. 검사가 공소장에 적시하여 심판을 구하는 당해 범죄사실을 말한다. 본래 공소사실은 대륙법에 있어서의 심판의 대상으로서의 개념이다. 현행형사소송법은 「公訴事實」의 개념을 채택하여, 「검사는 법원의 허가를 얻어 공소장에 기재한 공소사실 또는 적용법조의 추가·철회 또는 변경을 할 수 있다. 이 경우에 법원은 공소사실의 동일성을 害하지 아니하는 한도에서 허가하여야 한다」(刑訴 § 298①)고 규정하고 있을 뿐이고, 英美法에 있어서의 訴因制度(소인제도)는 채택하고 있지 아니하다. 따라서 현행형사소송법상 공소사실과 訴因과의 관계는 문제되지 아니한다. 공소장에서 공소사실의 기재는 범죄의 시일·장소와 방법을 명시하여 사실을 특정할 수 있도록 해야 한다(刑訴§ 254④). 범죄의 시기·장소와 방법은 범죄의 구성요건은 아니나 범죄구성요건의 기재만으로써는 그 공소사실을 다른 사실로부터 구별할 수 없는 경우가 많기 때문이다. 다만, 시일은 법률의 개정·시효 등에 관계가 없는 한 정확한 기재를 필요로 하지 않으며, 토지관할이 판명될 정도면 충분하다. 공소사실의 특정은 절대적 요건이며, 공소사실이 특정되지 않으면 공소의 목적물이 판명되지 않으며, 따라서 피고인이 이에 대한 방어방법을 강구할 수 없기 때문이다. 따라서 공소사실이 특정되지 않은 공소는 원칙적으로 무효이다. 다만 공소사실로서 구체적인 범죄구성요건사실이 기재되어 있는 경우에만 검사는 스스로 또는 법원의 釋明에 의해 그 불명확한 점을 補正 · 追完할 수 있다.

공소장 일본주의
(公訴狀 一本主義)

공소를 제기함에는 공소장을 관할법원에 제출하여야 하며, 공소장에는 사건에 관하여 법원에 폐단이 생기게 할 수 있는 서류 기타 물건을 첨부하여서는 아니된다. 이와 같이 공소제기시에 법원에 제출하는 것은 공소장 하나이며 공소사실에 대한 증거는 물론 법원에 예단을 생기게 할 수 있는 것은 증거가 아니라도 제출할 수 없다는 원칙을 공소장일본주의라고 한다. 이는 當事者主義訴訟構造(당사자주의소송구조)와 豫斷排除(예단배제)의 법칙과 公判中心主義(공판중심주의)에 그 이론적 근거를 두고 있다. 그런데 이러한 원칙의 예외가 인정된다. 즉 약식절차의 경우이다.

예단배제의 원칙
(豫斷排除의 原則)

재판의 공정을 확보하기 위해 법관이 사건에 관한 사전판단을 가지고 법정에 임하는 것을 피하지 않으면 안 된다고 하는 원칙을 말한다. 공소장 일본주의,

除斥, 기피, 회피의 제도 등은 이 원칙을 적용한 예이다.

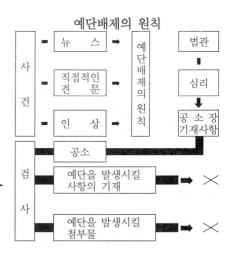

예단배제의 원칙

공판중심주의(公判中心主義)

공판중심주의라 함은 사건의 실체에 대한 법관의 심증형성은 공판기일의 심리에 의하여야 한다는 주의를 말한다. 구법에서는 豫審制度(예심제도)를 인정하여, 복잡하고 중요한 사건에 대해서는 검사는 직접으로 공판청구를 하지 않고 예심을 청구하여 예심판사로 하여금 증거를 수집하여 왔다. 그리하여 예심판사는 용의주도한 심리를 하여 이를 공판법원에 회부하고, 공판을 맡은 법관이 비로소 一件記錄을 조사하여 심리를 하였으므로 공판심리는 자연히 형식적인 것에 불과하였다. 그러나 현행법은 예심제도를 폐지하고 사건의 실체에 관한 모든 심증은 공판절차의 과정에서 형성하여야 한다는 원칙을 채용하여, 公判中心主義를 명실공히 확립하게 되었다. 더욱이 현행법은 抗訴審(항소심)

의 구조를 사후심으로 하여, 단순히 제1심판결의 여부를 심사하는데 지나지 않도록 하고 특히 제1심의 공판중심주의를 중요시하고 있는 것이다. 한편 공판중심주의는 直接審理主義(직접심리주의), 口頭辯論主義(구두변론주의)를 전제로 하므로 공소장일본주의는 직접심리주의, 구두변론주의에 의해서도 요청된다.

공판준비절차(公判準備節次)

공판준비절차란 공판기일에 있어서의 심리를 충분히 능률적으로 행하기 위한 준비로서, 수소법원에 의하여 행하여지는 절차를 말한다. 2007. 6. 1. 개정 형사소송법은 공판기일 전에 쟁점을 정리하고, 입증계획을 세울 수 있도록 공판준비절차제도를 도입했다. 공판준비절차는 주장 및 입증계획 등을 서면으로 준비하게 하거나 공판준비기일을 열어 진행한다(§ 266의 5②). 검사 · 피고인 또는 변호인은 법률상·사실상 주장의 요지 및 입증취지 등이 기재된 서면을 법원에 제출할 수 있고, 법원은 검사·피고인 또는 변호인에 대하여 이들 서면의 제출을 명할 수 있다(§ 266의 6).

불고불리의 원칙
(不告不理의 原則)

불고불리의 원칙이라 함은 공소제기가 없는 한 법원은 사건에 대하여 심판할 수 없고, 또 법원은 공소제기된 사건에 대하여서만 심판을 할 수 있다는 원칙이다. 법원이 심판할 수 있는 것은 공소장에 기재된 피고인 및 공소사실에 대해서이며, 이에 의하여서 심판대상의 범위가

정해지는 것이다. 이 경우 심판의 대상에 관하여 公訴事實對象說(공소사실대상설)에 따르면 고소제기에 의하여 공소사실이 단일한 限 그 전부가 심판의 대상이 되므로 법원은 그 범위 내에서 심판할 수 있다고 본다. 한편으로 訴因對象說(소인대상설)에 따르면 심판의 대상은 공소장에 기재된 소인이므로 법원은 그 소인의 범위 내에서 심판하여야 하며 그것에서 일탈하는 것은 허용되지 않는다고 본다. 이와 같이 그 심판의 대상에 관하여는 어느 설을 취할 것인가에 따라 심판대상의 범위가 다르게 된다.

증거개시제도(證據開示制度)

증거개시제도는 2007. 6. 1. 형사소송법 개정시에 새로 도입된 제도로, 국가안보 등 특별한 사유가 없는 한 재판이 진행되기 전 검사와 피고인이 서로 증거를 열람 또는 복사할 수 있도록 하는 제도를 말한다. 형사소송법 제266조의 3은 피고인 또는 변호인이 공소제기된 사건에 대한 서류 또는 물건의 열람·등사를 신청할 수 있도록 하는 증거개시제도를 규정하고 있다. 검사도 피고인 또는 변호인에게 증거개시를 요구할 수 있다. 검사는 국가안보·증인보호의 필요성 · 증거인멸 등의 사유가 있는 경우 서류 또는 물건의 열람·등사를 거부하거나 제한할 수 있고, 이 경우 법원의 판단으로 허용할 것을 명할 수 있다(§ 266의 4).

공소시효(公訴時效)

독 ; Strafverfolgungsverj- hrung

공소시효라 함은 검사가 일정한 기간 동안 공소를 제기하지 않고 방치하는 경우 국가의 소추권을 소멸시키는 제도를 말한다. 형의 시효와 함께 형사시효의 일종이다. 공소시효의 제도적인 존재이유는 시간의 경과에 따라 발생한 사실상의 상태를 존중하자는 것, 소송법상으로 시간의 경과에 의하여 증거판단이 곤란하게 된다는 것, 실체법상으로는 시간의 경과로 인하여 범죄에 대한 사회의 관심이 약화되는 것, 피고인의 생활안정을 보장하자는 것 등이다. 그러므로 공소시효가 완성하면 실체적인 심판을 함이 없이 면소판결을 하여야 한다. 時效期間(시효기간)에 관하여는 刑事訴訟法(형사소송법) 제249조에 규정되었다. 시효의 기산점은 범죄행위가 끝난 때이다. 시효는 당해 사건에 대하여 공소가 제기된 때에는 그 진행이 정지되고 공소기각 또는 관할위반의 재판이 확정된 때로부터 진행한다(刑訴 § 253①). 다만, 2015년 7월 31일 형사소송법 개정에 의하여 사람을 살해한 범죄(종범은 제외한다)로 사형에 해당하는 범죄에 대하여는 공소시효를 적용하지 아니하도록 하였다(刑訴§ 253의2). 共犯(공범)의 1인에 대한 시효정지는 다른 공범자에게도 효력이 미치고, 당해 사건의 재판이 확정된 때로부터 진행한다. 그리고 재정신청이 있으면 재정결정이 확정될 때까지 공소시효의 진행이 정지된다(형소 § 262의 4①).

공 판

개정(開廷)

지정된 공판기일에 공판정에서 소송절차를 진행하는 것을 말한다. 공판은 법정에서 행함을 원칙으로 하고, 법원장은 필요에 따라 법원외의 장소에서 개정할 수 있다(법원조직법 56조). 피고사건에 대한 공판심리를 위해서는 소송주체 내지 소송관계인이 공판정에 출석하여야 한다. 공판정은 판사와 검사, 법원사무관 등이 출석하여 개정한다(§ 275 ②). 2007. 6. 1. 개정 형사소송법은 공판정의 좌석을 변경하여, 공판정의 좌석은 법대의 좌·우측에 검사와 피고인이 서로 마주보도록 하여 대등한 소송당사자임을 강조하였다. 그리고 피고인과 변호인을 함께 앉도록 하여 피고인의 심리적 불안감을 해소하였다. 또한 증인은 법대의 정면에 위치하도록 하고 피고인은 신문시에 증인석에 앉게 된다(§ 275③). 소송당사자인 검사와 피고인이 공판기일에 출석하지 아니한 때에는 원칙적으로 개정하지 못한다(형소법 275조2항·276조). 피고사건이 필요적 변호사건 또는 국선변호사건인 경우에는 변호인의 출석없이 개정하지 못한다.

공판절차(公判節次)
독 ; Hauptverhandlung

공소가 제기되어 사건이 법원에 계속된 이후 그 소송절차가 종결될 때까지의 全節次 즉 법원이 사건에 대해 심리 · 재판하고 또 당사자가 변론을 행하는 절차단계를 말한다. 사건에 대한 법원의 심리는 모두 공판절차에서 행하여진다. 이런 의미에서 공판절차는 형사절차의 핵심이며 정점이다.

공판절차의 경신 (公判節次의 更新)
독 : Erneuerung der Haupverhandlung

이미 집행된 공판심리절차를 일단 무시하고 다시 그 절차를 진행하는 것을 말한다. 현행법상 공판절차를 경신하여야 할 경우는 다음과 같다. 판사의 경질이 있는 경우(형소법 301조), 간이공판절차의 결정이 취소된 때(형소법 301조 단서), 공판절차의 정지의 경우이다. 공판절차를 경신하는 경우에는 어느 정도로 공판심리절차를 경신하여야 하느냐에 관해서는 형사소송규칙에서 규정하고 있다(형사소송규칙 144조).

공판절차의 정지 (公判節次의 停止)
독 : Stillstand der Hauptverhandlung

법원의 결정으로 공판절차의 진행을 일시 정지하는 것을 말한다. 공판진행의 사실상 중단은 공판절차의 정지가 아니다. 공판절차를 중지해야 할 사유에는 피고인의 심신상실과 질병의 경우, 공소장의 변경의 경우, 그 밖의 경우로서 기피신청이 있는 때(형소법 22조) 즉 병합심리신청이 있는 때·재심청구가 경합된 때 등이다. 공판절차의 정지결정에 의해서 공판절차는 합법적으로 정지된다. 따라서 공판절차의 정지결정이 있으면 판결선고기간의 제한을 받지 아니하며, 피고인의 심신상실 또는 질병으로 인하여 공판절차를 정지한 경우에는 그 정지된 기간은 피고인의 구속기간에 산입하지 아니한다(형소법 92조3항).

공판기일(公判期日)

형소법상 법원과 검사 그리고 피고인 및 기타 소송관계인이 모여 공판절차를 실행하는 기일을 말한다. 재판장은 공판기일을 정하여야 하는데, 공판기일에는 피고인·대표자 또는 대리인을 소환하여야 한다. 또 공판기일은 검사·변호인과 보조인에게 통지하여야 한다(형소법 267조). 법원의 구내에 있는 피고인에 대하여 공판기일을 통지한 때에는 소환장 송달의 효력이 있다(형소법 268조). 제1회의 공판기일은 소환장의 송달후 5일 이상의 유예기간을 두어야 하나, 피고인의 이의 없는 때에는 유예기간을 두지 않을 수 있다(형소법 269조). 재판장은 직권 또는 검사·피고인이나 변호인의 신청에 의하여 공판기일을 변경할 수 있다. 공판기일 변경신청을 기각한 명령은 송달하지 않는다(형소법 270조). 공판기일에 소환 또는 통지서를 받은 자가 질병 기타의 사유로 출석하지 못할 때에는 의사의 진단서 기타의 자료를 제출하여야 한다(형소법 271조). 법원은 검사·피고인 또는 변호인의 신청에 의하여 공판준비에 필요하다고 인정한 때에는 공판기일 전에 피고인 또는 증인을 신문할 수 있고 검증·감정 또는 번역을 명령할 수 있다(형소법 273조1항). 검사·피고인 또는 변호인은 공판기일 전에 서류나 물건을 증거로 법원에 제출할 수 있다(형소법 274조). 공판기일에는 공판정에서 심리한다(형소법 275조1항). 피고인이 공판기일에 출석하지 않은 때에는 특별한 규정이 없으면 개정하지 못하나, 피고인이 법인인 경우에는 대리인을 출석하게 할 수 있다(형소법 276조). ① 다액 500만원 이하의 벌금 또는 과료에 해당하는 사건, ② 공소기각 또는 면소의 재판을 할 것이 명백한 사건, ③ 장기 3년 이하의 징역 또는 금고, 다액 500만원을 초과하는 벌금 또는 구류에 해당하는 사건에서 피고인의 불출석허가 신청이 있고 법원이 피고인의 불출석이 그의 권리를 보호함에 지장이 없다고 인정하여 이를 허가한 사건, ④ 제453조 1항에 따라 피고인만이 정식재판의 청구를 하여 판결을 선고하는 사건에 대하여는 피고인의 출석을 요하지 아니한다. 이 경우 피고인은 대리인을 출석하게 할 수 있다(형소법 277조). 검사가 공판기일의 통지를 2회 이상 받고 출석하지 아니하는 때에는 검사의 출석없이 개정할 수 있다(형소법 278조). 공판기일의 소송지휘는 재판장이 한다(형소법 279조).

기일의 지정(期日의 指定)

형사소송법상 재판장은 공판기일을 정하여야 하는데, 공판기일에는 피고인·대표자 또는 대리인을 소환하여야 하며, 공판기일은 검사·변호인과 보조인에게 통지하여야 한다(형사소송법 267조). 법원의 구내에 있는 피고인에 대하여 공판기일을 통지한 때에는 소환장 송달의 효력이 있다(형사소송법 268조). 다만 제1회 공판기일은 소환장의 송달 후 5일 이상의 유예기간을 두어야 하나, 피고인이 이의가 없는 때에는 이 유예기간을 두지 아니할 수 있다(형사소송법 269조).

기일의 변경(期日의 變更)
독 : Verlegung eines Termins

기일 개시 전에 그 지정을 취소하고 새 기일을 지정하는 것을 말한다. 형사소송법상 재판장은 직권 또는 검사·피고인이나, 변호인의 신청에 의하여 공판기일을 변경할 수 있다. 공판기일 변경신청은 기각한 명령은 송달하지 아니한다(형사소송법 270조).

공개주의(公開主義)
독 ; Offentlichkeitsprinzip
불 ; principe de la publicite

일반국민에게 公判節次(審判)의 방청을 허용하는 주의를 말한다. 비밀재판을 허용하게 되면 권력자의 임의로 불공정한 재판을 자행하여 恐怖政治(공포정치)를 초래할 우려가 있다. 그러므로 재판의 공정을 보장하기 위해서는 공판절차를 국민의 감시아래 두어야 하고, 또 이렇게 하는 것이 국민의 재판에 대한 신뢰를 유지할 수 있는 동시에, 개인의 권리도 존중하는 결과가 되는 것이다. 헌법은 「형사피고인은 상당한 이유가 없는 한 지체없이 공개재판을 받을 권리를 가진다」(憲§ 27③)고 하여 공개재판을 받을 권리를 보장하였고,「재판의 심리와 재판은 공개한다」(§ 109)고 하여 公開裁判主義(공개재판주의)를 선언하고 있다. 그러나 이 원칙에도 심리가「국가의 안전보장 또는 안녕질서를 방해하거나 선량한 풍속을 해할 염려가 있을 때」에 한하여 법원의 결정으로 공개하지 않을 수 있도록 예외를 인정하고 있다(§ 109但).

구두변론주의(口頭辯論主義)

口述主義(구술주의)와 辯論主義(변론주의)를 합한 것으로 법원은 당사자가 제출한 자료에 대하여 구술에 의한 공격방어를 바탕으로 심판함을 원칙으로 하고 있다. 2007. 6. 1. 개정 형사소송법은 공판중심주의의 충실화를 위해 구두변론주의를 직접 선언하여 "공판정에서의 변론은 구두로 하여야 한다"고 규정하였다(§ 275의 3). 편의상 구술주의와 변호주의를 나누어 설명한다. (1) 口述主義 : 書面主義에 대한 개념으로 구술에 의하여 公判廷에 제출된 자료에 의거해 재판을 행하는 주의. 이는 실체형성에 있어서 법관에게 신선한 인상을 주어 心證形成에 편리할 뿐만 아니라 公開裁判主義(공개재판주의)에도 부합한다는 장점이 있으나 시간의 경과에 따라 변론의 내용을 기억하거나 보전하기가 곤란하다는 단점이 있다. 현행법은 구술주의를 원칙으로 하되 그 결함을 보충하기 위하여 書面主義를 가미하였다. (2) 辯論主義 : 민사소송법상으로는 자료의 수집과 제출을 당사자들의 능력과 성의에 일임하고 법원이 앞에 나서지 않는 주의. 주요사실의 존부는 당사자의 진술이 없는 한 법원은 그것을 판결의 기초로 할 수 없고 당사자 사이에 다툼이 없는 것은 법원이 이를 그대로 인정하여야 할 구속을 받는다. 이것을 변론주의라고 한다. 이와 같이 당사자의 공격방어에 의한 투쟁을 절차의 중심으로 삼는다는 점에서 형사소송법상 변론주의라 다른 점이 없다. 이것은 직권주의와 대립하고 當事者主義(당사자주의)와 부합한다. 그러나 민사소송은 당사자간의 사적 분쟁을 해결함을 목적으로 하는 데 대하여 형사소송에서는 사회질서를 유지하기 위하여 범죄사실의 진상을 파악하고 유죄·무죄의 판단을 하는 공익성을 가지므로 직권주의를 근거로 하는 實體眞實發見主義(실체진실발견주의)의 정신이 강조되지 않을 수 없다는 점에서 상당한 차이가 있다.

직접주의(直接主義)
독 ; Unmittelbarkeitsgrundsatz

공판정에서 직접조사한 증거만을 재판의 기초로 삼을 수 있다는 주의를 말한다. 이에는 법관이 직접 증거를 조사하여야 한다는 형식적 직접주의와 원본증거를 재판의 기초로 삼아야 한다는 실질적 직접주의가 포함된다. 직접주의는 구두주의와 함께 법관에게 정확한 심증을 형성하게 할 뿐만 아니라 피고인에게 증거에 관하여 직접 변명의 기회를 주기 위하여 요구되는 원칙이다. 형사소송법이 공판개정후에 판사의 경질이 있으면 공판절차의 경신을 하도록 한 것은 직접주의 요청이라 할 것이며 傳聞證據法則(전문증거법칙)도 직접주의와 표리일체의 관계에 있다고 할 수 있다.

집중심리주의(集中審理主義)
독 ; Konzentrationsmaxime

심리에 2일 이상을 요하는 사건은 계속하여 심리하여야 한다는 원칙을 말한다. 계속심리주의라고도 한다. 이는 법관이 신선하고 확실한 심증에 의하여 재판할 수 있을 뿐만 아니라 소송의 촉진과 신속한 재판을 실현하고자 하는 데 그 취지가 있다.
2007. 6. 1. 개정 형사소송법은 집중심리주의를 직접 선언하여, 공판기일의 심리는 집중되어야 하고, 심리에 2일 이상이 필요한 경우에는 부득이한 사정이 없는 한 매일 계속 개정하여야 하며, 재판장은 여러 공판기일을 일괄하여 지정할 수 있다고 규정하고 있다(§ 267의 2①~③).

법정경찰권(法廷警察權)

법정의 기능을 확보하기 위해 법정의 질서가 유지되어야 한다. 그래서 법정의 질서를 유지하기 위하여 법원이 행하는 權力作用(권력작용)을 법정경찰권이라 한다. 사건의 심리내용에 관계하지 않고 법정의 질서를 유지하는 것이며, 방청인에게도 미치는 점에서 소송지휘권과 구별된다. 법정경찰권은 법원의 권한에 속하지만 질서유지의 신속성과 기동성을 고려하여 재판장이 이를 행한다(法倸§ 58①, ②). 그 작용은 妨害豫防作用(방해예방작용)(傍聽券의 발행, 방청인의 소지품의 검사 등), 妨害排除作用(방해배제작용)(退任命令, 촬영, 녹화 등의 금지 등) 및 제재작용(법정 등 질서유지에 관한 20일 이내의 監置(감치), 100만원 이하의 과태료)의 세 가지로 되어 있다. 법정경찰권은 법정의 질서유지에 필요한 한 법정의 내외를 불문하고 법관이 방해행위를 직접 목격하거나 또는 들어서 알 수 있는 장소까지 미치고, 또 그 시간적 한계는 법정의 개정 중 및 이에 접속하는 전후의 시간을 포함한다. 그러나 구체적으로 어느 범위 또는 어느 정도까지 미치는 가는 변호권이나 방청인의 권리 및 보도의 자유와 충돌하는 경우에 문제가 될 것이다.

소송지휘권(訴訟指揮權)
독 ; Prozessleitungsrecht

소송의 진행을 질서 있게 하고 심리를 원활하게 할 수 있도록 하기 위한 법원의 합목적적 활동을 소송지휘라 한다. 소송지휘는 단순히 공개기일의 지정 · 변경, 국선변호인의 선임 등 형식적·절차적인 것에 그치지 아니하고, 「사실의 진상」을 분명히 하기 위한 실질적 · 실체적인 것에 미친다. 예컨대 訴因(소인)의 변경을 명하거나, 필요한 입증을 촉구하는 것 등은 이에 해당한다(이 경우를 釋明權(석명권)이라 하기도 한다. 당사자주의 하에서는 당사자의 활동이 중심이지만, 그 활동을 충분하도록 하는 것은 법원의 의무라고도 할 수 있으므로 석명권의 행사가 충분하지 못할 때에는 항소이유가 되기도 한다. 訴訟指揮權(소송지휘권)은 본래 법원에 속한 것이나 공판기일에서의 소송지휘는 특히 신속성을 필요로 하기 때문에 법은 이를 포괄적으로 재판장에게 일임하고 있다(刑訴§ 279). 이러한 訴訟指揮權은 법률에 의하여 재판장에게 부여된 權限(소송지휘권관한)이라고 하나 사법권에 내재하는 본질적 권한이며 법원의 고유한 권한 내지 사법권의 보편적 원리라고 할 수 있다.

집행지휘(執行指揮)

재판의 집행을 지휘하는 것을 말한다. 형사재판의 집행은 그 집행을 한 법원에 대응한 검찰청 검사가 지휘한다(형소법 460조1항). 상소의 재판 또는 상소의 취하로 인하여 하급법원의 재판을 집행할 경우에는 상소법원에 대응한 검찰청 검사가 지휘한다(형소법 460조2항). 이 경우에는 통상 소송기록이 상소법원에 송부되어 있기 때문이다. 따라서 소송기록이 하급법원 또는 그 법원에 대응한 검찰청에 있는 때에는 그 검찰청 검사가 지휘한다(형소법 460조2항). 그러나 법률에 명문의 규정이 있거나 그 성질상 법원 또는 법관이 지휘해야 하는 경우가 있다(형소법 460조1항단서). 특별한 규정에 의하여 법원에서 지휘해야 하는 경우에는 급속을 요하는 구속영장의 집행의 압수·수색영장의 집행(형소법 115조1항단서)이 있으며, 재판의 성질상 법원 또는 법관이 지휘해야 할 경우로는 법원에서 보관하고 있는 압수장물 환부(형소법 333조), 법정경찰권에 의한 퇴정명령 등이 있다.

모두절차(冒頭節次)

모두절차라 함은 공판기일의 최초에 행하는 절차로서, 인정신문으로부터 피고인 및 변호인의 피고사건에 대한 진술까지의 절차를 말한다. (1) 認定訊問(인정신문) : 재판장은 먼저 피고인에 대하여 그 사람이 피고인에 틀림없음을 확인하기 위한 사항을 묻는다. 이것을 「認定訊問」이라 하며, 그의 성명, 연령, 본적, 주거, 직업 등을 질문한다(刑訴§ 284). 피고인이 인정신문에 대해 진술거부권을 행사할 수 있는가에 대해서는 견해가 대립되고 있다. (2) 검사의 冒頭陳述(모두진술) : 재판장은 검사로 하여금 공소장에 의하여 기소의 요지를 진술하게 할 수 있다(§ 285). 공소장에 불명확한 점이 있으면 질문할 수 있다. (3) 피고인의 진술 : 검사의 기소요지의 진술이 끝나면 재판장은 피고인에게 그 이익 또는 사실을 진술할 기회를 주어야 한다(§ 286). 이것은 피고인의 주장, 청구 및 소송사실에 관한 임의적인 認否(인부) 등의 총괄적인 진술을 할 기회를 주기 위한 것이다. 따라서 관할위반의 신청(§ 320②), 관할이전의 신청(§ 15), 공소장부본의 송달에 대한 이의신청(§ 266但) 등은 늦어도 이 단계에서 행하여야 한다. 물론 재판장은 피고인에 대하여 진술할 기회를 주면 족하고 반드시 현실로 진술하게 할 필요는 없다. 또 이 기회에 피고인으로부터 공소사실에 대한 자백이 있는 경우에는 소정의 요건을 구비하고 있으면 簡易公判節次(간이공판절차)에 의하여 심리할 것을 결정하여야 한다.

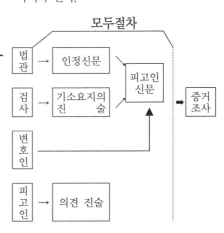

모두절차

소인(訴因)

소인이란 검사가 공소장에 기재하여 법원의 심판을 구하는 구체적 범죄 사실의 주장을 의미한다는 것이 訴因의 의의에 관한 통설이다. 학설에 따라서 소인의 의의에 관해 약간의 표현방법이 차이가 난다. 즉 소인이란 그것에 관하여 검사가 심판을 청구하는 검사의 주장, 즉 구성요건에 해당하는 사실의 주장을 의미한다는 견해, 소인이란 검사에 의해서 공소사실로 파악된 것을 일정한 구성요건에 해당시켜 구성·제시한 사실형상을 의미한다는 견해, 그리고 소인이란 특정의 犯罪的 嫌疑(범죄적 혐의)를 법률적 주장으로서 구성한 請求原因事實을 의미한다는 견해 등이 있다. 이러한 소인과 소송사실에 대해서 그 兩者의 관계를 어떻게 이해하느냐에 관하여 견해의 대립이 있다. 첫째, 공소사실과 소인은 실체와 표시의 관계라고 보는 견해이다. 이는 공소사실이 심판의 대상으로 되는 실체이며 소인은 소송사실의 표시방법에 불과하다고 한다. 둘째, 소인은 피고인의 방어권 행사를 충분히 보장하기 위한 절차적 제약에 불과하다고 보는 견해가 있다. 이는 소인이란 범죄의 특별구성요건에 해당하여 법률적으로 구성된 공소사실의 기재를 의미한다고 정의하면서 소인은 절차적으로 표현된 한도에서 가설적인 사실에 불과하다고 한다. 셋째 소인이 심판의 대상인 실재물이며 공소사실은 실재물이 아니고 소인변경의 한계설정을 위한 기능개념 내지 조작개념에 불과하다는 견해가 있다. 넷째, 공소사실과 소인의 관계를 민사소송에서의 청구의 취지와 청구의 원인으로서의 관계에 비유하는 견해가 있다. 끝으로 다섯째, 소인은 공소장에 기재된 공소사실의 구성부분이라는 견해가 있다. 그리고 현행형사소송법이 소인제도를 채택하고 있는가에 대해 訴因認定說(소인인정설)과 訴因否定說(소인부정설)이 대립하고 있다.

인정신문(認定訊問)

공판기일이 개시되면 먼저 재판장은 출정한 피고인이 공소장에 기재된 인물과 동일인인가 아닌가를 확인하여야 한다. 이것을 認定訊問이라 한다. 보통은 피고인의 성명, 생년월일, 직업, 본적, 주거 등을 물어서 확인한다. 피고인이 인정신문에 대하여 陳述拒否權(진술거부권)을 행사할 수 있는가에 관하여 적극설과 소극설이 있다. 긍정하는 적극설이 타당하다고 본다. 피고인이 성명을 黙秘(묵비)하고 있는 경우에는 指紋(지문), 寫眞(사진) 등으로 확인한다.

묵비권(黙秘權)

묵비권이라 함은 피고인 또는 피의자가 수사기관의 조사나 공판 등에서 시종 침묵하거나 또는 개개의 질문에 대하여 답을 거부할 수 있는 권리를 말한다(刑訴 § 283의 2②, 289). 當事者主義(당사자주의)를 취하고 있는 현행법하에서는 피고인은 소송의 주체로서 검사와 대등하게 취급되어야 한다. 「당사자평등의 원칙」을 관철하기 위하여는, 진실에 대하여도 피고인이 묵비할 수 있는 권리를 인정하여야 한다. 피의자에 대하여도 같다고 할 수 있다. 따라서 형사소송법은 헌법 취지를 받아서 이익 ・ 불이익을 불문하고 일체 침묵하거나 또는 개개의 질문에 답하지 않을 수 있는 권리를 인정하고 있다(刑訴§ 283의 2, 陳述拒否權). 묵비권을 침해하여 강요된 진술은 설령 그것이 진실한 것이라 하여도 증거로 할 수 없다(헌§ 12⑦, 刑訴§ 309). 또 묵비하였다고 해서 사실의 인정상 또는 量刑上(양형상) 이를 피고인에게 불이익으로 처리하여서는 아니된다. 묵비권은 성명, 주거 등의 소위 인적사항에 대해서 인정할 것인가에 관하여는 견해의 대립이 있다. 피의자가 성명, 주거를 진술하는 것은 이것에 의하여 피의자에게 불이익한 증거자료가 이끌어내어지는 경우도 적지 않으므로, 이러한 사항에 대하여도 묵비권이 있는 것으로 해석하는 견해가 타당하다고 본다.

기소사실인부절차
(起訴事實認否節次)
영 ; Arraignment

이것은 공판정에서 피고인에 대하여 기소사실에 관하여 유죄 또는 무죄의 답변을 구하는 절차로서, 영미법이 채택하고 있는 것이다. 이러한 「Arraignment」는 사건의 輕・重을 불문하고 모든 사건에 적용되며 증거조사절차를 생략하는 점에서 간이공판절차와 구별된다. 만일 피고인이 유죄의 답변을 한 경우에는 그것만으로써 陪審(배심)의 유죄판결이 내린 것과 같은 효력이 인정되어, 증거조사를 행함이 없

이 판결에 의하여 형을 선고할 수 있다. 무죄의 답변, 즉 공소장기재의 사실을 부인한 경우에는 통상의 절차에 따라서 기소사실에 관한 증거조사가 행하여진다. 미국에서는 형사사건의 약85%가 이 제도로써 해결되고 있으나, 우리나라에서 이 제도를 채용하는 것은 민사소송의 「청구의 認諾」과 같은 제도를 도입하는 것으로 되어 형사소송의 본질에 반하게 될 것이다.

간이공판절차(簡易公判節次)

現行刑事訴訟法은 기본권 보장의 견지에서 소송절차를 신중 ・ 복잡한 것으로 하고 있지만 대부분의 경우 경미하고 다툼이 없는 때도 많다. 이러한 사건에 대하여는 비교적 간단한 절차로 신속하게 처리하기 위하여 간이공판절차가 설치되어 있다. 즉 피고인이 公判廷(공판정)에서 자백하는 단독재판의 관할사건에 대해 형사소송법이 규정하는 證據調査節次(증거조사절차)를 간이화하고 증거능력의 제한을 완화하여 심리를 신속하게 하기 위하여 마련된 공판절차를 간이공판절차라 한다. 이 절차는 피고인이 冒頭節次(모두절차)에서 유죄임을 자백한 경우에 그 공소사실에 한하여 행할 수 있다. 그러나 이 사건에 대하여 피고인의 진술이 信憑(신빙)할 수 없다고 인정되거나 또는 간이공판절차로 심판하는 것이 현저히 부당하다고 인정되는 때에는 법원은 검사의 의견을 들어서 그 결정을 취소하여야 한다(刑訴 § 286의2, § 286의3). 간이공판절차가 통상의 절차와 다른 것은 증거능력제한

(補强證據되는 傳聞證據의 證據能力制限)의 완화와 증언조사의 절차의 엄격성의 간이화에 있다. 간이공판절차에 의하여 심판할 취지의 결정(§ 286의2)이 있는 사건의 증거에 관하여는 제310조의2, 제312조 내지 제314조 및 제316조의 규정에 의한 증거에 대하여 제318조제1항의 동의가 있는 것으로 간주한다. 다만 검사·피고인 또는 변호인이 증거로 함에 이의가 있는 때에는 그러하지 아니하다(§ 318의3). 또한 간이공판절차에 의하여 심판할 취지의 결정이 있는 사건에 대하여는 제161조의2(증거조사의 시기, 당사자의 證據提示說明, 증거조사의 방식, 증거조사결과와 피고인의 의견) 및 제297조(피고인 등의 退廷)의 규정을 적용하지 아니하며, 법원이 상당하다고 인정하는 방법으로 증거조사를 할 수 있다(§ 297의2).

증거(證據)

영 ; Evidence
독 ; Beweis
불 ; Preuve

형사소송법은 「사실의 인정은 증거에 의하여야 한다」 (刑訴§ 307)고 규정하고 있는데 이것을 「證據裁判主義(증거재판주의)」 라 한다. 증거에 의하지 않은 제멋대로의 사실인정은 인정되지 않는다. 이 경우 사실관계를 명백하게 하기 위하여 사용하는 자료를 「증거」 라 한다. 소송법상 「증거」 라는 말은 여러 가지 의미로 사용되고 있다. (1) 당사자가 법원에게 확신을 줄 수 있는 행동이라는 작용적인 의미, 즉 擧證(거증). (2) 당사자가 법원의 확신을 얻으려고 그 조사를 신청하고 또는 법관이 그 五官(오관)의 작용에 의해 조사할 수 있는 有形物(유형물)이라는 유형적인 의미, 즉 증거방법. (3) 법원이 증거조사결과로 感得(감득)한 자료라는 무형적인 의미, 즉 證據資料. (4) 법원이 증거조사결과로 확신을 얻은 원인이라는 결과적인 의미, 즉 증거원인을 뜻한다. 증거방법은 증인·감정인(이상 인적증거), 증거물·증거서류(이상 물적증거) 등으로 분류할 수 있다. 증명의 대상이 되는 사실(주요사실)의 증명에 직접 사용되는 증거를 직접증거, 간접사실(주요사실을 간접적으로 推認시킨 사실, 예컨대 알리바이)을 증명하는 사실을 증명하기 위한 증거가 본증이며, 그것을 다투는 상대방이 제출하는 증거가 反證(반증)이다. 적극적인 증거에 대하여, 단순히 증거의 증명력을 다투기 위한 증거가 있다. 이를 彈劾證據(탄핵증거)(§ 318의2)라고 한다.

증거조사(證據調査)

증거조사라 함은 법원이 범죄사실의 存否(존부) 및 量刑(양형)의 사정에 관한 심증을 얻기 위하여 인증, 물증, 서증 등 각종의 증거를 조사하여 그 내용을 感得(감득)하는 소송행위를 말한다. 증거조사는 제287조(재판장의 쟁점정리 및 검사·변호인의 증거관계 등에 대한 진술)에 따른 절차가 끝난 후에 실시한다. 필요한 때에는 피고인신문 중에도 할 수 있다. 이러한 증거조사의 주체는 법원이다. 증거조사의 절차는 검사의 冒頭陳述(§ 285, 사건의 개요, 입증의 방침을 명확히 한다)에서 시작하여 증거조사의 신청(§ 294), 증거신청에 대한 결정(證據決定, § 295) 등을 한 후에 증거조사의 실시(협의의 증거조사)라는 순서로 행해진다. 그리고 증거조사의 방법은 증거방법의 성질에 따라 차이가 있다. 증거조사의 순서는 검사가 신청한 증거를 조사한 후 피고인 또는 변호인이 신청한 증거를 조사하고, 이것이 끝난 후 법원이 직권으로 결정한 증거를 조사한다(§ 290의 2). 증인의 조사방법은 신문이고, 증거서류는 요지의 고지 및 낭독이며 증거물의 조사는 제시에 의한다. 또 검사·피고인 또는 변호인은 증거조사에 관하여 이의신청을 할 수 있다. 법원은 이의신청에 관하여 결정하여야 한다.

물적 증거(物的 證據)
영 : real evidence

물건의 존재 또는 상태가 증거로 되는 것을 말한다. 물증이라고도 하며, 범행에 사용된 흉기 또는 절도의 장물이 여기에 해당한다. 사람도 그 신체의 물리적 존재가 증거가 되는 한 물적 증거이다. 물적증거를 직접 실험하는 방법이 검증이다. 물적증거의 조사방법은 제시를 반드시 요하며(형소법 292조), 물적증거를 취득하는 강제처분은 압수이다. 서면의 물리적 존재가 증거로 되면 그것은 물적증거이나 서면의 의미내용이 증거로 되는 것을 증거서류라고 한다. 증거서류와 물적증거인 서면을 합하여 서증이라고 한다.

정황증거(情況證據)
영 : circumstantial evidence

요증사실을 간접적으로 추인할 수 있는 사실, 즉 간접사실을 증명함에 의하여 요증사실의 증명에 이용되는 증거를 말한다. 간접증거라고도 하며, 직접증거에 대하는 말이다. 예컨대 범행현장에 남아있는 지문은 정황증거이다. 직접증거에 높은 증명력을 인정하였던 증거법정주의에서는 의미가 있었으나, 직접증거의 우월을 인정하지 않는 자유심증주의에서는 이러한 구별은 의미를 잃게 되었다. 특히 과학적 채증의 발달에 따라 정황증거의 중요성이 더욱 강조되고 있다.

인적증거(人的證據)
영 : personal evidence

사람의 진술내용이 증거로 되는 것을 말하며, 인증이라고도 한다. 예컨대 증인의 증언, 감정인의 감정이 그것이다. 피고인은 소송주체로서 당사자의 지위에 있고, 본래의 증거방법은 아니나, 그 임의의 진술은 증거능력이 있으므로(형소법 309·317조), 이 한도에서는 피고인의 진술도 인적증거에 속한다. 인적증거의 증거조사방법은 신문이며(형소법 161조의2, 177조, 183조), 인적증거를 취득하는 강제처분은 소환·구인이다.

증거물의 서면(證據物의 書面)

형사절차에 있어서 서면의 기재내용과 그 물리적 존재가 모두 증거가 되는 경우를 말한다. 예컨대 명예훼손죄의 경우에 명예훼손 문서, 문서위조죄의 경우에 위조문서 등이 그 적례이다. 조서의 방식은 그 요지의 고지, 열람 、등사 또는 낭독의 방법에 의한다(형소법 292조). 증거서류와의 구별에 관해서는 학설이 대립한다.

증인(證人)
영 ; witness
독 ; Zeuge
불 ; té moin

증인이라 함은 법원 또는 법관에 대하여 자기가 과거에 見聞(견문)한 사실을 진술하는 제3자를 말한다. 이 진술을 증언이라 한다. 법원 또는 법관에 대하여 진술한다는 점에서 수사기관에 대하여 진술하는 자인 참고인과는 다르다. 그리고 증인은 자기가 견문한 사실을 진술하는 자인 점에서 특별한 지식·경험에 속하는 법칙이나 이를 구체적 사실에 적용하여 얻은 판단을 보고하는 감정인과 구별된다. 증인은 제3자라야 하며 그 사건에 관계하는 법관, 검사, 피고인, 변호사는 증인이 될 수 없다. 기타의 제3자는 누구라도 증인으로서 신문할 수 있는 것이 원칙이지만(刑訴 § 146), 재판권이 미치지 않는 자(예컨대 타국의 외교관)는 증인으로서 강제적으로 소환할 수 없다. 또 공무원 또는 공무원이었던 자가 그 직무에 관하여 알게 된 사실에 관하여 비밀에 속한 사항일 때에는 그 소속 공무소 또는 감독 관공서의 승낙 없이는 증인으로 신문하지 못한다(§ 147). 증인이 소환장을 송달받고 정당한 이유 없이 출석하지 아니한 때에는 불출석으로 인한 소송비용을 부담하고 500만원 이하의 과태료를 부과할 수 있다(§ 151①). 또 소환된 경우는 정당한 사유가 없는 한 출두하여 宣誓(선서)하고 증언할 의무가 있다. 이를 거부하면 제재를 받으며(§ 161). 소환에 불응하면 拘引(구인)되기도 한다 (§ 152). 또 허위의 증언을 하면 僞證罪 (위증죄)(§ 158)로서 처벌한다.

공판기일전증인신문
(公判期日前證人訊問)

범죄수사에 없어서는 아니될 사실을 안다고 명백히 인정되는 자가 출석 또는 진술을 거부하는 경우 검사가 제1회 공판기일전에 한하여 판사에게 그에 대한 증인신문을 청구할 수 있는 제도를 말한다(형소법 221조의2). 판사는 제1항의 청구에 따라 증인신문기일을 정한 때에는 피고인·피의자 또는 변호인에게 이를 통지하여 증인신문에 참여할 수 있도록 하여야 한다(형소법 221조의 2). 이 경우 법원은 날짜를 정해 증인에게 출석을 요구한다. 관례상 2~3차례의 출석요구에도 증인이 불응할 경우에는 법원은 구인장을 발부하여 강제할 수 있다.

증인적격(證人適格)

증인적격이라 함은 누가 증인이 될 자격이 있는가, 즉 법원이 누구를 증인으로 신문할 수 있는가의 문제를 말한다. 형사소송법 제146조는 「법원은 법률에 다른 규정이 없으면 누구든지 증인으로 신문할 수 있다」고 규정하고 있으므로 누구든지 증인적격이 있다고 할 수 있다.

재정증인(在廷證人)

증인신문을 함에는 법원이 증인의 채택을 결정하고, 신문할 장소에 출두시켜 선서하게 한 후에 신문하게 된다. 증인으로서 출두시킬 때에는 법원에서 소환장을 발부하여 출두를 명하는 것이 보통이다. 그러나 증인신문은 항상 소환을 전제로 하는 것은 아니다. 증인이 임의로 법원의 구내에 있는 때에는 소환을 하지 아니하고 신문할 수 있다(刑訴 § 154). 이것을 재정증인이라 한다. 이 것은 그때마다 소환장을 발부함이 없이 소송을 신속하게 진행시킴으로써 소송경제상의 이익을 위하여 인정된 제도이다.

선서(宣誓)
영 ; oath
독 ; Eid

출석한 증인은 신문 전에 미리 선서를 하여야 한다(刑訴§ 156). 선서는 증인이 되기 위한 하나의 요건이다. 선서는 양심에 따라 진실을 말하고 숨김과 보탬이 없을 것을 서약하는 것이다(§ 157②). 미국에서는 聖書를 손에 들고 선서하는 데 대하여 우리 나라에서는 선서서를 낭독하고 이에 서명날인한다. 정당한 이유 없이 선서나 증언을 거부한 때에는 50만원 이하의 과태료에 처할 수 있다(§ 161①). 선서한 후에 거짓말을 하면 위증죄로 처벌받게 된다. 따라서 선서는 위증의 벌에 의한 심리적 강제에 의해 증언의 진실성과 확실성을 담보하기 위한 것이라고 할 수 있다. 선서의 취지를 이해할 수 없는 자, 예컨대 유아 등에 대하여는 선서를 시키지 아니하고 신문하여야 한다. 말하자면 선서에 관한 特別行爲能力이다. 그러나 선서를 하지 아니하고 한 증언도 증거로서 채용할 수 있는 것은 당연하다. 선서능력이 있는데도 선서시키지 아니하고 신문한 경우는 그 진술에 증거능력이 없다.

증언(證言)
영 : testimong

증인의 진술을 말한다. 감정의견, 문서의 기재내용, 검증결과, 참고인진술 등과 같이 증거자료 중의 하나이다. 증언은 법원 또는 법관에 대하여 제3자가 실험한 사실의 보고이다. 따라서 제3자가 자기의 견문 그 밖의 지각에 의하여 경험한 구체적인 사실이면, 그 자가 우연히 특별한 지식을 가지고 또한 전문적 경험을 쌓았기 때문에 알 수 있었던 것도 증언이 된다. 즉 감정증인은 과거의 사실을 진술하는 자이므로 증인에 해당한다(형소법 179조). 이에 반하여 자기의 경험사실을 기초로 하여 의견이나 상상을 말하는 것은 본래의 증언은 아니고, 그것이 특별한 학식경험을 요하면 감정의견으로 된다. 증언은 법원 또는 법관에 대하여 진술하는 것이므로 제3자(참고인)가 수사기관에 대하여 자기가 과거에 실제로 경험한 사실을 진술하더라도 그것은 증언이 아니다.

증언거부권(證言拒否權)

증언거부권은 증거의무의 존재를 전제로 하여 증인의무의 이행을 거절할 수 있는 권리를 말한다. 이는 증인거부권과 구별된다. 증인거부권이 인정된 때에는 證人訊問(증인신문) 자체를 거부할 수 있으나 증언거부권이 인정되는 때에는 증인이 출석을 거부할 수 없다. (1) 자기 또는 近親者(근친자)의 형사책임에 관한 증거거부권의 경우 : 자기 · 친족 또는 친족 관계가 있었던 자, 법정대리인 및 후견감독인이 刑事訴追(형사소추) 또는 공소제기를 당하거나 유죄판결을 받을 사실이 드러날 염려가 있는 경우에는 증언을 거부할 수 있다(刑訴§ 148). 이것은 영미법상의 이른바 自己負罪(자기부죄)(self-incrimination)의 강요금지와 신분관계에 기한 情誼(정의)를 고려하여, 이러한 경우에는 진실의 증언을 기대하기가 어렵기 때문이다. (2) 업무상비밀에 관한 증언거부권의 경우 : 변호사 · 변리사 · 공증인 · 공인회계사 · 세무사 · 대서업자 · 의사 · 한의사 · 치과의사 · 약사 · 藥種商 · 조산원 · 간호사 · 종교의 職에 있는 자 또는 이러한 職에 있었던 자가 그 업무상 위탁을 받은 관계로 알게 된 사실로서 타인의 비밀에 관한 것은 증언을 거부할 수 있다. 다만 본인의 승낙이 있거나 중대한 공익상 필요가 있

는 때에는 예외로 한다(§ 149). 이것은 일정한 업무에 종사하는 자의 업무상의 비밀을 보호함으로써 그 상대인 위탁자를 보호하려는 취지이다. (3) 그 밖에 「국회에서의 증언 · 감정 등에 관한 법률」에도 위 (1), (2)에 해당하는 경우와 공무원 또는 공무원이었던 자가 그 직무상 업무에 대하여 일정한 경우에 증언 등을 거부할 수 있는 규정을 두고 있다(國公證鑑§ 3, § 4). 형사소송법은 증언거부권의 행사를 실효성 있게 하기 위하여 증인이 증언을 거부할 수 있는 자에 해당하는 경우에는 재판장은 신문전에 증언을 거부할 수 있음을 설명하여야 한다고 규정하고 있으며(§ 160), 또한 증언을 거부하는 자는 거부사유를 소명하여야 하고(§ 150) 증인이 정당한 이유 없이 증언을 거부한 때에는 50만원 이하의 과태료에 처할 수 있도록 규정하고 있다(§ 161).

교호신문(交互訊問)

영 ; cross examination
독 ; Kreuzverh ö r

證人訊問(증인신문)도 被告人訊問(피고인신문)과 마찬가지로 인정신문과 사실에 대한 신문으로 나눌 수 있다. 그런데 사실에 대한 신문은 증인을 신청한 검사 · 변호인 또는 피고인이 먼저 訊問하고 다음에 다른 당사자가 신문한다. 다시 필요가 있으면 신청한 당사자가 再主訊問(재주신문)을 행하며 이에 대하여 상대방 당사자도 재반대신문을 행하는 순서로, 양 당사자가 交互로 신문을 하는 방식을 교호신문이라 한다. 그 방식은 主訊問-反對訊問-再主訊問-再反對訊問의 순서로 행하여진다.

주신문(主訊問)
영; Exzmination in chief

文互訊問原則上 증인신문을 청구한 자가 최초에 행하는 신문을 말한다. 주신문은 원칙적으로 要證事實 및 이와 관련되는 사실에 관하여서만 행해져야 한다. 또한 여기에서는 誘導訊問(유도신문)이 금지된다.

중복신문(重複訊問)
영 : repetitious question

한 번 신문하여 답변을 얻은 사실에 관하여 반복하여 행하는 신문을 말한다. 우리 형사소송법은 재판장은 소송관계인의 진술 또는 신문이 중복된 사항이거나 그 소송에 관계없는 사항인 때에는 소송관계인의 본질적 권리를 해하지 않는 한도에서 이를 제한할 수 있게 하였다(형소법 299조). 이는 재판장의 소송지휘권의 한 내용이 된다.

반대신문(反對訊問)

상호신문에서 증인신문을 청구한 자의 상대방 당사자가 행하는 신문을 말한다. 반대신문은 주신문에서 나타난 사항, 증인의 진술의 증명력 등을 다투기 위하여 필요한 사항 등에 대하여 행하여진다. 주신문에서는 일반적으로 신문청구자에게 유리한 증언이 진술된다. 이를 뒤집기 위하여 하는 것이 反對訊問(반대신문)이며 이에 대하여서는 유도신문도 허용된다.

유도신문(誘導訊問)

증인신문자가 희망하는 답변을 이끌어 내려고 하는 신문방법을 말한다. 증인이 「예」 「아니오」 만으로 답하게 되는 신문은 대개는 유도신문에 해당한다. 예컨대 증인이 언제 어느 곳에 갔었는가가 쟁점이 되어 있는 경우에 「증인은 O월 O일 O시에 某所에 갔습니까?」라고 묻는 경우이다. 주신문에서의 증인은 통상적으로 신문자측에 유리한 증인이고 주신문자에게 호의를 가지고 있으므로, 주신문자가 이와 같은 신문을 하면 증인은 그 암시에 따라서 사실과 다른 증언을 할 우려가 있다. 이런 까닭에 주신문에서는 원칙적으로 유도신문이 금지되어 있다. 그러나 반대신문에서는 이와 같은 우려가 없기 때문에 유도신문이 허용되는 것이다.

대질(對質)
영 : confrontation
독 : Gegenü berstellung

증인의 증언 또는 당사자의 진술의 상호간에 모순이 있을 때 법원이 증인 상호간, 당사자 상호간, 또는 증인과 당사자를 대면시켜 신문하는 것(민소법 329조, 368조 · 형소법 162조 245조)을 말한다. 이 제도는 대질을 통하여 진술자의 진술의 모순점을 발견하고 진술의 태도에 의해서 진술의 신빙성에 관하여 정확한 심증을 형성하려는데 그 목적이 있다.

감정(鑑定)
영 ; expertise
독 ; Gutachten

감정이란 특수한 지식 、 경험을 가진 제3자가 그 지식 、 경험에 의하여 알 수 있는 법칙 또는 그 법칙을 적용하여 얻은 판단을 법원에 보고하는 것을 말한다.

감정유치(鑑定留置)

피고인의 정신 또는 신체의 감정이 필요한 때에는 법원은 기간을 정하여 병원 기타 적당한 장소에 피고인을 유치할 수 있고 감정이 완료되면 즉시 유치를 해제하여야한다. 이를 鑑定留置라고 한다. 이를 함에는 鑑定留置狀(감정유치장)을 발부하여야 한다. 구속에 관한 규정은 특별한 규정이 없는 경우에는 유치에 준용한다. 유치는 未決拘禁日數(미결구금일수)의 산입에 있어서는 구속으로 간주한다.

감정인(鑑定人)
영 ; expert witness
독 ; Sachverst ä ndige
불 ; expert

감정인이라 함은 전문적 학식경험에 속하는 法則, 또는 이를 구체적 사실에 적용하여 얻은 판단을 법원에 보고하는 자를 말한다(刑訴§ 169). 예컨대 死體(사체)를 해부하여 死因(사인)을 감정한다던가, 필적을 조사하여 그 異同(이동)을 감정하는 자와 같은 경우이다. 증인에 관한 규정은 구인을 제외하고는(감정인은 전문적 지식만 있으면 누구라도 상관없기 때문에) 감정인에 준용된다(§ 177). 증인은 사실을 그대로 보고하는 자임에 대하여 감정인은 사실에 대한 판단을 보고하는 자이다. 또 자기가 경험한 사실을 진술하는 자는 그 사실이 특별한 지식·경험에 의하여 하게된 것이라도 그 진술은 증언이고 따라서 진술자는 증인이다. 그러나 이것을 특별하게 감정증인(§ 179)이라고 부른다. 예컨대 殺人罪(살인죄)의 피해자의 臨終(임종)에 입회한 의사가 전문적 관점에서 관찰한 당시의 상태를 보고하는 경우가 이에 해당된다.

묵비의무(黙秘義務)

의사 、 한의사 、 치과의사 、 약제사 、 약종상 、 조산사 、 변호사 、 변리사 、 공인회계사 、 공증인 등의 자가 업무처리 중 지득한 사실에 관한 비밀을 지켜야 할 의무를 말한다. 형법상의 제재에 의하여 담보되는 경우도 있다(형소법 149조 단서). 묵비의무가 인정되는 사항에 대하여는 증언을 거부할 수 있으나(형소법 149조 본문, 민소법 제315조 1항), 당해 관청 또는 감독기관이 승인한 경우 공무원은 그 증언을 거부할 수 없게 된다(형소법 147조, 민소법 306조). 당해 비밀의 주체인 본인의 승낙이 있는 경우에도 비밀준수의무는 해소된다.

심증(心證)

재판의 기초인 사실관계의 존부에 대한 법관의 주관적 의식상태 내지 확신의 정도를 말한다. 이에는 확신하는 정도의 심증을 요구하느냐, 일응 진실한 것 같다는 심증을 요구하느냐에 따라 증명과 소명으로 구별된다. 형사소송법은 '증명과 증명력은 법관의 자유판단에 의한다' 는 자유심증주의를 규정하여(형소법 308조), 법관의 심증형성에 대하여는 특별한 제약이 없다.

증거능력 · 증명력
(證據能力 · 證明力)
독 ; Beweisfähigkeit·Beweiswert

증거능력이라 함은 증거가 엄격한 증명의 자료로 쓰이기 위해 갖추어야 할 자격을 말한다. 증거능력이 없는 증거는 사실인정의 자료로서 사용할 수 없을 뿐만 아니라, 공판정에서 증거로서 제출하는 것도 허용되지 않는다. 증거의 증거능력의 유무는 법률의 규정에 따르며, 원칙적으로 법관의 자유로운 판단은 허용되지 않는다. 증거능력은 증명력과는 구별하여야 한다. 증명력이라 함은 증거의 실질적인 가치를 말하며 법관의 자유로운 판단(자유심증주의)에 맡겨지고 있다. 범죄사실의 인정은 합리적인 의심이 없는 정도의 증명에 이르러야 한다(§ 307②). 그러나 어느 정도 증명력이 있는 증거라도 법에 의하여 증거능력이 부인되는 것(예컨대 진실에 합치하지만 강제에 의하여 얻어진 자백)은 사실인정의 자료로 할 수 없다.

임의성이 없는 자백은 증거능력이 없다(憲法§ 12⑦, 刑訴§ 309). 반대신문권을 행사할 수 없는 傳聞證據(전문증거)도 원칙으로 증거능력이 없다(§ 310의2). 그리고 당해 사건에 관하여 작성된 의사표시문서, 예컨대 공소장 등도 증거능력이 없다. 실체적 사실의 발견만을 형사재판의 至上目的(지상목적)으로 하는 입장에서는 증명력이 있는 증거는 모두 증거로 하는 것이 바람직할 것이다. 그러나 현행형법은 영미법의 영향을 받아서 증명력의 평가를 착오하기 쉬운 것(전문증거), 또는 진실발견을 다소 희생하더라도 타목적(예컨대 소송절차의 공정, 인권의 보장 등)을 보호할 필요가 있는 경우에는 그 증명력의 여하를 불문하고 증거능력을 인정하고 있지 않다.

증거재판주의(證據裁判主義)

형소법 제307조는 「사실의 인정은 증거에 의하여야 한다. 범죄사실의 인정은 합리적인 의심이 없는 정도의 증명에 이르러야 한다」 라고 규정함으로써 證據裁判主義(증거재판주의)를 선언하고 있다. 옛날에는 神判(신판), 決鬪(결투), 宣誓(선서) 따위의 증거에 의하지 않은 재판이 행해졌으나 근대국가는 모두 이 증거재판주의에 의하고 있다. 이와 같이 증거재판주의는 근대형사소송법의 대원칙이다. 증거재판주의에서 「증거」라 함은 증거능력을 가지고 있으며, 또한 공판정에서 적법하게 증거조사가 행해진 증거를 의미한다. 또 「사실」 이라 함은 공소사실 기타의 중요한 사실을 의미한다는 것이다. 다시 말하면 공소사실 등과 같이 형벌을 과할 것인가, 또는 어떠한 형벌을 과할 것인가의 중요한 사항을 결정하기 위한 기초가 되는 사실에 관하여는 그것이 의심스러운 증거(예컨대 강요된 자백)나 소송관계인이 확인할 수 없는(법정에서 조사되지 않은) 비밀증거에 의하여 인정되어서는 안 된다는 원칙을 의미하는 것이다.

엄격한 증명 · 자유로운 증명
(嚴格한 證明 · 自由로운 證明)
독 ; Strenbeweis · Freibeweis

증명이라 함은 어떤 사실의 존부에 대하여 법관에 확신을 주기 위한 것을 목적으로 하는 소송활동이며, 또한 법관이 사실에 대하여 확신을 얻은 상태를 말한다. 증명의 방식에는 두 가지가 있다. 이들은 독일의 형사소송법학에서 유래하는 개념이다. 「엄격한 증명」이라 함은 법률상 증거능력이 있고 또 공판정에서 적법한 증거조사를 거친 증거에 의한 증명을 말하며, 「자유로운 증명」이라 함은 그 이외의 증거에 의한 증명을 말한다. 公訴犯罪事實(違法性阻却事由의 부존재 등을 포함), 처벌조건(예컨대 파산범죄에서의 파산선고의 확정), 법률상 형의 가중감면사유가 되는 사실(예컨대 전과의 존재)등과 같이 형벌권의 존부 및 그 범위를 정하는 기초가 되는 중요한 사실에 대하여는 엄격한 증명이 필요하다. 이에 대하여 量刑(양형)의 기초가 되어야 할 정황에 관한 사실(예컨대 피해변상의 사실, 피고인의 경력·성격 등) 및 소송법상의 사실에 관하여는 자유로운 증명으로 족한 것으로 되어 있다. 그러나 자유로운 증명의 경우에도 증거능력이 있는 증거가 아니라도 관계없고, 또 엄격한 증거조사를 필요로 하지 않을 뿐이지 이것을 상대방에게 전혀 제시하지 않아도 된다는 취지는 아니다. 상대방에게 그 증거의 증명력을 다투기 위한 기회를 줄 필요가 있으므로, 원칙적으로 증거를 법정에 제출해야 하는 것으로 해석해야 할 것이다. 이러한 엄격한 증명과 자유로운 증명은 증거능력의 유무와 증거조사의 방법에 차이가 있을 뿐이고 심증의 정도에 차이가 있는 것은 아니다. 엄격한 증명과 자유로운 증명은 모두 합리적 의심 없는 증명 또는 확신을 요하는 점에서 같다.

간접사실(間接事實)
독 ; Indizien

간접사실이란 주요사실의 존부를 간접적으로 추인하는 사실을 말한다. 예컨대 알리바이의 증명은 주요사실에 대한 간접적인 반대증거가 될 수 있는 간접사실이다. 요증사실이 주요사실인 때에는 간접사실도 엄격한 증명의 대상이 된다.

경험법칙(經驗法則)
독 ; Erfahrungsgesetz

경험에 의하여 알게 된 지식이나 법칙을 말하며, 반드시 학리상의 어려운 법칙에 국한되지 아니한다. 일상생활에서 數學·자연과학에 이르기까지의 모든 사물·현상의 일반적 性狀(성장) 및 因果關係(인과관계)에 관한 지식 · 법칙이다. 지구는 둥글다든지, 밤이 되면 어두 워져서 사물이 보이지 않게 된다든가, 술에 취하면 정신이 흐려진다던가 지문 은 만인부동이라든가 등이 그 예이다. 법관은 사실의 인정에 있어서 경험법칙 에 따라야 하지만, 일반적·상식적인 범 위를 넘어서 특별한 학식·경험에 의하 여야 할 것은 감정 등의 방법에 의하여 야 한다.

공지의 사실(公知의 事實)
독 ; Offenkundige Tatsa- che

공지의 사실이란 일반적으로 널리 알려 져 있는 사실, 즉 보통의 지식 · 경험 있는 사람이면 의심하지 않는 사실을 말 한다. 역사상 명백한 사실이나 자연계의 현저한 사실이 여기에 속한다. 반드시 모든 사람에게 알려져 있는 사실임을 요 하지 않고 일정한 범위의 사람에게 알려 져 있으면 족하다. 따라서 공지인가는 구체적인 사회생활에서 그 사실에 대하 여 가지고 있는 의식에 따라 결정되는 상대적 개념이라 할 수 있다.

법원에 현저한 사실
(法院에 顯著한 事實)
독 ; gericrtsbekannte Tatsache

법원에 현저한 사실이란 법원이 직무상 명백히 알고 있는 사실, 즉 법관이 법관 이기 때문에 알고 있는 사실을 말한다. 독일의 통설 · 판례는 이것도 공지의 사실에 속한다고 한다.

거증책임(擧證責任)
영 ; burden of proof
독 ; Beweislast

소송상 권리 또는 법률관계의 존부를 판단하는데 필요한 사실에 관하여, 소 송에 나타난 모든 증거자료에 의하여도 법원이 存否(존부) 어느 쪽으로도 결정 할 수 없는 경우에 법원은 이것을 어느 당사자에게 불리하게 가정하여 판단하 지 않는 한 재판할 수 없게 된다. 이러 한 경우에 불이익을 받을 당사자의 법 적 지위를 거증책임이라 한다. 거증책 임은 당사자의 일방이 불이익을 받을 법적 지위를 의미한다는 점에서 당사자 가 아닌 법원이 부담하는 직권에 의한 심리의무와 구별된다. 형사소송에서는 거증책임을 원칙적으로 검사가 지는 것 으로 되어 있다. 최선의 심리를 다 하 여도 범죄사실의 존부에 관하여 법원이 확신을 가질 수 없는 경우에는 거증책 임에 따라서 피고인은 무죄가 된다. 「의심스러운 것은 피고인의 이익으 로」라는 법률격언이 타당한 것이다. 이것은 형사재판에서의 인권보장 견지 에서 당연한 것이고, 형소법에서도 「범 죄사실의 증명이 없는 때」는 무죄로 하여야 한다는 뜻을 규정하고 있다(刑訴 § 325). 검사는 소송범죄사실의 존부에 관하여서 뿐만이 아니라, 正當防衛(정당 방위), 緊急避難(긴급피난) 등의 위법성 또는 책임조각사유와 부존재, 형의 가 중사유(예컨대 累犯前科)의 존재 등의 사항에 관하여도 모두 거증책임을 진다. 그러나 예외적으로 피고인측에 거증책 임이 있는 경우가 있다. 이러한 경우에 는 피고인측에서 증명하지 않는 한 피고인에게 불이익하게 인정되게 된다. 이처럼 거증책임의 분배원칙에 대한 명문의 규정에 의한 예외를 거증책임의 전환이라 한다. 이에 해당하는 것으로 형법 제263조의 규정 이외에 형법 제310조의 규정이 있다.

자유심증주의(自由心證主義)

독 ; Prinzip der freien Beweiswurdigung
불 ; systeme de preuve morals ou de l 'intime conviction

자유심증주의란 증거에 의하여 사실을 인정함에 있어서 증거의 증명력을 법관의 자유로운 판단에 맡기는 주의를 말한다(刑訴§ 308). 즉 어느 증거를 신뢰하고, 어느 증거를 신뢰할 수 없는 것으로 하며, 또 어떤 증거에 의하여 범죄사실을 인정할 것인가에 대한 판단을 모두 법관에게 일임하고 있는 주의이다. 이것은 일정한 증거가 없으면 어떠한 사실을 인정할 수 없다는 법정증거주의에 대응하는 개념이다. 형사소송법은 실체적 진실발견을 목적으로 하고 있으므로 형식적인 법정증거주의보다도 이 자유심증주의 쪽이 더 우월한 제도임은 부정할 수 없다. 그러나 자유심증주의는 증거의 증명력만을 법관의 자유로운 판단에 맡기는 것이지, 증거가 될 수 있는 능력(증거능력)까지 법관의 판단에 일임하는 것은 아니다. 증거능력은 형사소송법에 의하여 제한되어 있다. 또 자유로운 판단이라 하더라도 법관의 마음대로 판단을 허용하는 것은 아니고, 그 판단은 경험법칙·논리법칙에 합치되어야 한다. 따라서 판결이유에 표시된 증거로부터 범죄사실을 인정하는 것이 경험법칙·논리

법칙에 반하여 불합리한 때에는「자유의 모순」 또는「사실오인」으로 항소이유가 된다(§ 361의5ⅩⅠ · ⅩⅣ). 또 자유심증주의에는 자백에 관하여 중요한 예외가 있다. 즉 법관이 피고인의 자백에 의하여 유죄의 심증을 얻었더라도 그것이 유일한 증거로서 달리 이것을 뒷받침할 증거(이른바 補强證據)가 없는 때에는 범죄사실을 인정할 수 없다(§ 310)는 규정이 그것이다.

자백(自白)

영 ; confession
독 ; Gest'a'ndnis

피고인 또는 피의자가 범죄사실 및 자기의 형사책임을 인정하는 진술을 말한다. 이러한 자백에 있어서 진술을 하는 자의법률상의 지위는 문제되지 않는다. 피고인의 진술뿐만 아니라 피의자나 증인·참고인의 진술도 모두 자백에 해당한다. 그리고 진술의 형식이나 상대방도 묻지 않는다. 사람은 자기가 형사책임을 져야 할 사실을 고백하는 것은 정말 어찌할 수 없는 경우에 한하는 것이 보통이다. 따라서 자백은 그만큼 진실을 말하는 것으로 생각되어졌다. 옛날부터「자백은 증거의 王」이라고 일컬어졌던 것은 자백의 증명력이 절대적이었음을 뜻하는 것이다. 그러나 한편으로는 자백이 의심스러운 경우도 없는 것은 아니다. 수사관의 마음에 들기 위해 자진해서 허위의 자백을 하거나, 강제에 의한 자백이 행하여진 예도 결코 적다고 할 수 없다. 따라서 자백만으로써 유죄가 된다고 하면 오판의 위험이 클 뿐만 아니라 수사기관이 피의자에게 자백을 강

요하기 위하여 고문 등의 행위를 할 위험도 적지 않다. 그와 같은 오판위험의 방지와 강제·고문 등에 대한 인권의 보장이라는 쌍방의 견지에서 헌법 및 형소법은 임의성이 없는 자백 또는 임의성이 의심스러운 자백의 증거 능력을 부정하고, 또한 비록 임의성이 있는 자백이라도 자백이 피고인에게 불이익한 유일한 증거인 경우에는 이를 유죄의 증거로 하지 못하도록 규정하고 있다(憲§ 12⑦, 刑訴§ 309, § 310). 임의성이 없는 자백의 부정은 증거능력의 문제인 데 대하여 자백이 유일한 증거인 경우의 유죄의 금지는 자유심증주의에 대한 예외의 문제이다. 후자는 법관이 자백만으로써 충분하게 유죄의 심증을 얻었다 하더라도 다른 증거, 즉 보강증거가 없는 한 유죄인정을 해서는 안 된다는 것이다. 이런 의미에서 자백의 증명력이 법적으로 제한을 받는다고 할 수 있다.

자백의 임의성법칙
(自白의 任意性法則)

임의성 없는 자백의 증거능력을 배제하는 증거법칙을 말한다. 현행법은 헌법과 형사소송법에서 자백의 임의성법칙을 명문으로 규정하고 있다(헌법 12조7항, 형소법 309조). 임의성이 의심되는 자백의 증거능력을 부정하는 이론적 근거에 관해서는 학설이 대립되고 있다. (1)허위배제설은 고문 등에 의한 자백은 허위일 위험성이 많으므로 허위배제의 관점에서 증거능력을 부정한다는 학설이다. (2)인권옹호설은 피고인·피의자의 인권보장을 도모하기 위해서 고문 등에 의한 자백의 증거능력을 부정한다는 학설이다. (3)절충설은 임의성이 의심되는 자백은 허위배제와 인권침해의 방지를 위해서 증거능력을 부정한다는 견해로서 우리나라의 통설이다. (4)위법배제설은 자백획득의 수단이 위법하기 때문에 자백의 증거능력이 부정된다는 견해이다. 현행법상 임의성 없는 자백으로 의제되는 것은 (1)고문·폭행·협박·신체구속의 부당한 장기화로 인한 자백, (2)기망 기타 방법에 의한 자백을 말한다(형소법 309조). 전자는 강요된 자백의 예시이고, 후자는 유도적 방법에 의한 자백을 말한다. 고문·협박 등과 자백 사이에 인과관계의 존재를 요하는가에 관해서는 적극설과 소극설이 대립되고 있으나, 대법원판례는 적극설의 태도를 취하고 있다.

임의성 없는 자백의 증거능력을 부정하는 취지가 허위진술을 유발 또는 강요할 위험성이 있는 상태하에서 행하여진 자백은 그 자체로 실체적 진실에 부합하지 아니하여 오판의 소지가 있을 뿐만 아니라 그 진위 여부를 떠나서 자백을 얻기 위하여 피의자의 기본적 인권을 침해하는 위법부당한 압박이 가하여지는 것을 사전에 막기 위한 것이므로 그 임의성에 다툼이 있을 때에는 그 임의성을 의심할 만한 합리적이고, 구체적인 사실을 피고인이 입증할 것이 아니고 검사가 그 임의성의 의문점을 해소하는 입증을 하여야 한다(**대법원 1998. 4. 10. 선고 97도3234**).

자백의 증명력(自白의 證明力)

형사소송법 제310조는 '피고인의 자백이 그 피고인에게 불이익한 유일의 증거인 때에는 이를 유죄의 증거로 하지 못한다'고 규정하여 자백의 보강법칙을 규정하고 있다. 뿐만 아니라 헌법 제12조 제7항 후단은 '정식재판에 있어서 피고인의 자백이 그에게 불리한 유일한 증거인 때에는 이를 유죄의 증거로 삼거나 이를 이유로 처벌할 수 없다'고 규정하여 보강법칙을 헌법상의 원칙으로도 하고 있다. 자백에 의하여 법관이 유죄의 심증을 얻은 때에도 보강증거가 없으면 유죄판결을 할 수 없다는 의미에서 자백의 보강법칙은 증거의 증명력에 있어서 인정되는 자유심증주의에 대한 예외가 된다. 보강법칙의 근거는 자백의 진실성을 담보하여 오판의 위험성을 배제하고 자백편중으로 인한 인권침해를 방지하려는 데 있다. 형사소송법 제310조의 자백에 공범자 또는 공동피고인의 자백이 포함되는가에 관하여는 견해가 대립되어 있다.

공범자의 자백(共犯者의 自白)

피고인의 자백에 공범자의 자백이 포함되어 공범자의 자백이 있는 때에도 보강증거가 있어야 유죄로 인정할 수 있는가에 대해서는 의견이 대립하고 있다. 공범자의 자백이 있으면 그 자백에 대한 보강증거가 없더라도 부인하는 피고인을 유죄로 인정할 수 있다는 보강증거불요설과, 공범자의 자백이 있더라도 그 자백에 관한 보강증거가 없으면 피고인을 유죄로 인정할 수 없다는 보강증거필요설, 공동피고인 공범자의 자백에는 보강증거가 필요하나 공동피고인이 아닌 공범자가 자백한 경우에는 보강증거가 없더라도 피고인을 유죄로 인정할 수 있다는 절충설 등이 있다. 대법원은 공범자의 자백에는 보강증거를 요하지 않는다고 판시하고 있다(85도951, 92도917). 공범자의 자백이 보강증거가 될 수 있느냐의 문제에서 공동피고인 모두가 자백한 경우에는 상호 보강증거가 될 수 있다는 견해와 아니라는 견해가 있다. 대법원은 일관하여 공범자의 자백이나 공범자인 공동피고인의 자백은 보강증거가 될 수 있다고 판시하고 있다(83도1111, 2006도1944).

> 형사소송법 제310조의 피고인의 자백에는 공범인 공동피고인의 진술이 포함되지 아니하므로 공범인 공동피고인의 진술은 다른 공동피고인에 대한 범죄사실을 인정하는데 있어서 증거로 쓸 수 있고 그에 대한 보강증거의 여부는 법관의 자유심증에 맡긴다(**대법원 1985. 3. 9. 선고 85도951**).

> 공범인 피고인들의 각 자백은 상호보강증거가 되므로 그들의 자백만으로 범죄사실을 인정하였다 하여 보강증거없이 자백만으로 범죄사실을 인정한 위법이 있다 할 수 없다(**대법원 1983. 6. 28. 선고 83도1111**).

독수의 과실이론
(毒樹의 果實理論)
영 : fruit of the poisonous tree
•

위법하게 수집된 증거에 의해 발견된 제2차 증거를 말한다. 위법하게 수집된 증거를 배제하면서도 과실의 증거능력을 인정할 것인가에 대하여는 위법수집 증거가 배제되어도 과실의 증거능력이 인정되면 배제법칙을 무의미하게 한다는 이유로 부정하는 견해와 임의성 없는 자백 가운데도 강제에 의한 자백으로 수집된 증거의 증거능력만을 부정해야 한다는 견해도 있다.

독수의 과실이론의 예외

오염순화에 의한 예외	후에 피고인이 자의에 의하여 행한 행위는 위법성의 오염을 희석한다는 것.
불가피한 발견의 예외	위법한 행위와 관계 없이 합법적인 수단에 의할지라도 증거를 불가피하게 발견하였을 것임을 증명할 수 있을 때에는 증거로 허용될 수 있다는 이론.
독립된 오염원의 예외	위법한 압수, 수색과 관계 없는 독립된 근거에 의하여 수집될 수 있었던 증거임을 증명할 수 있을 때에는 증거로 허용된다는 이론.

위법수집증거배제법칙
(違法蒐集證據排除法則)
•

위법수집증거배제법칙이란 위법한 절차에 의하여 수집된 증거, 즉 위법수집증거의 증거능력을 배제하는 법칙을 말한다. 이 법칙은 미국의 증거법에서 유래한다. 즉 1886년 Boyd판사에 의해 비롯되었다. 이 법칙이 확립된 것은 1914년의 Weeks판사에 의하여 되었다. 이에 대해 독일에서는 증거금지의 문제로 다루어지고 있다. 2007. 6. 1. 개정 형사소송법은 위법수집증거의 배제에 관한 명문규정을 신설하여 「적법한 절차에 따르지 아니하고 수집한 증거는 증거로 할 수 없다」고 규정하였다. 이러한 위법수집증거배제의 법칙은 적정절차의 보장이라는 관점에서 그리고 위법수사의 억지라는 이유에서 그 근거가 제시된다. 적정절차의 보장의 면은 이론적 근거임에 대하여 위법수사의 억지의 면은 정책적 근거로 이해된다. 위법수집증거의 유형으로는 헌법정신에 위배되어 수집한 증거, 즉 영장주의를 위반한 경우 또는 적정절차를 위반하여 수집한 증거와 형사소송법의 효력규정에 위반하여 수집한 증거의 경우가 있다.

당사자의 동의와 증거능력
(當事者의 同意와 證據能力)

검사와 피고인이 증거로 할 수 있음을 동의한 서류 또는 물건은 진정한 것으로 인정한 때는 증거능력을 인정한다(형사소송법 318조 1항). 전문법칙에 의하여 증거능력이 없는 증거라 할지라도 당사자가 동의한 때는 증거로 할 수 있게 하여 불필요한 증인신문을 회피하는 것이 재판의 신속과 소송경제에 부합한다는 점을 고려한 것이다. 그러나 동의는 증거능력 발생의 전제조건에 불과하고 법원의 진정성의 인정에 의하여 비로소 증거능력이 인정된다. 이런 의미에서 증거로 함에 대한 당사자의 동의에 있어서도 당사자주의와 직권주의가 조화를 이루고 있다고 할 수 있다. 증거로 하는데는 당사자의 동의가 형식적으로 증거능력이 없는 증거에 대하여 증거능력을 부여하기 위한 당사자의 소송행위라고 할 수 있다. 동의의 본질에 대해서는 통설은 동의가 실질적으로 반대신문권을 포기하는 것으로 해석한다. 따라서 동의에 의해서 증거능력이 인정되는 것은 반대신문권의 보장과 관련된 증거이어야 하며, 임의성 없는 자백은 물론 위법하게 수집된 증거는 동의의 대상이 되지 않는다. 일반 당사자가 신청한 증거에 대하여는 타방 당사자의 동의가 있으면 족하다. 이에 반해 법원이 직권으로 수집한 증거는 양당사자의 동의가 있어야 한다. 동의의 상대방은 법원이다. 또한 동의의 대상은 서류 또는 물건과 증거능력 없는 증거에 한정된다. 그러나 판례는 반대증거서류를 동의의 대상으로 하지 않는다. 통설은 동의가 적극적으로 명시되어야 한다는 입장이다. 단 피고인이 출정하지 않거나(형사소송법 318조 2항), 간이공판절차의 결정이 있는 사건의 증거에 대해서는 동의가 있는 것으로 간주한다. 동의의 효과로 증거능력이 인정된다.

전문증거(傳聞證據)
영 ; hearsay evidence

전문증거라 함은 사실인정의 기초가 되는 경험적 사실을 경험자 자신이 직접 법원에 진술하지 않고 다른 형태에 의하여 간접적으로 보고하는 것을 말한다. 이러한 증거는 그 내용이 진실한가 아닌가를 반대신문에 의하여 吟味(음미)할 수 없으므로, 그 평가를 그르칠 위험성이 있다. 그래서 법원 그 증거능력을 원칙적으로 부정하고 있다(刑訴§ 310의2). 傳聞證據에는 첫째, 경험사실을 들은 타인이 전문한 사실을 법원에서 진술하는 경우(전문진술 또는 전문증거), 둘째, 경험자 자신의 경험사실을 서면에 기재하는 경우(진술서), 셋째, 경험사실을 들은 타인이 서면에 기재하는 경우(진술녹취서)가 포함될 수 있다. 즉 전문증거는 전문진술과 진술서 및 진술녹취서를 기본형태로 하며 진술서와 진술녹취서를 합하여 진술을 기재한 서류를 전문서류 또는 진술대용서면이라 한다. 이러한 傳聞法則(전문증거를 배척하는 법칙)을 모든 경우에 엄격하게 적용하는 것은 사실상 불가능하다. 그 때문에 영미법에서도 여러 가지 예외를 인정하고 있다. 전문법칙의 예외가 인정될 수 있는 것은 첫째로 「신용성의 정황적 보장」이 있는 경우, 즉 반대신문에 의한 진실성의 음미를 필요로 하지 않을 정도로 고도의 진실성이 모든 정황에 의하여 보장되어 있는 경우이다. 예로서 임종시의 진술을 들 수 있다. 둘째로 「필요성」이 있는 경우이다. 「필요성」이란 원진술자의 사망·병환·행방불명·국외체재 등의 특

수한 사정으로 인하여 원진술자를 공판
정에 출석케 하여 다시 진술을 하게 하
는 것이 불가능 또는 현저하게 곤란하거
나, 또는 원진술의 성질상 다른 同價値
의 증거를 얻는 것이 곤란하기 때문에
전문증거라도 이를 사용할 필요가 없는
경우를 말한다. 우리 형사소송법에서도
대체로 이와 같은 영미법의 사고방식을
받아서 전문법칙의 예외를 설정하고 있
다. 즉, 형사소송법 제316조(전문의 진
술)에서는 전문진술의 예외를 규정하고,
제312내지 제315조에서는 진술기재서와
같은 서면에 의한 전문증거의 증거능력
에 관하여 엄격한 조건하에 전문법칙의
예외를 규정하고 있다. 또 당사자의 동
의가 있으면 전문법칙의 적용이 배제된
다(刑訴§ 318). 재판의 실제에서 가장
문제가 되는 것은 수사기관이 작성한 조
서의 취급이다. (1) 검사 작성의 피의자
신문조서 : 검사가 피고인이 된 피의자
의 진술을 기재한 조서는 적법한 절차와
방식에 따라 작성된 것으로서 피고인이
진술한 내용과 동일하게 기재되어 있음
이 공판준비 또는 공판기일에서의 피고
인의 진술에 의하여 인정되고, 그 조서
에 기재된 진술이 특히 신빙할 수 있는
상태하에서 행하여졌음이 증명된 때에
한하여 증거로 할 수 있다(§ 312①). 그
럼에도 불구하고 피고인이 그 조서의 성
립의 진정을 부인하는 경우에는 그 조서
에 기재된 진술이 피고인이 진술한 내용
과 동일하게 기재되어 있음이 영상녹화
물 기타 객관적인 방법에 의하여 증명되
고, 그 조서에 기재된 진술이 특히 신빙
할 수 있는 상태 하에서 행하여졌음이
증명된 때에 한하여 증거로 할 수 있다

(§ 312②). (2) 검사 이외의 수사기관이
작성한 피의자신문조서 : 이 경우는 적
법한 절차와 방식에 따라 작성된 것으로
서 공판준비 또는 공판기일에 그 피의자
였던 피고인 또는 변호인이 그 내용을
인정할 때에 한하여 증거로 할 수 있다
(§ 312③). (3) 검사 또는 사법경찰관이
피고인이 아닌 자의 진술을 기재한 조서
: 이 경우는 적법한 절차와 방식에 따라
작성된 것으로서 그 조서가 검사 또는
사법경찰관 앞에서 진술한 내용과 동일
하게 기재되어 있음이 원진술자의 공판
준비 또는 공판기일에서의 진술이나 영
상녹화물 기타 객관적인 방법에 의하여
증명되고, 피고인 또는 변호인이 공판준
비 또는 공판기일에 그 기재내용에 관하
여 원진술자를 신문할 수 있었던 때에는
증거로 할 수 있다. 다만 그 진술이 특
히 신빙할 수 있는 상태 하에서 행하여
졌음이 증명된 때에 한한다(§ 312④).

특신상태(特信狀態)

특신상태(특히 신빙할 수 있는 상태)란
증거능력이 없는 전문증거에 증거능력
을 부여하기 위한 요건으로, 진술내용
이나 조서 또는 서류의 작성에 허위개
입의 여지가 거의 없고 그 진술내용의
신용성이나 임의성을 담보할 구체적이
고 외부적인 정황이 있는 경우를 말한
다. 이 특신상태는 영미법의 신용성의
정황적 보장과 같은 의미이다.
형사소송법 제314조는 「제312조(검사
또는 사법경찰관의 조서 등) 또는 제313
조(진술서 등)의 경우에 공판준비 또는
공판기일에 진술을 요하는 자가 사망·

질병·외국거주·소재불명 그 밖에 이에 준하는 사유로 인하여 진술을 할 수 없는 때에는 그 조서 및 그 밖의 서류를 증거로 할 수 있다. 다만 그 진술 또는 작성이 특히 신빙할 수 있는 상태하에서 행하여졌음이 증명된 때에 한한다」고 규정하여 필요성과 신용성의 정황적 보장을 이유로 전문증거의 증거능력을 인정하고 있다.

> 형사소송법 제314조 단서에 규정된 진술 또는 작성이 특히 신빙할 수 있는 상태하에서 행하여진 때라 함은 그 진술내용이나 조서 또는 서류의 작성에 허위개입의 여지가 거의 없고 그 진술내용의 신용성이나 임의성을 담보할 구체적이고 외부적인 정황이 있는 경우를 가리킨다(대법원 2007. 6. 14. 선고 2004도5561).

탄핵증거(彈劾證據)

彈劾證據(탄핵증서)라 함은 진술증거의 증명력을 다투기 위한 증거를 말한다. 형소법 제318조의2는 공판준비 또는 공판기일에서의 피고인 또는 피고인 아닌 자의 진술의 증명력을 다투기 위한 증거에 관하여는 전문법칙의 적용을 일반적으로 배제하고 있다. 탄핵증거에 전문법칙이 적용되지 않는 이유는 탄핵증거가 적극적으로 범죄사실이나 간접사실을 인정하기 위한 것이 아니라 단순히 증명력을 다투기 위한 것에 불과하므로 이를 인정하여도 전문증거를 배제하는 취지에 반하지 않고 반증에 의한 번잡한 절차를 거치지 않게 하여 소송경제에 도움이 되며 오히려 당사자의 반대신문권을 효과적으로 보장할 수 있다는 점이다. 다만, 그 범위에 관하여는 해석상 다툼이 있다. 제1설(한정설)은 영미법의 입장에서 형소법 제318조의2는 자기모순의 진술에 한하여 적용된다고 한다. 자기모순의 진술이란 증인 기타의 者가 법정에서의 진술과 상이한 진술을 법정 외에서 하였던 것을 말한다. 제2설(절충설)은 자기모순의 진술에 한정되지 않으나, 증인의 신빙성만에 보조사실을 입증하는 증거에 한하며, 설령 증인의 신빙성을 탄핵하기 위한 것이라도 그 사실이 주요사실 또는 이에 대한 간접사실인 때에는, 법원이 전문증거에 의하여 사실상 심증을 형성하는 것을 방지하기 위하여 전문법칙이 배제되지 않는다고 한다. 제3설(非限定說)은 본조를 文理解釋(문리해석)하여, 증명력을 다투기 위한 증거로서는 널리 전문증거를 사용할 수 있다고 한다. 증명력을 다투기 위한 증거에는 滅殺(멸살)된 증명력을 유지하기 위한 증거(回復證據)도 포함하는 것으로 해석된다. 公判廷外의 진술도 본조에 의하여 다툴 수 있다. 임의성이 없는 피고인의 진술(특히 자백)은 彈劾證據로도 사용할 수 없다는 것이 多數說이며, 또 증명력을 다투기 위한 증거의 조사방식에 관하여는 통상의 증거조사의 절차·방식에 의하여야 한다는 견해와 공판정에서의 조사는 필요하나 반드시 법정의 절차를 요하지 않는다는 견해가 있다.

고문(拷問)

영 ; torture
독 ; folter

고문이라 함은 광의의 고문이라고 할 때에는 피의자에게 정신적 압박 또는 육체적 고통을 주어 자백을 얻는 것을 말한다. 협의로는 유형력을 행사하여 육체적 고통을 주어서 자백을 얻는 것을 말한다. 예전부터 자백은 증거의 왕이라 하여 수사기관에서는 피의자나 피고인의 자백을 얻기 위해 노력하였다. 그런데 이 경우 자백을 얻기 위해 피의자·피고인에게 고문이 행하여진 것은 동서양을 막론하고 역사적으로 뚜렷한 일이다. 그러나 이는 매우 위험한 것이다. 왜냐하면 목적을 위해서 수단을 가리지 아니하고 자백을 얻기 위하여 고문을 하면, 피의자는 그것에 견디지 못하여 허위의 자백을 할 우려가 있기 때문이다. 또 비록 진범이라 하여도 자백을 얻기 위하여 피의자의 인권이 침해될 우려가 있다는 이중의 위험이 있다. 그러므로 헌법은 고문을 금지(憲§ 12②) 하고 있으며, 피고인의 자백이 고문·폭행·협박·구속의 부당한 장기화 또는 欺罔 기타의 방법에 의하여 자의로 진술된 것이 아니라고 인정될 때, 또는 正式裁判에 있어서 피고인의 자백이 그에게 불리한 유일한 증거일 때에는 이를 유죄의 증거로 삼거나 이를 이유로 처벌할 수 없도록 규정함으로써(憲§ 12⑦) 국민의 기본적 인권을 보장하려 하고 있다. 그리고 형소법에서도 헌법규정을 받아서「피고인의 자백이 고문·폭행·협박·신체구속의 부당한 장기화 또는 기망 기타의 방법으로 임의로 진술한 것이 아니라고 의심할 만한 이유가 있는 때에는 이를 유죄의 증거로 하지 못한다」고 규정하고 있다(刑訴§ 309). 이와 같이 해서 얻은 자백은 眞僞의 여하를 불문하고 이를 증거로 채용하는 것을 금지함으로써 증거법상으로도 헌법의 정신을 보장하려는 것이다.

진술(陳述)

독 ; Behaptung

진술이란 공소관계인이 공판정에서 사실상 또는 법률상의 의견을 말하는 것을 말한다. 이 공판정에서의 진술자체가 재판의 증거로서 채택된다. 물론 법원에서는 그 진술을 녹취하여 공소기록에 綴하고 있으나, 그 서류자체가 증거가 되는 것은 아니고 어디까지나 공판정에서 직접 들은 진술만이 증거로 채택된다. 이것은 直接主義의 요청이기도 하다. 그러나 법관이 바뀌거나 법원이 구성이 변경된 때에는 바뀌어진 법관은 전의 진술을 직접 듣지 못했기 때문에 그것을 녹취한 서면자체가 증거로써 채택된다. 다만, 이 경우에는 공판절차를 갱신하여야 한다.

진술서(陳述書)

진술서라 함은 피고인·피의자 또는 참고인이 스스로 자기의 의사·사상·관념 및 사실관계를 기재한 서면을 말한다. 이런 점에서 법원 수사기관이 작성하는 陳述記載調書와 구별된다. 서면에 상대가 있는 경우(예컨대 피해신고 등)

와 상대가 없는 경우(예컨대 日記)가 있다. 또 서명이 있는 경우와 없는 경우도 있다. 진술서는 진술자에 대한 반대신문을 할 수 없으므로 전문증거로서의 증거능력이 없는 것으로 되어 있다(刑訴 § 310의2). 그러나 일정한 요건에 해당하는 때에는 예외적으로 증거능력을 인정하고 있다. 즉 피고인 또는 피고인이 아닌 자가 작성한 진술서나 그 진술을 기재한 서류로서 그 작성자 또는 진술자의 자필이거나 그 서명 또는 날인이 있는 것은 공판준비나 공판기일에서의 그 작성자 또는 진술자의 진술에 의하여 그 성립의 진정함이 증명된 때에는 증거로 할 수 있다(§ 313①본문). 다만 피고인의 진술을 기재한 서류는 공판준비 또는 공판기일에서의 그 작성자의 진술에 의하여 그 성립의 진정함이 증명되고, 그 진술이 특히 신빙할 수 있는 상태하에서 행하여진 때에 한하여 피고인의 공판준비 또는 공판기일에서의 진술에 불구하고 증거로 할 수 있다(同條但書). 여기에서 「피고인이 아닌 자」라 함은 피고인 이외의 제3자, 예컨대 피해자·공동피고인 등을 말한다. 또 「피고인 또는 피고인이 아닌 자가 작성한 진술서나 그 진술을 기재한 서류」라 함은, 예컨대 피고인의 일기·편지·경위서 또는 피해자의 피해신고, 참고인 진술서, 기타 일반인의 면전에서 피고인 또는 피고인이 아닌 자의 진술을 기재한 서류를 말한다. 또 그 작성자 또는 진술자의 자필이거나 그 서명 또는 날인이 있는 것을 요건으로 하고 있는 것은 이러한 것이 있음으로써 비로소 그 작성내용 또는 진술내용이 작성자 또는 진술자가 한 것이라

는 것이 보장되기 때문이다. 다만 피고인의진술을 기재한 서류에 관하여는 원진술자가 피고인이므로 피고인의 자기자신에 대한 반대신문은 있을 수 없기 때문에 그 진술이 특히 신빙할 수 있는 상태하에서 행하여진 때에 한하여 증거로 할 수 있도록 한 것이다.

진술조서(陳述調書)

검사 또는 사법경찰관이 피의자 아닌자(참고인)의 진술을 기재한 조서를 말한다. 검사가 작성한 진술조서는 형사소송법 제312조 제1항, 사법경찰관이 작성한 진술조서는 제313조 제1항에 따라 진술자의 진술에 의하여 성립의 진정이 증명된 때에 한하여 증거능력이 인정된다.

영상녹화제(映像錄畵制)

영상녹화제는 2007. 6. 1. 형사소송법 개정시에 새로 도입된 제도로서, 수사기관이 피의자나 참고인을 조사할 때 주요 내용을 모두 영상녹화하는 것을 말한다. 영상녹화를 하기 위해서는 피의자에게는 미리 녹화를 한다는 사실을 알리기만 하면 되고, 참고인에게는 사전에 동의를 받아야 한다(§ 244조의 2). 재판과정에서 영상녹화 내용이 그 자체로 증거로 인정되지는 않는다. 그러나 수사기관이 작성한 조서가 객관적으로 신빙성이 있는지를 뒷받침할 수 있는 자료로 활용이 가능하다.
종전 제도는 피고인이나 증인이 수사기관에서 작성된 조서내용을 법정에서 부인하면 그 조서는 증거능력이 없어

쓸모없게 되었지만, 앞으로는 검사가 영상녹화 내용을 근거로 피의자를 추궁할 수 있게 되고, 법관의 판단에 따라 피의자나 증인이 조서내용을 부인해도 증거로 채택될 수 있다. 또한 피의자나 참고인을 조사한 경찰관이 법정에 증인으로 나와 자신이 조사한 내용이 진실임을 주장할 수 있고, 이는 공판조서에 기재되어 증거능력이 인정된다.

진술거부권(陳述拒否權)

소송관계인이 신문 또는 질문에 대하여 진술을 거부할 수 있는 권리를 말한다. 우리 헌법은 '모든 국민은 … 형사상 자기에게 불리한 진술을 강요당하지 아니한다' 라고 규정하여 진술거부권을 국민의 기본적 인권을 보장하고 있다(헌법 12조2항). 이에 따라 형사소송법은 피고인은 공판정에서 각개의 신문에 대하여 이익·불이익을 불문하고 진술을 거부할 수 있게 하였고(형소법 289조), 검사 또는 사법경찰관이 수사상으로 피의자진술을 들을 때에는 미리 그 진술을 거부할 수 있음을 알리도록 하여 피의자의 진술거부권(형소법 200조 2항)을 보장하고 있다. 증인·감정인은 일정한 경우에 한하여 진술거부권이 인정될 뿐이다(형소법 148 · 149 · 177조). 그런데 증인의 진술거부권은 특히 증언거부권이라 한다.

검증조서(檢證調書)

검증조서라 함은 법원 또는 수사기관이 검증의 결과를 기재한 서면 즉 검증을 한 자가 五官의 작용에 의하여 물건의 존재와 상태에 대하여 인식한 것을 기재한 서면을 말한다. 이는 검증당시에 인식한 바를 직접 기재한 서면이므로 진술에 의한 경우보다 정확성을 기할 수 있고 검증 그 자체가 가치판단을 포함하지 않는 기술적인 성격을 가지기 때문에 허위가 개입될 여지가 없다는 점에서 전문법칙에 대한 예외를 인정하고 있다.

메모의 이론(메모의 理論)

「메모의 이론」 이라 함은 영미법상의 이론으로 이것은 이른바, 진술자의 경험사실에 관하여 기억이 사라져 가고 있는 경우에 기억을 환기시켜 진술을 정확하게 하기 위하여 「메모」 를 사용하여 진술함을 허용하거나, 또는 기억을 완전히 상실한 경우에 「메모」 를 사용하여 진술함을 허용하거나, 또는 기억을 완전히 상실한 경우에 「메모」 자체가 상당히 새로운 기억의 기록인 것과, 진술자가 그 뜻을 법정에서 진술한 경우에 「메모」 자체를 증거로 함을 허용한다는 이론이다. 경험의 당시에 「메모」 한 것은 착오가 적다는 이론적 근거에 의한다. 우리 나라의 형사소송법은 이 이론을 일부 원용하여 수사기관의 檢證調書(검증조서), 감정인의 감정서에 대하여 증거능력을 인정하고 있다(刑訴§ 312⑥, § 313②). 다만 우리 나라에서는 「메모」 를 현재의 진술의 일부로서 제출하고, 더욱이 「메모」 그 자체를 증거로서 제출하는 것을 인정하고 있음을 주의하여야 한다. 일반의 증인의 경우에는 본인이 완전히 기억을 상실하고 있고(필요성의 원칙), 또 특히 신빙할 수 있는 상태하에서 작성된 경우에 비로소 증거로써 채택될 수 있다 (§ 314참조).

알리바이(alibi)

現場不在證明(현장부재증명) 또는 단순히 부재증명이라고도 한다. 어떤 범죄가 행해진 경우에 그 범행의 당시에, 그 현장에 있지 않았다는 사실을 주장하여 자기의 무죄를 입증하는 방법을 말한다. 범행의 당시에 그 현장에 없었음이 입증된 경우에는 그 범죄를 행할 가능성은 경험칙상 인정할 수 없는 것이므로 그 용의자는 범인으로 단정할 수 없다는 것이다. 범행현장에 없었다는 사실은 범행현장 이외의 장소에 있었던 사실을 입증하면 된다.

보강증거, 자백의 보강법칙 (補强證據, 自白의 補强法則)

자백이 유일한 증거로 되는 경우에는 유죄로 되지 않는다(刑訴§ 310). 법관은 자백에 의하여 유죄의 심증을 얻은 경우에도 자백을 보충하는 증거, 즉 보강증거가 없는 한 유죄로 인정하여서는 안 된다. 이를 자백의 보강법칙이라 한다. 이는 자백의 진실성을 담보하여 誤判(오판)의 위험성을 배재하고 自白偏重(자백편중)으로 인한 인권침해를 방지하려는 데 있다. 보강증거로 될 수 있는 증거는 공판정의 내외를 불문하고 본인의 자백 이외의 증거능력이 있어야 한다. 단 공범자의 자백은 상호간에 補强證據가 될 수 있다.

죄체(罪體)

범죄구성사실 가운데 객관적인 부분을 말한다. 영미법에서 자백의 보강증거에 필요한 범위로 되어 있으며, 우리 나라의 통설도 이를 인정하고 있다. 예컨대 살인죄의 경우에 어느 누군가의 행위에 의하여 사람이 죽었다는 사실이 죄체이고 그 부분에 대하여 보강증거가 요구된다.

공판조서(公判調書)

공판조서라 함은 공판기일에서 어떠한 소송절차가 행해졌는가를 명백히 하기 위하여 일정한 사항을 기재한 서면을 말한다. 공판기일의 소송절차에 관하여는 참여한 법원사무관등이 공판조서를 작성하도록 되어 있다(刑訴§ 51①). 공판조서에는 다음 사항 기타 모든 소송절차를 기재하여야 한다(§ 51②). (1) 공판을 행한 일시와 법원 (2) 법관·검사·서기관 또는 서기의 관직·성명 (3) 피고인·대리인·대표자·변호인·보조인과 통역인의 성명 (4) 피고인의 출석여부 (5) 공개의 여부와 공개를 금한 때에는 그 이유 (6) 공소사실의 진술 또는 그를 변경하는 서면의 낭독 (7) 피고인에게 그 권리를 보호함에 필요한 진술의 기회를 준 사실과 그 진술한 사실 (8) 제48조 2항 (각종서류의 기재사항)에 기재한 사항 (9) 증거조사를 한 때에는 증거될 서류, 증거물과 증거조사의 방법 (10) 공판정에서 행한 검증 또는 압수 (11) 변론의 요지 (12) 재판장이 기재를 명한 사항 또는 소송관계인의 청구에 의하여 기재를 허가한 사항 (13) 피고인 또는 변호인에게 최종 진술할 기회를 준 사실과 그 진술한 사실 (14) 판결기타의 재판을 선고 또는 고지한 사실 등. 공판조서는 각 공판기일 후 5일 이내에 신속하게 정리하여야 하고(§ 54①), 다음 회의 공판기일에 있어서는, 전회의 공판심리에 관한 주요사항의 요지를 조서에 의하여 고지하여야 한다. 검사·피고인 또는 변호인이 그 변경을 청구하거나 이의를 진술한 때에는 그 취지를 공판조서에 기재하여야 한다(§ 54②). 이 경우에는 재판장은 그 청구 또는 이의에 대한 의견을 기재하게 할 수 있다(§ 54③). 공판조서의 기재는 당사자의 공격·방어 또는 상소이유의 유죄를 판단함에 있어서 중요한 자료가 되는 것이므로 당사자의 열람권을 인정하고 있다(§ 35, § 55). 또 공판기일의 소송절차로서 공판조서에 기재된 것은 그 조서만으로써 증명해야 하고(§ 56), 다른 자료에 의한 증명은 허용되지 아니한다.

논고(論告)

논고라 함은 공판절차에 있어서 증거조사가 끝난 후에 검사가 행하는 사실 및 법률적용에 관한 의견의 진술을 말한다. 논고는 단순히 법원의 참고가 됨에 지나지 않으므로 반드시 진술하여야 하는 것은 아니며, 법원으로서는 논고할 기회를 주기만 하면 족한 것으로 되어 있다. 논고 중 검사가 피고인의 징역 몇 년에 처함이 상당하다든지, 벌금 몇원이 상당하다고 주장하는 것과 같이 형벌의 종류 및 그 量에 대한 의견을 진술하는 것을 求刑(구형)이라 한다. 구

형은 검사의 의견일 뿐이고 법원을 구속하지 않으므로 법원은 구형보다 중한 형을 선고하여도 무방하다.

최후진술(最後陳述)

형사공판절차에 있어서 증거조사가 끝나면 검사의 논고가 행해지는데, 재판장은 검사의 논고가 끝난 후에 피고인과 변호인에게 최종의 의견을 진술할 기회를 주어야 한다(刑訴§ 303). 이를 「最後陳述」이라고 한다. 최후진술의 기회는 피고인 또는 변호인의 일방에 이를 부여하면 충분하다는 견해가 있으나, 쌍방에 다 부여함이 타당하다. 최후진술이라고 하여도, 그 진술이 중복된 사실이거나, 그 소송에 관계없는 사항인 때에는 진술인의 본질적인 권리를 침해하지 아니하는 한도에서 이를 제한할 수 있다(刑訴§ 299).

판 결

판결(判決)
영 ; judgement
독 ; Urteil
불 ; jugement

재판의 형식에의 분류에 의하면 판결, 결정, 명령이 있다. 판결에는 실체재판인 유죄·무죄의 판결과 형식재판인 管轄違反(관할위반) · 公訴棄却(공소기각) 및 免訴(면소)의 판결이 있다. 판결은 원칙적으로 구두변론에 의하여야 하고 이유를 명시하여야 하며 판결에 대한 上訴方

法은 항소 또는 상고이다. 판결은 주문 및 이유로 되어 있는데, 주문은 「피고인을 징역 3년에 처한다」든가, 「피고인은 무죄」라든가 하는 결론적 부분이며, 이유란 주문이 이끌어내진 논리과정의 기술이다. 또 유죄판결에는 반드시 「범죄될 사실」, 「증거의 요지」 및 「법령의 적용」을 명시하여야 하며, 그밖에 정당방위·심신상실과 같이 「법률상 범죄의 성립을 阻却하는 이유」 또는 心身微弱(심신미약)과 같이 「법률상 형의 加重減免의 이유」가 되는 사실이 주장된 때에는 이에 대한 판단을 명시하여야 한다(刑訴 § 323). 또 판결서에는 피고인의 성명·연령·직업·주거와 검사의 관직·성명·변호인의 성명의 기재 및 법관의 서명날인 등이 필요하다(§ 410, § 41). 판결의 선고는 공판정에서 재판장이 주문을 낭독하고 그 이유의 요지를 설명함으로써 행한다(§ 43). 선고된 판결은 법원 스스로도 이를 취소·변경할 수 없다. 다만 상고법원은 그 판결의 내용에 誤謬이 있음을 발견한 때에는 직권 또는 당사자의 신청에 의하여 정정의 판결을 할 수 있다(§ 400). 판결에 불복하는 자는 항소 또는 상고할 수 있다. 항소 또는 상고하지 아니하고 상고기간을 경과한 경우, 또는 이를 취하한 경우에는 판결은 확정하여 旣判力이 생긴다.

유죄판결(有罪判決)

독 : Verurteilung

범죄의 증명이 있는 때에 선고하는 판결(형소법 321조)을 말한다. '범죄의 증명이 있는 때' 라 함은 법관이 공소범죄사실의 존재에 대하여 심증을 형성한 경우를 말한다. 그 심증형성의 정도는 합리적인 의심이 없을 정도의 확신을 요하며, 이러한 확신에 이르지 아니한 경우에는 피고인에게 유죄의 의심이 간다 하더라도 피고인의 이익으로 판단하여야 한다. 유죄판결은 종국재판인 동시에 실체재판이므로 유죄판결이 선고되면 당해 소송은 그 심급에서 종결되며, 확정되면 기판력(일사부재리의 효력)이 발생한다. 현행법상 유죄판결에는 형의 선고의 판결, 형의 면제의 판결, 형의 선고유예의 판결이 있다. 형의 집행유예, 판결전구금일수의 본형 산입, 노역장유치기간, 재산형의 가납명령은 형의 선고와 동시에 판결로써 선고하여야 한다(형소법 321조2항·334조2항). 형을 선고하는 때에는 판결이유에 범죄될 사실, 증거의 요지와 법령의 적용을 명시하여야 하며, 법률상 범죄의 성립을 조각하는 이유 또는 형의 가중·감면의 이유되는 사실의 진술이 있는 때에는 이에 대한 판단을 명시하여야 한다(형소법 323조).

무죄판결(無罪判決)

영 : acquittal
독 : Freisprechung

피고사건에 대하여 구체적 형벌권의 부존재를 확인하는 법원의 판결을 말한다. 실체판결인 동시에 종국판결이다. 무죄판결의 사유는 피고사건이 범죄로 되지 아니하거나 범죄사실의 증명이 없는 때이다(형소법 325조). '피고사건이 범죄로 되지 아니한 때' 라 함은 공소사실이 범죄의 특별구성요건에 해당되지 아니한 경우, 위법성조각사유 또는 책임조각사유에 해당한 경우를 말한다.

다만 '공소장에 기재된 사실이 진실하다 하더라도 범죄가 될만한 사실이 포함되지 아니한 때'는 공소제기 자체가 일견하여 무효임이 명백한 경우이므로 실체심리를 할 필요 없이 결정으로 공소를 기각하여야 한다(형소법 328조 1항 4호). '범죄사실의 증명이 없는 때'라 함은 공소범죄사실의 부존재가 적극적으로 증명된 경우(예컨대 진범인의 발견, 알리바이의 입증)와 공소사실의 존재에 대하여 법관이 유죄의 확신을 하지 못한 경우, 즉 증거불충분의 경우를 의미한다. 법관이 충분한 심증을 얻지 못한 경우, 즉 유죄인지 무죄인지 의심스러운 경우에 무죄를 선고하여야 함은 무죄추정의 법리(형소법 275조의2)에 의해서 당연하다. 피고인의 자백에 대하여 보강증거가 없는 경우도 범죄사실의 증명이 없는 때에 해당한다. 무죄판결은 실체적 종국판결이므로 그 선고에 의해서 구속력이 발생하며, 확정되면 기판력(일사부재리의 효력)이 발생한다. 무죄판결은 원칙적으로 형사보상의 사유로 되며(헌법 28조, 형사보상법 13조), 재심절차에서 무죄판결이 선고된 경우에는 법원은 그 판결을 관보와 법원소재지의 신문에 공고하여야 한다(형소법 440조 본문). 다만, 피고인 등 재심을 청구한 사람이 이를 원하지 않는 경우에는 재심무죄판결을 공시하지 아니할 수 있다(형소법 440조 단서). 개정 전 법에서는 재심에서 무죄판결을 선고받은 피고인의 명예회복을 위한 조치로 재심무죄판결을 필요적으로 공고하도록 규정하고 있었다. 그러나 이로 인해 오히려 무죄판결을 선고받은 피고인의 사생활이 침해되거나, 인격·명예가 훼손되는 경우가 발생한다는 비판이 있었다. 이에 2016년 5월 29일 일부개정시 피고인 등 재심을 청구한 사람이 원하지 아니하는 경우에는 재심무죄판결을 공시하지 아니할 수 있도록 단서를 신설하였다.

한편, 피고인이 무죄판결에 대하여 유죄판결을 주장하며 상소할 수는 없다. 상소의 이익이 없기 때문이다.

결정(決定)
독; Beschluβ   불; ordonnance

결정은 종국 전의 재판의 원칙적 형식이며 절차에 관한 재판은 원칙적으로 결정에 의한다. 보석을 허가하는 결정, 보석을 각하하는 결정(刑訴§ 97), 증거조사에 관한 이의신청에 대한 결정(§ 296), 공소기각의 결정(§ 328) 등 그 예는 많다. 결정은 구두변론에 의함을 요하지 않으나, 신청에 의하여 공판정에서 행하는 때, 또는 공판정에서의 신청에 의한 때에는 소송관계인의 진술을 들어야 하며 그 밖의 경우에는 진술을 듣지 아니하고 할 수 있다. 또 결정을 하기 위하여 필요한 때에는, 증인신문 등의 사실조사를 할 수 있다(§ 37③). 판결에는 반드시 이유를 붙여야 하지만, 결정은 반드시 이유를 붙일 것을 필요로 하지는 않는다(§ 39). 또 판결은 반드시 공판정의 선고에 의하여야 하지만, 결정은 결정서 등본의 송달에 의하여 고지할 수 있으며, 또 송달도 필요 없는 경우가 있다. 결정에 대한 불복신청은 항고의 방법에 의하여야 한다.

명령(命令)

영 ; Order
독 ; Verfügung
불 ; réglement

●───────────

명령은 법원이 아니라 裁判長 、 受命法官(수명법관) 、 受託判事(수탁판사)로서 법관이 하는 재판을 말한다. 명령은 모두 종국 전의 재판이다. 형사소송법에서 명령이라고 규정하지 않는 경우에도 재판장 또는 법관 1인이 하는 재판은 모두 명령에 해당한다. 그러나 略式命令은 명령이 아니라 독립된 형식의 재판이다. 이러한 명령은 법관이 하는 재판의 형식으로서 구두변론에 의거하지 않아도 된다(刑訴§ 37②). 불필요한 변론 등의 제한(§ 299), 피고인의 退任許可(§ 281) 등 소송지휘나 법정의 질서유지에 관한 재판이 그 예이다. 구속영장, 압수 、 수색영장 등의 발부는 결정인가 명령인가가 확실하지 않으나, 법원이 발하는가 법관이 발하는가에 따라서 각각 결정 또는 명령의 성질을 가진 것이라고 해석하여야 할 것이다. 결정에 대하여는 소송관계인의 진술을 들어야만 하는 경우가 있으나, 명령은 소송관계인의 진술을 듣지 않고 할 수 있다. 또 필요한 경우에는 사실조사를 할 수 있는 것은 결정의 경우와 같다. 명령을 고지하는 방법은 결정의 경우와 같다. 또 명령은 원칙적으로 불복신청을 허용하지 않는다. 다만, 특별한 경우에 이의의 신청(§ 296), 준항고(§ 416)가 허용되어 있음에 불과하다.

약식명령(略式命令)

●───────────

약식절차에 의하여 재산형을 과하는 재판을 말한다. 약식명령의 청구권자는 검사에 한하며(형소법 449조), 약식명령을 청구할 수 있는 사건은 지방법원의 관할에 속하는 사건으로서 벌금 · 과료 또는 몰수에 처할 수 있는 사건이다(형소법 448조 1항). 약식명령의 청구는 공소제기와 동시에 서면으로 하여야 하며(형소법 448 · 449조), 약식명령의 청구와 동시에 약식명령을 하는데 필요한 증거서류 및 증거물은 법원에 제출하여야 한다(형사소송규칙 170조). 따라서 약식명령을 청구하는 경우에는 공소장 일본주의의 원칙이 적용되지 않는다. 법원은 심사의 결과 공판절차에 이행할 경우가 아니면 약식명령을 하여야 한다. 약식명령에는 약식명령의 고지를 받은 날로부터 7일 이내에 정식재판을 청구할 수 있음을 명시하여야 한다(형소법 451조). 약식명령의 고지는 검사와 피고인에 대한 재판서의 송달에 의하여야 한다(형소법 452조). 약식명령은 정식재판의 청구기간이 경과하거나 청구의 취하 또는 청구기각의 결정이 확정된 때에는 확정판결과 동일한 효력이 있다(형소법 457조). 피고인이 정식재판을 청구한 사건에 대하여는 약식명령의 형보다 중한 형을 선고하지 못하도록 하여(형소법 457조의2) 불이익변경금지의 원칙을 적용하였다. 한편 약식명령에 대하여 정식재판을 청구한 피고인이 공판기간에 2회 불출석한 경우에는 결석재판을 허용한다(형소법 458조2항).

제출명령(提出命令)

독 : vorlegungsbefehl

법원·수사기관이 증거가 될 물건이나 몰수할 물건을 지정하여 그 소유자나 소지자 또는 보관자에게 그 제출을 명하는 것(형소법 106조2항, 107조, 219조)을 말한다. 검증을 위해 물건의 제시를 명하는 경우도 있지만, 이들 기관이 점유를 취득하면 압수의 효과가 발생한다. 자기의 형사소송의 우려를 이유로 한 제출명령의 거부는 인정되지 아니하며, 일반적으로 압수를 거부할 수 있는 경우에만 한한다.

정식재판(定式裁判)

통상의 공판절차에 의한 재판을 말한다. 약식명령을 받은 피고인 또는 검사가 약식명령에 대하여 불복신청을 하였을 때 및 즉결심판을 받은 피고인이 이에 불복신청을 하였을 때 행하여진다. 정식재판의 청구는 재판의 고지를 받은 날로부터 7일 이내에, 약식명령에 대하여는 그 명령을 한 법원에 서면으로 제출하고(형소법 453조2항), 즉결심판에 대하여는 서면으로 경찰서장을 경유하여 소관지방법원 또는 지방법원지원에 한다(법원조직법 35조, 즉결심판에관한절차법 14조).

실체적재판 · 형식적재판
(實體的裁判 · 形式的裁判)

재판은 그 내용에 따라서 사건의 실체를 판단하는 재판과 그 이외의 재판의 두 가지로 분류할 수 있다. 前者(전자)를 實體的裁判(실체적재판)이라 하며, 유죄

및 무죄의 판결이 이에 해당한다. 後者(후자) 즉 소송절차를 판단의 대상으로 하는 재판을 形式的裁判(형식적재판)이라 한다. 형식적재판은 다시 소송을 종결시키는 재판인가, 아닌가에 따라서 형식적 종국재판과 종국전의 재판으로 나눌 수 있다. 형식적 종국재판은 사건이 그 법원의 관할에 속하지 않는다든가, 공소시효가 완성하였다든가, 피고인이 사망한 경우와 같이 소송요건의 불비를 이유로써 실체의 심리에 들어갈 수 없어 소송을 종결시키는 재판으로서, 관할 위반의 판결(刑訴§ 319), 免訴의 判決(§ 326), 公訴棄却(공소기각)의 판결·결정(§ 327, § 328)이 이에 해당한다. 종국전의 재판으로서는 명령의 전부 및 결정의 대부분이 이에 해당하며 보석허가결정 등에 그 예가 많다. 實體的裁判(실체적재판)과 形式的終局裁判(형식적종국재판)은 다같이 소송을 종결시키는 기능을 가지기 때문에 종국적재판이다. 그래서 종국적 재판을 실체적재판과 형식적재판으로 나누는 예가 많으나 재판을 그 내용에 따라서 분류할 경우 다음과 같이 된다.

범죄될 사실(犯罪될 事實)

라 ; corpus delicti

범죄될 사실이란 특정한 구성요건에 해당하고 위법하고 유책한 구체적 사실을 말한다. 유죄판결에는 반드시 「범죄될 사실」 등 일정한 사항을 명시하여야 한다(刑訴§ 323①). 범죄될 사실을 기재할 때에는 일시·장소·방법 등에 의하여 사건의 동일성을 확인할 수 있는 정도의 구체적 사실을 표

시하여야 한다. 그밖에 형법 제109조
의「모욕할 목적」이라든가, 형법 제
207조의「행사할 목적」등의 행위의
목적, 형법 제188조의「사람을 상해에
이르게 한 때」와 같은 행위의 결과,
常習累犯窃盜(상습누범절도)의   전과
등은 구성요건의 요소로서 당연히 기
재되어야 한다. 또한 처벌조건(破産
§ 366이하의 詐欺, 破産罪(파산죄)에
있어서 파산선고의 확정 등)도 표시되
어야 한다. 또 재판서에는 주문이 도
출된 이유를 붙여야 하고, 따라서 누
범가중의 원인인 前科, 心神薄弱(심신
박약)의 사실, 형법 제37조를 적용할
경우의 확정판결을 거친 사실 등은 죄
가 되는 사실은 아니지만 명시하도록
되어 있다(죄가 되는 사실이므로 당연
히 명시해야 한다는 설도 있다).

관할위반(管轄違反)
독 ; Unzuständigkeit
불 ; incompétence

 사건이 그 법원의 관할에 속하지 않는
것을 말한다. 관할에 속하는가의 여부
는 법원이 직권으로 조사하여야 할 사
항이며, 속하지 않음이 분명하게 된 때
에는 관할위반의 판결을 선고하여야 한
다(刑訴§ 319本文). 이를 관할위반의 판
결이라 한다. 다만, 재판상의 準起訴節
次(준기소절차)에 의하여 지방법원의 심
판에 付하여진 사건(§ 262①Ⅱ)에 대하
여는 관할위반의 판결을 하지 못한다
(§ 319但). 또 법원은 피고인의 신청이
없으면 토지관할에 관하여 관할위반의
선고를 하지 못한다(§ 320①). 관할위반
의 신청은 피고사건에 대한 진술 전에

하여야 한다(§ 320②). 토지관할은 주로
피고인의 이익을 위하여 정하여진 것이
므로, 피고인에게 이의가 없는 때에는
그대로 실체적 심리를 할 것으로 하고
있다. 사건이 법원의 사물관할에 속하는
가 아닌가는 공소장에 기재된 소인에 의
하여 정하고, 만일 소인이 변경된 때에
는 변경된 소인에 의하여 관할을 정한
다. 법원의 토지관할을 정하는 기준이
되는 피고인의 주소·거소에 대하여는
(§ 4①) 기소된 시기를 표준으로 하여
판단한다. 관할위반의 선고전에 행하여
진 개개의 소송행위는 관할위반을 이유
로 하여 효력을 잃지 아니하며, 또한 관
할위반이 분명하더라도 그의 선고 전이
면 긴급을 요하는 필요한 처분을 할 수
있다. 관할위반의 판결은 기판력이 없으
므로 다시 관할법원에 기소할 수 있다.

공소기각의 재판
(公訴棄却의 裁判)

 공소기각의 재판이라 함은 형식적 소송
조건의 흠결(관할권이 없는 경우는 제외)
을 이유로 공소를 무효로 하여 소송을
종결시키는 형식적 재판을 말한다. 소송
조건의 흠결사유의 발견이 어려운가 쉬
운가, 또한 그 사유가 비교적 중대한가,
그렇지 아니한가에 따라서 판결에 의하
는 경우(刑訴§ 327)와 결정에 의하는 경
우(§ 328)로 나눈다. 먼저 판결로써 공소
를 기각해야 할 경우는 다음과 같다. (1)
피고인에 대하여 재판권이 없는 때
(§ 327 I), (2) 공소제기의 절차가 법률
의 규정에 위반하여 무효인 때(§ 327Ⅱ),
(3) 공소가 제기된 사건에 대하여 다시

공소가 제기되었을 때(§ 327Ⅲ), (4) 제329조(공소취소와 再起訴)의 규정에 위반하여 공소가 제기되었을 때(§ 327Ⅳ), (5) 고소가 있어야 죄를 논할 사건에 대하여 고소의 취소가 있을 때(§ 327Ⅴ), (6) 피해자가 명시한 의사에 반하여 죄를 논할 수 없는 사건에 대하여 처벌을 희망하지 아니하는 의사표시가 있거나, 처벌을 희망하는 의사표시가 철회되었을 때(§ 328Ⅵ). 결정으로써 공소를 기각하는 경우는 다음과 같다. (1) 공소가 취소되었을 때(§ 328Ⅰ), (2) 피고인이 사망하였거나, 또는 피고인인 법인이 존속하지 아니하게 되었을 때(§ 328Ⅱ), (3) 제12조(동일사건과 수개의 공소계속) 또는 제13조(관할의 경합)의 규정에 의하여 재판을 할 수 없는 때(§ 328Ⅲ). (4) 공소장에 기재된 사실이 진실하다 하더라도 범죄가 될만한 사실이 포함되지 아니한 때(§ 328Ⅳ). 公訴棄却(공소기각)의 재판은 확정되더라도 기판력이 없으므로 소송조건을 보정하여 재공소를 할 수 있다.

가납재판(假納裁判)

재판의 확정후에는 집행할 수 없거나 집행하기 곤란할 염려가 있다고 인정할 때, 직권 또는 검사의 청구에 의하여 피고인에게 벌금·과료 또는 추징에 상당한 금액의 가납을 명하는 재판(형소법 334조)을 말한다. 재판의 형식이 명령이므로 가납명령이라고도 하는데, 가납명령은 형의 선고와 동시에 판결로써 선고하여야 한다(형소법334조 2항). 가납명령은 즉시로 집행할 수 있으며(형소법 334조 3항), 가납의 재판을 집행한후에 벌금·

과료·추징의 재판이 확정된 때에는 그 금액의 한도에서 형이 집행된 것으로 간주한다(형소법 481조).

면소(免訴)
영 ; acquittal

면소라 함은 소송조건(소송을 진행시켜 실체판결을 하기 위한 조건) 중 實體的 訴訟條件(刑訴§ 326)을 缺하기 때문에 공소가 부적당하다고 하여 소송을 종결시키는 재판이다. 면소의 판결은 형식재판이면서 一事不再理(일사부재리)의 議論(의론)이 인정되는 재판이다. 그리고 면소의 판결은 기판력(一事不再理의 효력)을 가진다. 기판력을 가지는 이유에 대하여는 면소판결의 본질과 관련하여 학설상 다툼이 있다. 實體的裁判說(실체적재판설), 形式的裁判說(형식적재판설), 實體關係的形式裁判說(실체관계적형식재판설), 實體的裁判(실체적재판)·形式的裁判二分說(형식적재판이분설)등이 있는데, 실체적 소송조건은 실체면에 관한 사유를 소송조건으로 한 것이고, 그 존부의 심사에는 필연적으로 어느 정도까지 사건의 실체에 들어가서 그것에 관계시켜 판단되므로, 형식적 재판이면서도 실체관계적이라고 하는 實體關係的形式裁判說이 일반적 견해이다. 그러나 이에 대하여는 유력한 반대설이 있다. 면소사유는 다음과 같다(§ 326각호). (1) 확정판결이 있을 때(유죄·무죄·면소의 확정판결이 있는 때에는 本號에 의하여 면소가 된다. 관할위반·공소기각의 확정판결은 포함하지 않는다.) (2) 赦免이 있는 때 (3) 공소의 시효가 완성되었을 때 (4) 범죄 후의 法令改廢로 형이 폐지되었을 때 등이다.

기판력(旣判力)

라 ; res judicata
독 ; materielle Rechtskraft
불 ; autoirt de la chose jugee

기판력에 대하여 넓은 의미로서 유죄·
무죄의 소위 실체적 재판 및 면소의 판
결이 통상의 상소방법에 의하여 다툴 수
없게 되면(形式的確定) 재판의 내용도
확정되어, 내부적 효력으로서 그 내용에
따라 집행할 수 있는 효력 및 외부적 효
력으로서 동일사건에 대하여 공소의 제
기를 허용하지 않는 효과가 생기는데 이
두 가지 효력을 합하여 기판력이라 한
다. 그러나 일반적으로는 後者, 즉 일사
부재리의 효력을 기판력이라 하고 있다.
재판의 효력의 분류에 관하여 그리고 기
판력은 확정의 어떠한 효력에 유래하는
것인가에 대하여 학설이 여러 가지로 나
누어져 있다. 또 면소의 판결이 왜 기판
력을 발생하는가에 대하여도 면소판결의
본질과 관련하여 학설이 날카롭게 대립
하고 있다. 다음으로 기판력의 범위에
대하여 살펴보면 다음과 같다. 인적범위
에 관하여는 그 소송에서의 소송당사자
에게만 효력이 미친다. 또 포괄적 일죄
또는 계속범과 같이 행위가 판결의 전후
에 걸쳐서 행해진 경우에 어느 시점에서
기판력이 미치는 범위를 정해야 하는가
하는 문제가 있다. 辯論終結時說(변론종
결시설)과 判決宣告時說(판결선고시설)
이 있으나, 통설은 후설을 취하고 있다.
또 기판력은 어떠한 사실의 범위에까지
미치는가에 대하여 통설은 확정판결의
내용이 되는 사실과 단일·동일의 관계
에 있는 全事實에 미친다는 것이다(예컨
대 돌을 던져 유리창문을 깨고 사람을

상하게 한 경우 상해만이 訴因이 되어
이에 대하여 확정판결이 있으면 그 기판
력은 위의 전사실에 미치고 후에 기물손
괴에 대하여 심판함은 허용되지 않는
다). 그것은 소인의 추가 등에 의하여
전사실에 대하여 심판할 수 있는 법률적
가능성이 있었기 때문이다. 이와 같은
사고방식에 대하여는 비판도 있으나, 헌
법 제13조 1항과의 관계에서 볼 때에 통
설의 입장이 타당하다고 보아야 한다.

소송비용(訴訟費用)

영 ; costs
독 ; Prozesskosten
불 ; dépends et frais, taxe

소송비용이라 함은 소송절차를 진행함
으로 인하여 발생한 비용으로서 형사소
송법에 의하여 특히 소송비용으로 규정
된 것을 말한다. 증인 · 통역인 · 감
정인의 일당 · 여비 · 숙박료와 보수,
감정인 · 통역인 · 번역인의특별요금,
법원이 선임한 변호인의 일당 · 여비
· 숙박료, 관보와 신문지에 공고한 비
용이 여기의 소송비용에 해당한다. 소송
비용은 지출원인에 대하여 책임 있는 자
에게 부담시키는 것이 원칙이다.

약식절차(略式節次)

독 ; Strafbefehsverfahren

약식절차라 함은 지방법원이 그 관할에
속한 사건에 대하여 통상의 공판절차를
거치지 아니하고 略式命令(약식명령)이
라는 재판에 의하여 罰金(벌금) · 科料
(과료) 또는 몰수에 처할 수 있는 간이
한 절차를 말한다(刑訴§ 448). 약식명령

의 청구는 지방법원관할에 속하는 사건이다. 이는 벌금 이하의 형에 해당하는 죄 및 선택형으로서 벌금이 정해져 있는 죄에 대하여만 할 수 있으며, 공소의 제기와 동시에 서면으로 하여야 한다(§ 449). 약식명령으로 할 수 없거나 약식명령으로 하는 것이 적당하지 아니하다고 인정한 때에는 공판절차에 의하여 심판하여야 한다(§ 450). 여기에서 약식명령으로 할 수 없는 경우라 함은 法定刑(법정형)이 자유형 이상에 해당하는 사건인 경우와 무죄·면소·소송기각 또는 관할 위반 등을 선고하여야 할 경우를 말한다. 또 약식명령으로 하는 것이 적당하지 아니한 경우라 함은, 법률상으로는 약식명령을 하는 것이 가능하나, 事案이 복잡하다든지 또는 기타의 이유로 재판을 신중하게 하는 것이 상당하다고 인정되는 경우를 말한다. 약식명령에는 범죄사실 · 적용법령 · 主刑(주형) · 附隨處分(부수처분)과 약식명령의 고지를 받은 날로부터 7일 이내에 정식재판을 할 수 있음을 명시하여야 한다(§ 451). 약식명령의 고지는 검사와 피고인에 대한 재판서의 송달에 의하여야 한다(§ 452). 약식명령은 정식재판을 청구할 수 있는 기간이 경과하거나, 그 청구의 취하 또는 청구기각의 결정이 확정된 때에는 확정판결과 동일한 효력을 발생한다(§ 457). 약식명령에 불복하는 자는 위 기간 내에 정식재판의 청구를 할 수 있다(§ 453). 정식재판에 의한 판결이 확정될 때에는 전의 약식명령은 그 효력을 잃게 된다(§ 456). 피고인이 정식재판을 청구한 사건에 대하여는 약식명령의 형보다 중한 종류의 형을 선고하지 못하고, 약식명령의 형보다 중한 형을 선고하는 경우에는 판결서에 양형의 이유를 적어야 한다(§ 457의2).

판결의 정정(判決의 訂正)

상고법원은 판결의 내용에 오류가 있음을 발견한 때에는 직권 또는 검사 · 상고인이나 변호인의 신청에 의하여 판결로써 정정할 수 있다(刑訴§ 400①). 인간이 하는 재판이기 때문에 잘못이 있을 수 있으므로 상고법원 자신이 판결을 정정하는 권한을 인정한 것이다. 따라서 다른 법원에서는 이 권한이 없다. 판결정정의 신청은 판결의 선고가 있은 날로부터 10일 이내에 하여야 한다(§ 400②).

상소 · 비상구제절차 · 특별절차

상소(上訴)
영 ; appeal
독 ; Rechtsmittel

미확정인 재판에 대하여 상급법원에 불복신청을 하여 구제를 구하는 不服申請制度(불복신청제도)를 말한다. 원래 소송법상「재판」에는「판결」이외에「決定」·「命令」이 있으나, 대부분의 재판은 한 번 행해지면 즉시로 확정되는 것이 아니라, 일정한 요건을 구비하여 불복을 신청할 수 있도록 허용하고 있으며, 이 불복신청이 바로 상소이다. 상소중에서 항소와 상고는 판결에 대한 불복신청이고, 항고는 결정과 명령에 대한 불복신청이다.

재판에 대한 불복신청으로서 재심과 비상 상고가 있으나, 兩者 모두 확정된 재판에 대한 불복신청이라는 점에서 상소와 다르다. 또 이 이외에 異議의 신청이 있는데, 이중에는 실질적으로 상소와 동일한 작용을 하는 것도 있으나 일반적으로는 上級 法院(상급법원)에 대한 불복신청이 아니라는 점에서 상소와 다르다. 피고인이 상소를 제기할 수 있음은 물론이지만 검사도 상소를 제기할 수 있다(刑訴§ 338①). 재판상의 準起訴節次(준기소절차)에 의하여(§ 262) 법원의 심판에 付하여진 사건에 관하여는 공소유지의 담당자로서 지정된 변호사(§ 265①)도 상소를 제기할 수 있다(§ 338②). 이를 고유의 상소권자라 한다. 이 이외의 上訴權(상소권)의 대리행사자가 있다. 즉 피고인의 법정대리인(§ 340), 피고인의 配偶者(배우자)·직계친족·형제자매 또는 원심의 대리인이나 변호인(§ 341①) 등도 피고인의 이익을 위하여 상소할 수 있다. 그러나 상소권의 대리행사자는 피고인이 상소권을 상실한 후에는 상소를 제기할 수 없다(大判. 1959. 10. 30.). 또 이중에서 피고인의 배우자 등의 친족과 변호인은 피고인의 명시한 의사에 반하여서는 상소를 제기하지 못한다(§ 341②). 상소는 상소를 제기할 수 있는 기간 내에 하여야 하지만 그 기간은 상소의 종류에 따라서 다르다. 抗訴 및 상고는 7일(§ 358, § 374)이며, 卽時抗告와 準抗告는 3일이다(§ 405, § 416③). 普通抗告에는 提起期間(제기기간)에 제한이 없고 항고의 이익이 있는 한 할 수 있다(§ 404). 그리고 상소의 기간은 재판을 선고 또는 고지한 날로부터 진행하고 그 말일로써 종료한다. 그러나 初日은 산입하지 아니하므로(§ 66), 결국 상소기간은 재판을 선고 또는 고지한 날의 익일로부터 기산하여 법정의 일수(7일)가 경과함으로써 종료하게 된다.

상소의 효과(上訴의 效果)

상소의 효과에는 정지의 효력과 이심의 효력이 있다. 정지의 효력은 상소가 제기되면 원심재판은 그 상소에 관한 재판이 확정될 때까지 그 확정이 정지되며, 따라서 그 집행도 당연히 정지된다. 그러나 항고는 즉시항고 이외에는 재판의 집행을 정지하는 효력이 없으며, 다만 원심법원이나 항소법원이 결정으로 항고에 대한 재판이 있을 때까지 집행을 정지할 수 있을 뿐이다(형소법 409조). 구속영장의 실효 등 종국재판의 부수적 효력은 상소에 의하여 영향을 받지 않는다. 한편 재산형에 대한 가납의 판결은 그 선고 후 즉시 집행할 수 있다는 취지이므로 상소에 영향을 받지 않는다. 그리고 이심의 효력이란 소송계속이 원심을 떠나 상소심에 옮겨지는 것을 말한다. 그러나 이 효력은 상소제기와 동시에 곧 발생하는 것은 아니다. 즉 상소에 있어서는 원심법원에서 일단심사가 이루어지는 것이며, 상소가 법률상의 방식에 위반하거나 상소권의 소멸 후인 것이 명백할 때에는 원심법원에서 기각되며(형소법 407조), 원심법원이 항고의 이유가 있는 것으로 인정한 때에는 원심법원은 결정을 경정하여야 하므로(형소법 408조 1항), 이러한 경우에는 이심의 효력은 상소제기시가 아니고, 소송기록·증거물 등을 상소법원에 송부한 때에 발생하는 것으로 보아야 한다.

일부상소(一部上訴)

형사소송법상 법원이 내린 재판에 대하여 그 내용의 일부에 대한 상소를 의미한다. 재판을 그 내용상으로 분리할 수 있는 때에는 그 부분에 대하여서만 불복상소의 길을 열어줄 필요가 있으며 이러한 상소에서는 그 불복부분에 한하여 상소의 효과가 인정된다(刑訴§ 342). 그러나 이는 공소불가분의 원칙상 본래의 일죄 및 科刑上(과형상)의 일죄의 판결에 대하여 사실인정·법령의 적용 또는 형의 量定만을 다투는 것은 허용되지 않는다. 倂合罪(병합죄)에 관해서도 한 개의 형이 선고되었을 때에는 그 재판은 불가분이므로 일부상소를 하지 못한다. 일부상소를 함에는 일부상소를 한다는 취지를 명시하고 불복부분을 특정하여야 한다.

상소권회복(上訴權回復)

형사소송법상 상소기간이 경과한 후에 법원의 결정에 의하여 소멸한 상소권을 회복시키는 제도를 말한다. 상소권자의 책임 없는 사유로 인하여 상소기간이 경과한 경우에 구체적 타당성을 고려하여 상소권자에게 상소의 기회를 주는 제도이다. 따라서 상속권회복의 사유는, 상소권자 또는 대리인이 책임질 수 없는 사유로 인하여 상소제기기간 내에 상소하지 못한 때이다. 책임질 수 없는 사유란 상소권자 본인 또는 대리인의 고의·과실에 기하지 않은 것을 말한다. 고유의 상소권자 뿐만 아니라 상소권의 대리 행사자도 포함된다(형소법 345조). 상소권회복의 청구는 사유가 종지한 날로부터 상소제기기간에 상당한 기간 내에 서면으로 원심법원에 제출하여야 한다. 상소권회복의 청구를 할 때에는 원인이 된 사유를 소명하여야 한다. 상소권의 회복을 청구하는 자는 그 청구와 동시에 상소를 제기하여야 한다.(형소법 346조 3항). 상소권회복의 청구가 있는 때에는 법원은 지체없이 그 사유를 상대방에게 통지하여야 한다(형소법 356조). 상소권회복의 청구를 받은 법원은 청구의 허부에 관한 결정을 하여야 한다. 이 결정에 대하여는 즉시항고를 할 수 있다(형소법 347조). 법원은 결정을 할 때까지 재판의 집행을 정지하는 결정을 할 수 있다(형소법 348조 1항). 집행정지의 결정을 할 경우에 피고인의 구금을 요하는 때에는 구속영장을 발부하여야 한다. 다만 구속사유(형소법 70조)가 구비될 것을 요한다(형소법 348조 2항).

불이익변경금지의 원칙
(不利益變更禁止의 原則)
독 ; Verschlechte- rungsverbot

피고인이 상소한 사건이나 피고인을 위하여 상소한 사건에 대하여는 원심판결의 刑보다 중한 형을 선고할 수 없다는 원칙을 말한다. 이는 重刑變更禁止(중형변경금지)의 원칙을 채택한 것이다. 주로 상소 및 재심에 관한 문제이다. 이 원칙을 인정하는 이유는 만일 이와 같은 원칙을 인정하지 않으면 피고인이 불복신청을 한 결과로서 전심재판의 판결보다 불이익한 재판을 받게 될 것을 두려워한 나머지 본의 아니게 불복신청을 포기하게 되는 弊害(폐해)

가 있기 때문이다. 현행형사소송법은 항소에 있어서 피고인이 항소한 사건과 피고인의 이익을 위하여 항소한 사건에 대하여는 원심판결의 형보다 중한 刑을 선고하지 못한다고 규정하고(刑訴 § 368) 이 원칙을 上告審(상고심)(§ 396②), 재심(§ 439)에도 인정하였다. 상고심이 破棄還送(파기환송) 또는 이송되는 경우에도 破棄自判(파기자판)의 경우와 같이 불이익변경의 금지 원칙을 적용할 것인가에 관하여 판례는 이를 긍정하고 있다. 불이익변경금지의 원칙은 중한 형의 선고만을 금지하는 것이므로(중형금지의 원칙) 단순히 원판결보다 중한 사실을 인정하거나 또는 重한 법령을 적용하는 것은 무방하다. 또 재심의 경우와 달리 피고인이 상소하거나 또는 피고인을 위하여 상소한 사건(§ 340, § 341)에 한하여 이 원칙을 적용하고, 검사만이 상소한 사건에도 이를 적용하지 않고 보다 중한 형을 선고할 수 있다. 그러나 이에 대하여는 반대설이 있다. 또 이 원칙과 관련하여 중한형인가 아닌가에 관하여 문제가 되는 것이 적지 않다. 대체로 主刑이 동일한 한 執行猶豫(집행유예)를 없애거나 猶豫期間(유예기간)을 연장하는 것은 不利益變更(불이익변경)이다. 또 판례에 따르면 징역 10월을 징역 1년으로 하고 새로이 집행유예를 부가하여 不利益 刑이 된다(大判. 1966. 12. 8.). 집행유예가 없어지면 형기가 짧게 되더라도 불이익변경이다(대판. 1965. 12. 10.). 懲役刑(징역형)에 대한 선고유예를 벌금형으로 하는 것(大判. 1966. 4. 6.). 징역 6월을 징역 6월, 집행유예 2년 및 벌금

형을 병과하는 것은(대판. 1970. 5. 26.) 피고인에게 불이익하다. 그러나 형의 집행유예를 벌금형으로 하는 것은 불이익변경으로 되지 아니한다(대판. 1966. 9. 27.). 몰수에 관하여는 주형을 동일하게 하고 새로이 몰수를 附加하면 당연히 불이익으로 되지만(대판 1961. 10. 12.) 主刑을 輕하게 하면 몰수를 부가 또는 증액하더라도 불이익변경으로 되지 아니한다. 또 추징은 형벌이 아니나 실질적인 의미에서 논할 때에는 형에 준하여 평가하여야 할 것이므로 원심과 주형을 같이하고 추징은 부가 선고하는 것은 不利益變更禁止(불이익변경금지)의 원칙에 위배되는 것이다(대판. 1961. 11. 9.). 부정기형을 정기형으로 변경하는 경우에도 곤란한 문제가 있으나 통설은 정기형이 부정기형의 中間位(예를 들면 短期 1년, 長期 3년의 경우에는 2년)를 초과하지 아니하면 불이익변경을 되지 아니한다는 中間位說을 취하고 있다.

항소이유(抗訴理由)

항소이유란 항소권자가 적법하게 항소를 제기할 수 있는 법률상의 이유를 말한다. 항소는 법률에 정한 이유가 없으면 제기할 수 없다(刑訴§ 361의5). 항소이유에는 법령위반이 되는 항소이유와, 그 밖의 항소이유가 있다. 법령위반인 항소이유는 다시 절대적 항소이유와 상대적 항소이유로 나누어진다. 절대적 항소이유는 그 법령위반이 판결에 영향을 미치는가 아닌가에 관계없이 항소이유가 되는 것으로, 법원의 구성이 법률

에 위반되어 있거나, 심판이 공개되지 않았거나, 판결에 이유를 붙이지 아니하거나 이유에 모순이 있는 경우, 그밖에 제361조의5에 규정된 사유이다. 상대적 항소이유는 판결에 영향을 미칠 것이 분명할 경우에 한해 인정되는 항소이유이다(§ 361의5 I). 법령위반 이외의 항소이유로서는 형의 부당, 사실의 오인, 재심사유 및 원심판결 후의 형의 폐지·변경 또는 特赦(특사) 등이 있다.

항소(抗訴)

아직 확정되지 아니한 제1심 법원의 판결에 대하여 地方法院單獨判事(지방법원단독판사)가 선고하는 것은 지방법원본원합의부에, 지방법원합의부가 선고한 것은 고등법원에 하는 불복신청을 말한다. 항소는 법률에 정한 이유가 있는 경우에 한하여 제기할 수 있으며, 그 이유는 항소이유서에 기재하여야 한다. 항소심의 절차에 관하여는 특별한 규정이 없으면 제1심공판에 관한 규정이 준용된다(刑訴 § 370). 다만 항소심의 事後審的 성격으로부터 다음과 같은 특칙이 규정되어 있다. (1) 피고인의 출정에 관한 특칙 : 피고인이 공판기일에 출정하지 아니한 때에는 다시 기일을 정하여야 한다(§ 365①). 피고인이 정당한 사유 없이 다시 정한 기일에 출정하지 아니한 때에는 피고인의 진술 없이 판결할 수 있다(§ 365②). (2) 항소법원의 심판범위에 관한 특칙 : 항소법원은 항소이유에 포함된 사유에 관하여 심판하여야 한다(§ 364①). 그러나 판결에 영향을 미친 사유에 관하여는 항소이유서에 포함되지 아니한 경우

에도, 직권으로 심판할 수 있다(§ 364②). 제1항의 규정은 항소심의 사후심적 성격을 선언하는 동시에 항소심의 심리가 변론주의·당사자주의라는 것을 명백히 밝힌 규정이라고 하겠다. 그리고 제2항은 실체적진실주의 내지 법령의 정당한 적용의 확보라는 측면에서 판결에 영향을 미친 사유에 관하여는 항소이유에서 포함되어 있지 아니한 경우에도 직권에 의한 심판의 권한을 항소법원에 인정하고 있다. 다만, 이 경우에는 의무적인 직권심판이 아니므로 항소이유서에 포함되어 있지 않은 사항에 관하여 심판하지 않았다고 해서 위법이라고는 말할 수 없다. (3) 증거에 관한 특칙 : 제1심 법원에서 증거로 할 수 있었던 증거는 항소법원에서도 증거로 할 수 있다(§ 364③). 이 규정은 항소심에서 판결(특히 破棄自判의 경우)을 하는 경우에 제1심에서 증거능력이 있었던 증거는 항소심에서도 그대로 증거능력을 인정하여 판결의 기초로 할 수 있고, 다시 증거조사를 할 필요가 없다는 취지이다. 이것은 항소심의 사후심적 성격에서 오는 규정이다. 항소법원은 심사의 결과 항소가 이유 없다고 인정한 때에는 판결로써 항소를 기각하여야 한다(§ 364④). 항소가 이유 있다고 인정한 때에는 경우에 따라서 환송 또는 이송판결을 해야한다(§ 366, § 367). 다만, 소송기록과 원심법원 및 항소법원에서 조사한 증거에 의하여 직접 판결할 수 있다고 인정한 때에는 피고사건에 대하여 다시 판결할 수 있다(§ 364⑥). 이것을 破棄自判이라고 한다.

항소이유서(抗訴理由書)

항소의 이유를 기재한 서면을 항소이유서라 한다. 항소인은 항소장을 제출하기만 하면 되는 것이 아니고, 所定의 기간 내에 항소이유서를 항소법원에 제출하여야 한다(刑訴§ 361의3①). 항소이유서에는 법령위반, 형의 量定不當(양정부당), 사실의 오인 기타 항소이유를 뒷받침할만한 사실을 간결하게 명시하여야 한다. 항소이유서를 제출기간 내에 제출하지 않거나, 제출하더라도 그것이 형소법 혹은 법원규칙에서 정한 방식에 위반되거나, 抗訴權消滅後임이 명백한 때에는 결정으로 항소를 기각하여야 한다(§ 360, § 361의4). 반대로 항소이유서의 적법한 제출이 있으면, 법원은 이에 포함된 사항은 반드시 조사하여야 한다. 또한 이에 포함되어 있지 않은 사항이라도 본래 항소이유가 되는 사항은 직권으로써 조사할 수 있다.

답변서(答辯書)

형사소송법상 항소인 또는 상고인이 상소법원(항소법원 또는 상고법원)에 제출하는 항소이유서(형소법 361조의3 1항) 또는 상고이유서(형소법 379조 1항)에 대응하여 상대방이 상소법원에 제출하는 서면을 말한다. 항소 또는 상고이유서의 제출을 받은 상소법원은 지체없이 그 부본 또는 등본을 상대방에게 송달하여야 하고(형소법 361조의3 2항, 379조 3항), 상대방은 그 송달을 받은 날로부터 10일 이내에 답변서를 상소법원에 제출하여야 한다(형소법 361의3 3항, 379조 4항). 답변서의 제출을 받은 상소법원은 지체없이 그 부본 또는 등본을 항소인·상고인 또는 변호인에게 송달하여야 한다(형소법 361조의3 4항, 379조 5항).

상고(上告)
독 ; Revision

원칙적으로 상고는 항소심의 판결 즉 제2심 판결에 대한 불복신청이다. 제1심 판결에 대해서도 이른바 飛躍(비약)상고가 인정되어 있으므로 예외적으로 제1심 판결에 대한 상고도 포함된다. 상고심의 관할권을 가지는 법원은 어떠한 경우에도 대법원이며, 그 제기기간은 항소의 경우와 마찬가지로 7일이다(刑訴§ 374). 상고도 상소의 일종이므로 당사자의 구제를 목적으로 하지만, 상고심의 주된 사명은 하급법원의 법령해석·적용의 통일을 기하는 것이다. 상고는 최종심이므로 상고심의 재판에 대하여는 다시 상소의 방법이 없기 때문에 현행법원은 신중을 기하는 의미에서「판결의 정정」제도를 인정하고 있다(§ 400). 상고심도 항소심과 마찬가지로 사후심으로서의 성질을 갖기 때문에, 상고심의 절차에 관하여는 특별한 규정이 없으며, 항소심의절차에 관한 규정이 준용된다(§ 399). 다만, 상고심은 원칙적으로 법률심이므로 다음과 같은 특칙이 있다. (1) 변호인의 자격 : 변호사 아닌 자를 변호인으로 선임할 수 없으며(§ 386), 따라서 상고심에서는 특별변호인은 허용되지 아니한다.

(2) 변호능력 : 상고심에서는 변호인이 아니면 피고인을 위하여 변론하지 못한다(§ 387). 이것은 상고심에서는 법률적인 면의 주장이 많으므로, 피고인은 변론하지 못하도록 규정한 것이다. 따라서 상고심에서는 공판기일에 피고인을 소환할 필요가 없다. (3) 변론의 방법 : 검사와 변호인은 상고이유서에 의하여 변론하여야 한다(§ 388). 이것은 구두변론의 범위를 정한 규정으로서, 변론을 할 수 있는 자는 검사와 변호인에 한하고 또 그 변론의 범위도 상고이유서에 기재된 내용을 벗어나지 못하도록 한 것이다. (4) 변호인의 불출석의 경우 : 변호인의 선임이 없거나, 변호인이 공판기일에 출정하지 아니한 때에는 검사의 진술을 듣고 판결을 할 수 있다(필요적 변호사건은 제외). 이 경우에 적법한 이유서의 제출이 있는 때에는 그 진술이 있는 것으로 간주한다(§ 389). (5) 上告審(상고심)의 심판범위 : 상고심은 상고이유서에 포함된 사유에 관하여 심판하여야 한다. 다만, 형사소송법 제383조 1호 내지 3호의 경우에는 상고이유서에 포함되지 아니한 때에도 직권으로 심판할 수 있다(§ 384). (6) 書面審理(서면심리) : 상고법원은 상고장·상고이유서 기타의 소송기록에 의하여 변론 없이 판결할 수 있다(§ 390). 상고심의 재판에는 상고기각의 재판과 원심판결의 파기재판이 있다. 전자에는 결정으로 되는 것과(§ 381) 판결로써 되는 것이 있으며(§ 399, § 364), 후자는 다시 변론을 거치지 않고 되는 것과 변론을 거쳐서 되는 것으로 나누어진다. 파기의 재판

은 상고가 이유 있을 때 판결로써 하며(§ 391), 이 경우에는 동시에 이송(§ 394) 또는 환송(§ 393, § 395)의 판결이 행해져야 한다. 다만 상고법원은 소송기록 및 원심법원과 제1심 법원이 조사한 증거에 의하여 충분하다고 인정한 때에는 이송이나 환송을 하지 아니하고 피고사건에 대하여 직접 판결할 수 있다(§ 396). 이것을 破棄自判(파기자판)이라고 한다.

비약적 상고(飛躍的 上告)
독 ; Sprungrevision

제1심 판결에 대하여 항소를 하지 아니하고 직접 상고법원에 행하는 상고를 말한다(刑訴§ 372). 비약적 상고를 할 수 있는 경우로서는 (1) 원심판결이 인정한 사실에 대하여 법령의 적용에 착오가 있는 때와 (2) 원심판결이 있은 후 형의 폐지나 변경 또는 사면이 있는 때이다. 이와 같이 비약적 상고를 인정하는 취지는 판결의 확정을 신속히 하여 사회생활의 불안을 제거하고자 하는 데에 있다. 그러나 한편 비약적 상고는 1회만 심리를 받게 되어 상대방(특히 피고인)의 審級利益(심급이익)을 박탈하는 결과가 된다. 그리하여 형사소송법은 제1심 판결에 대한 상고는 그 사건에 대한 항소가 제기된 때에는 그 효력을 잃는다고 규정하고 있다(§ 373本文). 다만 이 경우에도 항소의 취하 또는 항소기각의 결정이 있는 때에는 비약적 상고는 그 효력을 잃지 아니한다(§ 373但).

항고(抗告)
독 ; Beschwerde

항고란 결정에 대한 상소를 말하는 것으로 여기에는 一般抗告(일반항고)와 再抗告(재항고)가 있다. 일반항고는 다시 普通抗告(보통항고)와 卽時抗告(즉시항고)로 나누어진다. 즉시항고는 특히 이를 허용하는 규정이 있는 경우에만 할 수 있는 항고이고, 보통항고는 특별히 즉시항고를 할 수 있다는 뜻의 규정이 없는 경우에 널리 법원이 행한 결정에 대하여 인정되는 항고이다(刑訴§ 402본문). 항고법원 또는 고등법원의 결정에 대하여는 판결에 영향을 미친 헌법 · 법률 · 명령 또는 규칙의 위반이 있음을 이유로 하는 때에 한하여 대법원에 즉시항고를 할 수 있도록 되어 있는데, 이를 재항고라 한다(§ 415). 보통항고는 신청의 실익이 있는 한 언제든지 할 수 있으나, 즉시항고와 재항고는 기간의 제한이 있다. 항고법원은 항고절차가 규정에 위반되었거나 또는 항고가 이유 없을 때에는 결정으로써 항고를 기각하여야 한다. 항고가 이유 있을 때에는 결정으로 원결정을 취소하고, 필요할 때에는 다시 재판을 하여야 한다. 그밖에 엄격한 의미에서 항고라고는 할 수 없으나 이에 유사한 불복신청으로서 準抗告制度(준항고제도)가 있다.

즉시항고(卽時抗告)
독 ; sofortige Beschwerde

항고의 일종. 提起期間(제기기간)이 3일로 한정되어(刑訴§ 405) 이 기간 내에 제기 할 것을 요한다. 집행정지의 효력이 있어서 즉시항고의 제기기간내 및 그 제기가 있는 때에는 원재판의 집행은 정지된다(§ 410). 법률이 즉시항고를 인정한 취지는 한편에서 이에 집행정지의 효력을 인정하여 원재판에 불복한 자의 이익을 확고함과 동시에, 다른 한편으로는 제기기간을 극히 단기간으로 제한함으로써 부당하게 장기간집행이 정지되는 것을 방지하려는 데에 있다. 즉시항고는 법률에 특히 규정이 있는 경우에만 허용된다(§ 402).

재항고(再抗告)
독 ; weitere Beschawerde

형사소송법은 원래 불복을 신청할 수 없는 결정에 대하여도 재판에 영향을 미친 헌법·법률·명령 또는 규칙의 위반이 있는 경우에는 특별히 대법원에 항고할 수 있도록 하였다(§ 415). 이를 재항고라 한다. 이에 의하면 항고법원의 결정 또는 고등법원의 결정 등, 원래 항고를 허용하지 않는 것에 대하여도(재항고 금지의 원칙) 위와 같은 사유가 있으면 대법원에 즉시 항고할 수 있다. 재항고를 제기할 수 있는 기간은 3일이며 즉시항고와 동일한 효력을 가진다.

준항고(準抗告)

준항고라 함은 법관이 행한 일정한 재판, 검사 또는 사법경찰관이 행한 일정한 처분에 대하여 법원에 제기하는 불복신청을 말한다. 먼저 법관의 재판, 즉 재판장 또는 수명법관이 한 재판에 있어서는 법률은 기피신청을 기각한 재판 등 4종의 재판에 대하여 준항고를 인정하여 소정의 법원에 위 재판의 취소 또는 변경을 청구할 수 있도록 규정하고 있다 (刑訴§ 416). 또 검사 또는 사법경찰관의 구금·압수 또는 압수물의 還付에 관한 처분에 대하여도 각각 소정의 법원에 그 처분의 취소 또는 변경을 청구할 수 있다(§ 417). 준항고 중에 어떤 것은 즉시항고와 같이 제기기간의 제한이 있고, 또 집행정지의 효력을 가지나, 그 외는 당연하게 이것을 가지는 것은 아니다 (§ 416④, § 419, § 409).

비상구제절차(非常救濟節次)

비상구제절차라 함은 판결이 확정된 후에 현저한 법률상 또는 사실상의 하자를 이유로 판결의 파기를 요구하는 절차를 말한다. 이것은 이미 판결이 확정된 후의 救濟節次라는 점에서 보통의 상소와는 다르며, 재심이나 비상상고가 이에 해당한다. 재심은 사실의 誤認(오인)이 있는 경우에, 비상상고는 법령위반의 하자가 있는 경우에 인정된다. 민사소송에서는 이러한 용어가 講學上(강학상) 별로 쓰이지 않으나 실제에서는 再審(재심)·準再審(준재심)이 이 기능을 하고 있다.

재심(再審)
독 ; Wiederaufnahme

確定判決(확정판결)에서의 부당한 사실인정으로부터 피고인을 구제하기 위하여 인정된 비상구제수단이다. 이미 확정한 판결에 대한 구제수단인 점에서 항소나 상고와 다르며, 또 주로 사실인정의 잘못을 구제하기 위한 것인 점에서, 법령

의 해석적용의 착오를 시정하기 위한 비상상고와 다르다. 재심을 인정하는 취지는 판결이 이미 확정된 경우에는 이에 대하여 함부로 불복의 신청을 허용해서는 안 된다는 것은 당연하지만 판결에 잘못이 있다고 생각되는 현저한 사유가 있는 경우에는 예외적으로 불복의 신청을 인정하여 그 판결을 취소하고 새로이 판결을 하는 것이 정의에 합치하기 때문이다. 재심은 비상수단이므로 그 신청을 할 수 있는 경우에는 원판결의 증거된 서류 또는 증거물이 위조 혹은 변조된 것이라든가, 증인의 증언·감정·통역 또는 번역이 허위였음이 확정판결에 의하여 증명된 때라든가 무죄·면소·형의 면제를 선고하거나 또는 輕(경)한 죄를 인정하여야 할 명백한 증거가 새로 발견된 때, 그 밖에 법률에 정한 중요한 사유가 있는 경우에 한한다(刑訴§ 421 I 내지Ⅷ). 따라서 원판결에 사실오인이 있더라도 위와 같은 사유가 없는 한 재심을 청구할 수 없다. 또 재심은 유죄선고를 한 확정판결 또는 항소·상고를 기각한 확정판결에 대하여 피고인의 이익을 위하여서만 신청할 수 있으며(§ 420, § 421), 피고인에 불이익한 재판은 허용되지 아니한다. 재심의 청구는 원판결을 한 법원이 관할하며(§ 423), 법원은 청구가 이유 없을 때에는 청구기각의 결정을 하고 반대로 이유가 있을 때에는 再審開始(재심개시)의 결정을 한다(§ 434, § 435). 이 재심개시결정이 확정한 사실에 대하여는 약간의 특칙을 제외하고는 그 심급에 따라서 다시 심판을 하여야 한다(§ 438). 다만, 이 경우 원판결보다 중한 형을 선고할 수 없다(§ 439). 재심의

청구는 형의 집행이 종료되었거나 또는
피고인이 사망한 경우, 기타 형의 집행이
불가능하게 된 때에도 할 수 있다(§ 427,
§ 438② I). 왜냐하면 이러한 경우에는
名譽回復(명예회복)이나 刑事補償(형사보
상)을 받을 이익이 있기 때문이다.

비상상고(非常上告)

불 ; pourvoi dans l'interêt de la loi

판결이 확정된 후 그 사건의 심판이
법령에 위반한 것을 발견한 때에는 검
찰총장은 대법원에 비상상고를 할 수
있다(형소§ 441). 이처럼 확정판결에 대
하여 그 심판의 법령위반을 이유로 하
는 非常救濟節次(비상구제절차)를 비상
상고라 할 수 있다. 비상상고는 재심과
마찬가지로 확정판결에 대한 비상구제
수단이지만 피고인의 구제를 주된 목적
으로 하지 않고, 법령의 해석·적용의
과오를 시정하는 데에 목적이 있고, 따
라서 피고인의 이익은 단순히 제2차적
또는 부차적으로 고려되는데 불과하다
는 점에서 재심과 다르다. 비상상고를
함에는 그 이유를 기재한 신청서를 대
법원에 제출하여 하고(§ 442). 제출기간
의 제한이 없으므로 판결확정 후 언제
든지 할 수 있다. 대법원은 신청서에
포함된 이유에 한하여 조사하여야 하고
(§ 444①). 비상상고가 이유 없다고 인
정한 때에는 판결로써 이를 기각하여야
하며(§ 445). 또 이유 있다고 인정한 때
에도 원칙적으로 원판결의 法令違反의
부분 또는 법령위반의 原審訴訟節次(원
심소송절차)를 파기하는 데 그친다
(§ 446). 피고사건에 대해서는 다시 판

결을 하지 않으나 다만 원판결이 피고
인에게 불이익한 경우에 한하여 판결
전부를 파기하고 피고사건에 대하여 다
시 판결 할 수 있다(§ 446 I但). 비상상
고의 판결의 효력은 전술한 원판결을 파
기하고 피고사건에 대하여 다시 판결을
하는 경우를 제외하고는 단순히 법령의
해석·적용의 과오를 시정한다는 의미를
갖는데 불과하고 피고인에게는 효력이
미치지 않는다(§ 447).

형사보상(刑事補償)

영 ; indemnity
독 ; Entsch'ädigung

형사보상이란 國家刑事司法(국가형사
사법)의 과오에 의하여 죄인의 누명을
쓰고 구속되었거나 형의 집행을 받은
자에 대하여 국가가 손해를 보상하여
주는 제도를 말한다. 이에 관하여 헌법
에도 그 명문규정을 두고 있다. 이 刑
事補償(형사보상)에 관하여는 그 본질에
있어서 法律義務說(법률의무설)과 公平
說(공평설)의 다툼이 있다.

사실심(事實審)

법원이 사건을 심판함에 있어서 사실문
제와 법률문제 양자 모두를 심판할 수
있는 경우를 事實審(사실심)이라 하고
단순히 법률문제에 대에서만 심판할 수
있는 경우를 法律審(법률심)이라 한다.
원래 사건을 재판하기 위해서는 과연 검
사가 피고인을 기소한 공소사실을 인정
할 것인가 아닌가, 또 이 공소사실을 인
정하는 경우에 과연 그것은 법률상 어떤
범죄에 해당하는 가를 판단하여야 하므

로 특수한 경우를 제외하면 제1심이 사실심이어야 한다는 것은 당연하다. 그러나 上訴審(상소심)에 있어서는 반드시 사실심이어야 할 필요는 없으며, 사실심으로서의 사실문제 및 법률문제양자 모두를 심판할 수 있는 원칙을 수용할 수 있다고 한다면 법률심으로서의 법률문제에 대해서만 심판할 수 있는 원칙을 채용하는 것도 가능하다. 또 사실심은 覆審(복심) 또는 結審(결심)과 결합하는 것이 극히 자연적이지만, 현행형사소송법은 事後審(사후심)으로서의 事實審制度(사실심제도)를 인정하고 있다.

법률심(法律審)
독 ; Rechtsinstanz

법원이 사건을 심판함에 있어서 법률문제에 대해서만 심판할 수 있는 경우를 말한다. 제1심은 그 심리의 성질상 법률심을 원칙으로 할 수 없으나, 상소심은 사실심 뿐만 아니라 법률심으로도 할 수 있다. 그러나 원칙적으로 소송심은 사실심으로 그리고 상고심은 법률심으로 하는 것이 타당하다. 이것은 항고심이 제1심 판결에 대한 不服申請(불복신청)인데 대하여, 상고심은 원칙적으로 항고심의 재판에 대한 불복신청이라는 점 외에 상고라는 제도가 법령해석의 통일을 그의 주된 목적으로 인정된 제도이기 때문이다. 법률심에 있어서의 심리는 法律點(법률점)에 국한되기 때문에 사실의 인정에 과오가 있거나 형의 형량이 부당하다하더라도 문제로 삼을 수 없으나, 대부분의 立法例는 약간의 예외를 인정하여 이 가운데 어떤 것은 상소이유로 하고 또는 직권으로 이를 심사할 수 있도록 하였다. 또 한편으로 법률심에 있어서의 그 심사를 할 수 있는 범위를 違憲問題(위헌문제) 및 판례위반으로 한정할 수도 있다. 우리 나라의 상고심은 법률의 위헌심사를 하지 않고(憲§ 107①), 명령 · 명령 · 규칙 · 처분이 헌법이나 법률에 위반되는 여부가 재판의전제로 된 때에 최종 심사권을 가지는 것으로 규정하고 있다(憲§ 107②).

즉결심판(即決審判)

즉결심판이란 즉결심판절차에 의한 재판을 의미한다. 즉결심판절차라 함은 지방법원·지원 또는 시 · 군법원의 판사가 20만원 이하의 벌금·구류 또는 과료에 처할 경미한 범죄에 대하여 공판절차에 의하지 않고 即決(즉결)하는 심판절차이다. 즉결심판절차는 즉결심판에 관한 절차법에 의한다. 이 절차는 犯證(범증)이 명백하고 죄질이 경미한 범죄사건의 신속·적절한 처리를 통해 訴訟經濟(소송경제)를 도모하려는 데 그 주된 목적이 있다.

배상명령절차(賠償命令節次)

이는 법원이 직권 또는 피해자의 신청에 의하여 피고인에게 범죄행위로 인한 손해의 배상을 명하는 절차를 말한다. 附帶訴訟(부대소송)(Adbäsionsprozeß) 또는 附帶私訴(부대사송) (zivilrechtlicher Annex)라고도 한다. 이 제도의 취지는 피해자의 신속한 구제에 있다.

의의신청(疑義申請)

형의 선고를 받은 자가 그 집행에 관하여 재판의 해석에 관하여 의의가 있는 때에 재판선고법원에 제기하는 신청(형소법 488조)을 말한다. 의의신청은 법원의 결정이 있을 때까지 취하할 수 있고(동법 490조1항), 이 신청이 있으면 법원은 결정을 하여야 하며(동법 491조1항), 법원의 결정에 대하여는 즉시항고를 할 수 있다(동법 491조2항). 한편 교도소에 있는 자의 신청 또는 취하에는 특칙(동법 344조)이 적용된다. 그런데 여기서 '재판의 해석에 대하여 의의가 있는 때'에 관하여, 학설은 판결의 주문의 취지가 불분명하여 그 해석에 대하여 의의가 있는 경우도 포함된다고 하나, 판례는 전자만을 의미한다고 보고 있다.

■ 편 저 ■

대한법률편찬연구회

법률·판례·법률용어·상담사례·형사소송규칙을 같이보는

2022년 **형사소송법 지식정보법전**   定價 16,000원

2022年 2月 10日 인쇄
2022年 2月 15日 발행
　편 저 : 대한법률편찬연구회
　발행인 : 김 현 호
　발행처 : 법문 북스
　공급처 : 법률미디어

[1][5][2]-[0][5][0]
서울 구로구 경인로 54길4
TEL : 2636-2911~3, FAX : 2636~3012
등록 : 1979년 8월 27일 제5-22호
Home : www.lawb.co.kr

▌ISBN 978-89-7535-997-2
▌파본은 교환해 드립니다.

개정형사소송법편과 관련법률용어편으로 구성되어있습니다.
뿐만아니라 판례, 상담사례, 소송규칙을 수록하였습니다.

13360
ISBN 978-89-7535-997-2

16,000원